安全保卫工作系列·职业能力培训教材

ANQUAN JISHU FANGFAN
安全技术防范

主　　编：施巨岭
副 主 编：李天銮　　杨国胜　　朱喜运
编　　委：王从青　　刘希清　　朱　峰　　李仲南
　　　　　陈　力　　周　群　　张凡忠　　娄　健
　　　　　聂　蓉　　黄如庆　　黄　宜　　彭　华

西北工业大学出版社

西　安

图书在版编目(CIP)数据

安全技术防范/施巨岭主编. —西安:西北工业大学出版社,2018.5
 ISBN 978-7-5612-5982-5

Ⅰ.①安… Ⅱ.①施… Ⅲ.①保卫工作—中国 Ⅳ.①D631.3

中国版本图书馆 CIP 数据核字(2018)第 099592 号

策划编辑:付高明
责任编辑:孙 倩

出版发行:	西北工业大学出版社
通信地址:	西安市友谊西路 127 号　邮编:710072
电　　话:	(029)88493844,88491757
网　　址:	www.nwpup.com
印　刷　者:	兴平市博闻印务有限公司
开　　本:	727 mm×960 mm　　1/16
印　　张:	30.625
字　　数:	553 千字
版　　次:	2018 年 5 月第 1 版　2018 年 5 月第 1 次印刷
定　　价:	95.00 元

安全保卫工作系列·职业能力培训教材
编　委　会

主　任
　　李向阳　陕西省公安厅副厅长

委　员
　　薛文才　民生银行西安分行党委书记、行长,陕西省保卫协会会长
　　李东平　陕西省决策咨询委员会委员、陕西省保卫协会执行副会长
　　刘　涛　陕西省公安厅经济文化保卫总队总队长
　　李三省　陕西省公安厅经济文化保卫总队政委
　　李西安　陕西省人力资源与社会保障厅职业能力建设处处长
　　朱兆利　陕西省保卫协会原秘书长、高级保卫师
　　张建昌　陕西延长石油(集团)公司保卫部部长、陕西省保卫协会副会长、高级保卫师
　　谢建洲　民生银行西安分行工会副主席、办公室主任,陕西省保卫协会秘书长,高级保卫师
　　黄立新　陕西省保卫协会常务副秘书长兼培训中心主任、高级保卫师

蒋建予	西安市公安局经济保卫支队原支队长、高级保卫师
肖周录	西北工业大学人文与经法学院教授、博士生导师
任清杰	陕西省公安消防总队原副总工程师、高级工程师
李天銮	中国兵器工业集团第212研究所研究员
申军民	武警工程大学副教授

组织编写

陕西省公安厅经济文化保卫总队

陕西省企业事业单位保卫协会

序

借"安全保卫工作系列·职业能力培训教材"付梓之际,我谨代表陕西省公安厅党委,向多年来在全省内部治安保卫(以下简称"内保")战线付出辛勤汗水的广大公安民警和企事业单位内保人员致以亲切的慰问!

企事业单位内部治安保卫工作是维护国家安全稳定的重要组成部分。加强内保工作,是保持企事业单位正常生产经营、公务活动和教学科研秩序,预防和减少单位内部各类案件,保护公民人身财产安全和社会公共安全的重要屏障。近年来,随着全国企事业单位内保工作向好的趋势,我省的内保队伍建设得到不断加强,装备水平明显提升,工作实际效能显著增强。进入新时代,面对新形势、新情况、新问题,内保工作同样面临着新挑战、新机遇,我们必须与时俱进,锐意创新,以习近平新时代中国特色社会主义思想为指导,全面提升内保工作水平。

加强内保人员职业能力教育,是提升内保工作的谋事之基、成事之道。《中共中央关于制定国民经济和社会发展第十三个五年规划的建议》明确提出要把"推行劳动者终身职业技能培训制度"纳入国民经济和社会发展的五年规划,为加强内保人员职业能力建设和思想业务素质培养指明了方向。2013年8月,陕西省公安厅、陕西省人力资源和社会保障厅联合颁发《在全省开展保卫人员职业能力培训的实施意见》,全面启动了陕西省内保人员职业能力培训工作。为了使企事业单位内保人员职业能力培训工作走上制度化、正规化、系统化的轨道,由陕西省企业事业单位保卫协会组织有关专家学者编写了"安全保卫工作系列·职业能力培训教材"。其内容涉及了企事业单位内保工作的各个方面,它既是安全保卫工作理论研究成果的汇集,也是全省内保工作实践经验的总结。本套书的出版,为开展内保人员职业能力培训提供了系统化、规范化的依据。

在编写过程中,编委会得到了公安部、人力资源和社会保障部的大力支持,中国人民公安大学还专门组织人员对内容进行了审核把关。值此,谨向提供帮助的单位和个人致以衷心的感谢!

全省各企事业单位一定要用足、用好这套教材,进一步提升思维层次,提高业务能力素质,加强内保队伍建设水平,努力推动陕西省企事业单位内保工作迈上新台阶、实现新跨越。

陕西省副省长、公安厅厅长 胡明朗

2018年3月

前 言

为加快保卫工作职业化、专业化、社会化进程,全面提升保卫人员的职业能力和整体素质,根据《中华人民共和国劳动法》和国务院颁布的《企业事业单位内部治安保卫条例》,为提高企事业单位内部治安保卫人员的职业能力和综合素质,建立和完善单位内部治安保卫工作队伍发展长效机制,预防和减少单位内部各类案件,保护单位公民人身、财产安全和公共财产安全,维护单位的工作、生产、经营、教学和科研秩序,为经济社会发展提供安全保障,在陕西省企业事业单位保卫协会的组织下,编写了本书。

本书在内容上力求能够适用于各级保卫人员,根据不同岗位的保卫人员,以模块化的方式进行编排,旨在提高保卫人员关于安全技术防范系统知识的水平,以便在企事业单位进行安全技术防范系统项目申报、工程设计、施工、检测和验收等建设过程中能够有效地监督和提出切合实际的意见和建议,提高系统的运行使用效果。

本书共分5章,其中第一章由施巨岭、刘希清编写,第二章第一节由李天銮编写,第二章第二节由杨国胜、李仲男编写;第二章第三、五、六节由朱峰编写,第二章第四节由李仲男、陈力编写;第三章第一节由施巨岭、刘希清编写,第三章第二、三节由施巨岭、刘希清、李天銮、杨国胜、朱峰、聂蓉编写,第三章第四节由娄键、黄如庆编写,第三章第五节由张凡忠、王从青编写,第三章第六节由刘希清、朱喜运、黄宜编写,第三章第七节由李天銮、朱喜运、王从青、黄宜、黄如庆编写,第三章第八节由施巨岭、杨国胜、李仲男编写;第四章由彭华、聂蓉编写;第五章由周群编写。施巨岭、李天銮、杨国胜和朱喜运共同完成统稿。

本书在编写过程中参考了国内安防行业相关标准、同类教材的理论成果,部分参考资料在参考文献中列出,在此,谨向相关资料的编者和为本书提供建设性意见的专家以及陕西省企业事业单位保卫协会提供的帮助与支持表示衷心的感谢。

由于技术不断在发展,本书中存在不足之处在所难免,敬请业界专家、读者提出宝贵意见和建议,以便教材不断完善。

编 者

2017 年 12 月

目 录

第一章 安全防范概述 ········· 1

第一节 安全与安全防范 ········· 1
第二节 安全防范系统与工程 ········· 12

第二章 安全防范子系统 ········· 21

第一节 入侵和紧急报警系统 ········· 21
第二节 视频监控系统 ········· 82
第三节 出入口控制系统 ········· 168
第四节 防爆安全检查系统 ········· 211
第五节 停车场(库)安全管理系统 ········· 235
第六节 其他系统 ········· 254

第三章 安全防范工程建设 ········· 265

第一节 安全防范工程建设程序与要求 ········· 265
第二节 安全防范工程设计 ········· 269
第三节 安全防范系统设计流程与深度 ········· 293
第四节 安全防范工程施工与设备安装、调试 ········· 300
第五节 安全防范工程检测 ········· 315
第六节 安全防范工程验收 ········· 331
第七节 常见治安保卫重点单位(部位)安全防范设施配置 ········· 347
第八节 安全防范评估 ········· 408

第四章　系统运行使用与维护保养 …… 417

第一节　安全防范系统的运行使用 …… 417
第二节　安全防范系统的维护保养 …… 424

第五章　安全防范相关法规、组织机构和标准体系 …… 445

第一节　安全防范相关法规 …… 445
第二节　安全防范行业相关组织和中介机构 …… 451
第三节　安全防范标准体系 …… 464

参考文献 …… 479

第一章
安全防范概述

第一节 安全与安全防范

一、安全的概念

"安全"是目前人们谈论的热词之一。那么,什么是"安全"呢?作为汉语的一个普通合成词,它是由"安"和"全"两个字组成的。按照辞书的解释,"安"指不受威胁,没有危险,太平、安全、安适、稳定等,可谓无危为安;"全"指完满、完整或指没有伤害,无残缺等,可谓无损则全。依据《现代汉语词典》的释义,"安全"即"没有危险;不受威胁;不出事故"。显然,"安全"所表示的是一种状态,一种没有危险,不受威胁、不出事故的客观状态或者说客观存在。

安全是人类的基本社会需求,是人类生存的基本保证。美国著名心理学家和行为科学家马斯洛提出了人类的需求层次程度,认为人的需求是分层次的,是不断增长和向高层次发展的。人类在解决了自己的食、衣、住、行,即生理需要后,首先是对安全的需求。它包括工作收入稳定、健康条件保证、生命财产不受侵害等,其中生命财产不受侵害是最重要的内容。

汉语的"安全",对应英语的词有两个:"safety"和"security",但英语词汇与汉语词汇在词义上即有交集又有区别。security 所表示的安全:其威胁具有明显社会人文特征,含有人为故意因素,如非法入侵、盗、抢、破坏、爆炸等违法犯罪活动和治安灾害事故等;而 safety 所表示的安全:其危险源具有明显的自然或准自然属性,产生于无意识的失误或突发事件,如自然灾害、技术缺陷、环境恶化、生产安全事故等。"安全防范"所防范的是各种刑事案件、治安案件、治安灾害事故,针对的安全威胁具有明显的人为故意特征,因此,与"安全防范"语义相联系的"安全"一词英文是用 security 来表示的。

　　安全作为一种状态,没有自存性,它必须依靠一定的主体而存在。安全的主体是安全存在的基础和载体。通常,安全概念因与不同类型的安全主体联系而被赋予不同的含义。如,按照安全主体的社会形态,安全可以分为个体安全、公共(集体、社群)安全、社会总体安全(如国家安全)和人类安全等。人类安全关注的是全人类的生存和发展,涵盖了粮食、环境、经济、政治、健康、人身、就业、人权、教育安全等内容广泛的议题;国家安全则关注的是国家的生存与发展,其议题主要包括领土、经济、文化、人口安全等;公共安全关注的是社群的生存与发展,涉及自然灾害、事故灾难、公共卫生和社会安全等四大方面。安全防范所针对的属于社会安全的范畴。由于安全含义因主体的不同而存在很大的差异,因此,在研究安全问题时,需要依据主体的特点具体问题具体分析。

　　与安全的意义相对应的是"不安全",人们往往会用"风险"这个词。风险也是多层次、多角度的,而且各类风险间存在相关性和正反馈的效应,如所谓"千里之堤,毁于蚁穴"。

　　在进行安全和风险评估时,人们往往会以另外一些术语来表述,如安全价值、安全度、安全感、安全判断和安全观。安全价值和安全度是一种客观的度量,而安全感、安全判断和安全观则是特定主体的主观感觉。

　　安全作为一种状态,对安全主体来说是有价值的,这种价值又被称作安全价值。充分实现安全价值,是安全防范活动努力追求的社会效益。安全度则是安全程度的概念,表达的是主体免于危险的程度。目前,安全度还难以通过制定统一的量化标准来表述,但可以进行不太严格的相对描述。安全度取值范围按照一般模型规模,可定义为0～1。现实中,绝对没有危险的安全度为"1"的状态是不存在的。安全总是相对的,不安全则是绝对的。通常,存在风险但还可以接受的程度称为安全的底线。

　　安全感是安全主体对自身安全状态的体验及经验型判断。安全度与安全感不存在简单线性的对应关系。安全判断则是对一定主体的安全度的综合认知,具有较好的安全判断能力是安全防范工作者的基本素质。

　　安全观是从战略层面对安全的综合认知。安全观的确立对于实施合理的安全防护策略,避免或者降低风险是绝对必要的。安全观包含了人们的安全意识和理念、安全感和环境因素(政治、经济、文化、科技、社会管理等)的共同作用后的高层

第一章 安全防范概述

次判断。

二、安全防范的概念

满足安全需求所采用的方法是安全防范。显然,安全是目的,防范是手段,通过防范的手段达到安全的目的,就是安全防范的基本内涵。由于安全主体的多样性,安全防范的作用范围也就多种多样。但本书所提及的安全防范隶属社会安全防范的范畴,它是基于社会安全的角度,通过事先采用防备、防守、防护、防御等措施手段,及时发现甚至制止危害发生、蔓延和发展,消除或减弱限制危害社会治安的不安全因素所带来的影响,达到避免或者降低风险的目的。防范的手段从来就不具有唯一性,它通常是当时社会、政治、经济和工业、技术发展的综合体现。

1. 安全防范的本质内涵

在西方,不用"安全防范"这个词,而用损失预防和犯罪预防(Loss Prevention & Crime Prevention)这个概念。就像中文的安全与防范连在一起使用,构成一个新的复合词一样,在西方,Loss Prevention 和 Crime Prevention 也是连在一起使用的。损失预防与犯罪预防构成了 Safety/Security 一个问题的两个方面。在国外,Loss Prevention 通常是指社会保安业的工作重点,而 Crime Prevention 则是警察执法部门的工作重点。这两者的有机结合,才能保证社会的安定与安全。从这个意义上说,损失预防和犯罪预防就是安全防范的本质内容。从广义上说,安全防范是指做好准备和保护,以应付攻击或避免受害,从而使被保护对象处于没有危险、不受侵害、不出现事故的安全状态。本书定义安全防范的是综合运用人力防范、实体防范、电子防范等多种手段,预防、延迟、阻止入侵、盗窃、抢劫、破坏、爆炸、暴力袭击等事件的发生。

因此,安全防范既是一项公安业务(警察部门),又是一项社会公共事业和社会经济事业。它们的发展和进步,在依赖于科学技术的发展和进步的同时,又为科学技术的进步与发展提供和创造良好的社会环境。

所谓大公共安全理念,即综合安全理念,就是为社会公共安全提供时时安全、处处安全的综合性安全服务。所谓社会公共安全服务保障体系,就是由政府发动、政府组织、社会各界(绝不是公安部门一家、更不是公安执法部门内部的某一机构)联合实施的综合安全系统工程(硬件、软件)和管理服务体系。公众所需要的综合安全,不仅包括以防盗、防劫、防入侵、防破坏为主要内容的狭义"安全防范",还包括防火安全、交通安全、通信安全、信息安全以及人体防护、医疗救助、防有害气体泄漏等诸多内容。

安全技术防范

2. 安全防范的基本手段

安全防范是社会公共安全的一部分,安全防范行业是社会公共安全行业的一个分支。安全防范系统的使用通常是保卫工作的重要组成部分,它的科学配置和良好使用在客观上可以增强保卫力量。为了保证及时发现、制止、减少各种社会治安危害的发生、蔓延和发展,安全防范系统从逻辑上或者从对应的执行主体上,所采用的基本手段通常有三种,可简单划分为人力防范、实体防范和技术防范。

人力防范(personnel protection):具有相应素质的人员有组织的安全管理和防范、处置行为,简称人防。

实体防范(physical protection):利用建(构)筑物、屏障、器具、设备或其组合,延迟或阻止风险事件发生的实体防护手段,简称物防。

电子防范(技术防范)[electronicprotection(technical protection)]:利用传感、通信、计算机、信息处理及其控制、生物特征识别等技术,提高探测、延迟、反应能力的防护手段,又称技防。

其中人力防范和实体防范是古已有之的传统防范手段,它们是安全防范的基础,随着科学技术的不断进步,这些传统的防范手段也不断融入新科技的内容。技术防范的概念是在近代科学技术(最初是电子报警技术)用于安全防范领域,并逐渐形成的一种新的独立防范手段。随着现代科学技术的不断发展和普及应用,"技术防范"的概念也越来越普及,越来越为公安执法部门和社会公众所认可和接受,以致成为使用频率很高的一个新词汇,技术防范的内容也随着科学技术的进步而不断更新。在科学技术迅猛发展的当今时代,可以说几乎所有的高新技术都将或迟或早地应用于安全技术防范工作中。因此,"技术防范"在安全防范技术中的地位和作用将越来越重要,它已经带来了安全防范的一次新的革命。

从定义看,人防、物防和技防的内涵中隐含了安全防范中的探测、延迟、反应所对应的手段和措施(参见下文),而且特别强调人防、物防和技防的有机结合。

从对被防护目标的角度看,基础的人力防范手段(人防)是利用人们自身的传感器(眼、耳等)进行探测,发现妨害或破坏安全的目标,做出反应;用警告、恐吓、设障、武器还击等手段来延迟或阻止危险的发生,在自身力量不足时还要发出求援信号,以期待做出进一步的反应,制止危险的发生或处理已发生的危险。

实体防范(物防)的主要作用在于推迟或阻滞危险的发生,为"反应"提供足够的时间。现代的实体防范,已不是单纯物质屏障的被动防范,而是越来越多地采用高科技的手段,一方面使实体屏障被破坏的可能性变小,增大迟滞危险发生的时间;另一方面也使实体屏障本身增加探测和反应的功能。

技术防范手段可以说是人力防范手段和实体防范手段的功能延伸和加强,是对人力防范和实体防范在技术手段上的补充和加强。它融入人力防范和实体防范之中,使人力防范和实体防范在探测、延迟、反应三个基本要素中间不断地增加高科技含量,进而不断提高探测能力、延迟能力和反应能力,使防范手段发挥作用更大,进而更易达到预期目的。

3. 安全防范的基本要素

安全防范的应用载体是安全防范系统。安全防范系统作为一个有机整体,是一个基于"刺激-反应"模式的被动型结构体,但同时,又具有某些主动的特征,例如对刺激的预测和预反应(基于安全警戒等级、实体防护的加固等)。于是安全防范系统从应激的时间空间序列上,可以粗略地分为探测、延迟和反应三个步骤。

探测(detection):对显性风险事件或/和隐性风险事件的感知。

延迟(delay):延长或/和推迟风险事件发生的进程。

反应(response):为应对风险事件的发生所采取的行动。

通常将探测、延迟、反应称为安全防范系统的三要素。其中,探测要素的作用是感知显性风险事件或/和隐性风险事件发生的进程;反应要素的作用则是采取快速有效的行动制止风险事件的发生。

目前来看,一方面,探测作用主要依赖于技防工作(人防的哨位等的作用同样也会达到探测的作用,而且是探测、延迟与反应一体化的作用),另一方面,技防也有控制执行装置,用于迟滞、阻挡入侵行为等(如路障等),故探测和技防二者不具有完全等价的意义。

为了保证防护目标的安全性,理论和实践中采用了以空间隔离和空间纵深换取应对时间的策略,并且要求在同一时空范围内,探测时间和反应时间之和小于纵深换取的时间。通俗地讲,就是纵深防护的理念。

纵深防护就是根据被防护对象所处的环境条件和安全管理的要求,对整个防范区域实施由外到里或由里到外层层设防的防护措施。纵深防护分为整体纵深防护和局部纵深防护两种类型。纵深防护体系就是兼有周界、监视、防护区和禁区的防护体系(见图1-1-1)。其中:

周界(perimeter):需要进行实体防护或/和电子防护的某区域的边界。但人们通常专指最外侧的边界。

监视区(surveillance area):实体周界防护系统或/和电子周界防护系统所组成的周界警戒线与防护区边界之间的区域。

防护区(protection area):允许公众出入的、防护目标所在的区域或部位。

禁区(restricted area):不允许未授权人员出入(或窥视)的防护区域或部位。

盲区(blind zone):在警戒范围内,安全防范手段未能覆盖的区域。

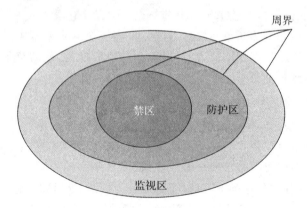

图1-1-1 安全防范系统的纵深防护体系

在特定的时间空间范围内,为达到防范效果,必备的延迟设施是基本前提,探测作为对入侵事件的感知前提,是反应的依据。进一步讲:

探测:要求尽可能在最早阶段探测入侵行为,包括更早期对入侵行为计划的获取,也就是情报工作的开展;但在安全防范系统中,重点在于研究入侵行为发生时的探测问题,以及值班人员或者监控中心获得入侵信息的过程。

延迟:尽可能在入侵行为已经发生的过程中,延迟入侵者的进入,延迟入侵者接近其目的物的速度。

反应:按照上述的定义,反应的内涵包含了一部分技防系统的自身对入侵行为的响应,也包含了人力行为对入侵者的打击,即值班人员或者监控中心获得入侵信息后的行为等,还包含了对入侵行为计划获悉后的及时破获,甚至还包含了对任何异常情况做出的即时响应,包括继续探测、跟踪、阻滞、指挥等。

在同一空间时间内,在时间轴上,三者的对应关系应是

$$T_{探测} + T_{反应} \leqslant T_{延迟}$$

否则安防系统在具体的风险事件应对过程中就是失败,没有达到安全的目的,不能发挥安全防范的作用。

在实际的平安城市建设实践过程中,视频系统的建设更多表现为对现场图像的记录和实时显示,其意义在于要么用于实时的目标分析识别、跟踪和调度指挥,是一种预警实战的效果;要么用于后续的案件的线索追溯,是一种历史信息的取证验证的效果,但这并不妨碍上述理论模型的合理性。客观上,这是在更大时空条件下的纵深防护体系。

延迟的手段不仅仅是物防措施,也包括人防措施,如固定岗哨的位置、流动巡逻的路线等。对于防盗窃行为来说,人防措施的合理性也可以延迟入侵者的退出,

也就是延迟入侵者获取到目的物后退出纵深区域的速度。

4. 风险等级和防护级别

防护对象(单位、部位、目标)是指由于面临风险而须对其进行保护的对象,通常包括某个单位、某个建(构)筑物或建(构)筑物群,或其内外的某个局部范围以及某个具体的实际目标。人们也经常用被保护对象来称呼。

风险等级是指存在于防护对象本身及其周围的、对其构成安全威胁的程度。防护级别是指为保障防护对象的安全所采取的防范措施的水平。防护对象的风险等级取决于防护对象由于不良事件的发生遭受损失的可能性及损失/影响程度。风险等级被防护级别所覆盖的程度就是常说的安全防护水平。安全防范系统的防护级别一定要与被防护对象的风险等级相适应。

各类建筑物(构筑物)由于使用目的的不同,面临的安全风险各异,同一建筑物(构筑物)内不同的部位或区域,由于使用目的、所处位置、所容纳的物品等不同,其安全风险也不同。多年来,防护对象风险等级一般是由相关行政管理部门依据国家或部门的相关法令、法规、规章针对特定领域进行一定的界定,有的也可由防护对象的拥有者依据自身条件和外界环境做出自己的综合风险判断。

作为治安领域的风险识别,防护对象的拥有者也就是安全主体,须结合国家规定和社会治安状况等,从系统内外、组织内外等多个角度试着分解各种可能风险因素,进行综合性分析。下面以入侵行为为例,从系统内外、组织内外等多个角度试着分解各种可能风险因素,分析入侵行为可以从被保护目标、相关非被保护目标、进攻者的静态和动态特征分析(时、空、统计行为等)、相互之间的价值与期望差等做风险分析(识别)。

按照这个思路,针对安全防范系统,分析攻击"防范"的目的和方式:
- 破坏(造成影响);
- 毁灭;
- 占有财、物;
- 获取信息(重要信息)。

攻击"目标"的方式,对于安全防范系统,主要考虑人为故意的情形,这其中包括非人的人为故意,如各种动力伞、机器人(航模与机械手的结合)、训练有素的生物等的参与。应对(迟滞、阻止、防止)这些人为故意事件的发生就是安全防范系统的防范目标。

于是得到如图1-1-2所示的人为破坏风险分析图。

进一步讲,安全防范系统就是基于风险分析和识别确立的(被)保护目标和确定的防范目标而建立的一个完整防护体系。随着不同时期不同阶段的风险特点,而采取适当的有别于常规的,甚至修改完善最初的防范手段,这是一种与时俱进的方法,有助于更好地消除风险,有利于降低风险。因此,从这个意义上说,安全防范系统的建设、使用和改进调整本质是一个动态发展的系统。

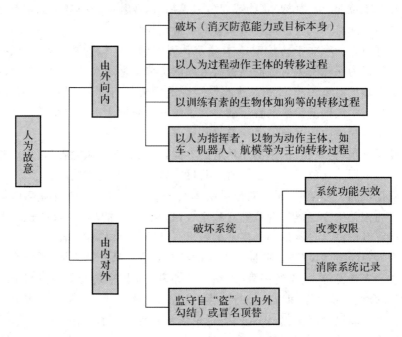

图1-1-2 人为破坏风险分析图

人们在研究防护的过程中也认识到安全防范系统的自身抗外来攻击的能力的重要性。人们把安全防范系统或设备的自身抗击外来攻击的能力水平称作安全等级。其主要体现在与攻击者的有限的攻防对抗上,鉴于技术防范中有许多是信息化的电子系统,故还会涉及信息安全的许多概念和原理,关于信息安全的内容本书不再展开。

三、安全防范技术与安全技术防范

安全防范技术是一门多学科交叉和融合的综合性应用科学,也是用于安全防范的专门技术。安全防范技术历史上分为三类:物理防护技术(physical protection)、电子防护技术(electronic protection)和生物统计学防护技术(biometric protection)。这里的物理防护技术主要指实体防范技术,如建筑物和实体屏障以及与其匹配的各种实物设施、设备和产品(如门、窗、柜、锁等),这类防护技术与建筑科学技术、材料科学与制造工艺技术的发展关系极为密切。电子防护技术主要是指利用各种电子信息产品、无线/有线通信产品、计算机网络产品组成系统或网络,这类防护技术与探测(传感)技术、监控技术、视频与多媒体技术、出入口控制技术、计算机网络技术、物联网、系统集成等科学技术的发展关系极为密切。生物统计学防护技术是法庭科学的物证鉴定技术和安全防范技术中的模式识别相结合的产物,主要是指利用人体的生物学特征进行安全技术防范的一种特殊技术门类,现在应用较广的有指纹、掌纹、眼纹、声纹、面部等识别控制技术,在防护应用上作为目标特征识别的手段,本质还是从属于电子防护的技术。

安全技术防范是以人力防范为基础,以技术防范和实体防范为手段,所建立的一种具有探测、延迟、反应有序结合的安全防范服务保障体系。它是以预防损失和预防犯罪为目的的一项公安业务和社会公共事业。对于公安执法部门而言,安全技术防范就是利用安全防范技术开展安全防范工作的一项公安业务;而对于社会安保部门来说,安全技术防范就是利用安全防范技术为社会公众提供一种安全服务的产业。既然是一种产业,就要有产品的研制与开发,就要有系统的设计与工程的施工、服务和管理。

综上所述,安全防范技术的本质是:一方面安全防范系统探测到各类异常信息和甄别目标信息,传输和处理这些信息,做出决策反应,另一方面,通过实体防护和人力防护等手段阻挡非安全事件的发生。安全防范技术是在法律许可和经济、技术能力达到的前提下,为着安全防范的目的,利用各类探测、阻挡隔离手段,形成的一些特定表现形态。安全防范技术的实现形态是产品(如各类探测设备、安全防范信息处理设备、记录设备和显示设备、控制设备、物理防护设备等)和服务(包括工程设计、安装调试、运行维护、接警与处警服务等)。

本书着重描述安全技术防范系统,且着重于电子防护方面的内容。在后续章节中,若没有特别说明,安全防范系统均是对电子防护系统的描述。

四、安全防范技术的专业体系

安全技术防范作为社会公共安全科学技术的一个分支,具有其相对独立的技术内容和专业体系。根据我国安全防范行业的技术现状和未来发展,可以将安全防范技术按照学科专业、产品属性和应用领域的不同进行如下分类:

• 入侵与紧急报警技术;
• 视频监控技术;
• 出入口控制技术;
• 防爆安全检查技术;

- 实体防护技术；
- 信息传输技术；
- 移动目标反劫、防盗报警技术；
- 社区安全防范与社会救助应急报警技术；
- 安全防范网络与系统集成技术；
- 安全防范工程设计与施工技术。

由于安全防范技术是正在发展中的新兴技术领域,因此上述专业的划分只具有相对意义。实际上,上述各项专业技术本身,都涉及诸多不同的自然科学和技术的门类,它们之间又互相交叉和相互渗透,专业的界限变得越来越不明显,同一技术同时应用于不同专业的情况也会越来越多。

五、安全防范技术特点

使用安全防范系统的目的就是从各种背景环境中,发现异常或目标(或其他感兴趣的事情),根据预先的判定规则,发出报警,联动有关自动装置、发出指挥命令,从而做出一系列后续连锁反应。为了这个目的,安全防范系统是"不择手段"的。

1. 实用性和适用性

安全防范技术和产品的实用性体现在技术的功效明显,强调减少不必要的烦琐操作和控制,实施目标明确。适用性则代表了选择的技术和产品是恰当的、合理的,具有较好的针对性,所谓物尽其用,满足安全防护的需要。在实际工程项目应用中,要保持与时俱进的风险意识,使得采用的产品和技术处于最佳实用和适用的状态。

2. 先进性

随着社会经济的发展、技术的进步,安全防范技术和产品会不断更新,从而得到更加有效、性能更优的安全防范技术和安全防范产品。

3. 多样性

针对各种安全防护场景,采取各种不同的探测控制手段,结合具体的管理思想,进行不同的响应方法。

4. 实时性

安全防范系统是一个实际应用系统,也被称作实战系统,其各类现场信息应及时在探测器或系统中得到响应,响应呈现给值班人员的信息应是与现场信息保持一致同步的。

第一章 安全防范概述

5. 原始完整性

原始完整性是指安全防范系统或设备采集的数据保持采集现场原始场景特征的能力,即这些数据包含的信息与现场场景的投射特征保持最大一致性(主观评价)的程度。

在安全防范系统或其值班人员中获得的现场的信息应与现场的原始场景保持一致,特别是视频和音频信号方面,系统应提供原始完整性的措施保证。这也是作为法庭呈堂证供的基本条件。

六、安全防范技术的应用

安全防范技术应用越来越广泛,几乎覆盖全社会。社会上的重要单位和要害部门,如党政机关、军事设施、国家的动力系统、广播电视、通信系统、国家重点文物单位、银行、仓库、百货大楼等,涉及国家秘密和社会稳定,关乎国计民生和经济发展,关系国家安全和民族文化的保护等,这些单位的安全保卫工作极为重要,所以也是安全防范技术工作的重点。这些单位和部门一旦安装了多功能、多层次的安全防范系统,就能在一定程度上减少巡逻值班人员,提高管理效率和应急处置能力。

公共场所和交通枢纽、干道等,关系到人民群众的生命财产安全,关系到城市秩序的有效管理。对这些区域的安全防范系统建设大大提高了人民群众的安全感和城市管理效率。

居民小区的安全防范系统、门窗的开关报警器能及时发现犯罪分子的作案时间和地点,使其不敢轻易动手。商品、自选市场的视频监控系统使商品和自选市场的失窃概率也大大减少,银行的柜员制和大厅的监控系统也使犯罪分子望而生畏。

一旦出现了入侵、盗窃等犯罪活动,安全防范系统就能及时发现、及时报警,视频监控系统就能自动记录下犯罪现场以及犯罪分子的犯罪过程,为及时破案节省大量人力、物力。

七、安全防范产品

产品是指能够提供给市场,被人们使用和消费,并能满足人们某种需求的任何东西,包括有形的物品、无形的服务、组织、观念或它们的组合。

安全防范产品就是用于防止国家、集体、个人财产以及人身安全受到侵害,能够提供预防或保护,以应付攻击或者避免伤害,用于防入侵、防盗窃、防抢劫、防破坏、防爆(暴)安全检查等领域的专用器材、设备或软件。现阶段主要安全防范产品有入侵探测与紧急报警设备、视频探测与监控设备、出入口探测与控制设备、安全防范信息传输设备、信号处理与控制设备、信息记录设备、信号显示设备等,还包括:实体防护设备、防爆安全检查设备、移动目标防盗(防抢劫)报警设备等,以及与这些产品相关的软件和由它们构成的产品或系统。

安全防范产品及技术系统工程在我国起步较晚,中国的安全防范行业作为产业是从20世纪80年代开始的。随着我国社会主义经济的发展和社会治安形势的变化,社会公共安全日益受到全社会的关注和重视,随着科学技术的发展和人民生活水平的提高,人们的安全防范意识也不断增强,安全技术防范系统和产品受到了应有的重视,发展极为迅速。

八、思考题

1. 安全防范的基本要素是什么?
2. 安全防范的基本手段有哪些?
3. 如何理解风险等级与防护级别?
4. 安全防范技术的专业体系是什么?

第二节 安全防范系统与工程

一、安全防范系统基本构成

1. 基本概念

结合GB50348《安全防范工程技术标准》,采用以下概念:

(1)安全防范系统(Security System)。以安全为目的,综合运用实体防护、电子防护等技术构成的防范系统。

本书主要内容是针对电子防护系统,即安全技术防范系统。

(2)入侵和紧急报警系统(I&HAS,Intrusion and Hold-up Alarm System)。利用传感器技术和电子信息技术探测非法进入或试图非法进入设防区域的行为和由用户主动触发紧急报警装置发出报警信息、处理报警信息的电子系统。

(3)视频监控系统(VSS,Video Surveillance System)。利用视频技术探测、监视监控区域并实时显示、记录现场视频图像的电子系统。

(4)出入口控制系统(ACS,Access Control System)。利用自定义符识别或/和生物特征等模式识别技术对出入口目标进行识别并控制出入口执行机构启闭的电子系统。

(5)电子巡查系统(guard tour system)。对巡查人员的巡查路线、方式及过程进行管理和控制的电子系统。

(6)停车库(场)安全管理系统(parking lots management system)。对人员和车辆进、出停车库(场)进行登录、监控以及人员和车辆在库(场)内的安全实现综合管理的电子系统。

(7)防爆安全检查系统(security inspection system for anti-explosion)。对人员和车辆携带、物品夹带的爆炸物、武器和/或其他违禁品进行探测和/或报警的电子系统。

(8)安全防范管理平台(SMP,Security Management Platform)。对安全防范系统的各子系统及相关信息系统进行集成,实现实体防护系统、电子防护系统和人力防范资源的有机联动、信息的集中处理与共享应用、风险事件的综合研判、事件处置的指挥调度、系统和设备的统一管理与运行维护等功能的硬件和软件组合。

2.基本构成

安全技术防范的结构模式经历了一个由简单到复杂、由分散到组合再到综合集成的发展变化过程:从早期单一小规模的电子式入侵报警系统,到后来的报警联网系统、报警—监控系统,发展到入侵报警—视频监控—出入口控制综合安全防范系统,以及今天正在广泛建设的更大规模的、跨地域的、技术复杂度更高的,应用内容更丰富的安全防范系统。

现阶段安全防范系统较常见的子系统主要包括:入侵和紧急报警系统、视频监控系统、出入口控制系统、电子巡查系统、停车库(场)安全管理系统、防爆安全检查系统、电子巡查系统、楼寓对讲系统、安全管理平台及其他子系统,如图1-2-1所示。

对具有特殊使用功能要求的建筑物、构筑物或其内的特殊部分,特殊部位,需要设计具有特殊功能的安全防范系统,如专用的高安全实体防护系统、安全信息广播系统等。

其中,安全管理系统是较大型安全防范系统的高层管理/控制平台,是能够整合或者集成安全防范系统信息的关键系统,也是发挥安全防范系统整体效能的关键环节。于是,也有人对此称作安全防范管理平台,或安全管理平台。

图1-2-1中的其他业务系统是指火灾报警系统、相关数据库等其他信息系统。

图1-2-1中的安全防范前端设备主要是指摄像机。比如在公共安全视频监控建设联网应用中,要将各行业领域自建的涉及公共区域的视频图像信息联网,有

的行业涉及公共区域的摄像机很少，有可能采用这种接入方式联网。

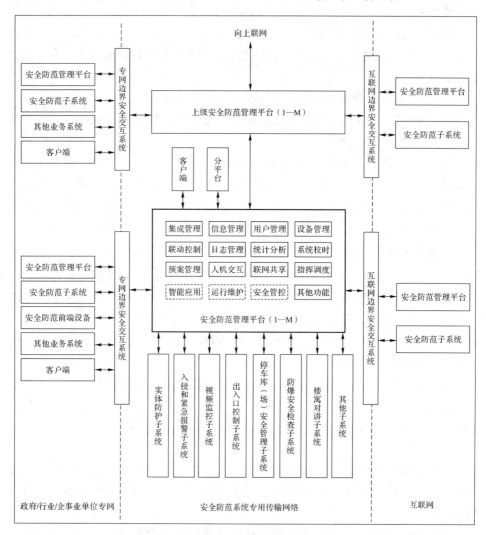

图1-2-1　安全防范系统集成联网架构图

3. 主要子系统的基本配置

从信息流的观点看，安全防范系统构成通常包括前端、传输、信息处理/控制/管理、记录、显示多个单元。不同（功能）的子系统，其各单元的具体内容有所不同。以最常见的安防子系统为例：

（1）入侵和紧急报警系统的构成。入侵和紧急报警系统工程一般由周界防护、建筑物内(外)区域/空间防护和实物目标防护等部分单独或组合构成。系统的前端设备为各种类型的入侵探测器(传感器)。传输方式可采用有线传输或/和无线传输,有线传输又可采用专线传输、公共网络传输等方式;系统的终端显示/控制/通信设备,可采用报警控制器,也可设置报警中心控制台。

(2)视频监控系统的构成。视频监控系统的前端设备是各种类型的摄像机及其附属设备,传输方式可采用同轴/双绞电缆传输或光纤传输;系统的终端设备是显示/记录/控制/传输设备,一般采用独立的视频监控中心控制台或监控—报警中心控制台。

(3)出入口控制系统的构成。出入口控制系统一般由出入口对象(人、物)识别装置、出入口信息处理/控制/通信装置和出入口控制执行机构三部分组成。

4. 对安全技术防范系统构成的理解

从对人的感觉能力延伸的角度讲,视频、音频技术是人的"眼睛"与"耳朵"的功能延伸;入侵探测器、气体报警器等的作用,相当于人的触觉、嗅觉和味觉等的功能延伸。

从对人流、物流和信息流的识别控制等诸多方面进行管理和控制来看,可简单地分为状态识别(事件触发)、目标识别和过程观察与记录。这些过程或者行为通常对应了目前的入侵和紧急报警系统、出入口控制系统和视频监控系统的基本功能。

停车场管理系统的核心内容基本属于出入口控制系统的范畴(车辆身份识别——车牌、车证、车型等),而对内部车辆的防盗窃、防破坏等宏观观察则又充分利用了视频监控等技术。

电子巡查系统是利用技防手段对人防特别是巡逻人员进行管理的制度化方法,同时巡逻人员兼有报警探测和及时处置警情的反应力量的作用。

防爆安全检查系统是对人流、车流/物流中特定物质的识别,一定意义上也是出入口控制系统的范畴。

来自各方面的报警(预警)信息是安全防范系统最核心的信息,入侵报警信息和危险报警信息是安全防范系统重中之重的核心信息。入侵报警信息和危险报警信息可以由入侵和紧急报警系统产生,也可以来自出入口控制系统或视频监控系统等。

随着社会经济技术等的发展,安全技术防范手段也会不断升级更新。例如利用互联网技术的物联网技术、大数据处理技术和智能分析技术等必将进一步应用于安全防范领域,进而提高安全防范系统的应用效果。

安全技术防范

二、安全防范工程

安全防范工程是为建立安全防范系统而实施的建设项目,也可以说是以维护安全为目的,综合运用安全防范技术和其他科学技术,为建立具有防入侵、防盗窃、防抢劫、防破坏、防爆安全检查等功能(或其组合)的系统而实施的工程,通常也称为技防工程。

安全防范工程可以是新建建筑或构筑物的同步建设项目,也可以是在既有建筑体上的新建或改、扩建安全防范工程项目。一般地,安全防范工程属于建筑安装工程的强、弱电工程的范畴。因此,安全防范工程的建设过程应遵循建筑安装工程的施工规范进行管理和控制。

从建设者的角度看,安全防范系统是建设/使用方根据自身需要、国家法律法规和相关标准规范的规定,通过风险评估、规划设计,提出建设需求,由专业安全防范设计、施工单位实施完成,最后由建设单位使用,由建设单位或专业运行保障维护单位保障,直到被废弃或升级改造的系统。

从实施者的角度看,安全防范系统是安全防范产品的集合,是安全防范从业人员通过劳动,围绕用户的安全和管理需要,将各种安全防范产品和技术,在国家相关法律法规、相关国家标准的规定和一定理念指导下采用工程方法整合为一个有机整体,从而成为一个不同于其他强弱电系统的新系统。

安全防范(系统)工程是将建设单位的需求转化为实际可运行的系统的重要过程。这个过程必须按照项目管理和质量管理体系的原则和方法进行控制和管理。

鉴于安全防范系统是一个以安全为目标的系统,它不仅需要牢固的设备安装、稳定的设备性能和协调的运行机制,更需要在系统工程建设之初,就开始做好系统建设的安全保密工作,直到系统废弃。因此,在安防系统建设中,建筑安装施工规范不能替代安全防范工程的基本要求:除了基本的建筑安装施工规范、基本的安全与文明施工要求外,在工程管理上,还特别强调安全保密的要求,涉及国家秘密的,还需要项目参与人的保密资格要求等。

三、安全防范系统发展趋势

随着犯罪暴力化、复杂化、团伙化、智能化和隐蔽性,社会治安综合治理的任务更加艰巨,这大大促进了安全防范技术手段的变革,使得安全防范系统不论是在器件上,还是在功能上都有了飞速的发展。随着科学技术突飞猛进的发展,各学科的相互促进与渗透,尤其是光电技术、微电子、微计算机和数字视频技术的发展以及

第一章 安全防范概述

多媒体技术的广泛应用,安全技术防范系统和产品已由传统的模拟式而走向高度集成的小型化、数字化、智能化、网络化。将防盗报警、视频监控、出入口控制和楼寓保安对讲等系统相互集成,融为一体,使之成为复合型综合系统,并与智能建筑控制系统有机结合,已成为安全技术防范系统发展的必然趋势。

1. 数字化

由于数字信号具有抗干扰能力强、失真小等模拟信号无法比拟的优点,且数字信号的传送具有稳定性好、可靠性高、带宽降低及后期处理能力强等优势,当前各种数字技术得到了迅速的发展,安全防范系统已逐步转向以图像处理为核心的数字化安全防范的现代模式。

安全技术防范的数字化是综合利用现代传感技术、数字信息处理技术、数字通信技术、计算机技术、多媒体技术和网络技术,实现各种安全防范信息的采集、处理、传输、显示和高度集成共享,实现安全防范设备的自动化、智能化监控,营造高度安全的生活与工作环境。

2. 网络化

数字视频监控系统在多路视频监控、随机检索回放、录像与回放同时进行、网络远程监控、监控录像保存等方面具有极大优势。网络型视频监控系统实际是数字监控系统的网络化,也就是利用网络传输的数字视频监控系统。前端数字化设备的应用与网络紧密相关,使得监控报警信息已经不局限在一地一处的局部应用,整个网络系统硬件、软件资源和任务共享,是安全防范社会化的迫切需求。数字安全防范进一步加强了网络的功能,能够接入局域网及广域网。通过互联的网络可以实现机电设备、家用电器和数字化安全防范系统等的自动化、智能化远程监控。安全防范系统的网络化可以实现采集资源、信息资源、数据资源、存储资源、计算资源、知识资源、专家资源等的全面共享,便于互联互通,消除信息孤岛。

3. 智能化

智能一般具有这样一些特点:

(1)具有感知能力,即具有能够感知外部世界、获取外部信息的能力,这是产生智能活动的前提条件和必要条件;

(2)具有记忆和思维能力,即能够存储感知到的外部信息及由思维产生的知识,同时能够利用已有的知识对信息进行分析、计算、比较、判断、联想、决策;

(3)具有学习能力和自适应能力,即通过与环境的相互作用,不断学习积累知识,使自己能够适应环境变化;

(4)具有行为决策能力,即对外界的刺激做出反应,形成决策并传达相应的信息。具有上述特点的系统则为智能系统或智能化系统。

随着安全技术防范系统向数字化、网络化发展,组成安全防范系统的各种安全技术防范产品也向着多功能综合化方向发展。智能化的系统不是孤立地反映各种物理量和状态的变化,而是全面地从它们之间的相关性和变化过程的特征去分析和判定,从而得出更加合理有效的探测结果。比如:

(1)入侵报警系统的入侵探测器已从单一模式向多元复合型智能化发展,如将两种探测单元组合于一体,互为补充的微波和被动红外,超声和被动红外等复合型双鉴入侵探测,具有智能识别、判断、诊断的功能,不仅大大降低了误报漏报率,提高了报警的准确性,而且还具有防小动物干扰的能力。防盗报警控制器已从简单的信号接收、逻辑判断、时序控制发展到广泛采用微处理器等实现报警信号采集、判断、控制、自检、故障诊断的智能化。

(2)视频监控系统中人脸识别、行为和状态分析、图像动态自动跟踪都是智能化发展的体现。

(3)出入口控制系统的数据识别设备已由密码输入、接触卡、感应卡等读卡系统,发展到指纹、掌纹、面部、瞳孔等生物识别系统的应用。

4. 集成化

系统集成是通过计算机网络技术,实现各个分离的设备、功能和信息等集成到相互关联的、统一和协调的系统之中,使资源达到充分共享,实现集中、高效、便利的管理。安全防范系统的集成化,包括单一系统的集成化,也就是由一个系列的产品所组成的一套系统,如入侵和紧急报警系统、视频监控系统、出入口控制系统等。同时还有多系统集成,既有由众多的单一系统所组成的一整套大的系统,也有不同安防系统的集成。安防系统集成既可作为一个独立的系统集成项目,也可作为一个子系统包含在城市应急指挥系统、智能建筑系统、工业监控监测管理系统等集成中。

随着科技不断进步,安防行业的应用领域不断扩大,从入侵和紧急报警、视频监控、出入口控制、防爆安全检查等几个大类传统产品和工程服务,发展到报警运营、中介、资讯等专业化服务,随着业务融合以及数据挖掘和分析的技术发展,基于大数据、面向信息整合的智慧城市共性集成平台是必然方向。因此,随着数据时代、信息时代的到来,系统集成化发展是大势所趋。

5. 规模化

安全技术防范市场发展速度决定了安全技术防范系统的规模化。近年来,逐

第一章 安全防范概述

渐加大的安全技术防范资本投入,是其规模化的条件,而安防行业社会化是其规模化的保障。随着安全技术防范的社会化,它已由单位、个人,向小区、社区转为区域化。因此,也可以说,技术防范的社会化亦是其规模化发展的过程。当然,安全技术防范的网络化也拉动了其规模化的进程,由于网络技术的支持,使安全防范行业的综合服务功能得以实现。

四、安全防范系统运行管理与保卫工作

安全是目的,安全防范是一种社会手段,社会真正需要的是安全服务。安全技术防范活动的蓬勃开展,给安全防范管理工作带来机遇的同时,也带来了巨大的挑战。在一个完整的安全防范系统中,人是基础和根本,随着安全技术防范系统的高速发展,对人防和物防的要求也随之提高。保卫人员作为人防的主力军,也需要与时俱进,不断提高自身的专业水平和职业素质。保卫干部应做到不断深化对安全技术防范的认识,及时适应社会主义市场经济条件下对安全防范管理工作的新要求。

1. 加强保卫人员相关技防知识培训

由于技术防范系统向着数字化、网络化、智能化的方向发展,对保卫人员尤其是监控室操作人员也提出了更高要求,而保卫人员现有的文化层次稍显不足,所以必须注重对保卫人员不定期地开展业务培训,诸如安全培训、各种新产品使用方法培训、突发事件应急处理培训等。

2. 安全技术防范与人防相结合

虽然安全技术防范是未来安全防范的发展趋势,但是不能过分依赖安全技术防范。必须要以人防为依托、安全技术防范为手段,强化与人防的密切配合,协同作战,把人的主观能动性和技防的连续动作特点紧密结合起来,共同预防事故。

3. 遵守安全操作章程,强化职业操守

有部分保卫人员由于好奇心作祟,可能会无意识地做出擅自修理安全技术防范产品、变换摄像机角度、关闭报警主机或旁路不应撤防的防区等破坏安全技术防范系统的行为,这些都有可能导致安全技术防范系统出现死角、漏报和误报现象,所以要求保卫人员对于安全技术防范产品的部件、安装位置、安装角度尽量不要去移动、破坏,如发现损坏现象,应立即向上级领导汇报,由专业人员进行修理或者更换。

保卫人员还应加强职业道德培训,在工作过程中不得出现懈怠、敷衍等现象。

4. 加强自身的学习能力,强化日常实战训练

在工作过程中,保卫人员要强化日常实战训练,对于安全技术防范产品的更新、使用、管理要做到熟练掌握、灵活运用,让安全技术防范系统发挥最大效能,做到人、机、环境、管理有机结合,达到安全管理和应急处置的科学、快速、高效,最终确保安全。

5. 维护保养

安防系统在完成实施、投入正常运行之后,就进入了系统运行与维护阶段。一般来说,系统的使用寿命短则5~6年,长则可达10年以上,在安防系统的整个使用寿命中,都将伴随着系统维护工作的进行。系统维护离不开维护人员,离不开保卫人员对系统运行状况的了解和管理,系统维护的目的是要保证系统正常而可靠地运行,并能使系统功能性能不断得到保持和改善,以充分发挥作用。因此,管理、操作人员的任务就是要有计划、有组织地对系统进行必要的操作,随时了解系统中的各个要素随着系统设备老化、环境的变化、发生的事件等所处的工作状态,为系统是否维护提供决策依据。

五、思考题

(1)安全防范系统的定义是什么?
(2)安全防范系统通常有哪些子系统?
(3)如何理解安全防范系统发展趋势?
(4)如何理解安防系统与保卫工作的关系?

第二章

安全防范子系统

第一节 入侵和紧急报警系统

一、基本概念

1. 入侵

"入侵"在不同的领域,有不同的含义,入侵(侵入、侵略)传统意义上是指一种军事行动,通常带有领土征服的目的。现代意义上,"入侵"或"侵入"作为汉语词语被广泛延伸到各个领域,可以指未经许可而进入的各个领域、区域的事务或人的行为。

在安全防范行业,入侵主要是指人员未经许可或非授权的情况下进入某区域,且通过可能破坏环境、试图窃取具有一定资产价值的财物或对他人造成伤害的故意行为。

探测就是发现和识别差异。探测对象所载有的、区别于其他事物和相对稳定的差别就是特征。探测对象载有的特征可以是其自身所具有的,也可以是安全防范系统所赋予的,安全防范系统通常是通过一个特征载体来表示探测对象的位置变化、身份和权限,或在所控制的物质、物品中附加一种可探测的标记。

探测对象的差别可以是一个静态的量,可以用一个稳定的参数来表示(一个代码、一幅图像),也可以是动态的量,通过一个过程表现出来。在数学上,则可以是稳态的量或暂态的量(频率、能量、波形、相位等特性)。不同数学表达方式意味着有不同的探测信号处理方法,而其实质是反映差别不同的特性,或具有时间分辨或具有空间分辨的能力。

2. 探测对象的特征

(1)探测对象本身的特征。发现探测对象自身具有的特征,确认它的存在和现行活动的合法性,如检测探测对象的辐射、读取探测对象的特征和被赋予的特征载体的信息,是入侵探测的主要方式。探测对象对外力作用的反应(的差别)也可以成为一种特征,识别这个特征即可实现探测。

(2)探测对象与环境(背景)的差异。发现探测对象与环境(背景)的物理特征(参数)之间的差别,如温度差、质量差、速度差等。

(3)环境状态的变化。由于探测对象的出现,环境状态发生变化,这是一种时间域的差别,这种探测方法在入侵探测中应用是很普遍的。

(4)环境参数的变化。由于探测对象的存在,环境的物理参数发生变化,这也是一种时间域的差别,如温度、湿度、照度、辐射强度的变化等。

(5)环境状态、参数因外力作用而产生的变化。作用的外力可以是机械力,也可以是电磁作用。

(6)射线对物质的作用。物质对射线的吸收、反射、透过性能代表物质的个性化信息,是危险品探测的主要方法。

总的来说,探测就是发现探测对象的特征,或者用适当的方法把探测对象与环境、与其他对象的差别表现出来,并把安全的状态作为基准(表示为一个阈值),判断探测结果是否超出了这个基准状态。

3. 探测的基本方式

实现探测的原理和方法很多,归纳起来可分为两种基本方式。

(1)主动探测。通过在防范空间(区域)内建立一个可监测的环境(电磁、气候、状态等),然后探测其特征参数或状态的变化来实现探测。可以通过设定阈值作开关量的探测,可以通过对参数变化(能量幅度、频率、方向等的变化和/或变化率)的分析来进行判断,如主动红外探测、微波探测、电磁探测等就是主动探测方式。

(2)被动探测。监测防范空间(区域)内自然环境的参数变化,探测对象本身发出的带有特征信息的辐射来实现探测。与主动探测一样,也可以采用不同的分析方法。探测人体红外辐射的探测方式就是典型的被动探测。

4. 常见术语和名词解释

为了方便了解入侵和紧急报警系统,下面介绍一些入侵和紧急报警系统中常用的术语、名词和含义。

(1)报警(alarm)。生命、财产或环境面临危险时发出的警告。

(2)报警系统(alarm system)。对面临生命、财产或环境的危险进行人工判别或自动探测并做出响应的电子系统或网络。

(3)入侵和紧急报警系统(IAS,Intruder Alarm System)。利用传感器技术和电子信息技术探测非法进入或试图非法进入设防区域的行为和由用户主动触发紧急报警装置发出报警信息、处理报警信息的电子系统。

本节下文中,若无特殊说明,入侵和紧急报警系统也简称"入侵报警系统"或"报警系统"。

(4)漏报警(leakage alarm)。未能对已设计的报警状态做出报警响应或指示。

(5)误报警(false alarm)。对未设计的报警状态做出响应发出报警信号。

(6)防护范围(区域)(supervised premises)。入侵和/或紧急报警系统所防护的建筑物和/或场所或其部分。

(7)防区(zone)。在防护区域内,入侵和紧急报警系统可以探测到入侵或人为触发紧急报警装置的区域。

(8)报警状态(alarm condition)。报警系统或其部分因对面临的危险做出响应而产生的状态。

(9)入侵报警状态(intruder alarm condition)。报警系统对存在入侵行为做出响应的状态。

(10)紧急报警状态(hold-up alarm condition)。报警系统对人为触发紧急报警装置做出响应的状态。

(11)正常状态(normal condition)。不存在入侵和紧急报警系统布防的状态。

(12)故障状态(fault condition)。报警系统或其部分处于非正常工作状态。

(13)紧急报警(triggering)。用户主观判断面临被劫持或遭抢劫或其他危急情况时,对紧急报警装置的特意操作。

(14)拆改(tamper)。对报警系统的故意改动、蓄意干扰等行为。

(15)防拆状态(tamper condition)。报警系统探测到被拆改的一种状态。

(16)防拆报警(tamper alarm)。由防拆状态发出的报警。

(17)防拆探测(tamper detection)。探测报警系统是否受到拆改。

(18)防拆保护(tamper protection)。保护报警系统以免受到拆改的方式或方法。

(19)入侵探测器(intrusion detector)。对入侵或企图入侵行为进行探测、做出响应并产生入侵报警状态的装置。

(20)入侵探测器(intrusion detectors)。用来探测入侵者的移动或其他动作的电子及机械部件所组成的装置。

(21)紧急报警装置(hold-up device)。由人工故意触发并产生紧急报警状态的装置。

(22)控制指示设备(control and indicating equipment)。接收、处理、控制、指示和向上一级进行信息传输的设备。

控制指示设备的传统称呼为报警控制器,或者称作防盗报警控制器。

(23)告警装置(warning device)。对通告给出声音报警的设备。

(24)报警传输系统(alarm transmission system)。用来把一个或更多报警系统状态的信息传送到一个或更多接收中心的设备和网络。

注:报警传输系统不包括本地直连,即报警系统部件之间的互连,它不需要通过接口把报警信息转换成适合传输的形式。

(25)设防(set)。使系统或其一部分处于能通告报警状态的操作,也称为布防。

(26)撤防(unset)。使系统或其一部分处于不能通告报警状态的操作。

(27)强制设防(override)。允许用户在报警系统处于非正常状态时进行设防。

(28)隔离(旁路)(isolation)。报警系统的部分报警状态不能被通告的状态。此状态会一直保持到手动复位。

(29)恢复(restore)。取消报警、被破坏、故障或其他状态并将报警系统返回上一个状态的程序。

(30)进入/退出路径(entry/exit route)。通过授权进入或退出防护区域的路径。

(31)通告(notification)。将报警、被破坏或故障状态传递给告警装置和/或报警传输系统的过程。

(32)事件(event)。报警系统运行与操作所产生的状态。

(33)报警响应时间(response time)。从探测器(包括紧急报警装置)探测到目标后产生报警状态信息,控制指示设备、报警接收设备或远程报警接收中心接收到该信息并发出报警信号所需的时间。

(34)系统响应时间(response time)。从探测器(包括人工启动开关、按钮或电键)探测到目标后产生报警状态信息到控制器接收到该信息并发出报警信号所需的时间。

(35)远程中心(remote centre)。远离防护区域,能收集报警系统的状态信息或报告或向前传输的监控中心。

(36)报警接收中心(alarm receiving center)。一直有人操作的远程中心,能接收向其报告的报警系统的信息。

(37)报警服务(运营)公司(alarm company)。提供入侵和紧急报警接警服务的公司。

二、系统构成

1. 系统基本组成

入侵和紧急报警系统通常由前端设备、传输设备、处理/控制/管理设备和显示/记录设备等组成。

系统是由前端设备对入侵进行探测、感知而产生信号,该信号通过传输设备传送到控制设备,由控制设备对所传送过来的信号进行分析、判断和确认,实现对报警信号的记录和显示,并通过联动设备实现与其他系统的联动。

入侵和紧急报警系统的组建模式按用户需求的不同,可有多种组建模式,但不管有几种构成模式,各种不同入侵和紧急报警系统都有其共同部分,其基本构成如图2-1-1所示。

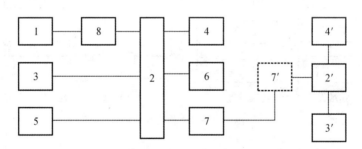

图2-1-1 各种入侵和紧急报警系统的共同部分
1—探测器、紧急报警装置;2—控制设备;3—电源;
4—声光指示设备;5—告警器;6—操作键盘;7—信号通信接口(含外置);8—传输设备

由于行业、所需防护的部位、各方面条件等的差异,报警系统的组建模式最终会有较大的差异。根据系统传输方式的不同,可分为以下四种基本模式:

(1)分线制:探测器、紧急报警装置通过多芯电缆与报警控制主机之间采用一对一专线相连,如图2-1-2所示。

分线制也称多线制,通常用于距离较近、探测防区较少并集中的情况。该模式最简单、传统,报警控制设备的每个探测回路与前端探测防区的探测器采用电缆直接相连。多用于小于16防区的系统。

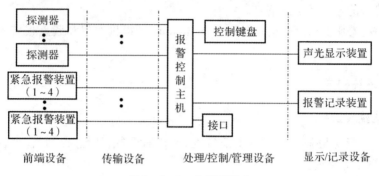

图 2-1-2 分线制模式

(2)总线制:探测器、紧急报警装置通过其相应的编址模块与报警控制主机之间采用报警总线(专线)相连,如图 2-1-3 所示。

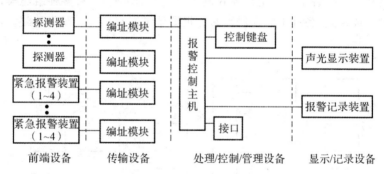

图 2-1-3 总线制模式

总线制模式通常用于距离较远、探测防区较多并分散的情况。该模式前端每个探测防区的探测器利用相应的传输设备(俗称模块)通过总线连接到报警控制设备。多用于小于 128 防区的系统,巡检时间 10 ms,模块响应时间 10 ms。

(3)无线制:探测器、紧急报警装置通过其相应的无线设备与报警控制主机通信,如图 2-1-4 所示。

无线制模式通常用于现场难以布线的情况。前端每个探测防区的探测器通过分线方式连接到现场无线发射接收中继设备,再通过无线电波传送到无线发射接收设备,无线发射接收设备的输出与报警控制设备相连。其中探测器与现场无线发射接收中继设备、报警控制主机与无线发射接收设备可为独立的设备,也可集成为一体。目前前端多数产品是集成为一体的,一般采用电池供电。

(4)公共网络:探测器、紧急报警装置通过现场报警控制设备和/或网络传输接入设备与报警控制主机之间采用公共网络相连。公共网络可以是有线网络,也可以是有线—无线—有线网络,如图2-1-5所示。

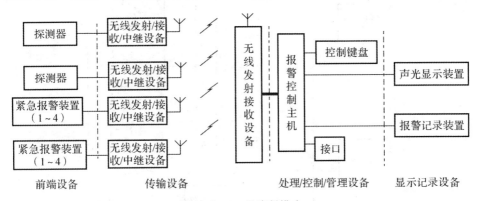

图2-1-4 无线制模式

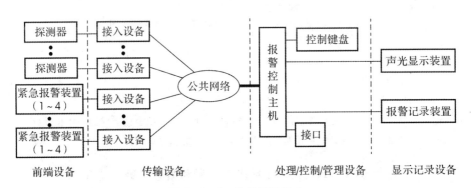

图2-1-5 公共网络模式

公共网络包括局域网、广域网、电话网络、有线电视网、电力传输网等现有的或未来发展的公共传输网络。基于公共网络的报警系统应考虑报警优先原则,同时要具有网络安全措施。

以上四种模式可以单独使用,也可以组合使用;可单级使用,也可多级使用。一般来说,入侵和紧急报警系统结构可以是以上四种基本模式的组合,也可以单独使用。

2. 系统应用构成

入侵和紧急报警系统可有多种应用构成模式。按系统的组成方式不同,可分为单一控制指示设备模式(简称单控制器模式)、多控制指示设备本地联网模式(简称本地联网模式)、远程联网模式和集成模式。

(1)单控制器模式。该模式具有一个控制指示设备,其组成如图2-1-6所示。

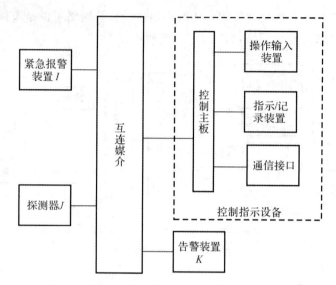

图 2-1-6　入侵和紧急报警系统单控制器结构图

说明：

I——紧急报警装置的数量，$I \geqslant 0$；

J——入侵探测器的数量，$J \geqslant 0$，I 与 J 不能同时为 0；

K——告警装置的数量，$K \geqslant 1$。

注 1：图中虚框内的功能部件，可以是分立的设备，也可以是组合或集成的一体化设备。

注 2：图中通信接口能提供与其他应用系统实现联动的信号或信息。

（2）本地联网模式。系统由一个或多个入侵和紧急报警系统和 1 个本地报警接收中心组成。其结构如图 2-1-7 所示。

（3）远程联网模式。系统由一个或多个入侵和紧急报警系统和一个或多个报警接收中心组成，至少具有一个远程报警接收中心。其结构如图 2-1-8 所示。

（4）与其他应用系统集成模式。当入侵和紧急报警系统与视频监控系统、出入口控制系统等应用系统集成时，入侵和紧急报警系统的功能性能要求应首先保证，其他应用系统的故障不应影响入侵和紧急报警系统的正常工作。

三、主要功能、性能

1. 探测

入侵和紧急报警系统应对防护区域内可能的入侵行为进行准确、实时的探测并产生报警状态，其持续时间应能确保信息发送通信成功。

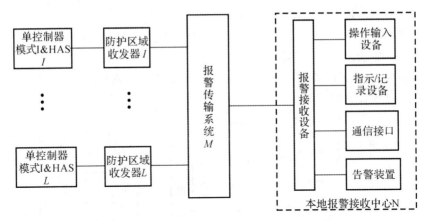

图 2-1-7 入侵和紧急报警系统本地联网型结构图

说明：

L——单控制器模式 I&HAS 及其防护区域收发器（SPT）的数量，$L \geqslant 1$；

M——报警传输系统（ATS）的数量，$M \geqslant 1$；

N——本地报警接收中心（ARC）的数量，$N \geqslant 1$。

注1：本地报警接收中心位于防护区域内，与所设置的 I&HAS 防护区域均属于对该区域具有行政管理权的单位或部门。

注2：图中操作输入设备可以是控制键盘，也可以是计算机。

注3：指示/记录设备可以是分立的单独设备，也可以是与报警接收设备集成的一体化设备，或计算机的硬盘等。

一般来说，入侵行为可能包括但不限于下列情况：

Ⅰ．越过警戒线；

Ⅱ．打开门、窗、空调百叶窗等；

Ⅲ．用暴力通过门、窗、天花板、墙及其他建筑结构；

Ⅳ．破碎玻璃；

Ⅴ．在建筑物内部移动；

Ⅵ．接触或接近保险柜或重要物品；

Ⅶ．紧急报警装置的触发。

（1）入侵探测。入侵探测器应能最大限度地探测到实际的入侵和将误报的风险降到最低。

当下列任何情况发生时，报警控制设备应发出声、光报警信息，报警信息应能保持到手动复位，报警信号应无丢失。

1）在设防状态下，当探测器探测到有入侵发生或触动紧急报警装置时，报警控制设备应显示出报警发生的区域或地址；

2)在设防状态下,当多路探测器同时报警(含紧急报警装置报警)时,报警控制设备应依次显示出报警发生的区域或地址。

报警发生后,系统应能手动复位,不应自动复位。在撤防状态下,系统不应对探测器的报警状态做出响应。

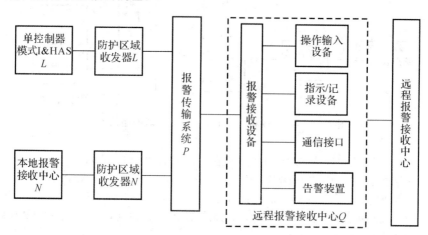

图 2-1-8 入侵和紧急报警系统远程联网型结构图

说明：

L——单控制器模式 I&HAS 及其防护区域收发器(SPT)的数量,$L \geqslant 1$；

N——本地报警接收中心(ARC)及其防护区域收发器(SPT)的数量,$N \geqslant 1$；

P——报警传输系统(ATS)的数量,$P \geqslant 1$；

Q——远程报警接收中心(ARC)的数量,$Q \geqslant 1$。

注1：远程报警接收中心位于防护区域外,其地理位置相对独立,与所设置的 I&HAS 防护区域不具有行政管理权的单位或部门。

注2：远程报警接收中心可以是多级的。

(2)紧急报警。紧急报警装置应设置为不可撤防状态,应有防误触发措施,被触发后应自锁。

(3)防破坏探测。当下列任何情况发生时,报警控制设备上应发出声、光报警信息,报警信息应能保持到手动复位,报警信号应无丢失。

1)在设防或撤防状态下,当入侵探测器机壳被打开时；

2)在设防或撤防状态下,当报警控制器机盖被打开时。

(4)故障识别。当下列任何情况发生时,报警控制设备上应发出声、光报警信息,报警信息应能保持到手动复位,报警信号应无丢失。

1)在有线传输系统中,当报警信号传输线被断路、短路时;
2)在有线传输系统中,当探测器电源线被切断时;
3)当报警控制器主电源/备用电源发生故障时;
4)在利用公共网络传输报警信号的系统中,当网络传输发生故障或信息连续阻塞超过30 s时。

(5)其他探测。

1)在高风险防护区域的室内空间型入侵探测器应具有探测遮挡的功能。

2)在高风险防护区域的室内空间型入侵探测器应具有探测所设定的探测范围明显减少的功能。

3)在室外应用中的高风险防护区域的探测器宜具有信号自分析处理、调节和设置等功能。

2. 显示

入侵和紧急报警系统应能对下列状态的事件来源和发生的时间给出指示:

(1)正常状态;

(2)测试、试验状态;

(3)设防状态;

(4)撤防状态;

(5)旁路状态;

(6)入侵报警状态(包括入侵行为产生的紧急报警);

(7)防破坏报警状态;

(8)故障报警状态;

(9)告警指示;

(10)等待指示状态;

(11)主电源掉电、备用电源欠压;

(12)传输信息失败。

3. 控制

应对操作人员操作的入侵报警控制设备进行清楚无误的标记和合理布局,以将误操作的可能性降到最低。入侵和紧急报警系统应能对下列功能进行编程设置:

(1)操作权限;

(2)全部或部分探测回路设防与撤防;

(3)部分探测回路的旁路;

(4)瞬时防区和延时防区;

(5)向辅助装置发激励信号;

(6)添加/更改个人授权代码;

(7)查询事件日志;

(8)系统复位;

(9)向远程中心传输信息或取消;

(10)系统试验应在系统的正常运转受到最小中断的情况下进行。

4. 记录和查询

入侵和紧急报警系统应能对下列事件记录和事后查询,事件记录具有防篡改措施:

(1)显示功能所列事件(包括报警、故障、被破坏、操作等)、控制功能所列编程设置等信息;

(2)操作人员的姓名、时间(包括开机、关机、设防、撤防、更改等);

(3)警情的处理(包括事件发生时间、地点、性质等);

(4)维修记录。

入侵和紧急报警系统应能自动循环覆盖原有记录,且能存储最近的 400 条独立事件。系统供电电源断电后,存储功能的事件数据最少应能保持 30 d。

5. 传输

报警信号的传输可采用有线和/或无线传输方式,报警传输系统应具有自检、巡检功能,入侵和紧急报警系统应有与远程中心进行有线和/或无线通信的接口,并能对通信线路的故障进行监控。

6. 报警响应时间

(1)按传输模式,入侵和紧急报警系统报警响应时间应满足下列要求:

1)分线制、总线制和无线制系统:不大于 2 s。

2)基于局域网、电力网和广电网系统:不大于 2 s。

3)基于市话网电话线系统:不大于 20 s。

(2)按系统结构,入侵和紧急报警系统报警响应时间应满足下列要求:

1)单控制器模式:不大于 2 s。

2)本地联网模式:一般部门不大于 10 s,重要部门不大于 5 s,要害部门不大于 2 s。

3)远程联网模式：一般部门不大于 20 s,要害部门不大于 10 s。

7. 告警

告警装置的发声运行时间应不小于 90 s,不大于 15 min,其运行时间应满足当地的相关规定。

8. 无线入侵和紧急报警系统

无线制入侵和紧急报警系统还应具有以下功能：

(1)当探测器进入报警状态时,发射机应立即发出报警信号,并应具有重复发射报警信号的功能。

(2)控制器的无线收发设备宜具有同时接收处理多路报警信号的功能。

(3)当出现信道连续阻塞或干扰信号超过 30 s 时,监控中心应有故障信号显示。

(4)探测器的无线报警发射机,应有电源欠压本地指示,监控中心应有欠压报警信息。

四、常用设备

入侵探测器是用来探测入侵者的移动或其他动作的由电子机械部件所组成的装置。一般不同类型的探测器采用不同的物理手段探测入侵行为,大多探测器(空间式、面控式或线控式)一般由探测传感器(或发射接收装置)、信号处理装置和输出装置等组成,其中探测传感器是系统的输入部分,担负信息采集,信号处理装置进行信息分析(部分探测传感器具有人工智能,能进行简单的逻辑分析),当被感知的事件满足设定条件时,探测器就会通过输出装置向报警控制主机发出信号报告警情。

1. 入侵探测器的分类

入侵探测器的种类很多,分类方式多样,常见的分类方式有以下几种：

(1)按用途或应用场合分类,可分为室内型探测器和室外型探测器。常用的室内型探测器有被动红外探测器、微波/被动红外双技术探测器、微波多普勒探测器、玻璃破碎探测器等。常用的室外探测器有主动红外探测器、振动电(光)缆探测器、电子围栏、被动红外探测器(室外型)等。

(2)按警戒范围分类,可将探测器分为点控制式探测器、线控制式探测器、面控制式探测器和空间控制式探测器。

1)点控制式探测器。点控制式探测器的警戒范围是一个点,它通常是通过触发开关的闭合或断开而发出报警信号的,多用于重要物体、重要部位或区域的警戒。主要产品形态有紧急按钮、脚挑开关、磁控开关、微动开关、压力垫开关、水银开关、短导电体的断裂原理等。应用最多的有紧急报警装置(如紧急按钮、脚挑开关等)和磁开关探测器。

2)线控制式探测器。线控制式探测器的警戒范围是一条或多条平行线,当处于警戒状态的"线"被破坏时,即可发出报警信号。线控制式探测器主要有两种形态。一种是对射型探测器,其结构通常由独立的发射装置、接收装置及其信号分析处理装置组成,它是通过发射装置发射空间能量,通过接收装置接收能量的变化,并通过信号分析处理装置,产生报警信息。该种类型通常是主动式探测,常见的探测设备主要包括主动红外入侵探测器、激光对射入侵探测器等。另一种是分体型探测器,通常由传感器装置/传感介质、发射/接收装置及其信号分析处理装置组成,常见的探测设备主要包括泄漏电缆探测器、静电场感应电缆探测器、脉冲电子围栏、张力式电子围栏等。

3)面控制式探测器。面控制式探测器的警戒范围是一个面,当这个警戒面上任一点的变化传至探测器时,即可发出报警信号。面控制式探测器也有两种形态。一种是对射型探测器,它由独立的发射装置、接收装置及其信号分析处理装置组成,它是通过发射装置发射空间能量,通过接收装置接收能量的变化,并通过信号分析处理装置,产生报警信息。目前主要的探测设备是遮挡式微波入侵探测器。另一种是基于实体防护的探测器,通常由传感器装置/传感介质及其信号分析处理装置等组成,基于实体防护型入侵报警系统是依附于实体的物理结构、地形或埋设于实体防护的物理结构内(包括围墙内、建筑实体内等),可用于实体防护的周界,也可依据空旷的周界地形埋设在地下的探测设备,常用的主要有振动入侵探测器、振动电(光)缆探测器、声控振动双技术玻璃破碎探测器、地音探测器等。振动入侵探测器也可用于保护箱柜等器具,如 ATM 机、公共设施设备箱、保险箱等。

4)空间控制式探测器。空间控制式探测器警戒范围是一个空间,当这个空间范围内的状态发生变化时,即发出报警信号。常见的探测设备主要包括室内外被动红外入侵探测器、室内外微波和被动红外复合入侵探测器、超声波多普勒探测器、微波多普勒探测器、声控探测器、次声波探测器等。

(3)按探测器的工作方式分类。

按探测器工作方式可分为主动式探测器和被动式探测器。

1)主动式探测器。主动式探测是通过探测器发射能量,在防护范围内建立一个可监测的环境或状态,并通过接收能量参数的变化来实现探测。也就是说,在主动式探测器工作时,探测器中的发射器向防护区域发射某种形式的能量,并在接收传感器上形成有规律的信号,一旦出现入侵行为,这个有规律的信号将发生变化,经处理后形成报警信号。这类探测器有两种结构方式,一种是发射和接收置于同一机壳内的,如微波多普勒探测器,警戒时形成稳定变化的微波场,一旦入侵者侵入,稳定变化的信号将被破坏,传感器接收这一变化后即输出报警信号;另一种是发射和接收分置两个不同机壳内的,如主动红外探测器,警戒时在发射机和接收机之间形成人眼看不见的红外脉冲束,一旦脉冲束被遮挡(稳定变化的信号被破坏),即输出报警信号。被动式探测器在担任警戒期间本身则不需要向所防范的现场发出任何形式的能量,而是直接探测来自被探测目标自身发出的某种形式的能量。

2)被动式探测器。被动式探测是通过在防护区域内由于发生入侵行为而引起自然环境、环境物理参数等的变化和入侵者本身发出带有特征信息的辐射来实现探测。也就是说,被动式探测器工作时,探测器本身不向防范区域发射能量,而是接收自然界的能量,即来自被防护区域的目标自身发出的某种形式的能量,在探测器的接收传感器上形成稳定变化的信号,一旦出现入侵行为,稳定变化的信号将被破坏,并产生携有报警信息的探测信号,经处理形成报警信号。例如:被动红外探测器,警戒时固定目标(墙体、保险柜、被防护目标等)发出的红外线,在被动红外入侵探测器的接受传感器形成稳定变化的热信号,一旦有人入侵,这个稳定变化的信号将发生突变,传感器提取这一突变信号经处理后,发出报警信号。

(4)按传感器工作原理分类。目前,入侵和紧急报警系统所用的各种探测器中核心部件就是传感器,它是一种物理量转换器件,将入侵时所产生的物理量(力、位移、速度、加速度、振动、温度、光强等)转换成相应的、易于处理的电信号和电参量,如电压、电流、电阻等。可以从目前各类探测器的名称可以看出其原理的不同,如磁开关探测器、振动入侵探测器、声控探测器、被动红外入侵探测器、主动红外入侵探测器、微波多普勒探测器、激光对射入侵探测器、静电场感应电缆探测器等。

(5)按传输信道分类。按探测信号传输的信道可将探测器分为有线探测器和无线探测器。

探测器和报警控制器之间采用有线方式连接的为有线探测器;采用电磁波传输报警信号的为无线探测器。

2. 报警主机的分类

(1)根据使用要求和系统大小不同:单路报警主机(只控制一路探测器,只有一路声响报警)、小型报警主机、中型报警主机、大型报警主机。

(2)就防范控制功能而言:单一安全防范功能(如防盗、防入侵、防火)的报警主机、具有多重安全防范功能(防盗、防入侵、防火、视频监控、监听等)为一体的综合型的多功能报警主机。

(3)根据组成电路的器件不同:由晶体管或简单集成电路元器件组成的报警主机、利用单片机控制的报警主机、利用微机控制的报警主机。

(4)按照信号的传输方式不同:有线接口的报警主机、无线接口的报警主机、有线接口和无线接口兼容的报警主机。

(5)依据安装方式不同:台式报警主机、壁挂式报警主机、柜式报警主机。

3. 常用入侵探测器

(1)磁开关探测器。

1)磁开关探测器结构与工作原理。磁开关入侵探测器由开关盒(核心部件是干簧管,又称磁簧管或磁控管)和磁铁盒(永久磁铁块)构成,其中干簧管是磁开关探测器的核心元件。其工作原理是:当磁铁盒相对于开关盒移开至一定距离时,能引起开关状态发生变化,控制有关电路发出报警信号,磁开关入侵探测器又称磁控管开关或磁簧开关,俗称磁控开关或门磁开关。图 2-1-9 是磁开关入侵探测器的两种实物图,左侧为暗装式磁开关探测器,右侧为表面安装式磁开关探测器。入侵报警系统中主要使用常开式干簧管,图 2-1-10 是这种干簧管结构示意图。

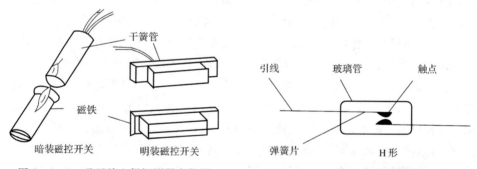

图 2-1-9 磁开关入侵探测器实物图　　图 2-1-10 常开式干簧管结构示意图

干簧管中弹簧片用铁镍合金做成,具有很好的弹性,且极易磁化和退磁,它与玻璃管烧结而成。玻璃管内充惰性气体,防止触点氧化。弹簧片上的触点镀金、银、铑等贵重金属,以减小接触电阻。两触点间隙很小,吸合、释放的时间一般在 1 ms 左右,吸合次数(寿命)可达 10^8 次以上。

这种干簧管的弹簧片烧结在玻璃管两端,在永久磁铁的作用下,两触点产生异性磁极,由于异性磁极的相互吸引两触点闭合,形成警戒状态。一旦磁铁远离干簧管,即门、窗被打开,两触点立即退磁,在弹簧片弹力的作用下,触点分开,系统报警。

磁开关按分隔间隙(磁铁盒与开关盒相对移开至开关状态发生变化时的距离)将产品分为三类:A 类大于 20 mm,B 类大于 40 mm,C 类大于 60 mm。

2)磁开关入侵探测器的应用。

Ⅰ.设备选型。由于磁开关入侵探测器具有体积小、耗电少、使用方便、价格便宜、动作灵敏、抗腐蚀性能好、寿命长等优点,因而适用的场合较多,比如商店、展览馆等与外界相通的门、窗,可选择暗装磁控开关,并将其嵌入门、窗框内,再将引线适当伪装,可有效地防止破坏;再如办公室、家庭,则可选择明装式磁控开关,以减少施工麻烦。

应根据所安装门、窗缝隙的大小,选择不同类别的产品。原则是保证所选磁开关在门、窗被打开缝前报警。干簧管与永久磁铁的安装间距一般以 5 mm 左右为宜,有时门、窗缝隙过大,特别是随风晃动的门、窗,不宜选用磁开关探测器警戒。

选用磁控开关时还应考虑所安装门、窗的质地和颜色,木制门、窗须选与其颜色协调、尺寸适宜的磁控开关;对于铁、钢、塑钢(塑钢内有铁骨架)门、窗除颜色协调、尺寸适宜外,普通的磁控开关不适用于金属门窗,因为金属门窗会使磁铁磁性减弱,缩短使用寿命,必须要采用专用的磁控开关,这种专用磁控开关已作了隔磁处理,能有效地防止磁能沿铁磁物质的丢失,保证系统的高可靠性。

Ⅱ.设备安装。开关状态检查。检查磁控开关状态及是否正常工作,常用的方法是将磁铁盒紧靠开关盒,用万用表低阻挡点接开关盒引线,对常开式磁开关来说,若表针大幅度摆动,则工作状态正常;若万用表的表针不动,则说明磁控开关已坏。

安装磁控开关时,一定将磁铁盒、开关盒平行对准。开关盒安装在固定的门、窗框上,磁铁盒安装在活动的门、窗上。对于平开门,安装位置离门轴太近可能漏报,太远又容易出现误报,最好安装在门轴 2/3 处;对于推拉门,则应考虑磁铁盒和开关盒之间的分隔间隙。木制门、窗两者间距在 5 mm 左右,金属门、窗在 2 mm 左右。安装应隐蔽,避免被破坏。安装时要避免猛烈冲击,防止干簧管受损。安装暗装式磁控开关时,正确的安装方法是:用电钻先打出适合的孔,放入少量黏胶,将磁铁盒和开关盒分别嵌入即可。磁控开关的引线接头要用锡焊牢,并用专用密封件或胶布封好。根据具体情况将导线穿入线管或穿入线槽中,走线应远离交流线路,受条件限制不能远离时,应穿金属管,以防电磁波的干扰。在室外,若有架空线,应用钢丝作为吊线,再用钢质扣环将线缆固定,必要时须加避雷装置。室外金属管一定要做好接地,防止感应雷烧毁整个系统。

Ⅲ.设备使用。磁开关入侵探测器属于点控制式探测器,只要该警戒点不被触动,或磁铁盒与开关盒相对位移小于分隔间隙,系统不会报警,所以它的误报警很少,这是可靠性高的具体表现,也是磁开关探测器的优点。但是,也应注意到其明显、典型的缺点,如不是开启门、窗,而是打碎玻璃或破门、窗而入,此时磁开关就显得无能为力了,这就造成了磁开关探测器应用的局限性。

对于设置磁开关入侵探测器的门、窗,在设防前要关、插固定好,否则,刮风时门、窗的晃动有可能会造成系统的误报警。还应注意不要将任何能产生磁场的物体或仪器设备靠近磁开关,否则,会影响系统的正常工作。

定期(一般不超过三个月)检查磁开关探测器工作状况。重点检查的内容有木制门、窗的是否形变,磁铁盒与开关盒距离是否发生变化;固定磁控开关的螺丝是否松动或脱落或是黏胶失效;检查永久磁铁的磁性是否减弱,系统的灵敏度是否降低。谨防漏报警现象发生。导致系统漏报警、误报警发生的原因除距离改变、螺丝松动、黏胶失效等表面现象外,还可能是触点的"冷焊"现象,"冷焊"会导致常开式磁控开关的漏报警。

(2)被动红外探测器。

1)被动红外探测器结构与工作原理。

在自然界中,任何高于绝对零度的物体都可以视为红外辐射源,如室外的建筑物、地形、树木、山和室内的墙壁、课桌、家具等都会发生热辐射,但因这些物体是固定不变的,其热辐射也是稳定的。物体的温度越高,辐射红外线波长越短;反之,辐射红外线波长越长。不同波段的红外辐射在大气中传播时被吸收和散射程度不同。

"被动"是指探测器本身无能量发射源,只靠接收自然界中物体的辐射能量完成探测目的。被动红外探测器就是由于人在探测器覆盖区域内移动引起接收到的红外辐射电平变化而产生报警状态的一种装置。它只有红外线接收器,当防护区域内有目标入侵并移动时,将引起该区域内红外辐射的变化,而红外探测器能探测出这种红外辐射的变化并发出报警信号。实际上除入侵物体发出红外辐射外,被探测范围内的其他物体在入侵物体进入被监控区域后,稳定不变的热辐射被破坏,产生了一个变化的热辐射,而红外探测器中的红外传感器就能收到这变化的辐射,经放大处理后报警。在使用中,把探测器放置在所要防范的区域里,那些固定的景物就成为不动的背景,背景辐射的微小信号变化为噪声信号,由于探测器的抗噪能力较强,噪声信号不会引起误报。红外探测器一般用在背景不动或防范区域内无活动物体的场合。图2-1-11所示为被动红外探测器原理框图。

图2-1-11 被动红外探测器原理框图

被动红外探测的核心部件是热释电传感器,其主体是一薄片铁电材料,该材料在外加电场作用下极化,当撤去外加电场时,仍保持极化状态,称之为"自发极化"。自发极化强度与温度有关,温度升高,极化强度降低;当温度升到一定值时,自发极化强度突然消失,这时的温度称为"居里点"温度。在居里点温度以下,根据极化强度与温度的关系制造成热释电传感器。当一定强度的红外辐射照射到已极化的铁电材料上时,引起薄片温度上升、极化强度降低,表面极化电荷减少,这部分电荷经放大器转变成输出电压,如图2-1-12所示。

图2-1-12 热释电传感器原理示意图

如果相同强度的辐射继续照射,铁电材料温度稳定在某一点上,不再释放电荷,即没有电压输出。由于热释电传感器只在温度升降过程中才有电压信号输出,因而被动红外探测器的光学系统不仅要有汇聚红外辐射的能力,还应让汇聚在热释电传感器上的辐射热有升降变化,以保证被动红外探测器在有人入侵时有电压信号输出。为了满足上述要求,目前绝大多数被动红外探测器的光学系统采用多组、数十片菲涅耳透镜组成(用透红外材料一次压膜成型),图2-1-13所示为某种型号的壁挂式被动红外探测器的光学系统。

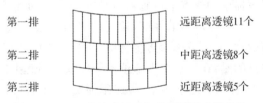

图2-1-13 壁挂式被动红外探测器光学系统

图2-1-14所示为探测器的水平视场和垂直视场,即探测范围。

需要说明的是图中阴影带不是探测器的发射波束,仅表示在阴影带内的辐射热才能传至探测器,阴影带以外的辐射热探测器接收不到。若入侵者垂直阴影带在探测区内移动,则探测器接收到时辐射热变化率最大,探测器的灵敏度最高;若沿阴影带移动,则探测器接收到的辐射热变化率最小,探测器灵敏度最低。当然,探测器的灵敏度还与其他因素有关,比如,移动速度,按GB10408.5—2000《室内用被动红外探测器》标准规定:被动红外探测器速度灵敏度范围是 0.3~3 m/s。

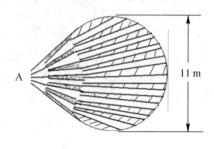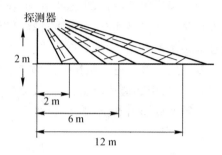

图 2-1-14 壁挂式被动红外探测器的视场

在数字化被动红外探测器中,热释电传感器输出的微弱电信号直接输入到一个功能强大的微处理器上,所有信号转换、放大、滤波等都在一个处理芯片内进行,从而提高了被动红外探测器的可靠性。

2)被动红外探测器的应用。

Ⅰ.设备选型。

• 无论室内使用的被动红外探测器、还是室外使用的被动红外探测器,当防护区域的温度或探测器附近的温度接近人体温度时,探测器的灵敏度都会急剧下降,可能导致系统漏报警。解决这一问题的办法首先是选择具有自动温度补偿功能(当防护区域温度接近人体温度时,探测器灵敏度会自动升高)的探测器,或是再安装其他探测器共同警戒。

• 被动红外探测器中的热释电传感器有单元、双元、四元等形式,热释电传感器的性能决定了被动红外探测器的性能,单元的灵敏度较高,易产生误报警;双元的较单元的误报警少;四元的被称为防宠物型,一般都能抑制 20 kg 以下宠物引起的误报警。但须注意的是:在重点要害部位不能单独选用此类探测器(也包括其他类型的防宠物探测器),因为这种探测器在犯罪分子匍匐接近防范目标时不能报警。

• 根据防范区域的大小和形状合理选择被动红外探测器。其选型原则是探测器标称探测范围一定要略大于须防范的区域。目前,室内被动红外探测器主要有壁挂式、吸顶式两种安装方式,其实物图如图 2-1-15 所示。

• 电磁波的干扰(主要指频率高于 100 MHz 的电磁波)引起系统的误报警一直是一个比较难解决的问题,在工程施工前应测量现场的电磁场强度,选择适宜的探测器。被动红外探测器抗电磁场干扰从几伏/米到几十伏/米,具有极大的选择余地。另外,安装位置也很重要,要将探测器安装在电磁场弱的地方,以此减少电磁干扰引起的误报警。

• 在某些白天是公共区域的重要场所、通道，为了防止犯罪分子遮挡探测器，可选用防遮挡型的被动红外探测器，以达到遮挡报警的目的。

图 2-1-15　壁挂式被动红外探测器的实物

Ⅱ．设备安装。

• 吸顶式被动红外探测器应安装在重点防范部位正上方的天花板上，其探测范围应满足探测区边缘至被警戒目标边缘大于 5 m 的要求；壁挂式被动红外探测器安装高度在 2.2 m 左右，并让其视场和可能入侵方向成 90°角，以获取最大的灵敏度。

• 被动红外探测器探测范围不能有辐射热快速变化的物体，比如：不能正对热源（如太阳直射、火炉等）、冷热交换（如通风口等）等，也不能对着可能移动物体，如风扇等。

• 红外辐射穿透性差，因此，在警戒区内不能有任何障碍物，否则将造成探测"盲区"，造成系统漏报警。

Ⅲ．设备使用。

• 强电磁场干扰易引起探测器误报警，特别是距广播电台、电视台较近的用户更是如此。

• 应防止任何干扰源直射探测器，否则系统易出现误报警。

• 定期（一般不超过三个月）在探测范围内模仿入侵者移动，以检查探测器的灵敏度，若发现问题及时调整或维修。

• 注意保护探测器的透光系统，避免用硬物或指甲划伤。当其上面沾有灰尘时，可用吸耳球吹去；在用镜头纸擦去灰尘后，必须保证探测器的方向和角度与擦拭前一致。

（3）微波入侵探测器。

1）微波多普勒型探测器工作原理。微波是一种频率很高的电磁波，其频率范围从 300 MHz 到 300 GHz。微波探测器所用波长有 X-波段和 K-波段之分，现多选用 K-波段频率(24.1～24.2 GHz)为工作波长。

微波多普勒型探测器是一种一般用于室内使用的主动式探测器，是对单个目标的探测或较大空间中的一个小范围内的探测，是利用无线电波的多普勒效应，实现对运动目标的探测。其探测原理是，发射器发出高频电磁波，探测空间建立三维的交变电磁场，接收器与发射器安装在同一机壳内，用于接收从探测区域内发射回来的反射波，并将反射波的频率与发射频率进行比较而作出判断，若是活动物体进入波速探测区域就产生多普勒效应，从而引发报警。

所谓多普勒效应就是这样一种物理现象：当一列鸣笛的火车驶来时，会感觉到笛声的刺耳；若鸣笛的火车远离而去，会觉得笛声发闷。这实际是一种频率的变化过程。设火车静止时笛声的频率是 f_o，那么火车驶来时听到的笛声频率就是 f_o+f_d，即频率升高了；火车远离而去时听到的笛声频率是 f_o-f_d，即频率降低了。电磁波同样具有多普勒效应。

在微波多普勒型探测器中，探测器既发射电磁波，也接收电磁波。若发射频率是 f_o，遇固定物体反射后，探测器接收到的频率还是 f_o，若遇朝向探测器运动的物体的反射，接收到的频率就是 f_o+f_d；若遇背离探测器运动物体的反射，接收到的频率就是 f_o-f_d。归纳这两种情况，可将探测器接收频率表示为

$$f=f_o\pm f_d$$

式中　　f_d——多普勒频移。

由物理学公式知

$$f_d=2v_rf_o/c$$

式中　　v_r——径向运动速度；

　　　　c——电磁波在真空传播速度；

　　　　f_o——探测器发射频率。

微波多普勒型探测器就是通过探测入侵者的径向运动速度或分量（即由此产生的多普勒频移）实现报警的。其原理如图 2-1-16 所示。

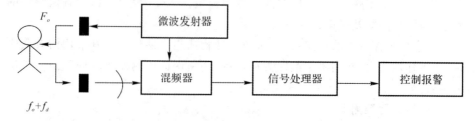

图 2-1-16　微波多普勒型探测器原理框图

由于微波具有一定的穿透力,将微波器用薄木板或塑料板罩上不会影响微波的辐射,因而容易隐蔽和伪装。它的特点是当高频电磁波遇到金属表面或坚硬的混凝土表面时特别容易反射。它对空气的扰动、温度的变化和噪声等均不敏感。它能够穿透砖墙、大多数隔墙及玻璃板等。

微波多普勒入侵探测器受气候变化和自然环境因素的影响。如探测空间以外的运动物、氖灯、转动的风扇。如果探测区域是开阔地,下雨、下雪、树枝摇动和树叶下落均可引起报警。

2)微波多普勒型探测器应用技术。

Ⅰ.设备选型。

• 防范区域有较大金属物体(如铁皮柜)时,不宜选用微波多普勒型探测器。否则,由于金属的反射会造成系统的误报警。

• 同一防范区域不宜选用多台微波多普勒型探测器。由于它们发射频率相同,会造成系统的误报警。

Ⅱ.设备安装。

• 微波多普勒型探测器要正对可能入侵方向安装,以获得最大的探测灵敏度。

• 不要将探测器对准窗户等易被微波穿透部位,谨防防范区域以外运动物体引起探测器的误报警。

• 不要将探测器对准运动或可能运动的物体(如门帘、排气扇等),否则这些物体可能成为运动目标引起误报警。

• 不要将探测器对准日光灯、水银灯等气体放电源,因为灯内运动气体易引起误报警,再者就是这种灯闪烁时产生 100 Hz 左右的调制信号,这与人体运动时产生的多普勒频移相近,易引起误报警。

• 必须多台微波多普勒探测器在同一室内使用时,应将各自发射频率调到相差 25 MHz 左右,以免相互干扰而产生误报警。

Ⅲ.微波多普勒型入侵探测器使用注意事项。

• 防范区域不能有运动和可能运动的物体,否则会造成系统误报警。

• 微波遇非金属物体穿透性很好,当室外运动物体引起系统误报警时,可通过调节探测器灵敏度解决。

• 微波遇金属物体反射性很好,金属物体(如铁皮柜等)背面是探测盲区,使用者应注意由此产生的漏报警。

• 高频电磁波,特别是电视台的发射和停发瞬间,易引起系统的误报警。

(4)微波和被动红外复合入侵探测器。这种探测器是把两种不同探测原理的传感器封装结合在一起组成混合式探测器,一般称为双技术探测器。双技术入侵探测器最大的优点是在一定的防区内有人体移动,只有当两种探测传感器共同检测到活动目标时,才发出报警信息。在双技术探测的基础上再加入微处理器后,探测器探测的信号,不是原封不动地直接输出,而是由微处理器对过去的数据、周围的环境条件进行判断后输出报警信息,如常用的超声/被动红外入侵探测器、微波/被动红外入侵探测器。

1) 微波和被动红外复合入侵探测器工作原理。将微波探测技术与被动红外探测技术组合在一起,构成微波和被动红外复合入侵探测器(又称微波/被动红外双技术探测器)。这种双技术探测器将两个探测单元的探测信号同时(或几乎同时)送入"与门"电路去触发报警。"与门"电路的特点是只有当两输入端同时为"1"(高电平)时,输出才为"1"(高电平),换句话说,只限于当两探测单元同时(或几乎同时)探测到入侵信号时,才可能触发报警。图2-1-17所示是这种探测器原理框图。

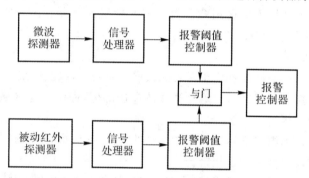

图2-1-17 微波和被动红外复合入侵探测器原理框图

双技术的应用,克服了单技术探测器各自的缺点,减少了误报警,提高了报警系统的可靠性。例如:由于微波对非金属物质具有一定的穿透性,防范区以外(室外)走动的人可能引起微波多普勒型探测器的误报警,但室外人体的红外辐射是不会引起被动红外探测器的误报警,也自然不会引起微波和被动红外复合入侵探测器的误报警;又如:强光照射可能引起被动红外探测器的误报警,但它不会引起微波多普勒型探测器的误报警,故强光照射是不会引起微波和被动红外复合入侵探测器的误报警。总之,微波和被动红外复合入侵探测器无论是比被动红外探测器还是较微波多普勒型探测器在防止误报这方面都有了质的进展。曾有人作过统计,微波和被动红外复合入侵探测器的误报率是其他单技术探测器的1/421,可见双技术入侵探测器无论是从技术上还是对系统的可造性上都有良好的保证,它是目前安全防范领域中应用最多的一种探测器。在此误报率的基础上,有些产品又对其作了一系列的改进,增加了许多新的技术,使这种探测器性能更可靠。

第二章 安全防范子系统

Ⅰ．IFT 技术。IFT 技术即双边浮动阈值技术。普通双技术探测器的触发阈值是固定的，而 IFT 技术的触发阈值是浮动的，若检测的信号频率在 0.1~10 Hz 范围内（人体移动信号频率），则触发阈值固定在某一数值，一旦超出此值即报警；若检测的频率不在此范围，则视为干扰信号，其触发阈值将随干扰信号的峰值自动调节，这样就不会引发报警信号。显然，采用 IFT 技术可以进一步减少误报警。

Ⅱ．智能化处理技术。普通的双技术探测器在红外与微波两种探测技术都探测到目标时就发出报警信号，这种处理方式在微波受到了干扰的情况下还是容易引起误报警的。而采用微处理技术，不仅能分析由两种探测技术探测到的波形，而且还对这两个信号之间的时间关系进行分析，即根据红外与微波触发的先后次序、时间间隔等判断警情，极大地减少了误报警次数。还可以通过调节脉冲计数，使红外探测器灵敏度适当，可以减少老鼠、蝙蝠等小动物引起的误报警。

智能化处理技术的另一个亮点是在存储芯片中存储上万种模拟入侵者的信号，并进行编程处理。当任何一种可能触发红外和微波探测器的信号被探测到时，经过数码转换处理，将其传送到微处理器，在微处理器中，这些信号与存储芯片中所储存的模拟入侵者信号档案进行比较，如果与存储芯片中所存储的信号相同或相近，经微处理器判断后就会发出报警信号，否则就不报警。

另外，还可以用自适应式探测门限处理技术。其工作原理是微处理器对防范现场的信号进行分析，对输入的信号进行模拟数字转换处理，自动调节探测门限，以屏蔽各种噪声干扰，使探测器能够准确地识别人体入侵与噪声信号，从而提高抗误报警能力。例如，微处理器可在非常短的时间内对某些固定噪声（如风扇、空调等产生的带有重复尖峰）信号进行分析，经淡化后一般不产生误报警。对某些低能量的没有明显峰值的干扰信号经分析判断后，将报警的临界值提高，以减少突发干扰信号可能触发的误报警。

Ⅲ．K-波段微波技术。K-波段是比 X-波段频率更高的微波。普通微波/被动红外双技术探测器使用的微波频率多在 10.525 GHz 附近，而 K-波段的微波频率在 24.1~24.2 GHz。

K-波段微波和 X-波段微波受到墙壁和窗户阻挡后的典型衰减值见表 2-1-1。

表 2-1-1 X-波段和 K-波段受到墙壁和窗户阻挡后的典型衰减值

阻挡物 波段	实体墙	带框架的玻璃墙面
X-波段	85%	20%
K-波段	96%	60%

显然 K-波段的微波被墙壁、玻璃等阻挡的百分比较 X-波段微波高得多。采用 K-波段的微波/被动红外双技术探测器的主要优点如下：

Ⅰ. 容易将微波信号限制在室内。室外移动目标,如人体、汽车等,就不易引起室内 K-波段微波探测器或微波/被动红外双技术探测器的误报警。

Ⅱ. 当调节 K-波段微波的探测灵敏度时,微波探测区形状始终保持不变。

2)设备安装。

Ⅰ. 要获得微波/被动红外双技术探测器的最大灵敏度(最佳工作状态),应将壁挂式双技术探测器的安装方向(探测器透镜法线方向)与可能入侵方向成 135°。如果实际情况不允许 135°安装,应当优先考虑被动红外单元的灵敏度,即与可能入侵方向成 90°安装。

Ⅱ. 吸顶式微波/被动红外双技术探测器应安装在重点防护部位正上方,且水平安装;楼道式微波/被动红外探测器的安装方向应沿楼道走向。

Ⅲ. 强电磁场干扰可导致微波/被动红外探测器的误报警,使用时应根据现场电磁环境选择适应的探测器。现市售的微波/被动红外探测器有 10 V/m,20 V/m,……,60 V/m 不同挡次可供选择。

Ⅳ. 在老鼠、蝙蝠经常出没的地方应选用具有智能化功能的微波/被动红外双技术探测器,以减少误报警。

Ⅴ. 在重点防护部位不能单独使用防宠物型微波/被动红外双技术探测器,以防系统的漏报警。

(5)玻璃破碎探测器。

先来了解一下玻璃被撞击到破碎的过程。玻璃被撞击、破碎以前,先产生一个轻微的弯曲形变,这个形变产生一个频率非常低的振荡,这个振荡就是超低频振荡,接着才是玻璃破碎。玻璃破碎时,是一串的音频振荡。玻璃破碎探测器就是根据这个过程设计的,它由三部分组成,第一部分是超低频技术,第二部分是音频鉴别技术,第三部分是报警信号。平时探测器工作在戒备状态,检测到超低频信号时,马上起动音频鉴别技术,只有在这两种技术都收到它们应该收到的信号时,探测器才会发出报警信号。它一般用于玻璃窗及玻璃幕墙的保护。

1)玻璃破碎探测器工作原理。玻璃破碎探测器是具有探测玻璃破碎功能的一种装置,因为玻璃破碎声也属可听声波范围,所以玻璃破碎探测器也属于声音探测器的一种。它只对玻璃破碎时产生的高频音响敏感,对低频音响无反应,即当入侵者打碎玻璃试图作案时,探测器才可发出报警信号。

玻璃破碎探测器可分为两类:一类是单技术的玻璃破碎声音探测器;再一类就是由玻璃破碎声音探测器(单技术的玻璃破碎探测器)与振动探测器或次声波探测

器组成的双技术玻璃破碎探测器。

Ⅰ.单技术玻璃破碎探测器。单技术玻璃破碎探测器仍选用驻极体话筒作声电传感器。但由于驻极体话筒对 20~15 000 Hz 的音频信号有恒定的灵敏度,因此,为了使玻璃破碎探测器具有"鉴别能力",须加上一个带通放大器,即只允许某一频率范围内的信号通过放大器。据测定,玻璃破碎时响亮而刺耳的声音是 10~15 kHz 的高频声波,而一般环境噪声很少达到这么高的频率。因此带通放大器的带宽选在 10~15 kHz 范围内,就可以将玻璃破碎时产生的高频声音信号取出来,从而触发报警。

Ⅱ.声控/振动双技术玻璃破碎探测器。声控/振动双技术玻璃破碎探测器是将玻璃破碎声音探测器与振动探测器结合在一起的装置。打碎玻璃时不仅有 10~15 kHz 的高频声响,还有敲击玻璃时的振动信号。只有同时探测到这两种信号,声控/振动双技术玻璃破碎探测器才输出报警信号。它与单技术玻璃破碎探测器相比可有效地降低误报率,增加了报警的准确性,是目前较为实用的一种玻璃破碎探测器。

Ⅲ.声控/次声波双技术玻璃破碎探测器。当入侵者试图入室作案时,必须选择进入房间的"通道",如打碎玻璃、撬门、凿墙等。试验证明:在玻璃被打碎、门被撬开、墙被凿通的短暂时间内,由于室内外气压差导致气流的流动,产生 0.5~2 Hz 的次声波,这种次声波可长距离传播(衰减小),并能多次反射和折射。此类探测器(指次声波探测器)很适宜地下仓库等处使用。

将单技术玻璃破碎探测器与次声波探测器组合在一起构成声控/次声波玻璃破碎探测器。即接收打碎玻璃时产生的 10~15 kHz 的高频信号又接收由于室内外压力差产生的 0.5~2 Hz 的次声波信号,双技术探测器中的与门电路才被触发,产生报警信号。由于采用两种技术对玻璃破碎进行探测,大大减少了误报警,提高了报警的可信度。

2)设备选型与安装使用。

Ⅰ.玻璃破碎探测器适用于一切需要警戒玻璃破碎的场所,如玻璃门窗、展柜、商亭等。

Ⅱ.日常生活中有些声响与玻璃破碎发出的声响的频率相同或相近,例如铃声、压缩空气泄漏时的啸叫声、滑移式或卷帘式钢门窗的摩擦声等都可能引起单技术玻璃破碎探测器的误报警。使用中视现场情况可选用双技术玻璃破碎探测器。

Ⅲ.玻璃破碎探测器(含双技术玻璃破碎探测器),安装时可适当隐蔽,但探测器前方不能有遮挡物,否则可能造成漏报警。

Ⅳ.不同类型的玻璃破碎探测器,根据其工作原理的不同,有的需安装在窗框上,有的需安装在靠近玻璃附近的墙或天花板上,但要求玻璃与墙壁或天花板之间的夹角不得大于180°。

Ⅴ.当窗户挂有厚窗帘时将严重阻挡(吸收)声音的传播,在这种情况下应选用声/振动双技术玻璃破碎探测器,且安装在门窗框上为宜。

Ⅵ.为了方便玻璃破碎探测器的安装及调试,目前已生产出专用的玻璃破碎仿真器,它能模拟产生玻璃破碎声音,很方便地调节探测器的灵敏度。

(6)振动入侵探测器。

振动入侵探测器是以探测入侵者的走动或进行敲、挖、打击等各种破坏活动时所产生的振动信号来作为报警的依据(振动频率、振动周期、振动幅度)。常见的几种振动探测器主要有机械式振动探测器、惯性棒电子式振动探测器、电动式振动探测器、压电晶体振动探测器和电子式全面振动探测器。机械式振动探测器是一种振动型的机械开关,安装在墙壁、天花板或其他能产生振动的地方,适用于室内或室外周界;惯性棒电子式振动探测器是一根金属棒架在两组交叉的镀金金属架上,金属棒与金属架之间构成闭合回路;压电晶体振动探测器是利用压电晶体的压电效应,压电晶体是一种特殊的晶体,它可以将施加于其上的机械作用力转变为相应大小的电信号,其电信号的频率及幅度与机械振动的频率及幅度成正比,当信号值达到设定值时就发出报警信号。以下对常用的两种振动探测器进行说明。

1)电动式振动探测器。

Ⅰ.工作原理。在探测范围内能对入侵者引起的机械振动或冲击信号产生报警的装置,称为振动入侵探测器。电动式振动入侵探测器的结构组成如图2-1-18所示。

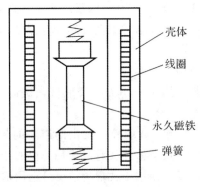

图2-1-18 电动式振动探测器结构图

电动式振动探测器由永久磁铁、线圈、弹簧、壳体等组成。在使用中,探测器外

第二章 安全防范子系统

壳与保护部位刚性连接,当有入侵行为发生时,保护部位(如地面)与探测器外壳(线圈)一起产生微振动,由于永久磁铁与探测器外壳是弹簧连接,于是固定在探测器外壳上的线圈与永久磁之间就产生了相对运动,即产生感生电流,提取这一变化电流经处理,即可产生报警信息。

电动式振动探测器在室外使用时可以构成地面周界报警系统,用来探测入侵者在地面上走动引起的低频振动信号,因此,通常又称这种探测器为地音探测器。

Ⅱ. 电动式振动探测器安装使用注意事项。

- 使用中应将探测器埋入5～10 cm深处,且将周围松土夯实。
- 不能将振动物体(如电冰箱)移至装有振动探测器的防范区域,否则会引起系统的误报警。
- 在室外使用电动式振动探测器(地音探测器),特别是泥土地,在雨季(土质松软)、冬季(土质冻结)时,探测器灵敏度均有明显下降,使用者应采取其他保护措施。
- 电动式振动探测器的永久磁铁和线圈之间易磨损,一般相隔半年要检查一次,在潮湿处使用时检查时间还应缩短。
- 探测器的灵敏度调节可按下述方法进行:试验者在探测范围内以每秒一步(约0.7 m/s)的速度行走,行进三步系统应报警。如此反复三次。

2)电子式全面振动入侵探测器。

Ⅰ. 工作原理。这种探测器可以探测爆炸、锤击、钻孔、锯钢筋等引发的振动信号,在防范区内人员的正常走动不会引起报警。

这种探测器包含了对振动频率、振动周期和振幅的分析,从而能有效地探测出各种非法行动产生的振动信号。其信号分析原理如图2-1-19所示。

这种探测器保护范围与传播介质及振动方向有关,一般是3～4 m(半径),最大可达14 m。灵敏度可调,以适用于不同环境,如银行金库、文物库房等。

振动入侵探测器用来检测入侵者用工具破坏ATM机等物体所产生的机械冲击而引起报警的探测装置,或用于探测入侵者用工具破坏建筑物等所产生的机械冲击而引起报警的探测器装置,适用于不同结构的ATM机、保险柜、墙体、门、窗及铁护栏等物体的防范,有效地防止被防护物体的砸、打、撬等的破坏活动。

Ⅱ. 安装使用注意事项。

- 安装在墙壁或天花板等处时,与这些物体必须固定牢固。用于探测地面振动时,应将传感器周围的泥土压实。不适合用于地质板结的冻土地带或土质松软的泥沙沼泽地带。
- 安装位置应远离振动源(如旋转的电机)。在室外应用时,埋入地下的震动探测器应与其他物体保持一定距离(1～3 cm以上)。
- 需要定期检修,以确保灵敏度。

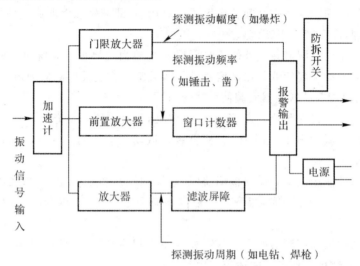

图2-1-19 电子式全面振动探测器原理框图

(7)声音探测器。

1)声音探测器工作原理。

当入侵者进入防范区域时,总会发出一定的声响,如说话、走动等。能响应这些由空气传播的声音,并进入报警状态的装置称为声音探测器。入侵报警系统中声音探测器常配合其他探测器使用,在系统中的作用是报警复核,即入侵报警系统报警后监听现场声音,以此鉴别报警真伪,故而声音探测器又称声音复核装置或安防用拾音器。声音复核装置通常用于监听入侵者在防范区域内走动或进行盗窃和破坏活动(如撬锁、开启门窗、搬运、拆卸东西等)时所发出的声响。

声音探测器由声传感器、前置音频放大器两部分组成。声传感器把声音信号变成电信号,经前置放大送报警控制器处理后发出报警处理信号,也可将报警信号经放大推动喇叭、录音设备,以便监听和录音。其中声电传感器多用驻极体话筒,值班人员可根据声音(连续走动声、撬锁声等)做出判断和处理。图2-1-20所示是声报警器原理框。

驻极体话筒即声电传感器,是声音探测器的主要器件,所用的驻极体材料是一种准永久带电的介电材料。这种材料和永久磁铁有许多相似之处。将永久磁铁分割成两部分,无论怎样分割,得到的仍然是一块具有N极和S极的磁铁,这就是磁铁的N极、S极的不可分割性。若把驻极体分割成两部分,总有两个相对的表面出现等量异号的电荷,即驻极体具有正、负电荷的不可分割性。

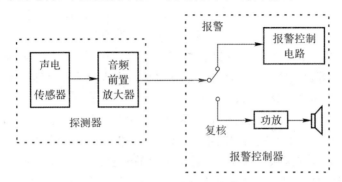

图 2-1-20　声报警器原理框图

驻极体和人工磁铁一样,也能用人工方法获得。目前所用驻极体话筒中基本元件"驻极体箔"多是在聚四氟乙烯绝缘薄膜上采用的充电处理,使两个相对表面带有等量异号的电荷。而且这种电荷能长时间贮存在驻极体箔上。

在制作驻极体话筒时,先将驻极体箔的表面金属化,如蒸镀上金属材料,再将其张紧在金属环上,形成振动膜。将这种振动膜固定在驻极体话筒内壁上,作前电极。另用一块金属板以大约几十微米的微小间距与振动膜平行放置,作为后电极,前、后电极构成平行板电容器。根据静电感应原理,驻极体箔分别在金属膜和金属板上感应出电荷。驻极体话筒原理图如图 2-1-21 所示。

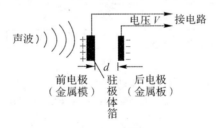

图 2-1-21　驻极体话筒原理图

在声波作用下,驻极体箔(振动膜)产生振动,平行板电容器两极板间的距离 d 也随之变化,变化的频率与声波的频率一致。根据平行板电容器两极板之间电压 V、电场强度 E 和间距 d 的关系($V=Ed$),可知两极板间电压也随声波的频率而变化,通过外电路提取这一变化的电压信号,即可完成声电转换。

驻极体话筒在 20 Hz~15 kHz 的音频范围有恒定的灵敏度,且有体积小、质量轻、经久耐用等优点。

2)设备选型与安装使用。

Ⅰ.声音探测器结构简单、价格低廉、体积小(一般只有大拇指大小)、安装方便。可直接听到走动、说话等声音,目前多用作报警复核。

Ⅱ.声音探测器一般不能抵御音频范围内的干扰。雷声、风声、室外杂乱声、公路上的噪声等都可能进入探测器引起误报警。声音探测器最好只配合其他探测器使用,即作为声音复核使用。

Ⅲ.安装声音探测器(安防用拾音器)时,要尽量靠近被保护目标,同时注意声学环境变化对监听的影响。例如:地毯、厚窗帘等对声的吸收很大,当防范区域发生此变化时,如警戒区从未铺地毯到铺上较厚的地毯、从未挂窗帘到挂上较厚的窗帘、从较少货物到货物的大量增多等,应调节声音探测器的灵敏度,以达最佳监听效果。

(8)主动红外探测器。

1)主动红外探测器工作原理。主动红外探测器由主动红外发射机和主动红外接收机组成,当发射机与接收机之间的红外光束被完全遮断或按给定百分比遮断时能产生报警状态的装置,叫作主动红外探测器。其原理框图如图2-1-22所示。

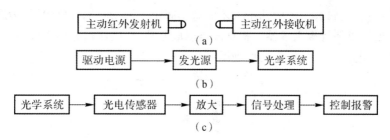

图2-1-22 主动红外探测器原理框图
(a)总框图;(b)主动红外发射机框图;(c)主动红外接收机框图

主动红外发射机通常采用红外发光二极管作光源,该二极管的主要优点是体积小、质量轻、寿命长,交直流均可使用,并可用晶体管和集成电路直接驱动。现在的主动红外探测器多数是采用互补式自激多谐振荡电路作驱动电源,直接加在红外发光二极管两端,使其发出经脉冲调制的、占空比很高的红外光束,这既降低了电源的功耗,又增强了主动红外探测器的抗干扰能力。

主动红外接收机中的光电传感器通常采用光电二极管、光电三极管、硅光电池、硅雪崩二极管等。

按GB 10408.4—2000《入侵探测器 第4部分:主动红外入侵探测器》规定:"探

测器在制造厂商规定的探测距离工作时,辐射信号被完全或按给定百分比遮光的持续时间大于 40(1±10%) ms 时,探测器应产生报警状态。"如果不计误差,则遮光的最短时间就是 40 ms。目前市售的主动红外探测器均给出最短遮光时间范围。例如:某品牌的主动红外探测器最短遮光时间范围是 40～700 ms。为什么要给出一个范围呢?原因是不同的使用部位可以设定(调节)不同的最短遮光时间,这有益于减少系统的误报警。例如:将主动红外探测器构成电子篱笆警戒时,就应将最短遮光时间调至 40 ms 附近;用在围墙上或围墙内侧警戒时,就应将最短遮光时间调至 700 ms 附近。具体数值使用者可通过试验确定。

主动红外发射机所发红外光束有一定发散角,发射角示意图如图 2-1-23 所示。

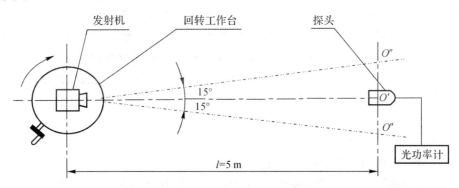

图 2-1-23 发散角示意图

在 GB 10408.4—2000 标准中规定:"室内使用时,发射机与接收机经正确安装和对准,并工作在制造厂商规定的探测距离,辐射能量有 75% 被持久地遮挡时,接收机不应产生报警状态。"从另一角度理解这句话的意思就是:当接收机接收的能量小于 25% 时,系统就要产生误报警。为了减少由此引起的误报警,安装使用中应严格地让发射机与接收机轴线重合。

目前,除单光束主动红外探测器外,还有双光束、四光束及多光束的。工作原理一般是当两光束完全或按给定百分比同时被遮断时,探测器即可进入报警状态。这种主动红外探测器可以减少小鸟、落叶等引起系统的误报警。市售的双光束主动红外探测器有两类。一类是采用双边凹透镜结构的,如图 2-1-24 所示。

此结构的探测器两光束之间距离较近,一般只在 10 cm 左右。若上、下各用一组双边凹面镜,即构成了四光束主动红外探测器。再一类就是采用两对红外发射和红外接收装置构成的双光束主动红外探测器。该探测器上、下两光束距离可达 20～25 cm,又称同步型双光束主动红外探测器。

图 2-1-24 双边凹透镜发射和接收装置示意图

2) 主动红外探测器的应用。

Ⅰ. 设备选型。

• 根据防范现场最低、最高温度和其持续时间,选择工作温度与之适合的主动红外探测器;若环境温度过低可使用专用加热器,以保证探测器的正常工作。

• 主动红外探测器受雾影响严重,室外使用时均应选择具有自动增益功能的设备(此类设备当气候恶劣时灵敏度会自动提升);另外,所选设备的探测距离较实际警戒距离宜留出20%以上的余量,以减少气恶劣气候引起系统的误报警。

• 在室外围墙上使用时要选用双光束主动红外探测器,以减少小鸟、落叶等引起系统的误报警。

• 主动红外探测器中所用红外发光二极管波长分别在 0.85 μm 和 0.95 μm 附近。前者有红曝现象产生,其隐蔽性不如后者好。

• 多雾地区、环境脏乱、风沙较大地区不宜使用室外型主动红外探测器。

• 在空旷地带或在屋顶上使用主动红外探测器时,应选择具有避雷功能的设备。

Ⅱ. 设备安装和使用。

• 发射机与接收机之间的红外光束要对准(以测试指示灯正常发光为准),否则较强烈的振动或是风速较大时可能引起系统的误报警。

• 在围墙上方或是围墙内侧安装时,最好让上光束距(仅指双光束探测器)墙 25~30 cm,并伪装发射机和接收机为宜。

• 多组探测器同时使用时,宜将频率调至不同,以免相互干扰导致系统的误报警。

• 警戒光束附近不能有可能遮挡物,如树的枝叶等,否则风刮树摇可能引起系统的误报警。

• 主动红外接收机不能长时间受到阳光的照射,否则,也会引起系统的误报警。

• 要保持主动红外探测器光学面的清洁,特别是遇有污雨或沙尘天气之后,应擦拭探测器。
- 使用主动红外探测器作周界防范时,遇有恶劣天气时须加强人员巡逻。

(9)激光对射入侵探测器。

激光对射入侵探测器与主动红外探测器在组成及外形上基本一样,不同的是用激光光源取代了主动红外探测器中的红外发光二极管,用激光接收机取代了红外接收机,在发射机与接收机之间形成一束或多束经调制的不可见的红外激光,当该光束被完全遮断或按给定百分比遮断时能产生报警状态的装置,叫作激光探测器。

激光具有方向性好、穿透性高等突出优点,使得激光探测器在探测器距离、稳定性等方面均超过主动红外探测器。

1)半导体激光器工作原理。半导体激光器的工作物质是半导体。当 P 型半导体和 N 型半导体采用特殊工艺联结在一起时,两者交界处就形成 P-N 结。为了在 P-N 结处产生激光,采用通常掺杂的 P 型、N 型半导体材料是不行的,必须使其杂质浓度增高,即重掺杂,使杂质浓度高达 $1\times10^{18}\sim1\times10^{19}$ m^{-3}。在这种重掺杂的 P-N 结内,在正向偏压作用下,其导带和价带之间即可实现粒子数反转,这就具备了产生激光的一个必要条件。在 P-N 结区内,导带中的电子自发地向价带跃迁,并和价带中的空穴相复合,在这一过程中,电子放出多余能量,便产生自发辐射光,自发辐射光子的方向各不相同,为了获得单色性和方向性好的激光,必须有一光学谐振腔,在半导体激光器中,谐振腔是用半导体单晶两个互相平行的解理面作反射镜而构成的。自发辐射的光子一旦产生,大部分光子立刻穿出 P-N 结,但也有一些光子在谐振腔的轴线方向运动,这些光子在谐振腔中来回反射,反复通过重掺杂的 P-N 结,激发出许多新的同样光子,造成雪崩式放大,使受激辐射占绝对优势,形成激光输出。

半导体激光器与其他激光器相比较,主要优点是:
- 体积小,质量轻,结构简单、坚固。外形如图 2-1-25 所示。
- 效率高,半导体激光器可以直接用电流激励或调制。

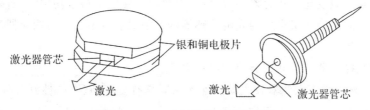

图 2-1-25 半导体激光器外形图

2)激光探测器工作原理。激光探测器的组成如图 2-1-26 所示。

激光发射机通过由脉冲驱动产生脉冲激光,经光学系统发射,并由激光接收机接收。在激光发射机与激光接收机之间形成一道人眼看不见的红外光束,当红外光束被完全遮断或按给定百分比遮断时能产生报警状态的装置,叫作激光探测器。

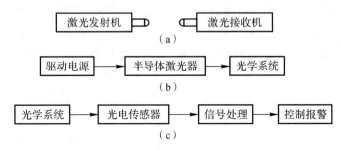

图 2-1-26 激光探测器组成框图
(a)总框图;(b)激光发射机框图;(b)激光接收机框图

激光探测器的工作距离方程式为

$$R^2 = \frac{4P_t m e^{-\alpha R}}{\pi P_R Q_r^2} K S_R$$

式中　P_t ——发射的激光功率;
　　　m ——调制光波调制度;
　　　α ——大气对激光的衰减系数;
　　　K ——光学系统透光率;
　　　S_R ——接收系统等效接收面积;
　　　P_R ——接收到的激光功率;
　　　Q_r ——光束发射角。

由公式可见,增大激光源的发射功率、增加光学系统透光率都可以加大作用距离;减小发射装置的发散角可以加大作用距离。

采用高灵敏度光电传感器,降低可靠报警所需接收的最小功率,可有效地加大作用距离。同时接收机采用的光电传感器的峰值灵敏度波长应与探测器激光波长尽可能相一致。

3)激光探测器特点和安装使用注意事项。

Ⅰ.半导体激光探测器较主动红外探测器具有亮度高、方向性好等优点,更适合于远距离警戒之用。由于它的能量集中,可以在光路中加反射镜,如图 2-1-27 所示。

Ⅱ.半导体激光探测器波长在红外光范围,属不可见光,因此便于隐蔽使用。

Ⅲ.发射机激光束水平及垂直发散角度均应不大于10′。发射机发出的激光发射调制频率应不小于400 Hz。

Ⅳ.接收机在接收到位于与光束轴线成15°或更大角度处的任何外界光源的辐射干扰时,探测器不应产生误报警和漏报警。

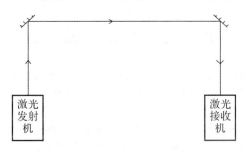

图2-1-27 用反射镜警戒图

Ⅳ.探测器的入侵报警响应时间应能在20~500 ms范围内设定。

Ⅴ.在室外使用时要注意周围环境,如有树、杂草等遮挡光束或是风吹起的废纸等遮挡光束系统都要产生误报警。

Ⅵ.半导体激光探测器所发红外光束和主动红外探测器所发红外光来相近,均受气候影响较大,特别是雾、雪、雨等天气,易产生误报警。

(10)遮挡式微波入侵探测器。

1)工作原理。微波多普勒探测器一般用于室内,而遮挡式微波入侵探测器较多是用于室外,遮挡式微波入侵探测器是一种将微波收、发设备分置(天线分置)的利用场干扰或波束阻断式原理的微波探测器,当接收与发射天线之间无阻挡物时,检波出的信号有一定的强度,发出正常工作信号;当接收与发射天线之间有阻挡物或探测目标时,破坏了微波的正常传播,使接收天线收到的微波强度有所减弱或消失,这样,就可利用接收机所收到的微波信号的强弱来判定是否有人入侵,并产生报警信号。

由于在微波接收机与发射机之间形成一道无形的"墙",因此,这是一种很好的周界防范报警探测设备,它适用于比较开阔、平坦和直线性较好的外周界。微波探测器受雾、雪、风雨等气候的变化影响很小,也不受热源、噪声及空气流动的影响。

遮挡式微波入侵探测器的组成框图如图2-1-28所示。

由微波发射机发射微波信号,经空间传播,并由微波接收机接收。在正常情况下,接收终端不产生报警信号。当有目标穿过微波场时,接收机接收到微波信号的变化,系统发出报警信号。

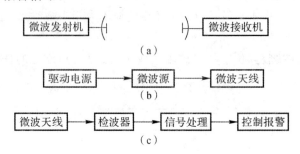

图 2-1-28　遮挡式微波入侵探测器组成框图
(a)总框图;(b)发射机框图;(c)接收机框图

　　遮挡式微波入侵探测器在发射机与接收机之间形成的微波场,通常有 0.5～2 m 宽,2～4 m 高,长达几十至上百米,就好像一堵又高又厚的墙,故而又称"微波墙探测器"。

　　遮挡式微波入侵探测器主要用于周界防范。它类似主动红外对射式入侵探测器的工作方式,不同的是用于探测的波束是微波而不是红外线。另外,这种探测器的波束更宽,呈扁平状,像一面墙壁的形状,所以防范的面积更大。其安装后构成的原理框图如图 2-1-29 所示。

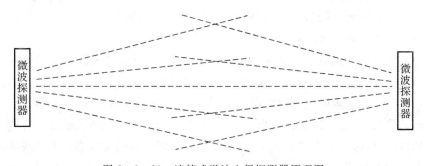

图 2-1-29　遮挡式微波入侵探测器原理图

2)遮挡式微波入侵探测器特点和安装使用注意事项。

　　Ⅰ.遮挡式微波入侵探测器是靠发射机与接收机之间或微波场变化实现报警的,与入侵者速度无关,无论是行走、跑步还是爬行,只要进入了微波场存在区域都能报警。

　　Ⅱ.由于微波传输受大气(如雨、雪、雾等)影响很小,加之一般遮挡式微波入侵探测器都采用了环境检测技术,所以这种探测器有"全天候"之称,特别适用于室外周界报警。

Ⅲ．由于微波对非金属物质的穿透性，因而可将探测器隐蔽使用。

Ⅳ．使用遮挡式微波入侵探测器的现场地形不能有大的起伏，否则会出现探测盲区，造成系统的漏报警。

Ⅴ．在微波场区不能有可能运动物体，如灌木、杂草等，以免引起系统的误报警。

这种探测器在使用时，应注意使墙式微波波束控制在防范区域内，不向外扩展，以免引起误报。另外，在防范区域（波束）内，不应有花草树木等物体，以免当有风吹动时，产生误报。

(11)振动电缆入侵探测器。

1)驻极体振动电缆探测器。

驻极体振动电缆是一种经过特殊充电处理后带有永久预置电荷的介电材料，利用驻极体材料可以制作驻极体话筒。驻极体电缆又称为张力敏感电缆或麦克风式电缆，其基本结构和普通的同轴电缆很相似，只不过是一种经过特殊加工同轴电缆。在制作时对填充在其内、外导体之间的电介质进行静电偏压，使之带有永久性的预置静电荷。

当驻极体电缆受到机械振动或因受压而变形时，在电缆的内外导体就会产生一个变化的电压信号，此电压信号的大小和频率与受到的机械振动力成正比，与外电路相连就可以检测出这一变化的信号电压，并检测到较宽频域范围内的信号，由于驻极体电缆传感器的工作原理与驻极体麦克风相类似，故又称为麦克风电缆。

使用时通常将驻极体电缆用塑料带固定在栅栏或钢丝上，其一端与报警控制电路相连，另一端与负载电阻相连。当有人翻越栅栏、铁丝网或切割栅栏、铁丝网时，电缆因受到震动而产生模拟电压信号即可触发报警。

此外，由于驻极体电缆实际上就是一种精心设计的特制麦克风，因此，利用它把入侵者破坏或翻越栅网、触动振动电缆时的声响以及邻近的声音传送到中心控制室进行监听，用来判断是否有入侵。

2)电磁感应式振动电缆探测器。

电磁感应式振动电缆探测器由芯线、压敏膜、屏蔽膜、外套组成。这种电缆的特性是感测压力和形变，其基本结构是在聚乙烯护套内，其上、下两部分空间有两块近于半弧形充有永久磁性的韧性材料。它们被中间的两根固定绝缘导线支撑着分离开来。两边的空隙，正好是两磁性材料建立起来的永久磁场，空隙中的活动导线是裸体导线。当此电缆受到外力的作用而产生振动时，导线就会在空隙中移动而切割磁力线，因电磁感应在导线中便会感生出一种电信号。此信号由处理器(又称接口盒)进行选频、放大,然后将 300～3 000 Hz 的音频信号通过传输电缆送给控制器。当此信号超过预定的阈值时,便立刻触发报警电路报警,并可通过音频系统监听电缆受到振动时的声响。

电磁感应式振动电缆探测器主要被应用于周界,可铺设在各种金属栅栏、围网、甚至嵌入墙体中,与开关量输出型电缆振动输出设备、一缆式电缆振动报警设备、网络型电缆振动报警设备结合使用对翻越和入侵破坏进行探测报警。当这种电缆按设计要求附在金属护栏网上时,任何真正的企图攀爬,切割,掀起或打破围墙的行为,都将会被探测并且报警器将被激活报警。传感器电缆被附在已经存在的围栏上,传感器是通过通信电缆接到控制中心的。

这种入侵探测器一般在一根塑料护套内装有导线的电缆两端,分别接上发送装置与接收装置,并将电缆波浪状或呈其他曲折形状固定在网状的围墙上(见图 2-1-30)。用这样有一定长度的电缆构成一个防区。每两个或四个、六个防区共用一个控制器(称为多通道控制器),由控制器将各防区的报警信号传送至控制中心。当有入侵者触动网状围墙,破坏网状围墙等行为使其震动并达到一定强度时(安装时强度可调,以确定其报警灵敏度),就会产生报警信号。这种入侵探测器精度较高,且可全天候使用(不受气候的影响)。它特别适合围网状的周界围墙(即采用铁网构成的围墙)使用。

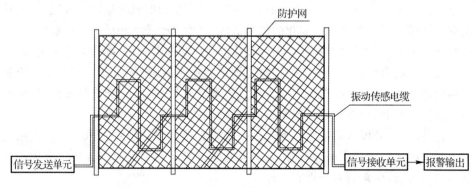

图 2-1-30　振动传感电缆型入侵探测器示意图

3)安装与使用。

Ⅰ.若是金属栅栏围墙,用铁丝将传感电缆直接扎在护栏上,通常每 20 cm 扎一次,注意用力适当,以免损伤电缆。

Ⅱ.若没有围墙,将线缆曲线敷设在防范区域周围的泥土地里,深度为 3～5 cm,当有入侵者入侵时即刻报警。

Ⅲ. 若是实体砖墙,将线缆敷设在墙头,最好再用户外木地板覆盖,目的有二:美观的同时保护线缆;增加受力面积。

Ⅳ. 切勿在雷雨闪电期间安装施工。

Ⅴ. 切勿将探测器直接安装于潮湿场所。

Ⅵ. 如果出现异常情况,应先切断电源,再作检查分析,防止故障扩大,按规定保修。

Ⅶ. 传感电缆不应互相交叉和紧贴安装,多余的应剪掉(包括馈线),重新安装接头。所有的电缆及馈线转角处均应保证以曲线过渡,不得有锐角或折弯现象。

Ⅷ. 传感电缆与电源线、信号线不能紧贴安置,相互平行之间的间隔距离应大于 40 cm。

Ⅸ. 为了防止警戒区附近行驶的汽车及行人影响系统,传感电缆架设的位置距离公路大于 10 m 以上,距离行人道 3 m 以上。

(12)光纤振动入侵探测器。

1)工作原理。光缆振动入侵探测系统是由光纤传感单元、光纤传输单元、信号采集与处理装置、报警主控装置等四大部分组成的。光纤传感单元安装在网状围栏或者其他周界围栏上,当光纤传感单元受到外界干扰影响时,如翻越、挖掘、触碰、挤压、敲打等试图攀爬和闯入所引起的振动会改变传输光的模式,光纤中传输光的部分特性就会改变,光纤传感电缆将围栏上微小的振动转化成电信号传给信号采集与处理装置,经过信号采集与分析,就能检测光的特性(即衰减、相位、波长、极化、模场分布和传播时间)变化。光的特性变化通过报警控制器的特殊算法和分析处理,区分第三方入侵行为与正常干扰,实现报警及定位功能。由于没有相关的标准,此类探测器的命名五花八门,有光纤周界防护系统、光纤传感周界防护系统、传感光纤、光纤振动、振动光纤、光纤周界报警系统、振动电缆等名称。

光纤中传输的光正常状态及受干扰状态传播方式的图形比较如图 2-1-31 所示。

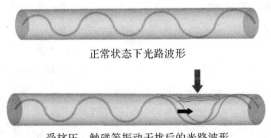

图 2-1-31 光波状态变化示意图

安全技术防范

2)技术应用。光纤传感技术是20世纪70年代伴随光纤通信技术的发展而迅速发展起来的,以光波为载体,光纤为媒质,感知和传输外界被测量信号的新型传感技术。作为被测量信号载体的光波和作为光波传播媒质的光纤,具有一系列独特的、其他载体和媒质难以相比的优点。光波不怕电磁干扰,易为各种光探测器件接收,可方便地进行光电或电光转换,易与电子装置和计算机相匹配。

光纤传感,包含对外界信号(被测量)的感知和传输两种功能。所谓感知(或敏感),是指外界信号按照其变化规律使光纤中传输的光波的物理特征参量,如强度(功率)、波长、频率、相位和偏振态等发生变化,测量光参量的变化即"感知"外界信号的变化。这种"感知"实质上是外界信号对光纤中传播的光波实时调制。所谓传输,是指光纤将受到外界信号调制的光波传输到光探测器进行检测,将外界信号从光波中提取出来并按需要进行数据处理,也就是解调。因此,光纤传感技术包括调制与解调两方面的技术,即外界信号(被测量)如何调制光纤中的光波参量的调制技术(或加载技术)及如何从被调制的光波中提取外界信号(被测量)的解调技术(或检测技术)。

光纤工作频带宽,动态范围大,适合于遥测遥控,是一种优良的低损耗传输线;在一定条件下,光纤特别容易接收被测量场的加载,是一种优良的敏感元件;光纤本身不带电,体积小,质量轻,易弯曲,抗电磁干扰,抗辐射性能好,特别适合于易燃、易爆、空间受严格限制及强电磁干扰等恶劣环境下使用。因此,光纤传感技术一问世就受到极大重视,几乎在各个领域得到研究与应用,成为传感技术的先导,推动着传感技术蓬勃发展。目前,世界各国都在大力研发光纤传感技术在安全防范领域的应用,国外和国内许多公司都研制出了各种类型和功能的光纤探测器,根据被外界信号调制的光波的物理特征参量的变化情况,可将光波的调制分为光强度调制、光频率调制、光波长调制、光相位调制和偏振调制等五种类型。由于现有的任何一种光探测器都只能响应光的强度,而不能直接响应光的频率、波长、相位和偏振调制信号都要通过某种转换技术转换成强度信号,才能为光探测器接收,实现检测。目前应用于安全防范领域的产品类型主要有基于多模光纤模式干涉探测技术原理、基于光纤干涉仪原理和基于分布式光纤干涉定位技术等。

3)安装与使用。

Ⅰ.确保围栏不产生过高的噪声。如果是铁丝网围栏,务必拉紧铁丝网结构,必要时使用金属绑带来消除铁丝网组织之间的碰撞并减少噪声。铁丝网组织和铁丝网支柱也应确保坚固。

Ⅱ.确保同一防区内围栏的材质、规格、构造相同。如在铁丝网围栏中,所有的组织松紧度必须一致。

Ⅲ.确保围栏两侧没有任何人为或自然存在的树枝、大岩石、建筑物等物体,因为这些很可能帮助入侵者翻越围栏。

Ⅳ.周界有楼房、建筑物和码头或其作为周界的一部分时,必须严加防范入侵者,确保没有门、窗或常开物可以让入侵者进入。

4)系统性能特点。

Ⅰ.智能化的行为模式判别,系统预警或实时告警,可排除各种干扰因素,不同区域可实现入侵、逾越方向判别;与视频监控、声光告警可进行实时联动,误报、漏报率低。

Ⅱ.自由布设,可布设于围栏、围墙等既有围界上,也可进行隐蔽地埋,并可进行水下布设,不受地形、环境限制,不破坏既有环境。

Ⅲ.可实时有效对地面、地下的挖掘、钻探行为,擅入布防区域的踩踏、走动行为,设防水岸的侵入行为等各种干扰行为(围栏、墙体的攀爬、翻越、破坏等)进行监控。

Ⅳ.长距离无源系统,能源依赖性低,防腐防潮,安装、运行、维护成本低,在任何潮湿、干旱、风沙等自然环境下,可充分保证系统稳定,使用寿命长。

Ⅴ.环境适用性强,适合各种环境下使用。系统对于风、霜、雨、雪等各种气候条件均有良好的适应性,不受环境温度、强光的影响,减少误报。

Ⅵ.语音监听功能,可实现重点区域特殊监控要求。以光缆作为声音的收集元件,可实现某些重点区域的特殊监控、监听要求。

Ⅶ.系统自身选用的传输、传感非金属、非电器元件决定了其良好的防侦测、防干扰、抗雷击,与电磁、射频、无线信号、高压静电场等各种信号场互不干扰、影响。

Ⅷ.防火防爆,无辐射,清洁无源、节能环保无电器元件,无电火花,无易燃易爆材料,无辐射,清洁无源,节能环保。

(13)泄漏电缆探测器。

1)泄漏电缆探测器工作原理。泄漏电缆与普通同轴电缆外形一样,所不同的是:泄漏电缆在电缆外导体(屏蔽层)上沿着长度方向周期性地开有一定形状的槽孔,故而又称带孔同轴电缆,如图2-1-32所示。

这种探测器由两根带孔同轴电缆及发射机、接收机和信号处理器组成。其原理框图如图2-1-33所示。

一根泄露电缆与发射机相连,向外发射能量;另一根泄露电缆与接收机相连,用来接收能量。发射机发射的高频电磁能经发射电缆向外发射,一部分能量耦合到接收电缆,收发电缆之间的空间形成一个椭圆形的电磁场的探测区。示意图如

图 2-1-34 所示。

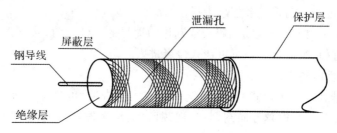

图 2-1-32 泄漏电缆结构示意图

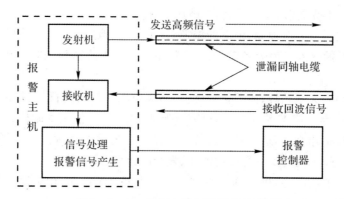

图 2-1-33 泄漏电缆探测器原理框图

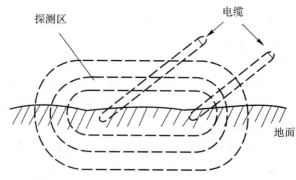

图 2-1-34 泄漏电缆探测器形成探测区示意图

两根电缆之间的电磁耦合对扰动非常敏感,当有人进入此探测区时,会干扰这

第二章 安全防范子系统

个耦合场,使接收电缆收到的电磁波能量发生变化,通过信号电路处理该变化量、变化率和持续时间等,就可通过电子电路触发报警。通常,两电缆之间形成的电磁场范围(探测范围)与产品的规格有关,例如:某种规格的泄漏电缆探测器探测宽度是4 m,高度是1 m,如果有人进入了此探测区,干扰了这个稳定变化的电磁电场,使接收电缆收到的电磁波能量发生变化,通过信号处理电路提取其变化量、变化率及持续时间等,即可触发报警。在这类探测器中,较为先进的是将接收电缆收到的信号数字化,在无探测目标情况下,将仿形曲线存入存储器,当入侵者进入探测区时,两电缆之间的电磁场分布发生了变化,通过与存储器的仿真曲线对比,实现报警。另外,也可对接收电缆收到的返回脉冲信号进行检测,通过对发射与接收脉冲信号的持续时间、周期和振幅进行严格对比,就可立即探测出电场内的细微变化,甚至能准确地探测入侵者的位置(如可在显示器上显示出周界轮廓图并利用其上的指示灯来指示入侵者的位置)。

2)泄漏电缆探测器特点和安装使用注意事项。泄露电缆探测器是一种隐蔽式的周界产品,它一般安装在地下或装入墙内,因此不影响现场的外观而且又属于无形探测场,入侵者无法察觉探测装置的存在,所以就难以破坏设备。电缆可环绕任意形状的警戒区域周界,也不受地形、地面不平坦等因素的限制,其探测灵敏度不受环境温度、湿度、风雨烟尘等气候环境的影响,可全天候可靠地工作,可为核电站、炼油厂、油库、卫星发射场、军事基地、机场、监狱等许多领域提供安全保障。

Ⅰ.泄漏电缆一般是埋于周界地下、嵌入墙内使用,不受地形等因素限制,可环绕成任意形状的警戒区。

Ⅱ.泄漏电缆探测器全线灵敏度均匀,探测率高,不存在探测盲区。而且不论入侵者采取何种姿势(站立行走、爬行等)、何种速度入侵,都不会漏网,探测区域以外的活动目标均不会引起误报警。

Ⅲ.泄漏电缆探测器的探测灵敏度不受环境温度、湿度以及风雨沙尘等恶劣气候的影响,可靠性好。为了消除猫、鸟等引起的误报警,使用中应将灵敏度调节适当。

Ⅳ.一对收、发电缆可保护区100~150 m的周界。当周界较长时,可将几对收发电缆与收、发机串在一起使用,构成所需长度的警戒线。

Ⅴ.在掩埋泄漏电缆的地表面不能有金属物体,也不宜在金属矿石的隧道等处使用泄漏电缆探测器,因为金属物影响电磁场的分布。

Ⅵ.泄漏电缆掩埋深度及两根电缆之间的距离视发射机功率及电缆规格决定。例如,某种电缆掩埋深度为10~15 cm,间隔为106 cm,其探测宽度可达2 m。

Ⅶ.泄漏电缆探测器的主机应靠近泄漏电缆外侧安装,并通过高频同轴电缆与泄漏电缆连接,而交流电源线及报警信号输出线则应用导线连至值班室的报警控制器上。示意图如图2-1-35所示。

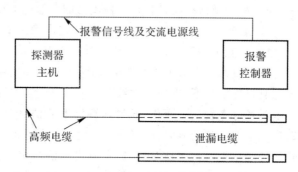

图2-1-35 泄漏电缆探测器安装示意图

(14)视频入侵报警器。

视频入侵报警器是指入侵者(或物)进入警戒区(在视场范围内,能响应视频信号变化并产生报警信号的预先设定的区域)引起视频信号中亮度信号发生变化,能响应这一变化,输出报警视频信号和发生光报警的装置。视频入侵报警系统是以摄像机作为探测器,监视防范区域,当目标入侵警戒区时,可发出报警信号并启动报警联动装置的系统。

1)视频入侵报警器功能。由于传统探测器本身受环境因素影响较大,误报警问题一直不能得到彻底解决。视频入侵报警器根据视频取样报警,即在监视器屏幕上根据图像内容任意开辟警戒区(如画面上的门窗、保险箱或其他重要部位),当监视现场有异常情况(如灯光、火情、烟雾、物体移动等)发生时,均可使警戒区内图像的亮度、对比度及图像内容等产生变化,当这一变化超过报警阈值时,即可发出报警信号。视频入侵报警器一般具有如下功能:

Ⅰ.可在监视器屏幕上的任何位置设置视频警戒区,并任意设定各警戒区是否处于激活状态。

Ⅱ.可对多路视频画面进行报警布防,并在警情发生时自动切换到报警那一路或多路摄像机画面。

Ⅲ.可与计算机连接,通过管理软件完成对报警信息的统计、查阅、打印及其他控制操作。

Ⅳ.可与多个报警中心联网,实现多级报警。

Ⅴ.具有防误码纠错技术和较强的抗干扰能力。

Ⅵ.除用于视频检测外,也可用于视频分析、计数系统及速度测量。

Ⅶ. 防破坏报警功能：当摄像机视频线缆被切断时，系统发出声光报警信号。

Ⅷ. 视频入侵报警器一般均具有自身工作是否正常的检查功能，即自检功能。

2）模拟视频入侵报警器。模拟视频入侵报警器组成如图 2-1-36 所示。

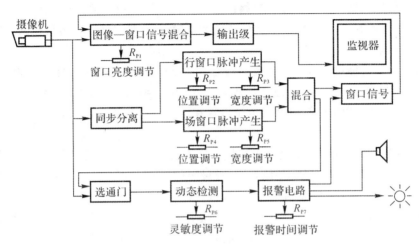

图 2-1-36　视频入侵报警器组成框图

由图可见，摄像机输出的全电视信号分成三路，其中一路与窗口信号混合，放大后直接送到监视器，在监视器屏幕上显示的图像将会出现一个或几个长方形报警区，此区域内图像的亮度要比区域外图像亮度稍暗些（其亮度程度可通过窗口亮度调节电位器 R_{P1} 进行调节）。

摄像机输出的第二路信号经同步头箝位和行、场同步脉冲分离后进入窗口脉冲电路。窗口脉冲产生电路由行、场同步信号推动，分别产生行、场窗口脉冲，再合并成窗口选通脉冲。窗选通脉冲从摄像机输出的第三路全电视信号中选出窗口范围内的图像信号，送到动态检测电路进行检测。当窗口内图像有对比度变化时，动态检测电路输出一个脉冲，触发报警电路工作。

报警信号也分成三路：一路激励喇叭发声；一路使红灯闪烁；最后一路叠加在窗口选通脉冲上，与摄像机的全电视信号混合，则监视器屏幕上警戒区窗口内的图像也会不停地闪动。

3）数字式视频入侵报警器。这类报警器以控制处理芯片为核心部件，包括系统硬件和软件两部分。

数字式视频入侵报警器将摄像机摄取的正常情况下的图像信号进行数字处理后存储起来。然后与实时摄取的并经过数字化处理的图像信号进行比较分析，其变化如果超过了预先设定的报警阈值即可发出报警信号。这种探测器还可根据被保护目标的大小、运动方向、运动速度等设定报警阈值，并有较高的可靠性。数字式视频入侵报警器较模拟式报警器有如下特殊功能。

Ⅰ．根据目标的大小设定报警阈值。在监视器屏幕设定上、下两个警戒区，如果被探测目标出现在一个警戒区时，系统不报警，只有当目标同时出现在两个警戒区时，才能触发报警。

Ⅱ．根据目标运动方向设定报警阈值。在监视器屏幕左、右设定两个警戒区，如果被探测目标在设定时间内先出现在左警戒区，再出现在右警戒区（或反向设置）系统即报警；如果被探测目标是先出现在右警戒区后再出现在左警戒区，则系统不报警。

Ⅲ．根据目标运动速度设定报警阈值。在监视器屏幕上设定警戒区，只要被探测目标出现在警戒区任意一侧，而超过设定的时间（一般是 0.1～10 s 可调）还未出现在警戒区的另一侧，即触发报警。

Ⅳ．根据目标运动方和运动速度设定报警阈值。在监视器屏幕上同时设定方向和速度两个阈值，第一种情况是运动目标在设定时间内先出现在左警戒区，后出在右警戒区（或反方向设置），即可触发报警；第二种情况是运动目标在设定时间内经过左警戒区，而未经过右警戒区（或相反设置）系统即报警。

4）视频入侵报警器特点及使用注意事项。

Ⅰ．视频入侵报警器将视频监控技术与报警技术结合在一起，构成与门关系，只要防范现场出现危险情况即可自动报警，并启动录像设备录下现场情况。

Ⅱ．依靠视频入侵报警器判别现场有无异常情况，极大地减轻了值班人员的视觉疲劳，提高了监控效率。

Ⅲ．由于视频入侵报警器是报警与监控相结合的系统，一旦发生报警，值班人员即可通过监视器辨别真伪。

Ⅳ．一般的视频入侵报警器对光照度变化（如开灯、用手电照射防范区等）比较敏感，使用中应注意由此产生的误报警；在繁华街道使用时，由于人流过大也容易产生误报警。

Ⅴ．选用适当的摄像机，使之适应需防范区域的环境照度，或通过灯光弥补，否则易产生误报警和漏报警。

Ⅵ．适当调整摄像机镜头光圈，使之在正常照明条件下，监视器上图像有足够的对比度，否则易产生漏报警。

常用入侵探测器的选型要求见表 2-1-2。

表 2-1-2 常用入侵探测器的选型要求

名称	适应场所与安装方式	主要特点	安装设计要点	适宜工作环境和条件	不适宜工作环境和条件	附加功能
超声波多普勒探测器	室内空间型 吸顶	没有死角且成本低	水平安装,距地宜小于 3.6 m	警戒空间要有较好的密封性	简易或密封性不好的室内;有活动物;环境嘈杂;附近有金属打击声、汽笛声、电铃等高频声响	智能鉴别技术
	壁挂		距地 2.2 m 左右,透镜的法线方向宜与可能入侵方向成 180°角			
微波多普勒探测器	室内空间型。壁挂式	不受声、光、热的影响	距地 1.5～2.2 m,严禁对着房间的外墙,透镜的法线方向宜与可能入侵方向成 180°角	可在环境噪声较强,光变化、热变化较大的条件下工作	有活动物和可能活动物;微波段高频电磁场环境;防护区域内有过大、过厚的物体	平面天线技术;智能鉴别技术
被动红外入侵探测器	室内空间型	被动合式（多台交叉使用互不干扰),功耗低、可靠性较好	吸顶: 水平安装,距地宜小于 3.6 m	日常环境噪声,温度在 15～25℃时探测效果最佳	背景有热冷气流,强光、强光照射;背景温度与同歇人体温度接近;强电磁场有小动物频繁出没场合等	自动温度补偿技术;抗小动物干扰技术;防遮挡技术;抗强光干扰技术;智能鉴别技术
			壁挂: 距地 2.2 m 左右,透镜的法线方向宜与可能入侵方向成 90°角			
		同上	楼道: 距地 2.2 m 左右,视场面对楼道			
			幕帘: 在顶棚与立墙拐角处,透镜的法线方向宜与窗户平行	窗户内窗台较大或窗户平行的墙面无遮挡;其他与上同	窗户内窗台小或窗户平行的墙面有遮挡或紧贴窗帘安装;其他与上同	同上

续 表

名称	适应场所与安装方式	主要特点	安装设计要点	适宜工作环境和条件	不适宜工作环境和条件	附加功能
微波和被动红外复合入侵探测器	室内空间型。吸顶、壁挂、楼道	误报警少(与被动红外探测器相比);可靠性较好	水平安装,距地小于4.5 m(吸顶);距地2.2 m左右,透镜的法线方向宜与可能入侵人方向成135°角(壁挂);距地2.2 m左右,视场面对楼道(楼道)	日常环境噪声,温度在15~25℃时探测效果最佳	背景温度接近人体温度;小动物频繁出没场合等	双-单转换型;自动温度补偿技术;抗小动物干扰技术;防遮挡技术;智能鉴别技术
被动式玻璃破碎探测器	室内空间型。有吸顶、壁挂等	被动式;仅对玻璃破碎等高频声响敏感	所要保护范围之内,保护玻璃应在探测器要保护玻璃附近的墙壁或天花板上。具体按说明书要求进行	日常环境噪声	环境嘈杂;附近有金属打击声、汽笛声、电铃等高频声响	智能鉴别技术
振动入侵探测器	室内、外	被动式	墙壁、天花板下面、表层物的下面,保护栏网或桩柱、室外地面最好与保护对象实现刚性连接	远离振源	地质板结的冻土或地质松软的泥土地,时常引起振动过于嘈杂的场合	智能鉴别技术
主动红外入侵探测器	室内、外(一般室内机不能用于室外)	红外脉冲,便于隐蔽	红外光路不能有阻挡物;严禁阳光直射接收机透镜内;防止入侵者从光路下方或上方入侵	室内同界控制;室外"静态"干燥气候	室外恶劣气候,特别是经常有浓雾、毛毛雨的场合或地域动物出没的场所,灌木丛、杂草、树叶树枝多的地方	

续　表

名称	适应场所与安装方式	主要特点	安装设计要点	适宜工作环境和条件	不适宜工作环境和条件	附加功能
遮挡式微波入侵探测器	室内、室外周界控制	受气候影响小	高度应一致，一般为设备垂直作用高度的一半	无高频电磁场存在场所，收发机间无遮挡物	高频电磁场存在场所；收发机间有可能有遮挡物	报警控制设备宜有智能鉴别技术
振动电缆入侵探测器	室内、室外均可	可与室内外各种实体周界配合使用	在围栏、房屋墙体、围墙内侧或外侧高度的2/3处，网状围栏上安装应满足产品安装要求	非嘈杂振动环境	嘈杂振动环境	报警控制设备宜有智能鉴别技术
泄漏电缆入侵探测器	室内、室外均可	可随地形埋设，可埋入墙体	埋入地域应尽量避开金属堆积物	两探测电缆间无活动物体；无高频电磁场存在场所	高频电磁场存在场所；两探测电缆间有易活动物体（如灌木丛等）	报警控制设备宜有智能鉴别技术
磁开关入侵探测器	各种门、窗、抽屉等	体积小，可靠性好	舌簧管宜置于固定部位上，磁铁宜安装在活动部位上，两者产生的位移最大的位置，其间距应满足产品安装要求	非强磁场存在情况	强磁场存在情况	在特控制门窗使用时宜选用特制门窗专用门磁开关
紧急报警装置	用于可能发生直接威胁生命的场所（如金融营业场所，值班室、收银台等）	利用人工启动（手动）报警开关，脚踢报警开关等发出报警信号	要隐蔽安装，一般安装在紧情况下人员易可靠触发的部位	日常工作环境		防误触发措施；触发报警后能自锁，复位必须采用人工再操作方式

4. 报警控制设备

入侵报警控制器是在入侵和紧急报警系统中,实施设防、撤防、判断、测试、指示、传送报警信息及完成某些控制功能的设备,又被称为防盗报警控制器(报警控制/通信主机、报警主机),它主要负责控制、管理入侵和紧急报警系统的工作状态,收集探测器发出的信号,按照探测器所在防区的类型与主机的工作状态(设防/撤防)做出逻辑分析,进而发出本地报警信号,提供声/光提示,同时通过通信网络向接处警中心发送特定的报警信息。

报警主机一般置于监控中心或用户端的值班中心,是入侵和紧急报警系统的主控部分,它可向探测器提供电源,可以连接一个或多个键盘,用户可以在键盘上完成编程和对入侵和紧急报警系统的各种控制操作。

(1)分类。按信号传输方式来分,报警控制器可分为分线制、总线制和无线制,或其组合。

按控制功能来分,报警控制器分为单一防范功能(如防盗、防入侵报警控制器、防火报警控制器)、综合安全防范功能(集防盗、防入侵、防火、电话拨号、监听、电子巡查、出入口控制、对讲、可视对讲、安全防范视频监控等为一体或其组合)。

按布设位置来分,报警控制器可分为现场(区域)报警控制器、监控中心报警控制器和远程报警控制平台。

(2)通信格式。目前,报警控制器的通信格式主要有两种,一种是传统报警器专用通信格式,即 3+2,4+1,4+2,CFSK Ⅲ,4/2,1/3,MODEM Ⅱ,MODEM Ⅲ,CONTACT ID 格式等;另一种是通用格式,即 RS232,RS422,RS485 等。宜使用通用的通 wy 格式,便于各种产品的联网,降低成本。

(3)主要功能。

1)防区功能:报警主机通常可以连接多个防区,并设定每个防区的防区类型。

2)操作功能:基本操作有设防、撤防、旁路、测试等。一般主机操作都是通过键盘来进行的。

3)输出功能:声光报警输出,电话/IP 联网报警。

4)联动功能:可驱动外围设备,如开启摄像机、录像机、照明设备、记录打印机等。

5)系统自检功能:可实现对整个入侵探测报警系统的自检,检查系统各个部分的工作状态是否处于正常工作状态,否则发出故障报警信号。

6)故障报警功能:对系统中线路的短路、开路、设备外壳被非法打开等进行检测,一旦发生,发出故障报警信号。

7)对系统的编程功能:体现了报警主机的智能化水平。它可以很好地满足不

第二章 安全防范子系统

同用户的防范需求。编程内容很多,如操作人员的密码、各防区的布防类型、报警的延时时间、响铃时间、事件报告、测试报告、是否自动拨号向上一级报告警情(通讯控制、通信格式、报警中心接收机的电话号码)、遥控编程的电话号码等。

(4)常见工作状态。

1)设防/设防状态:指操作人员执行了布防指令后,使该系统的探测器已开始工作,并进入正常警戒状态,系统对探测器探测到的入侵行为做出报警。

2)撤防状态:指操作人员执行了撤防指令后,使该系统的探测器不能进入正常警戒工作状态,或从警戒状态下退出,使探测器无效。此时,系统对探测器探测到的动作不作反应(24 h 类型防区除外)。

3)旁路状态:指操作人员执行了旁路指令后,指定防区的探测器就会从整个探测器的群体中被旁路掉(失效),而不能进入工作状态。在一个报警系统中,可以将其中一个探测器单独旁路,也可以将多个探测器同时旁路掉(又称群旁路)。

4)24 h 布防状态:指某些防区的探测器处于常布防的全天时工作状态,一天24 h 始终担任着正常警戒(如用于火警、匪警、医务救护用的紧急按钮、烟感火灾探测器、感温探测器等)。它不会受到布防、撤防操作的影响。

5)系统自检、测试状态:在系统撤防时操作人员对报警系统进行自检或测试的工作状态。

(5)常见防区类型。

比较完善的报警控制器具有不同功能特点的防区类型,且每个防区回路都可独立编程。防区布防类型有以下几种:

1)按防区报警是否设有延时时间可分为瞬时防区和延时防区;

2)探测器安装的不同位置和所起的防范功能不同可分为内部防区、出入防区、周边防区、日夜防区、24 h 防区和火警防区等;

3)按用户的主人是否外出还是逗留室内的不同布防情况可分为外出布防、留守布防、快速布防、全防布防等。

• 瞬时防区是指防区处于设防状态时,一旦触发该防区将立即产生报警,不提供延时。通常用于除出入防区外的其他防区的设置。

• 延时防区是指防区处于设防状态时,一旦触发该防区将产生延时报警,延时的时间可以设定(一般为 1～255 s 可调)。通常为出入防区设置的从触发探测器到引发报警之前的延时时间,此时间足以让用户正常退出或进入而不发生报警状态。

• 内部防区是指专供内部人员正常工作活动的室内场所,该防区属于常见的防区类型,即上班时间处于撤防状态,下班以后处于设防状态,且一般采用瞬时防

73

区,常用于防护区和禁区。

• 出入防区一般是指公众人员经常出入的室内场所,该防区也属于常见的防区类型,即上班时间处于撤防状态,且大多在下班以后处于设防状态,一般采用瞬时防区,常用于出入口、通道和公众出入的防护区。

• 周界防区是指用于周界防护的防区,一般采用瞬时防区或 24 h 防区。

• 日夜防区是指防区始终处于工作状态,一般用于需要密切注意入口的控制进入区,在白天撤防状态下触发该防区,会有蜂鸣声和防区显示;而在夜间布防状态下,触发该防区将产生报警,不提供延时。

• 24 h 防区的工作状态与日夜防区类似,此种防区在撤防时也有效,且不提供延时,一般用于紧急报警类和设备防拆。

• 火警防区的工作状态与日夜防区一样,但它一般用于连接火灾报警探测器类。

• 外出设防是指有一段时间延迟(或称为外出延迟),即用户走出家门后才真正布防起来,而外出回来时,也有一段延迟时间(或称为进入延迟),允许在这段时间里对系统撤防而不触发探测器报警。

• 留守设防是指系统自动把内部防区旁路掉,从而允许用户在房间内活动而不会触发报警。当家人归来时,也有一段"进入延迟",指示用户可以把系统撤防以免引起报警。

• 快速设防与留守设防相似,所不同的是它没有"进入延迟",会立即触发报警。

• 全防设防则是全部设防,此后若需要个别防区暂时失效,则可利用系统的旁路防区功能。

五、系统应用中应注意的问题

1. 纵深防护体系的设计

在进行入侵和紧急报警系统设计时,要始终贯彻纵深防护的思想,即从里到外或从外到里层层设防的设计理念。纵深防护体系包括周界、监视区、防护区和禁区,各区域的防护措施要逐渐加强,各区域之间的交界面也要采取一定的防护措施。

根据整体纵深防护和局部纵深防护的要求,周界一般是所须防范区域的自然分割线,常见的就是本单位与外单位或外界公共区域的围墙或栅栏,或单位内某区域的围墙,或某建筑物,周界分为外周界和内周界。周界警戒线(面)的构成要连续无间断。周界防护一般根据具体情况采用实体防护或/和电子防护措施。采用电子防护时,要选用合适的探测器,特别是在室外应用时,所选用的设备要能适应环境。当周界有出入口时,应采取相应的防护措施。

监视区通常是单位或须防范区域内相对较宽阔的公共区域,一般是设置视频监控系统,对于重点要害区域可通过设置警戒线(面)来加强防范。

由于防护区一般具有允许公众出入,又是防护目标所在的区域或部位,比较典型的场所就是博物馆的展览区、重要单位通向防护目标所在区域或部位的路径等,应设置紧急报警装置、探测器,宜设置声光显示装置,利用探测器和其他防护装置实现多重防护。

禁区是单位须重点进行防护的防护区域或部位,一般来说,根据各防护目标的不同,采取不同的防护手段,可通过设置不同探测原理的探测器、紧急报警装置和声音复核装置,以及通向禁区的出入口、通道、通风口、天窗等设置探测器和其他防护装置,来实现立体交叉防护。

2. 设备选型

随着入侵和紧急报警系统的广泛应用,新技术、新产品层出不穷。由于利益驱动,产品质量鱼目混珠,因此,在进行工程设计时,入侵和紧急报警系统中使用的设备必须符合国家法律法规和现行强制性标准的要求,并经法定机构检验或认证合格。

3. 探测范围

探测范围是指入侵探测器所防护的区域或空间,也称之为警戒范围,通常可用距离和角度表示。

工程设计中,应根据防护距离、区域和空间的大小选择相应的探测器。也就是说,所选探测器的探测范围较实际防护的距离、区域、空间大一些,若所选探测器探测范围选小了,将留下盲区(探测器未能探测到的区域),对于目标的防护,其入侵探测器探测区域边缘与防护目标之间的距离大于 5 m,以保证在非法入侵者接触目标前系统报警。

但也有些探测器的探测范围不能比防护区域或空间大,典型的就是微波多普勒探测器,由于微波对非金属物质有一定的穿透性,若探测范围大于防护范围,微波可能穿透玻璃等,室外运动的物体就可能引起系统的误报警。

同时要特别注意由于环境温度变化而引起探测器的探测距离变化情况,因此,要合理选用合适探测技术和探测范围的探测器,尽可能避免由此而造成误报警或漏报警。

4. 探测灵敏度

探测灵敏度是指探测器对入侵行为的响应能力,它与探测目标的大小、距离、角度、移动速度和环境温度等有关。在入侵和紧急报警系统中探测灵敏度过高,会导致系统频繁的误报警;而灵敏度过低,又可能造成系统的漏报警,两者均不可取。目前在工程中常用的多数探测器的灵敏度都有方向性,因此,在安装时要根据不同探测器的原理及其灵敏度特性安装、调试好其位置,可参见表2-1-2。

灵敏度受气候影响也是比较明显的。例如,被动红外入侵探测器受温度影响就很显著,当防范现场温度接近人体温度时,该探测器灵敏度急剧下降,此时就可能造成系统的漏报警。目前有些厂家将自动温度补偿技术应用到这种探测器上,当现场温度接近人体温度时,探测器灵敏度会自动升高,但是要注意以热释电传感器为核心部件的被动红处入侵探测器,在现场温度与人体温相近时,这样的辅助技术手段仍无法解决系统漏报警的问题。

有些探测器的灵敏度要随现场环境变化调节,比如玻璃破碎探测器,要根据现场窗帘、地毯、物品的有无和多少来调节探测器的灵敏度,否则窗帘、地毯、物品等大量吸收玻璃破碎时的声能量,有可能造成系统的误报警或漏报警。玻璃破碎探测器灵敏度的调节一般可借助玻璃破碎仿真信号发生器进行。

5. 可靠性

在规定条件下,系统首次故障时间是一个能较好地反映报警系统可靠性的技术指标。不同的系统指标数值相差甚大,因为系统相对投资额、系统规模、设计施工水平、使用水平是决定此指标的关键因素。

(1)设备的可靠性指标的选择,由以下几个标准。GB10408.1《入侵探测器第1部分:通用要求》"可靠性"的要求:探测器设计的平均无故障工作时间(MTBF)在正常工作条件下至少为60 000 h;GB12663《防盗报警控制器通用技术条件》"可靠性要求"规定:防盗报警控制器在正常气候工作条件下平均无故障工作时间(MTBF)分为Ⅰ、Ⅱ、Ⅲ三级,产品指标不应低于Ⅰ级要求,Ⅰ级为5 000 h;Ⅱ级为20 000 h;Ⅲ级为60 000 h。因此,在资金允许的条件下,应选用平均无故障工作时间长的设备。

(2)施工设计水平也是影响系统故障前工作时间的重要因素。这主要表现在设计的合理性上,比如,所选导线截面过细,由于热效应将加速导线老化,还容易引起火灾;布线时过高温、高湿、化学腐蚀区等处加防护措施不当,就很容易引起断路或短路,致使系统瘫痪;设备安装不牢固,接点不实,虚焊等都是系统故障的直接原因。

（3）系统的使用和保养也至关重要。值机人员要善于观察和掌握系统运行规律，特别是误报警规律，并分析原因，制定切实可行的措施；定期检查和测试系统的灵敏度和探测范围；保持控制和设备的清洁，并保证其不受风吹、日晒和雨淋；注意发现设备的异常发热、发味、噪声等不正常现象，及时消除故障隐患；发现螺母松动、旋钮欲掉、接线头脱落等应随手修复，避免影响系统的正常工作。

根据实践经验，系统规模大小与系统首次故障时间成反比，系统规模越大，系统首次故障时间就越小。因此，在设计和施工时根据 GB/T 32581"可靠性要求"：入侵和紧急报警系统所使用的设备，其平均无故障间隔时间（MTBF）不应小于 5 000 h，周界入侵探测器在正常工作条件下平均无故障工作时间（MTTF）应能达到 (6×10^4) h，系统验收后的首次故障时间应大于 3 个月。

从系统能否有效可靠工作和安全角度考虑，入侵和紧急报警系统应有备用电源，在系统主电源（市电）断电后，其容量应能保证系统正常工作 8 h。

6. 误报警

入侵和紧急报警系统造成误报警的原因很多，但主要的原因有以下几点：

（1）报警设备故障引起的误报警。故障的类型有损坏性故障和漂移性故障。

损坏性故障包括性能全部失效和突然失效。这类故障通常是由元器件的损坏或生产工艺不良（如虚焊等）造成的。

漂移性故障是指元器件的参数和电源电压的漂移所造成的故障。例如：温度过高会导致电阻阻值的变化，此时设备表现为时好时坏。事实上，环境温度、元件制造工艺、设备制造工艺、使用时间、储存时间及电源负载等因素都可能导致元器件参数的变化，产生漂移性故障。

（2）系统设计不当引起的误报警。报警器材种类繁多，又各有自己的特点、适用范围和局限性，选用不当就会引起误报警。例如：现场有铁皮柜等大型金属物体，就不宜选微波多普勒型探测器，因为微波遇金属具有很好的反射性，会引起微波多普勒型探测器的误报警；临街、靠近震源（飞机场、铁路旁）选用震动探测器就很容易引起系统的误报警；在蝙蝠经常出没的地方选用超声波探测器亦会使系统误报警，这是因为蝙蝠发出超声波的缘故，电话铃、蒸汽或空气管道压缩空气的泄漏时产生的啸叫声等都含有超声成分，因此，靠近这些噪声源处不宜用超声波探测器；再如：电铃声、金属撞击声等高频声均可引起单技术玻璃破碎探测器的误报警。因此，要减少由于器材选择不当引起的误报警，系统设计人员要十分熟悉各种报警器材的原理、特点、适用范围和局限性。同时还必须掌握现场环境情况、气候情况、电磁场强度以及照度变化等，以便因地制宜选择报警器材。

除设备器材选择之外，系统设计不当还表现在设备器材安装位置、安装角度、防护措施以及系统布线等方面。例如：将被动红外入侵探测器对着空调、换气扇安

安全技术防范

装时,将会引起系统的误报警;室外用主动红外探测器如果不作适当的遮阳防护(有遮阳罩的最好也作防护),势必会引起系统的误报警;报警线路与动力线、照明线等强电线路间距小于 1.5 m 时,而未加防电磁干扰措施,系统亦将产生误报警……

(3)施工不当引起的误报警。施工不当指设备安装位置、施工工艺等内容的不合适或不恰当。例如:微波多普勒型探测器所发微波束,能穿透玻璃、木材、塑料板等,若安装或调试不当,室外人员的走动就可能引起微波多普勒型探测器的误报警;又如:装在风口处的主动红外探测器(发射机或接收机之一),如果架设或安装不牢,风大时就会引起系统的误报警;再如:裸露的信号线长距离的与电力线平行敷设,电磁波的干扰势必导致系统的误报警。

要减少由于设计、施工不当引起的误报警,应从提高施工人员素质入手,严格按规范施工;加强施工监理;做好工程的检验和验收。

这部分问题主要表现在以下方面:
(1)没有严格按设计要求施工。
(2)设备安装不牢固或倾角不合适。
(3)焊点有虚焊、毛刺现象,或是屏蔽措施不得当。
(4)设备的灵敏度调整不佳。
(5)施工用检测设备不符合计量要求。

(4)用户使用不当引起的误报警。由于用户使用不当常常会引起报警系统的误报警。例如:未插好装有门磁开关的窗户,夜间被风吹开;工作人员误入警戒区;不小心触发了紧急报警装置;系统值机人员误操作;未注意工作程序的改变等都是导致系统误报警的原因。对用户使用不当进行分析,弄清错误所在,提高使用者的水平,可以大大降低报警系统的误报警次数。

据美国打击犯罪报警工业委员会(AICCC)对 15 万个系统监视 30 天,统计出用户使用不当导致系统的误报警占误报警总数的 44.4%,其中:

门窗未锁好 21%;人员误入警戒区 17.8%;报警系统操作不当 14.8%;没注意工作程序改变 12.7%;用户其他多种错误 33.7%。

由此可见,提高的用户的使用素质可以大大降低报警系统的误报警。

(5)环境噪扰引起的误报警。由于环境噪扰引起的误报警是指报警系统在正常工作状态下产生的,从原理上讲是不可避免的,而事实又是不需要的,属于误报警。例如:热气流引起被动红外入侵探测器的误报警;高频声响引起单技术玻璃破碎探测器的误报警;超声源引起超声波探测器的误报警等。减少此类误报警较为有效的措施就是采用双技术探测器(两种不同原理的探测器同时探测到"目标",探测器器才发出报警信号)。现行的产品有微波-被动红外双技术探测器、声控-振动玻璃破碎双技术探测器、超声波-被动红外双技术探测器等。但是有些环境噪扰双技术探测器却无能为力,例如:老鼠在防范区出没;宠物在居室内走动等。随着技术的发展和应用,一些产品又将微处理技术引进报警系统,使其具备一定的鉴别和思考能力,能在一定程度上判断是入侵者还是环境噪扰引起的报警。

7. 减少误报警的措施

银行、文博等高风险单位所建设的入侵和紧急报警系统的安全等级一般要求较高,由于报警灵敏度与误报常是矛盾,有些用户本着不出事故的原则,抱着"宁可误报,不可漏报"的思想,演绎"狼来了",一方面,浪费了宝贵紧缺的警力;另一方面,将导致值班人员的麻痹大意。如果精心设计、安装和维护,二者还是可以兼顾的,做到既不误报又不漏报,以下是一些经验。

（1）精心选择报警探测器。

1）采用红外栅栏时慎用对射探测器。因为前者有3～5束红外线,且有编解码,而对射探测器一般为1～2束,且无编解码。

2）采用栅栏或对射探测器时慎用双技术探测器。栅栏或对射均为实物遮挡探测,双技术探测器即微波多普勒移动探测加被动红外探测,基于反射原理,易因室外目标经金属或镀膜玻璃折射等原因误报。

3）能用有线传输不用无线传输。无线探测器一般由电池供电,且抗干扰性能不如有线探测器。

4）常闭比常开可靠。电气接点从闭到开比从开到闭可靠。

5）连线比触点可靠,如文物、贵重仪器,可直接用连线穿绕比触点报警更外为可靠且造价低廉。选择方案不能怕麻烦、图简单,要根据现场条件和经济条件合理选择。

（2）并联常闭触点、串联常开触点。如门窗,一旦被入侵而打开,并联常闭触点齐全开,两个以上触点同时探测被侵,可进一步证实警情,防止个别触点误动作引起的误报。

（3）调整探测器灵敏度。有些报警探测器可调整灵敏度,如红外栅栏,不同接线适应不同探测距离,要精心设置。调准对射探测器:发射端是"枪",接收端是"靶",应先瞄准"枪"让射线上"靶",再调"靶",要两人配合,用数字表测接收电平来调。

（4）精心设置主机。如报警时延等参数要根据具体情况设定。主机上有些报告是多机联网时才有用,一些意义不大的报告应予删除,如市电恢复报告等。

（5）加强值班记录。对找到系统问题的症结非常有用,并可举一反三。

（6）现场设备的使用与维护。

1）探测器要定期擦拭清洗,确保探测灵敏度和防止误报。排虫:清除虫筑巢及死虫堆积。及时排除遮挡:例如树枝遮挡应予修剪。

2)磁开关入侵探测器应用的比较多的现场,清场后应将门窗关好,否则一有风吹晃动,系统就会产生误报警;夏秋季应注意检查丛生杂草是否会遮挡主动红外探测的红外脉冲束,如有遮挡应及时清除,否则系统会产生误报警;应定期擦拭透光部分,特别是沙尘或污雨过后,更应及时擦拭,否则污垢会遮断红外脉冲,系统产生误报警。

3)注意观察室内设防区域有无老鼠、蝙蝠出没,如有应及时采取措施避免其影响系统正常工作;随时注意门窗玻璃等是否完好,如有破损及时修复。

4)灵敏度直接关系到系统误报警的多少。如果灵敏度过高系统易误报警;灵敏度过低系统易产生漏报警。所以在使用中应将灵敏度调节适中,以室内用被动红外探测器为例,调试者正常着装,在探测区边缘沿探测视场的切线方向以 0.3~3 m/s 之间的任意速度向探测区内行走三步(每步约 1 m),系统报警即为合适。

(7)系统中心设备使用时注意要点。

1)监控中心的温度宜控制在 16~30 ℃;所有设备应散热良好;严禁在系统设备旁存放易燃、易爆物品及杂物。

2)在开机状态下不要移动机柜、操作台等,否则会损坏设备并丢失资料。

3)注意观察设备异常发热、发味、噪声等,发现问题及时处理。

4)时常检查系统地线,如有松动、生锈等应及时处理。

5)不允许将磁性物体靠近系统设备,以防设备被磁化。

6)定期对 UPS 电源进行维护,一般是一个月进行一次充放电。具体方法是:在系统工作状态下断掉 220 V 电源,由 UPS 向系统供电 40 min(以容量为 1 kV·A 的 UPS 为例),然后恢复 220 V 电源供电。如发电机作为备用电源,应定期启动发电机,以保证紧急状态下能起作用。

六、入侵和紧急报警系统的发展趋势

入侵报警技术是人们在与不法分子斗争的过程中,不断发展和完善起来的。入侵和紧急报警系统产品从功能单一、发展到种类多样化,智能化是探测技术的发展趋势和主要方向。

产品的发展一般都是围绕着如何适用于应用环境、降低误漏报警以及传输等,在目前工程实施中,往往采用多种不同探测技术组成入侵探测系统,来克服或减少由于某些意外的情况或受环境因素的影响而产生误报警,通过设置音频和视频复核装置以及系统的联动,达到对报警防区进行声音和视频图像的复核,判断是否是真实的报警。为了解决高误报率问题,入侵探测器采用了多个探测元、多技术复合探测以及智能化的数据分析等方法,使探测器的性能和功能有了很大的提高,降低了误报警，但这并未从根本上解决其探测方式不具备识别探测目标的能力，也就是探测环境物理量和状态的动态变化，实现真实的探测和各种特征的自动识别。人们努力从各个方面入手提高探测的真实性，以实现智能化报警的目的。

1. 探测元结构的改进

典型的是被动红外探测器的探测元结构。多元红外探测器利用不同元的几何位置差与光学系统（菲涅尔镜组）的光学调制作用的配合，产生抑制干扰的作用。

2. 探测技术的组合

将两种不同原理的探测技术组合起来，使其在性能上互补，这是有效的方法，这就是所谓的双技术探测器。它的出现是探测技术发展的一个重要阶段，是探测器智能化的开始，成为当前高档入侵探测器的主流产品。微波/被动红外成为应用最多的双技术探测器。目前市场上有一种三技术之说，它把探测器信号的智能处理作为一技术，并不是三种探测技术的组合，其实还是双技术探测器。

3. 探测器的智能化

由于微处理器和DSP技术的进步，在数据、语音、视像信号的高速数学运算和实时处理方面得到迅速发展和大量的应用，使得探测器进行信号的智能化处理成为现实。探测器的智能化主要形式是：探测信号的处理不再是简单地设定一个阀值，即当探测信号超时就产生报警，而是采用自适应设计，其报警阈值可以随环境因素的变化自适应的调节，它能提高探测的环境适应性和抑制干扰的能力，探测信号的智能分析，能量的分析或频率的分析是两种主要的方法。

4. 新的探测原理和探测技术的研究

红外对射、激光对射、振动电缆等入侵探测技术是较为成熟的技术，应用也非常广泛，并且在短时间内仍将是市场的主流。随着基于视频运动目标分析检测技术的发展，这一新的入侵探测技术将越来越受到人们的关注，其应用也会越来越广，适应性也会越来越强，也必将成为未来入侵探测技术市场的主角。

以目标分析为基础的探测是直接对目标进行识别的技术，它是以图像技术或特征识别技术为基础的，是一种有效的探测手段。众所周知，在监视器上观察图像就是最基本和原始的探测方式，如能对图像进行动态分析，实现运动的识别、目标的识别，构成多维的探测，视频技术将是真实的空间探测手段，是不需要复核或与复核融为一体的探测手段。目前，已有多种视频探测设备得到了应用，如大多数数字视频记录设备带的运动探测功能，各种图像内容分析软件都实现了入侵探测功能。可以预见，视频技术将会从原理和形态上改变探测设备的面貌，是智能化报警的主要方向。

5. 传输网络智能化

随着安全防范意识的提高,传统意义上的入侵和紧急报警系统组网方式已无法满足市场日益增长的需求。智能、网络技术也不断融入入侵探测领域使行业发展应用得以创新。

体现智能化的另一个方面是指传输网络的智能化,伴随网络科技、无线技术及GPRS/3G/4G/5G网络的发展,入侵探测报警系统传输网络的渠道更加丰富多样,在保证系统应用、系统本身和信息传输安全性的前提下,网络化有了必要的前提条件。一方面,目前市场上有很多厂商致力于报警联网运营服务,特别是针对特定行业和领域开展的监控报警业务的企业,根据用户的需求建立包括联动集成、区域联网等入侵和紧急报警系统与视频监控系统功能、远程传输等于一体的业务网。另一方面,在提高入侵和紧急报警系统的准确率的前提下,在入侵和紧急报警系统网络中加入生物特征识别、语音识别、图像识别类型产品,提高了入侵和紧急报警系统智能化水平。

6. 系统报警处置智能化

报警系统接收报警的处理能力不仅体现在能够并发接收和显示更多的报警信息,还体现在对报警信息的分级分类的智能化处理能力,根据优先级的分级处理,报警信息的原始空间位置和时间顺序等特点的信息融合和态势判断等,自动发出报警联动、报警处置以及向上一级远程报警中心的报警信息等。

七、思考题

(1)入侵和紧急报警系统的定义是什么?
(2)入侵和紧急报警系统的主要功能有哪些?
(3)纵深防护体系包括哪些区域?如何防护?
(4)常见报警探测器有哪些?都具有什么特点?

第二节　视频监控系统

一、基本概念

1. 视频/图像

视频是以人的视觉为基础设计产生的具有时间连续感和空间、颜色分布感(仅可见光和伪彩色条件下)的可视化的信号,或沿用光学成像意义的称呼,有时也称作图像,或因为逐帧编码的原因,也被称作视频序列,或在传输意义又被称作视频流、媒体流。视频技术是将一系列图像以电信号的方式加以捕捉、记录、处理、储存、传送与重现的各种技术。

在电视体系中,对光学成像方法形成的画面,自一幅画面左上角向右水平进行第一行的数据提取或展示,然后稍向下移动到第二行的最右边进行自左向右的数据提取或展示,如此方式顺序进行到画面的右下角的过程(参见图2-2-1)就是扫描,它是将一幅空间二维画面变成电子化视频的必要手段。扫描制式分为隔行扫描和非隔行扫描(又称作逐行扫描)。标准清晰度的模拟视频系统仍保持了隔行扫描的制式,但目前发展趋势是逐行扫描,且刷新率保持25 Hz,30 Hz或更高。对于一帧画面来讲,系统总是从画面的最左上角扫描到右下角。隔行扫描制式中一帧图像分成两场传输,逐行扫描制式中一帧图像在一场中全部扫描完毕。一幅画面扫描完成,再接着扫描第二幅画面。

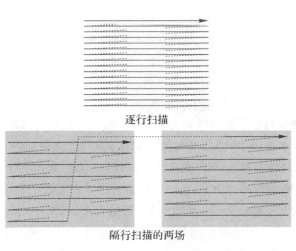

图2-2-1 光学成像方法形成的画面

对光学图像以在一定范围的连续变化物理量表示的视频序列被称作模拟视频。标准清晰度的模拟电视(视频)体系为隔行扫描制式,分为:扫描制式1:50 Hz/625行,场频(刷新率)为50 Hz,一帧画面的总扫描行数为625行;扫描制式2:60 Hz/525行,场频(刷新率)为60 Hz,总扫描行数为525行。

逐行扫描制式主要应用于显示器,且扫描频率为60 Hz,75 Hz,100 Hz,120 Hz等,并随着技术发展进一步扩展各类高清晰度显示设备。

模拟标准清晰度视频彩色电视制式全世界范围内分为NTSC,SECAM

和 PAL。

我国的模拟标准清晰度电视制式为扫描制式 50/625，彩色制式 PAL 制。

对光学图像以特定的离散变化物理量来表征的视频序列被称为数字视频。数字视频在早期是模拟数量的 A/D 量化结果，但现在出现了直接从传感器生成数字视频的可能。且数字视频不再以模拟的彩色制式进行区别，而代之以不同图像子采样方案而确定的彩色体系，如 4∶4∶4，4∶2∶2，4∶2∶0 等。采样率也随着高清带宽的升高而提高。

从模拟视频或传感器直接生成的数字视频通常是未作数据压缩的视频数据被称作非压缩数字视频。这种视频的数据量极大，为保持其实时特性，其数据流量也十分巨大。这些未压缩的数字视频经过特定的标准化的算法方案处理，生成一种仍然能够还原原始视频场景的，而数据量和数据流量都大大减少的压缩数字视频。目前压缩的数字视频通常在 IP 网络上传输，有时又被称作 IP 视频、网络视频。

2. 图片

这里的图片不是通常的画家笔下或者传统相机生成的能够直接观看的光学影像，而是指在计算机系统中，由图形、图像等构成的平面媒体。图片的格式很多，但总体上可以分为点阵图和矢量图两大类，常用的 BMP，JPG 等格式都是点阵图形，而 SWF，DWG 等格式的图形属于矢量图形。

视频图片通常是以二维点阵方式表示的一幅完整画面。点阵中的每个点被称作像素。在计算机系统中，每个像素在灰度条件下，可以以一个 8 bit(位)或 10 bit 甚至更高 bit 数的数值表示；在彩色方式下，利用三基色(R——红色、G——绿色、B——蓝色)原理，根据采样方案，每一个像素对应了一组三个基色的数据，每个基色本身就是一个灰度数据，进而形成多 bit 的组合，这就是所谓的颜色深度；为兼容灰度(黑白)方式时，三个基色的数据可变换成亮度和两个色差信号的数据，从而形成多个图像子采样方案。

图片中没有颜色区别时，则被称作单色图片，或灰度图片，在普通显示器或监视器则表现为黑白灰的感觉，所以又被称作黑白图片。有颜色区别时，则被称为彩色图片。

在记录方式上，黑白图像和灰度图像还是有区别的，黑白图像的每个像素仅用 1 bit 表示，而灰度图像则可根据灰度等级而使得每个像素采用多 bit 结构表示，例如 8 bit(相当于 256 个灰度级)。

3. 音频 audio

音频是以人的听觉感知为基础的频率在 20 Hz～20 kHz 之间的机械振动生

第二章 安全防范子系统

成的各类性质信号序列(如电信号、磁信号等)。根据音频应用的特点,音频分为语音、音乐等。根据声音编码传输和记录方式的不同,音频分为模拟音频和数字音频。以特定物理量的连续变化值作为音频编码、传输和记录的音频信号称作模拟音频;以特定物理量的离散数值作为音频编码、传输和记录的音频信号称作数字音频。根据数据是否被压缩,数字音频分为非压缩数字音频和压缩数字音频。根据人类听觉器官耳朵具有的心理声学模型特点,压缩音频分为保真音频和非保真音频。

4. 视频探测

采用光电成像技术(从近红外到可见光谱范围内)对场景或目标的信息进行光电转换,并经过特定方式生成视频图像信号的一种探测手段称作视频探测。采用其他转换方式具有视频信号输出的过程也可以称作视频探测。常见的视频探测设备是摄像机及其配套设施。

视频探测用传感器主要有最初的摄像管,到现在的CCD和CMOS等,该类型传感器对近红外到可见光反应灵敏;远红外又叫热红外方式的传感器结构特殊,对应的设备又叫热红外成像设备。

5. 视频传输

将视频信号从一台设备到另一台设备,从一个系统到另一个系统的传递转运方法和过程称作视频传输。视频传输可以有线电信号、光信号和无线电方式进行,也可以模拟信号或是数字信号方式进行。为了更好地适应信道的传输特性,往往会对视频信号进行变换和反变换。

常见的传输介质是同轴电缆、网线、光纤、空气(无线电)等。常见的传输设备有视频光端机、光纤收发器等。

6. 视频显示

视频显示是指采用特定结构以光学显像方式再现原始视频信息的方法。一般为平面二维方式,现在也有支持双眼立体感的显示方式。

7. 视频存储

视频存储是指采用电、磁、光等方法可以长时间保存视频数据的方法和过程。

视频存储介质从最初的磁带录像机,到现在数字录像机(DVR)和NVR等。光盘刻录和SD卡是目前常用的少量保存和转移视频数据的方式。

8. 视频(压缩)编码与解码

由于原始的数字视频是基于像素结构的数据,其数据量十分巨大,例如彩色

D1@25fps,采用13.56 MHz采样率,10 bit编码,数据量为270 Mb/s,1080P@25fps,其数据量更是为1 350 Mb/s。目前的数字网络,如常见的以太网网络带宽为10/100/1 000 Mb/s,而目前最大单个硬盘容量才3 TB,显然无论是传输和存储都需要对原始的数字视频进行压缩处理。这在通信学中,被称作信源压缩编码。

那么,原始数字视频到底有没有可能压缩呢?科学研究证明,建立的视频系统天然存在诸多的冗余信息,这些冗余信息产生的数据去除后,并不影响人们对原始画面的完整理解(见表2-2-1)。

表2-2-1 视频信号中存在的冗余

种 类	内 容	目前用的主要方法
空间冗余	像素间的相关性	变换编码,预测编码
时间冗余	时间方向上的相关性	帧间预测,移动补偿
图像构造冗余	图像本身的构造	轮廓编码,区域分割
知识冗余	收发两端对人物的共有认识	基于知识的编码
视觉冗余	人的视觉特性	非线性量化,位分配

由此,人们可很方便地减小数据量,直到能够适应传输和存储的能力。具体地讲:为去除时间和空间方向的冗余,MPEG标准族以及后续的H.26X等都定义了三类图像帧:

- 帧内图像I(intra);
- 预测图像P(prediction);
- 双向预测图像B(bidirectional prediction)。

简单地说,人们在连续的视频流中必须周期性设立一帧不依赖于前后帧的画面,对它采用空间压缩编码和熵编码等,这样形成的数据结构称作I(Inter)帧。对I帧的处理相当于对单一图片的处理过程。

需要利用前面紧邻的I帧进行比较后编码的帧称作P(Predict)帧,利用前后的I帧、P帧等进行比较后编码的则叫作B帧。

在安防视频监控中,由于B帧需要前后帧的数据,在编码时需要更多的等待时间,不利于实时传输视频流的形成,且解码也会引发较大的时延和存储空间的占用。故在实时监控中,通常不采用B帧(见图2-2-2)。

在此基础上,人们不断研究压缩算法,兼顾计算能力和编码效率,形成了多种多样的标准规范。视频压缩的目标是在尽可能保证视觉效果的前提下减少视频数据率。视频压缩比一般指压缩后的数据量与压缩前的数据量之比。

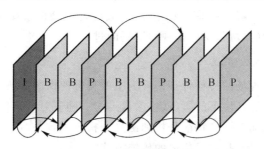

图 2-2-2 视频中帧的采用

在视频压缩中,有损(lossy)和无损(lossless)的概念与静态图像中基本类似。无损压缩也即压缩前和解压缩后的数据完全一致。多数的无损压缩都采用 RLE 行程编码算法。有损压缩意味着解压缩后的数据与压缩前的数据不一致。在压缩的过程中要丢失一些人眼和人耳所不敏感的图像或音频信息,而且丢失的信息不可恢复。几乎所有高压缩的算法都采用有损压缩,这样才能达到低数据率的目标。丢失的数据率与压缩比有关,压缩比越大,丢失的数据越多,解压缩后的效果一般越差。此外,某些有损压缩算法采用多次重复压缩的方式,这样还会引起额外的数据丢失。

对称性(symmetric)是压缩编码的一个关键特征。对称意味着压缩和解压缩占用相同的计算处理能力和时间,对称算法适合于实时压缩和传送视频,如视频会议应用就以采用对称的压缩编码算法为好。而在电子出版和其他多媒体应用中,一般是把视频预先压缩处理好,然后再播放,因此可以采用不对称(asymmetric)编码。不对称或非对称意味着压缩时需要花费大量的处理能力和时间,而解压缩时则能较好地实时回放,也即以不同的速度进行压缩和解压缩。一般来说,压缩一段视频的时间比回放(解压缩)该视频的时间要多得多。例如,压缩一段 3 min 的视频片断可能需要不止 10 min 的时间,而该片断实时回放时间只有 3 min。

视频监控中主要采用 MJPEG,MPEG1,MPEG2,MPEG4(SP/ASP),H.264/AVC,H.265,AVS,SVAC 等多种视频编码技术。对于最终用户来说,最为关心的主要有清晰度(分辨率)、存储量(带宽)、稳定性和造价。采用不同的压缩技术,将很大程度影响以上几大要素。

目前在视频监控流域逐步形成了以 H.264 为主的视频压缩产品系统,其他标准在逐步淡出或渐入中,更优性能的压缩算法在逐步推广中。图片编码现在仍以 JPEG 或 JPEG2000 为主。

当把压缩编码的视频数据再呈现给后续的设备进行分析或给人们观看时,就需要对这些数据进行解码还原的处理,变换成可直接分析或显示的最接近原始数字非压缩数字视频的数据,这就是视频解码的过程。

9. 音频探测、传输、记录和回放

音频探测是以现场的特征音频信号为主要目标的探测方法,如巨大的撞击声、爆炸声、尖叫声、很静环境下的脚步声、敲击声等。随着对刑事侦查应用的发展,在安防领域中也在增加对语音特征分析和语义分析等内容。

音频传输顾名思义是信号传输的传统方式。

音频记录是对音频信号进行磁、光等的记录,经历了从模拟磁记录到数字记录等。

音频回放是对记录的音频信号进行还原放大驱动,使人耳在适当强度范围内听清记录音频信息的过程。音频回放也可用于音频后期的降噪、语音特征分析和语义分析等。

10. 音频编码与解码

音频编码是进行数字化后产生的音频信号的变换规则,通常认为 PCM 方式为特定带宽下的高保真编码,其他编码方式均是在此基础上的优化和改进。

音频解码是音频编码的逆过程,并最终以可与真实的声音振动相一致。

11. 其他常用名称术语

(1)视频监控系统(VSCS,Video Surveillance & Control System)。指利用视频探测技术、监视设防区域并实时显示、记录现场图像的电子系统或网络。

下面在没有歧义的情况下,视频监控系统也简称为视频系统或系统。

(2)模拟视频信号(video signal)。指基于目前的模拟电视模式,所需的大约为 6 MHz 或更高带宽的基带图像信号。

有的厂家参照模拟标准清晰度电视信号方法,构建了传输 720 p,1 080 p 的基带视频信号。

(3)数字视频(digital video)。指利用数字化技术将模拟视频信号经过处理,或从光学图像直接经数字转换获得的数字序列信号,表示为特定数据结构的能够表征原始图像信息的数据。

(4)视频监控(video monitoring)。指利用视频手段对目标进行监视和信息记录。

(5)前端设备(front-end device)。指用于采集现场图像的摄像机以及与之配套的相关设备(如镜头、云台、解码驱动器、防护罩等)。

(6)视频切换控制主机(video controller/switcher)。指视频系统操作控制的核心设备,通常可以完成对图像的切换、云台和镜头的控制等。

在模拟视频系统中,视频切换控制主机也简称视频主机;在数字 IP 视频系统中,该设备被所谓的数字矩阵、专用控制服务器、管理平台等所替代。

(7)数字录像设备(DVR,Digital Video Recorder)。指利用标准接口的数字存储介质,采用数字压缩算法,实现视(音)频信息的数字记录、监视与回放的视频设备。

数字录像设备俗称数字录像机,又因记录介质以硬盘为主,故又称硬盘录像机。

(8)分控(branch console)。指在监控中心以外设立的控制终端设备。

(9)环境照度(environmental illumination)。指反映目标所处环境明暗(可见光谱范围内)的物理量,数值上等于垂直于视线的平面上通过单位面积的光通量。

(10)灵敏度(sensitivity)。指摄像机的灵敏度是指通过光学镜头在图像传感器上生成的光学图像的可使图像传感器做出响应的最低照度。这个指标不仅跟摄像机的传感器性能有关,还与其前部的光学变换/传输部件性能直接相关。

拾音器的灵敏度是指拾音器可以线性响应的最低声强度。

(11)动态范围(dynamic range)。动态范围一般是指传感器能够线性响应外界变化的特定物理等变量的从最小到最大的表征能力。通常采用最大值与最小值的比值的对数值标定,单位为 dB。

在视频系统中,摄像机的动态范围体现为可以清晰成像且具有相应层次区别的可见光的最低照度到最高照度的变动范围。光学动态范围可以分为时间和空间两个角度,前者通常对应为特定地点从早到晚的太阳光照等的变化情况,光照从最亮到最暗再到最亮的变化是一个慢变化过程;后者则体现为在同一场景下的前后景中最亮的区域和最暗的区域的同时响应细节并能编码显示的问题,光照变化表现为强对比的效果。

在音频系统中,拾音器的动态范围体现为最低可拾取的声强值到最大且不损坏拾音器的声强值的变化范围。

(12)刷新率(fresh rate)。刷新率指连续多幅空间像素完整的画面的前后顺序更替的速率,它是构成时间分辨力的基础。在逐行扫描体系中,图像的刷新率与帧率一致。

(13)带宽(width)。在模拟和数字信道中,可以表征传输信号的通频带的宽度;模拟信道通常用 -3 dB 的带宽表示,数字信道则用 b/s 来表示。

视频和音频的带宽不仅与采集的原始数据和信号合成方式有关,还与数据的压缩算法和传输方案等直接相关。

(14)图像质量(picture quality)。图像质量指图像信息的完整性,包括图像帧内对原始信息记录的完整性和图像帧连续关联的完整性。它通常按照如下的指标进行描述:像素构成、空间/时间分辨力、信噪比、原始完整性。

(15)原始完整性(original integrality)。原始完整性指视频、音频设备或系统所采集的数据能够保持原始场景的投影特征(时空特征:空间比邻关系、几何及纹理特征、投影颜色、灰度、观察区域内的事件变化的连续性和后继顺序、频谱特征)的一致性的能力。评价方法目前主要采用主观评价方法。

(16)几何特征。几何特征指现实世界特定空间中或光学成像的像空间中的点、线、面、体等之间的空间结构关系。

特别地,光学成像所形成的二维空间中的点线面体与对应现实空间中的点线面体,应遵从几何光学原则(欧氏几何)形成的特定观察点的投影对应关系,即现实世界的直线段应保持直线段或退化为一个点,拓扑结构连通性保持或简单退化。

(17)光学成像(optical image)。光学成像相应于现场环境基于光学镜头形成实像的过程。该影像是摄像机光学传感器的信息来源。

可见光的光学成像具有如下条件,才能获得可用的图像:现场目标及其背景的照度(亮度)足够高但不能过高,成像的聚焦锐化程度适当,镜头的光圈、几何失真度、空间分辨力(如通光能力)等良好,镜头后成像面与传感器平面重合(光波的通频带)等。

(18)实时性(real time)。实时性一般指图像记录或显示的连续性(通常指帧率不低于 25 fps 的图像为实时图像);在视频传输中,指终端图像显示与现场发生的同时性或者叫及时性,它通常由延迟时间表征。

(19)分辨力/分辨率(resolving power / definition)。分辨力是指(设备)能够区分出相邻两个物点的最小距离的能力。分辨率是指每单位长度上的可识别的细节数,如线数或点数。

对于特定空间下的分辨力和分辨率是统一的,以视频的显示设备为例,其最小的点距与充满屏幕的点数在固定的尺寸屏幕下的点阵数成反比,但同样点阵数量的大一点的屏幕的分辨力和小一点屏幕的分辨力是一样的,但分辨率却是不同的。

当分辨率固定时,随着屏幕增大,其分辨力也在增加。但在更多的场合,人们将二者混合称呼。

(20)空间分辨力/时间分辨力(space resolving power / time resolving power)。空间分辨力表征为在一定方向均匀分布的最多可辨识出的线数。时间分辨力是指系统或设备提供的在时间方向上可分辨发生事件的最小时间间隔。

视频和音频信号的分辨力可分为空间分辨力和时间分辨力。

视频空间分辨力不仅取决于点阵式传感器的性能,由此通常用二维点阵的像素乘积来表示,还取决于点阵中各点数据的相关性(如每正方形的四个像素均同步显示同一内容,则空间分辨力会下降为原标称值的一半),时间分辨力则以视频图像帧间的最短的刷新时间来表示。

音频信号的时间分辨力,是指在时间轴上,可以区别音频事件的能力,如两个声音特征(如声音强度、频谱特征等)的出现时间差。

音频信号的空间分辨能力主要体现为由拾音装置(听者)对现场声源的方向和远近的感知(主要是对声源的声音的相位时差的感知)。

(21)(视频)静态空间分辨力 / 动态分辨力((video) static space resolving power/ dynamic resolving power)。对于视频来说,空间分辨力还存在静态和动态之分,前者对应系统或设备对一幅静止场景的空间分辨能力,主要反映摄像机光学部件和传感器的基础像素及其对应的编码能力;后者则还取决于视场中的目标相对于摄像机镜头的位移变化的方向速度,以及摄像机本身的快门速度等,它反映了摄像机对于运动目标的瞬时光学图像捕捉编码传输的能力。

(22)清晰度(definition)。视频信号的清晰度是指以人的视觉为基础,在与具有一定分辨力的显示设备适当的观察距离能够观察的细节识别能力,单位为电视线,并由此形成了一套客观化的设备和系统指标体系。

(23)图像数据格式(video data format)。图像数据格式指用像素二维点阵来表征的数字视频图像表示方法。

(24)数字图像压缩(digital compression for video)。数字图像压缩指利用数字图像空间域、时间域和变换域等分布特点,采用特殊的算法,减少表征图像信息冗余数据量的处理过程。

(25)视频音频同步(synchronization of video and audio)。视频音频同步指视频显示的动作信息与音频的对应的动作信息具有一致性。

(26)报警图像复核(video check to alarm)。报警图像复核指当报警事件发生时,视频监控系统调用与报警区域相关图像用于观察者进行现场情况查验的功能。

(27)报警联动(action with alarm)。报警联动者报警事件发生时,引发除探测到报警事件的设备以外的其他相关设备进行动作(如报警图像复核、照明控制等)。

二、系统构成

1. 基础系统结构

按照视频信息的处理技术和应用特性,视频监控系统由视频采集、视频传输、视频处理、视频存储、视频显示和相应控制管理等单元部分构成(见图2-2-3)。其中由视频采集、视频传输和视频显示和相应控制管理构成的系统又称最小规模系统。

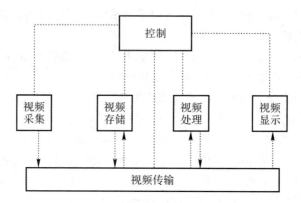

图2-2-3 视频监控系统构成框图

(1)视频采集单元。视频采集单元可以是具有原始光电转换的视频探测设备(通常为摄像机),也可以是从其他视频系统中提取视频信息的接口。

(2)视频传输单元。视频传输单元可以是有线连接的方式,也可以是无线连接的方式;可以是专用网,也可以是是公共网络;可以是点对点的数据传输,也可以是点对多点的数据传输;可以采用空分交换的模拟矩阵主机,也可以是(数据)包交换的网络交换机等。在设备和系统互联中,传输单元是最优先考虑扩展的部分,它的管理也是信息安全管理的核心之一。在小规模的系统中,传输单元主要表现为各类信号电缆,如同轴电缆、网线等。

(3)视频处理单元。视频处理单元既包括视频采集过程中的去噪声、宽动态光学控制等,也包括为视频信号传输而进行的码型变换、数据压缩等,还可以包括存储过程的重新解包、打包、文件化等过程,还可以包括为适应显示设备的输入而做出的解码、切换、色彩调整、对比度增强等。但通常主要应包括以下环节:对现场原始光学图像在视频信号中的预增强处理;对视频信号的显示增强;在各个环节都可能要求配置的对目标、场景的智能分析和识别等。对视频的智能分析和目标识别以逐步成为目前最活跃的技术和产品研发领域。

对视频信号的预增强处理通常作为摄像机的必要配置,如宽动态摄像机、透雾摄像机的功能。而对目标、场景的智能分析和识别则是当前比较活跃的智能视频分析的范畴。

(4)视频存储记录单元。存储记录内容除视频音频内容,还包括其他数据,如操作、运行日志数据、配置数据等。通常在此过程中会进一步出现数据完整性、可靠性处理、导出、备份等工作要求。视频存储记录装置在系统中既可以单独存在、集中在机柜内,也可以与其他装置合并、分散分布。

(5)视频显示单元。视频显示单元是视频系统人机交互的关键环节。视频系统最终一般以光学视觉方式展示,显示的内容不仅包括视频,还可以包括 GIS 信息、操作信息等。

(6)控制单元。控制单元是视频系统不可或缺的重要组成部分,它是确保视频系统各功能部分合理协调运行工作的必要手段。

比较典型的人机交互的控制动作是对前端摄像机的 PTZ 控制和不同视频源显示切换操作。

大规模的 IP 视频互联过程中,往往存在诸如系统管理服务器(SIP 服务器)等设施作为控制管理核心。

(7)其他配套组成单元。基于对系统和设备进行监测管理的设备和方法构成了系统不可分割的组成单元;作为电子设备的供电环节也是视频监控系统的重要核心。

(8)组合的设备形态举例。视频矩阵切换控制主机是集模拟矩阵切换、PTZ 控制、显示控制等功能于一体的设备,是传输、控制和显示处理的一种组合装置;一体化客户端通常集存储、处理、控制和显示于一体。

在技术日渐融合的情况下,探测设备具有处理、控制和分析、存储能力也很常见。

2. 应用系统结构

应用系统结构是从用户的角度观察安全防范视频系统的构成,从逻辑上,它通常包括人机界面、系统管理和系统安全等内容。

(1)人机界面。人机界面或称用户界面,用于对系统应用管理功能的操作。它通常由操作台、显示屏、工作站等方式构成,一般部署在监控中心,随着移动互联技术的发展,也开始部署在移动设备上。

人机界面作为用户通过系统实现安防应用管理活动的接口,应满足相关管理功能的操作实现和确保系统安全的要求。

(2)系统管理。系统管理包括对数据、活动和与其他系统连接接口管理。

1)数据管理。数据管理包括视频数据、音频数据或由系统生成或从其他系统获取的元数据。此外还包括操作员命令、系统活动数据(如报警程序或操作员发出的报警)等。

系统应可处理和生成元数据。系统应能管理以下不同类型的元数据:

● 与视频真实性关联的数据,如安装现场的相关数据,位置标识数据。这些数

据可从另一个系统获取,或系统自身生成(如时间戳,图像源标识);

- 由系统生成和存储的、描述系统和操作活动的日志文件;
- 系统状态数据、存储介质使用情况等。

操作员负责响应根据操作要求所规定的数据信息。

注:以上所提到的数据管理,包括数据获取(如图像采集),系统设备间的数据传输(如从摄像机到记录设备间的图像传输),图像存储(如硬盘记录)和数据呈现(如图像在监视屏幕上的显示)。这些管理功能主要由构成视频监控系统的设备,或安装在这些设备里的软件完成(如存储视频图像的数据库)。

2)活动管理。活动管理包括事件和用户处置等所有活动的管理,有人建议这可以称作安防业务管理。如系统配置,系统控制,事件分析邮件,由操作员启动的其他活动(如可变焦摄像机的定位),监视器的图像切换,以及数据备份、输出和打印。所有这些活动应按规定的应用操作要求进行。

事件是指现实世界中发生的、可能危害人的生命或财产的事件,如火灾(房子着火)、入侵(门被破坏)或其他规定的情景(人的运动),也包括针对视频监控系统的,如系统某个设备的破坏;该类事件应能触发或激活视频系统的报警程序。

报警程序的触发或激活可能源自图像处理(如视频内容分析或视频移动检测),其他传感器信号(如烟感或移动检测)或从另一个系统(如电子物品监控和防盗系统(EAS)或车牌识别系统(ANPR))接收到的数据;当报警程序触发时,视频监控系统应按操作要求执行规定的任务。一般地,这些任务都是对感知到的危险的响应。

报警响应包括内部活动(如故意改变摄像机角度、数据记录或图像描述)以及外部系统的通知(如出入口控制系统或接警中心发出的通知)。

注:

a. 以上所提到的系统逻辑功能并不是指单独设备的功能,单独设备可能不能同时完成多个任务。例:当一个报警程序激活时,开始记录、存储和输出图像,与此同时,进行视频内容的分析和向操作者发出告警;

b. 报警程序的一个典型任务是提醒操作员,由他来启动其他活动。这些由操作员完成的活动是在操作要求中规定好的。

3)与其他系统接口管理。视频系统可与下列其他系统通过接口形成数据和控制的授权传递与分享等:

- 其他安全系统(例如其他视频系统、入侵和紧急报警、出入口控制或火灾报警系统)。
- 安全管理平台(例如报警管理系统或报警接警中心、远程图像接收处理中心)。
- 其他非安全系统(如建筑物管理系统,自动提款机,POS机或自动车牌识别系统）。

系统间的接口管理包括数据通信、系统互控、公共数据库、公共用户界面或系统集成的其他类型等。在与其他系统接口时,命令和数据格式需要在欲连接的两个系统中详细约定。系统接口允许共有和方便的功能和数据访问。该类规定可参与 GB/T28181 等的相关规定。

一般来说,接口的物理传输部分或者是内置在视频系统的一部分,或者是由第三方提供的外接互联网络。

(3)系统安全。

系统安全主要包括系统完整性和数据完整性。系统完整性则包括全系统部件的物理安全和对视频系统的物理或逻辑访问的授权控制。数据完整性涵盖了数据的逻辑访问和数据丢失或修改的预防措施。

3. 系统技术分类

根据互联设备输入/输出视频信号的电气特性、编码规则,视频监控系统可以分为模拟视频、数字视频和混合型系统。

按照视频信号反映的二维空间的一幅空间帧的像素多少(特定宽高比),视频监控系统可分为标准清晰度(简称为标清)、高清晰度(简称为高清)、超高清晰度和混合视频系统。一般地,在较高清晰度视频系统可以接入较低清晰度的视频设备,但不推荐高清视频系统降低清晰度进行视频采集、传输、存储和显示。系统图像的清晰度取决于最差表现的设备性能。

根据数字视频数据的是否经过特定的方法进行数据的压缩而分为非压缩数字视频和压缩数字视频。在视频存储环节上,存储的视频信息主要是压缩数字视频数据。

在实际应用中,往往在上述基础上存在多种视频信号和产品功能形态的混合形式。

根据互联设备的输入输出的音频信号的电气特性、编码规则,安全防范用音频系统可以分为模拟音频、数字音频和混合型系统。

根据对同一场景的多维度空间展示能力,系统可以是普通型和立体视频系统或立体声模式的音频系统。

视频、音频混合系统,应保证其对同一时刻发生的视频和音频事件在播放时保持同步,以与实际事件发生的顺序相一致。

4. 系统应用分类分级

根据视频系统行业应用特点和设备管理控制方式的不同,可以分为独立型系

统、联网型系统和互联网型系统(见表2-2-2);

独立型视频系统是指由一个集中的监控中心的统一管理设备、采用独立的信号传输系统的视频系统。它通常设置于一个建筑物内或一个相对集中的建筑群内。在没有歧义的情况下,简称独立系统。传统的安防视频系统多属于此。

联网型视频系统是指由一级(基于大空间尺度,一般不在一个建筑物内)或多级集中的监控中心的分层分域管理设备系统的、采用独立的信号传输系统的视频系统。它通常在一个大的地区或城市以及以上的区域内。在没有歧义的情况下,简称联网系统。公安系统的市局、分(县)局和派出所的联网系统就属于此类。

互联网型视频系统是指经由互联网(专指国际 Internet)传输的视频采集、传输、存储的视频系统。在没有歧义的情况下,简称互联网系统。互联网系统的视频传输网络通常与其他互联网应用物理上无法隔离。

根据系统建设的规模大小和关键性能指标优劣,将视频系统由低到高或由小到大分为三级,即一级(最低)、二级和三级(最高)(见表2-2-2)。

表 2-2-2 视频系统应用分类分级表

系统分类	特点	一级	二级	三级
独立系统	一个独立建筑物(构筑物)或建筑群内的视频系统,通常只有一个监控中心的视频系统,该中心可向其他系统等提供本区域内视频信息的能力	128台摄像机以下	128(含)~512台摄像机	512台(含)摄像机以上
联网系统	平安城市类,行业内视频系统联网,一般具有多级监控中心,且地域空间跨度大。	一级联网(主要是设备的跨大地域空间的互联,如交通道路视频监控系统,本地多个监控中心对等互联)	二级(含)联网	三级(含)以上联网
互联网系统	基于实时视频服务的各类互联网视频应用(非娱乐用的视频点播网站),一般没有专门的监控中心或者说监控中心可另外设置于任何视频监控的传输网络可及的地方。	点对点(不具有网上中心控制性的视频管理设备,互联网仅具有视频传输的功能)	点对多点(支持网上管理和存储设备)	多点对多点(具有集中管理的网上平台,可支持网上存储设备)

三、主要功能及性能

1. 基础系统功能

（1）视频音频信息采集。前端设备的最大视频（音频）探测范围应满足现场监视覆盖范围的要求，摄像机灵敏度应与环境照度相适应，监视和记录图像效果应满足有效识别目标的要求，安装效果宜与环境相协调。

1）系统对各类视频音频信息进行采集接入。

2）摄像机具有对现场环境照度等相适应的探测能力和对视野内容的完整反映能力，即视频采集具有原始完整性。

（2）视频音频等信号的分配、传输。系统的信号传输应保证图像质量、数据的安全性和控制信号的准确性，提供视频音频信号点对点的可靠传输连接，多点互联时，提供点对多点的可靠连接或信号矩阵分配（硬件化和数字虚拟）能力。

（3）视频音频等信息的存储与回放。

1）系统或设备对视频音频数据进行存储，并建立必要的索引；存储内容必须是当前最新的连续记录的视频音频数据，其连续保存的时间长度满足管理要求。

2）系统或设备方便地提供检索和视频实时回放功能。

3）系统时钟校准出现的记录时间不连续的数值，不应影响事件视频的连续记录与回放。

4）系统对存储设备及其存储的数据访问应有授权管理和日志记录。

（4）视频显示、音频展示与其他信息展示。

1）系统支持实时显示能力，并具有良好的满足应用需求的原始图像还原能力、细节表达能力、动态展示能力和色彩还原能力。

2）系统的显示部分宜具有视频信息的多画面、多通道、信息叠加与多层次展示等能力。

3）应支持在监控中心集中的图像显示，宜支持多种类型终端的独立视频显示。

4）支持音频的开放展示和随画面的同步展示。

2. 系统控制功能

（1）对视频源的控制与管理。系统支持对所有系统内视频源的管理控制；系统应能手动或自动操作，对摄像机、云台、镜头、防护罩等的各种功能进行遥控，控制效果平稳、可靠。

系统应能手动切换或编程自动切换，对视频输入信号在指定的监视器上进行固定或时序显示，切换图像显示重建时间应能在可接受的范围内。矩阵切换和数字视频网络虚拟交换/切换模式的系统应具有系统信息存储功能,在供电中断或关机后,对所有编程信息和时间信息均应保持。

系统应具有与其他系统联动的接口。当其他系统向视频系统给出联动信号时,系统能按照预定工作模式,切换出相应部位的图像至指定监视器上,并能启动视频记录设备,其联动响应时间不大于4 s。辅助照明联动应与相应联动摄像机的图像显示协调同步。

同时具有音频监控能力的系统宜具有视频音频同步切换的能力。

需要多级或异地控制的系统应支持分控的功能。前端设备对控制终端的控制响应和图像传输的实时性应满足安全管理要求。

较高安全等级的系统应提供安全可信视频源管理,可提供较为完整的证据链信息。

(2)对用户和设备的操作、控制及其权限的管理。系统具有对用户和设备的操作、控制权限管理的能力,根据安全等级,确定相应的管理策略,其内容包括:

1)对视频源的分区控制;
2)视频资源的调取控制;
3)对特定摄像机的PTZ控制;
4)系统内的触发联动发起能力;
5)视频音频数据的检索提取。

(3)系统自检与自我管理。系统宜具有自检能力,较高安全等级的系统应具有自检和自动巡检能力,以保证系统的基本自我防御能力;并应以适当方式可提醒使用者对系统的诸多运行状况等做出反应。

较高安全等级的系统应具有抗破坏性自我一致确认等自我管理能力。

3. 数据备份与归档

1)系统支持系统各类数据的导入导出;
2)系统宜支持各类数据的分级分类备份,并支持以案件/事件方式归档。

4. 对数据(信息)的联动、操控

(1)检索/提取信息。系统具有建立对系统内各类数据索引能力,并提供如下检索方式的能力:

1)依照探测源的位置、型号或控制特性的检索;
2)依照连续时间段,按照特定周期的时间段(每天的晚上等);
3)依照场景特征或目标特征的分类和检索。

(2)联动协作。

1)系统支持各类信息联动输出;
2)系统具有响应输入信息的联动能力。

5. 系统的较高级处理分析功能

1)系统或设备宜具有适应现场的宽动态响应能力;
2)系统或设备宜提供对原始图像增强能力;
3)系统宜提供报警联动、基于规则的系统态势分析、基于类似 GIS 的时空分析等信息融合的能力。
4)系统宜提供人体生物特征(人脸、体貌特征、行为举止)识别、物体特征(外形、颜色、图像特点纹理、运动速度和变化特点)识别、场景态势评估(如打架、拥堵、人车流向、人员密度、爆炸、物体碰撞、视频画面过暗、过亮、地形特点等)、视场事件跟踪等视频智能分析的能力。

6. 视频系统常用性能指标

(1)信噪比。

1)信噪比是图像质量的重要指标。信噪比的测量是以输出的视频信号中相对于原始场景或标准信号的变化量为基础来进行的。信噪比的指标应以系统表现最差的信噪比为准,并对主要工作时间段的信噪比提出参考值。相对于原始场景的信噪比测量以主观评价方法为主,相对于标准信号的信噪比测量以客观评价(测量计算)为主。主观评价方法是以最终的还原的光学图像质量为基础。

2)系统图像质量的一般评价方法为五级损伤评价方法,具体指标见表2-2-3。监视图像质量不应低于表2-2-3规定的四级,回放图像质量不应低于表2-2-3规定的三级。

表 2-2-3 五级损伤制图像质量评分分级

图像质量损伤的主观评价	图像质量等级(评分分级)
图像上不觉察有损伤或干扰存在	五(优)
图像上有可觉察的损伤或干扰,但并不令人讨厌	四(良)
图像上有明显的损伤或干扰,令人感到讨厌	三(中)
图像上损伤或干扰较严重,令人相当讨厌	二(差)
图像上损伤或干扰极严重,不能观看	一(劣)

3)模拟视频信号的主观评价及最低信噪比要求见表2-2-4。

表 2-2-4 主观评价及模拟标清视频信号信噪比   单位:dB

指标项目	损伤的主观评价现象	黑白电视系统	彩色电视系统
随机信噪比	噪波,即"雪花干扰"	37	36
单频干扰	图像中纵、斜、人字形或波浪状的条纹,即"网纹"	40	37
电源干扰	图像中上下移动的黑白间置的水平粗条,即"黑白浪道"	40	37
脉冲干扰	图像中不规则的闪烁、黑白麻点或"跳动"	37	31

4)系统图像质量(经过数字化处理的图像)在表 2-2-5 的评价中达到 4 分以上,最低不应低于 3 分。

表 2-2-5 数字图像质量主观评价表

编号	项目	评分				
		5 分	4 分	3 分	2 分	1 分
1	马赛克效应	无	有,不严重	较严重	严重	极严重
2	边缘处理	优	良	中	差	极差
3	颜色平滑度	优	良	中	差	极差
4	画面还原清晰度	优	良	中	差	极差
5	快速运动图像处理	优	良	中	差	极差
6	复杂运动图像处理	优	良	中	差	极差
7	低照度环境图像处理	优	良	中	差	极差

(2)空间分辨能力。

1)鉴于数字视频数据一般需进行的数据有损压缩处理和传输损失等带来的部分图像信息丢失,以及传感器采集现场场景的局限性的事实,图像质量中的空间分辨力包括静态空间分辨力和动态空间分辨力。静态空间分辨力主要用于描述静止目标的二维图像,动态空间分辨力则主要用于描述活动内容的二维图像,并应指明是特定刷新率下的指标。二维图像的构成像素相互之间呈正方形结构。

2）系统图像的空间分辨力不低于指定规格中的基本值（参见表2-2-6、表2-2-7），测试时的最低帧率不低于25 fps，且图像质量不低于3级。

3）图像中所关注区域不应出现严重影响直接判读现场的几何畸变（肉眼判断）。

表2-2-6　规格视频最低静态空间分辨能力表

格式	空间分辨力
CIF	220TVL
D1	360TVL
720P	640TVL
1080P	960TVL

表2-2-7　规格视频最低动态空间分辨能力表

格式	空间分辨力
CIF	55TVL
D1	90TVL
720P	160TVL
1080P	240TVL

（3）时间分辨能力。画面中的物体微小移动或变化表现在大于帧扫描周期的时间内视频图像可分辨的变化，并主要由视频的刷新率（又称为帧率）来表示，系统或设备的时间分辨力应满足应用功能的要求，如点钞和视频测速。

当然准确的说法，除刷新率外，还应包括每帧图像的曝光时间要足够短。

（4）色彩分辨能力。

1）针对不同照度条件，系统应能提供不劣于正常人眼睛分辨的色彩分辨能力。若需要提高对目标的色彩分辨能力，应提高现场的辅助照明，色温不低于4 500 K。

2）系统应具有识别高亮度的实际物体目标原始彩色的能力。

（5）目标识别能力。

1）系统应具有对宏观观察与特定目标的跟踪的能力，可采用人工发现和机器发现的方式。系统图像提供的识别场景最少像素、非监视画面的比例，取决于人员最舒适的观察，以及机器最佳判读的要求。

2) 当采用机器自动发现时,系统或设备应能从灰度级别、色彩、外形轮廓和纹理特征等进行目标识别、并能对时空逻辑关系按照指定规则做出判断,以实现语义信息提取的能力,如特定特征组合的识别(人脸、体貌、行为;车牌、车型、车颜色;运动速度),场景中的目标聚集和分散,背景及其变化的识别(分离),等等。

3) 对于指定目标识别,系统或设备应具有合理的较低的误识率,其对目标识别的准确率和识别时延满足使用要求。目标识别的主观评价应在表 2-2-8 中的评价中不低于 4 分。

表 2-2-8 数字图像质量特定目标识别主观评价指标体系

编号	项目	评分					加权值
		5分	4分	3分	2分	1分	
1	银行点钞,时间 2 min 取银行点钞员中的中等点钞速度	能清楚分辨钞票的类型,能记录点钞全过程	良	中	差	极差	0.35
2	室内多人运动,2 min	能看清人员面部及衣着	良	中	差	极差	0.20
3	室外多人运动,2 min	应能分清各人员的动作,衣着	良	中	差	极差	0.20
4	低照度环境,2 min(21x)	基本分清人员的面部特征及衣着	良	中	差	极差	0.10
5	交通环境,2 min 中等车速(50 km/h)	能分清车型及车牌号	良	中	差	极差	0.15

(6) 原始完整性要求。

1) 原始完整性就是要求系统或设备提供的视频数据稳定保持与原始场景投影特征的一致性的能力。其评价方法可根据具体的数据形态采用客观或者主观评价方法进行评价。

2) 原始完整性除在视频数据中提供一定措施外,对于安全等级高的,还应增加视频源信息戳、时间戳、OSD 或其他数字水印类等,传输过程的抗丢包、抗误码、抗干扰等,日志措施。

(7) 系统时延和响应时间。包含数字视频和音频压缩环节的数字系统,系统图像自前端光学采集到存储显示之间的时间差,对于局域网系统,系统延时不大于 300 ms,其中:

1) 视频音频编码或解码的时延≤100 ms;

2)传输时延≤500 ms,时延抖动≤200 ms;

对于直接模拟视频信号和非压缩数字视频信号的传输,其传输时延基本取决于线缆和端接设备的稳定,其时延是固定的且稳定的,其传输抖动可忽略不计。

对于以压缩数字视频方式进行的传输,则因传输包在网络中的存储转发机制而存在的不同长度的时延情况,这是时延抖动的根本。时延抖动的上限值不大于0.5 s。

3)流畅性:图像的播放和显示速度应均匀,无明显的图像卡顿现象。低于24 fps的播放和显示时,其动画感应在可接受的范围。

4)检索调取视频数据的时延≤1 s;

5)外来触发事件的系统联动响应时间≤1 s;

6)系统闭环控制能力(PTZ控制与目标跟踪)≤0.8 s;

从发出PTZ指令到观察到画面PTZ变化效果出现,并与PTZ控制速度相协调。

7)智能视频分析和联动响应时间时延不大于1 s,并能满足实时控制的要求。

(8)时钟同步与准确度。

1)本系统内的时钟同步。具有计时能力的设备与本系统内的主时钟自动同步周期≤24 h,与主时钟的同步精度≤0.1 s(根据具体应用要求,可进一步提高精度,精度值宜不大于帧周期时间的2/3),校准过程持续时间不大于1 min。

手动校时时,校正误差≤0.5 s,并以满足管理要求为要。

2)系统主时钟校准与准确度。系统主时钟24 h内的偏差累计≤5 s/24 h(自然累计,非人工干预):任意小于24 h时间内不应大于5 s。

24 h内,系统主时钟与当地标准时间偏差不大于±5 s。

3)具有计时能力的视频系统设备的时钟精度。具有计时能力的视频系统设备的时钟偏差为0～−5 s/24 h(自然累计,非人工干预);若具有计时能力的设备时钟偏差时钟为正偏差(即所谓走得快),则校时周期应确保其与主时钟的偏差最大不大于0.5 s。且要求,存储设备对校时前后的视频和音频数据应按照真实事件顺序保持完整记录。

(9)信号的接口性能。

1)信号幅度和输出/输入带宽。模拟标清视频信号的视频输出应为$1\ V_{p\text{-}p} \pm 3\ dB, 6\ MHz$。

2)信号接口的驱动能力。信号驱动能力无论带宽如何,其至少应传送100 m。

注:信号驱动能力和信号接收灵敏度是互为配对的一对能力,与传输介质一起共同构成了传送100 m的条件。

安全技术防范

四、视音频压缩编码与相关协议

1. 数字视频的压缩与解压缩标准

(1)JPEG。JPEG 是国际图像压缩标准,正式称呼为 ISO/IEC IS(国际标准)10918-1:连续色调静态图像数字压缩和编码(Digital Compression and Coding of Continuous-tone Still Images)和 ITU-T 建议 T.81。JPEG 是联合图像专家组(Joint Photographic Experts Group)的缩写,这个图像压缩标准是国际电信联盟(ITU,International Telecommunication Union)、国际标准化组织(ISO,International Organization for Standardization)和国际电工委员会(IEC,International Electrotechnical Commission)合作努力的成果。

这个标准目的在于支持用于大多数连续色调静态图像(即包括灰度图像和彩色图像)压缩的各种各样的应用,这些图像可以是任何一个色彩空间,用户可以调整压缩比,并能达到或者接近技术领域中领先的压缩性能,且具有良好的重建质量。这个标准的另一个目标是对普遍实际的应用提供易处理的计算复杂度。

用这种压缩格式的文件一般就称为 JPEG;此类文件的一般扩展名有:.jpeg,.jfif,.jpg 或.jpe,其中在主流平台最常见的是.jpg。JPEG 只描述一副图像如何转换成一组数据流,而不论这些数据存储在何种介质上。由独立 JPEG 组创立的另一个进阶标准,JFIF(JPEG File Interchange Format,JPEG 文件交换格式)则描述 JPEG 数据流如何生成适于电脑存储或传送的图像。在一般应用中,从数码相机等来源获得的"JPEG 文件"指的就是 JFIF 文件,有时是 ExifJPEG 文件。

JPEG/JFIF 是互联网上最常见的图像存储和传送格式。但此格式不适合用来绘制线条、文字或图标,因为它的压缩方式对这几种图片损坏严重。PNG 和 GIF 文件更适合以上几种图片。不过 GIF 每像素只支持 8 bit 色深,不适合色彩丰富的照片,但 PNG 格式就能提供 JPEG 同等甚至更多的图像细节。

在安防应用中,JPEG 主要作为图片的存储编码算法。

(2)MPEG2。MPEG-2 是 MPEG(Moving Picture Experts Group,运动图像专家组)组织制定的视频和音频有损压缩标准之一,它的正式名称为"基于数字存储媒体运动图像和语音的压缩标准"。MPEG-2 制定于 1994 年,设计目标是高级工业标准的图像质量以及更高的传输率,MPEG-2 编码标准希望囊括数字电视、图像通信各领域的编码标准。

MPEG-2 按压缩比大小的不同分成五个档次(profile),每一个档次又按图像清晰度的不同分成四种图像格式,或称为级别(level)。五个档次、四种级别共有

20 种组合,但实际应用中有些组合不太可能出现,较常用的是 11 种组合。这 11 种组合分别应用在不同的场合,如 MP@ML(主档次与主级别)用在具有演播室质量标准清晰度电视 SDTV 中,美国 HDTV 大联盟采用 MP@HL(主档次及高级别)。

MPEG-2 的编码码流分为六个层次。为更好地表示编码数据,MPEG-2 用句法规定了一个层次性结构。它分为六层,自上到下分别是图像序列层、图像组(GOP)、图像、宏块条、宏块、块。

图像序列指构成某路节目的图像序列,序列起始码后的序列头中包含了图像尺寸,宽高比,图像速率等信息。序列扩展中包含了一些附加数据。为保证能随时进入图像序列,序列头是重复发送的。

序列层下是图像组层,一个图像组由相互间有预测和生成关系的一组 I,P,B 图像构成,但头一帧图像总是 I 帧。GOP 头中包含了时间信息。

图像组层下是图像层,分为 I,P,B 三类。PIC 头中包含了图像编码的类型和时间参考信息。

图像层下是像条层,一个像条包括一定数量的宏块,其顺序与扫描顺序一致。MP@ML 中一个像条必须在同一宏块行内。

像条层下是宏块层。MPEG-2 中定义了三种宏块结构:4∶2∶0 宏块、4∶2∶2 宏块和 4∶4∶4 宏块,分别代表构成一个宏块的亮度像块和色差像块的数量关系。

在进行视频编码前,分量信号 R,G,B 被变换为亮度信号 Y 和色差信号 Cb,Cr 的形式。4∶2∶0 宏块中包含 4 个亮度像块,1 个 Cb 色差像块和 1 个 Cr 色差像块;4∶2∶2 宏块中包含 1 个亮度像块,2 个 Cb 色差像块和 2 个 Cr 色差像块;4∶4∶4 宏块中包含 4 个亮度像块,4 个 Cb 色差像块和 4 个 Cr 色差像块。这 3 种宏块结构实际上对应于 3 种亮度和色度的抽样方式。

宏块层之下是像块层,像块是 MPEG-2 码流的最底层,是 DCT 变换的基本单元。MP@ML 中一个像块由 8×8 个抽样值构成,同一像块内的抽样值必须全部是 Y 信号样值,或全部是 Cb 信号样值,或全部是 Cr 信号样值。另外,像块也用于表示 8×8 个抽样值经 DCT 变换后所生成的 8×8 个 DCT 系数。

与 MPEG-1 标准相比,MPEG-2 标准具有更高的图像质量、更多的图像格式和传输码率的图像压缩标准。MPEG-2 标准不是 MPEG-1 的简单升级,而是在传输和系统方面做了更加详细的规定、扩充、提升和进一步的完善。它是针对存储媒体、标准数字电视和高清晰电视等在各种应用下的压缩方案,视频相对 MPEG-1 提升了分辨率,分辨率为:低(352×288),中(720×480),次高(1 440×1 080),高(1 920×1 080)。MPEG-2 所能提供的传输编码率在 3~10 Mb/s 之间,但由于

安全技术防范

压缩性能没有多少提高,因而存储容量还是太大,也不适合网络传输。MPEG-2的出色性能表现已能适用于 HDTV,使得原打算为 HDTV 设计的 MPEG-3,还没出世就被抛弃了(MPEG-3 要求传输速率在 20~40 Mb/s 间,但这将使画面有轻度扭曲)。除了作为 DVD 的指定标准外,MPEG-2 还可用于为广播、有线电视网、有线网络以及卫星直播提供广播级的数字视频。MPEG-2 在设计时的巧妙处理,使得大多数 MPEG-2 解码器也可播放 MPEG-1 格式的数据,如 VCD。

MPEG-2 音频是在 1994 年 11 月为数字电视而提出来的,其发展分为 3 个阶段:

第一阶段:是对 MPEG-1 增加了低采样频率,有 16 kHz,22.05 kHz 和 24 kHz。

第二阶段:是对 MPEG-1 实施了向后兼容的多声道扩展,将其称为 MPEG-2 BC。支持单声道,双声道,多声道等编码,并附加"低频加重"扩展声道,从而达到五声道编码。

第三阶段:是向后不兼容,将其称为 MPEG-2 AAC 先进音频编码。采样频率可以低至 8 kHz;而高至 96 kHz 范围内的 1~48 个通道可选的高音质音频编码。MPEG-2 的音频编码可提供左右中及两个环绕声道,以及一个加重低音声道,和多达 7 个伴音声道(DVD 可有 8 种语言配音的原因)。

(3)MPEG-4。MPEG-4 是一套用于音频、视频信息的压缩编码标准,由国际标准化组织(ISO)和国际电工委员会(IEC)下属的"动态图像专家组"(Moving Picture Experts Group,MPEG)制定,第一版在 1998 年 10 月通过,第二版在 1999 年 12 月通过。MPEG-4 格式的主要用途在于网上流、光盘、语音发送(视频电话),以及电视广播。

MPEG-4 包含了 MPEG-1 及 MPEG-2 的绝大部分功能及其他格式的长处,并加入及扩充对虚拟现实模型语言(Virtual Reality Modeling Language,VRML)的支持,面向对象的合成档案(包括音效、视讯及 VRML 对象),以及数字版权管理(DRM)及其他互动功能。而 MPEG-4 比 MPEG-2 更先进的其中一个特点,就是不再使用宏区块做图像分析,而是以图像上个体为变化记录,因此尽管图像变化速度很快、码率不足时,也不会出现方块画面。

与 MPEG-1 和 MPEG-2 相比,MPEG-4 的特点是其更适于交互 AV 服务以及远程监控。由于 MPEG-4 是一个公开的平台,各公司、机构均可以根据 MPEG-4 标准开发不同的制式,因此市场上出现了很多基于 MPEG-4 技术的视讯格式,例如 WMV 9,Quick Time,DivX,Xvid 等。MPEG-4 大部分功能都留待开发者决定是否采用。这意味着整个格式的功能不一定被某个程序所完全包含。

因此，这个格式有所谓配置（profile）及级别（level），定义了 MPEG－4 应用于不同平台时的功能集合。

MPEG－4 视频压缩算法相对于 MPEG－1/2 在低比特率压缩上有着显著提高，在 CIF(352×288)或者更高清晰度(768×576)情况下的视频压缩，无论从清晰度还是从存储量上都比 MPEG－1 具有更大的优势，也更适合网络传输。另外 MPEG－4 可以方便地动态调整帧率、比特率，以降低存储量。

MPEG－4 视频编码算法支持：
- MPEG－1 和 MPEG－2 提供的所有功能；
- 比如：对标准矩形图像、帧速率、位速率和隔行扫描图像源的支持。

MPEG－4 视频编码算法的核心：
- 支持基于内容（content－based）的编码和解码功能，即场景进行分割，抽取单独的对象，然后进行编码和解码；
- 支持甚低速率视频编码（VLBV，Very Low Bit rate Video）；
- 支持基于对象的空间或时间分级。

（4）H.264。H.264 是国际标准化组织（ISO）和国际电信联盟（ITU）共同提出的继 MPEG4 之后的新一代数字视频压缩格式。H.264 是 ITU－T 以 H.26x 系列为名称命名的视频编解码技术标准之一。H.264 是 ITU－T 的 VCEG（视频编码专家组）和 ISO/IEC 的 MPEG（活动图像编码专家组）的联合视频组（JVT，Joint Video Team）开发的一个数字视频编码标准。该标准最早来自于 ITU－T 的称之为 H.26L 的项目的开发。H.26L 这个名称虽然不太常见，但是一直被使用着。H.264 是 ITU－T 以 H.26x 系列为名称命名的标准之一，AVC 是 ISO/IEC MPEG 一方的称呼。

H.264 是在 MPEG－4 技术的基础之上建立起来的，其编解码流程主要包括 5 个部分：帧间和帧内预测（estimation）、变换（transform）和反变换、量化（quantization）和反量化、环路滤波（loop filter）、熵编码（entropy coding）。

H.264 标准的主要目标是：与其他旧有的视频编码标准相比，在相同的带宽下提供更加优秀的图像质量。通过该标准，在同等图像质量下的压缩效率比以前的标准（MPEG2）提高了 2 倍左右。

H.264 可以提供 11 个等级、7 个类别的子协议格式（算法），其中等级定义是对外部环境进行限定，例如带宽需求、内存需求、网络性能等等。等级越高，带宽要求就越高，视频质量也越高。类别定义则是针对特定应用，定义编码器所使用的特性子集，并规范不同应用环境中的编码器复杂程度。

1）低码率（Low Bit Rate）：与 MPEG2 和 MPEG4 ASP 等压缩技术相比，在同等

图像质量下,采用 H.264 技术压缩后的数据量只有 MPEG2 的 1/8,MPEG4 的 1/3。

2)高质量的图像:H.264 能提供连续、流畅的高质量图像(DVD 质量)。

3)容错能力强:H.264 提供了解决在不稳定网络环境下容易发生的丢包等错误的必要工具。

4)网络适应性强:H.264 提供了网络抽象层(Network Abstraction Layer),使得 H.264 的文件能容易地在不同网络上传输(例如互联网、CDMA、GPRS、WCDMA、CDMA2000 等)。

H.264 最大的优势是具有很高的数据压缩比率,在同等图像质量的条件下,H.264 的压缩比是 MPEG-2 的 2 倍以上,是 MPEG-4 的 1.5~2 倍。举个例子,原始文件的大小如果为 88GB,采用 MPEG-2 压缩标准压缩后变成 3.5GB,压缩比为 25∶1,而采用 H.264 压缩标准压缩后变为 879MB,从 88GB 到 879MB,H.264 的压缩比可达到 102∶1。低码率(Low Bit Rate)对 H.264 的高的压缩比起到了重要的作用,和 MPEG-2 和 MPEG-4 ASP 等压缩技术相比,H.264 压缩技术将大大节省用户的下载时间和数据流量收费。尤其值得一提的是,H.264 在具有高压缩比的同时还拥有高质量流畅的图像,正因为如此,经过 H.264 压缩的视频数据,在网络传输过程中所需要的带宽更少,也更加经济。

(5)AVS。AVS 是我国具备自主知识产权的信源编码标准,是《信息技术先进音视频编码》系列标准的简称,其包括系统、视频、音频、数字版权管理等四个主要技术标准和符合性测试等支撑标准。

AVS 是基于我国创新技术和部分公开技术的自主标准,AVS 的视频编码部分采用的技术与 H.264 非常相似,但采取了一些简化措施,编码效率比 MPEG-2 高 2~3 倍,与 AVC 相当,而且技术方案简洁,芯片实现复杂度低,达到了第二代标准的最高水平;而且 AVS 通过简洁的一站式许可政策,解决了 AVC 专利许可问题死结,是开放式制订的国家、国际标准,易于推广;此外,AVC 仅是一个视频编码标准,而 AVS 是一套包含系统、视频、音频、媒体版权管理在内的完整标准体系,为数字音视频产业提供更全面的解决方案。因此,AVS 可称第二代信源标准的上选。

在 2003 年 12 月 18—19 日举行的第 7 次会议上,工作组完成了 AVS 标准的第一部分(系统)和第二部分(视频)的草案最终稿(FCD),与报批稿配套的验证软件也已完成。2004 年度第一季度(第八次全体会议)正式开始"数字版权管理与保护"标准的制定,2004 年 12 月 29 日,全国信息技术标准化技术委员会组织评审并通过了 AVS 标准视频草案。2005 年初(第 12 次全体会议)完成了第三部分(音频)草案,AVS 工作组将草案报送中国信息产业部,3 月 30 日,中国信息产业部初审认可,标准草案视频部分进入公示期。

2012年,完成了广电行标《广播电视先进音视频编码第1部分:视频》的制订,《广播电视先进音视频编码第1部分:视频》于2012年7月10日颁布为广电行标,标准号:GY/T 257.1—2012,即日实施。AVS+的颁布与实施对我国高清晰度数字电视、3D数字电视等广电领域新业务的发展具有重要的战略意义。2012年12月31日,《信息技术先进音视频编码第1部分:系统》(AVS-P1)、《信息技术先进音视频编码第4部分:符合性测试》(AVS-P4)、《信息技术先进音视频编码第5部分:参考软件》(AVS-P5)获颁为国标,国标号分别为GB/T 20090.1—2012,GB/T 20090.4—2012,GB/T 20090.5—2012。

2013年1月,完成《信息技术先进音视频编码第8部分:在IP网络上传输AVS》《信息技术先进音视频编码第9部分:AVS文件格式》报批工作。

2013年3月18日,基于AVS+的3D节目上星播出。

2013年10月至2014年,湖南卫视高清频道、基于AVS+的中央电视台财经、军事农业、纪录、科教、社会与法、少儿6套高清频道、安徽卫视高清频道、中央电视台综艺、体育、电视剧3套高清频道等陆续开播AVS+格式频道,和/或实现H.264和AVS+两种编码格式同播上星。

AVS与H.264相比具有以下特点:

• AVS的性能高,与H.264的编码效率相当。

• AVS的复杂度低,编码复杂度比H.264明显低,软硬件实现成本都低于H.264。

• AVS编码技术为中国主导的知识产权,专利授权模式简单,费用较H.264低。

AVS 2.0标准也已经于2016年发布。它相较于H.265的性能也有所提升。

(6)SVAC。SVAC是Survillance Video and Audio CODEC的英文缩写,中文名称为安防监控用视频音频编码解码。SVAC标准具有我国自主知识产权和一定安全特性的,在视频压缩方面,是与H.264相近的算法复杂度和压缩比的视频编码标准。它面向安防视频监控特点、结合公安业务应用,主要特点是:

1)支持高精度视频数据(10bit),在高动态范围场景提供更多图像细节。

2)感兴趣区域变质量编码技术。

3)可伸缩视频编码(SVC)技术。

4)监控专用信息(绝对时间、智能分析结果、报警信息)的支持。

5)在音频编码方面,支持上下文自适应二进制算术编码(CABAC)等技术,提高编码效率。

6)支持加密和认证,保证监控数据的保密性、真实性和完整性。

随着 SVAC 算法的改进优化和产品链的丰富完善,以及安全策略的配套,对于高安全等级的安防应用视频来说,也是较有竞争力的方法。

作为升级版,SVAC 2.0 于 2017 年发布。其视频数据的压缩性能可与 H.265 相当。

(7) H.265。2012 年 8 月,爱立信公司推出了首款 H.265 编解码器,而在仅仅 6 个月之后,国际电联(ITU)就正式批准通过了 HEVC/H.265 标准,标准全称为高效视频编码(High Efficiency Video Coding),相较于之前的 H.264 标准有了相当大的改善,中国华为公司拥有最多的核心专利,是该标准的主导者。

H.265 是 ITU-T VCEG 继 H.264 之后所制定的新的视频编码标准。H.265 标准围绕着现有的视频编码标准 H.264,保留原来的某些技术,同时对一些相关的技术加以改进。新技术使用先进的技术用以改善码流、编码质量、延时和算法复杂度之间的关系,达到最优化设置。具体的研究内容包括提高压缩效率、提高鲁棒性和错误恢复能力、减少实时的时延、减少信道获取时间和随机接入时延、降低复杂度等。H264 由于算法优化,可以低于 1 Mb/s 的速度实现标清数字图像传送;H265 则可以实现利用 1~2 Mb/s 的传输速度传送 720P(分辨率 1 280×720)普通高清音视频传送。

H.265 标准也同时支持 4K(4 096×2 160)和 8K(8 192×4 320)超高清视频。可以说,H.265 标准让网络视频跟上了显示屏"高分辨率化"的脚步。

H.265/HEVC 的编码架构大致上和 H.264/AVC 的架构相似,主要也包含帧内预测(intra prediction)、帧间预测(inter prediction)、转换(transform)、量化(quantization)、去区块滤波器(deblocking filter)、熵编码(entropy coding)等模块,但在 HEVC 编码架构中,整体被分为了三个基本单位,分别是编码单位(Coding Unit,CU)、预测单位(PU,Predict Unit)和转换单位(Transform Unit,TU)。

比起 H.264/AVC,H.265/HEVC 提供了更多不同的工具来降低码率,以编码单位来说,H.264 中每个宏块(macroblock/MB)大小都是固定的 16×16,而 H.265 的编码单位可以选择从最小的 8×8 到最大的 64×64。

同时,H.265 的帧内预测模式支持 33 种方向(H.264 只支持 8 种),并且提供了更好的运动补偿处理和矢量预测方法。

反复的质量比较测试已经表明,在相同的图像质量下,相比于 H.264,通过 H.265 编码的视频大小将减少 39%~44%。由于质量控制的测定方法不同,这个数据也会有相应的变化。通过主观视觉测试得出的数据显示,在码率减少 51%~74% 的情况下,H.265 编码视频的质量还能与 H.264 编码视频近似甚至更好,其本质上说是比预期的信噪比(PSNR)要好。H.264与H.265编码视频的主观视觉测试对比,我可以看到后者的码率比前者大大减少了

截至2013年的HEVC标准共有三种模式:Main,Main 10和Main Still Picture。Main模式支持8bit色深(即红、绿、蓝三色各有256个色度,共1 670万色),Main 10模式支持10 bit色深,将会用于超高清电视(UHDTV)上。前两者都将色度采样格式限制为4∶2∶0。预期将对标准有所扩展,将会支持4∶2∶2和4∶4∶4采样格式(即提供了更高的色彩还原度)和多视图编码(例如3D立体视频编码)。

事实上,H.265和H.264标准在各种功能上有一些重叠,例如,H.264标准中的Hi10P部分就支持10bit色深的视频。另一个H.264的部分(Hi444PP)还可以支持4∶4∶4色度抽样和14 bit色深。在这种情况下,H.265和H.264的区别就体现在前者可以使用更少的带宽来提供同样的功能,其代价就是设备计算能力:H.265编码的视频需要更多的计算能力来解码。

从长远角度看,H.265标准将会成为超高清电视(UHDTV)的4K和8K分辨率的选择,但这也会带来其他问题,比如2013年还极少有原生4K分辨率的视频内容。H.265标准的完成意味着内容拥有者在2013年已经有了一个对应的理论标准,但是他们在2013年还没有一个统一的方式来传送内容。

目前看来,对于H.265/HEVC标准,仍须持谨慎乐观的态度。但有一点是肯定的:H.265标准在同等的内容质量上会显著减少带宽消耗,有了H.265,高清1 080P电视广播和4K视频的网络播放将不再困难。同时,如果移动设备要采用H.265标准,那么其在解码视频时对电量的高消耗也是各大厂商需要解决的问题。

在安防应用领域,H.265所提供的节约带宽的优势具有很大的吸引力。

2. 数字音频的压缩与解压缩

(1)声音离散化传输和记录的基本原理。自然界中的声音非常复杂,波形极其复杂,通常采用的是脉冲代码调制编码,即PCM编码。PCM通过抽样、量化、编码三个步骤将连续变化的模拟信号转换为数字编码。

声音其实是一种能量波,有频率和振幅的特征。人耳能够感觉到的最高频率为20 kHz,因此要满足人耳的听觉要求,根据奈奎斯特采样定律,则信号采样率需要至少用40 kHz。常见的CD采样率为44.1 kHz。常见的CD声音幅度采用16 bit。

1)无损编码和有损编码。在计算机应用中,能够达到最高保真水平的音频编码就是PCM编码,它被广泛用于素材保存及音乐欣赏,CD、DVD以及常见的WAV文件中均有应用。PCM约定俗成了无损编码,习惯性地把MP3列入有损

音频编码范畴,是相对 PCM 编码的。强调编码的相对性的有损和无损,是为了告诉大家,要做到真正的无损是困难的,就像用数字去表达圆周率,不管精度多高,也只是无限接近,而不是真正等于圆周率的值。

2)心理声学和心理声学模型。心理声学是研究声音和它引起的听觉之间关系的一门边缘学科。它既是声学的一个分支,也是心理物理学的一个分支。心理声学本可包括言语和音乐这样一些复合声和它们的知觉。这些可参见语言声学、音乐声学等,在这里我们仅限于较基础和简单的心理声学现象,即①刚刚能引起听觉的声音——听阈;②声音的强度、频率、频谱和时长这些参量所决定的声音的主观属性——响度、音调、音色和音长;③某些和复合声音有关的特殊的心理声学效应——余音、掩蔽、非线性、双耳效应。心理声学模型是对人听感的统计性质的数学表述模型,它解释人各种听感的生理原理。

心理声学模型可以在主观听感劣化不多的条件下,大大降低数字音频信号传输的带宽。它主要基于人的听觉器官的生理结构和感知模式,通过对数字音频信号的相应处理,去除不可闻的信号成分及引入不可闻的畸变,达到普通熵编码无法达到的压缩比率。

由于人耳听觉系统复杂,人类迄今为止对它的机理和听觉特性的某些问题总是还不能从生理解剖角度完全解释清楚。所以,对人耳听觉特性的研究仅限于在心理声学和语言声学内进行。人耳对不同强度和不同频率声音的一定听觉范围称为声域。在人耳的声域范围内,声音听觉心理的主观感受主要有响度、音高、音色等特征和掩蔽效应、高频定位等特性。其中响度、音度、音色可以在主观上用来描述具有振幅、频率和相位三个物理量的任何复杂的声音,故又称为声音"三要素";而对于多种音源场合时,人耳的掩蔽效应等特性尤为重要,它是心理声学的基础。

3)使用音频编码压缩技术的原因。要算一个 PCM 音频流的码率是一件很轻松的事情,采样率值×采样大小值×声道数(b/s)。一个采样率为 44.1 kHz,采样大小为 16 bit,双声道的 PCM 编码的 WAV 文件,它的数据速率则为 44.1k×16×2 = 1 411.2 kb/s。常说的 128k 的 MP3,对应的 WAV 的参数就是这个 1 411.2 kb/s,这个参数也被称为数据带宽,转化为字节单位,即 176.4 KB/s。这表示存储一秒钟采样率为 44.1 kHz,采样大小为 16 bit,双声道的 PCM 编码的音频信号,需要 176.4 KB 的空间,1 min 则约为 10.34 MB,这对大部分用户是不可接受的,尤其是喜欢在电脑上听音乐的朋友,要降低磁盘占用,只有 2 种方法,降低采样指标或者压缩。降低指标是不可取的,因此专家们研发了各种压缩方案。由于用途和针对的目标市场不一样,各种音频压缩编码所达到的音质和压缩比都不一样。

基于心理声学模型的编码压缩技术通常会有较高的数据压缩比，但可能会损失其中的一些细节，而这可能是事件的关键。

(2)G.711。G.711是国际电信联盟ITU-T制定出来的一套语音压缩标准，它代表了对数PCM(logarithmic pulse-code modulation)抽样标准，主要用于电话。它主要用脉冲编码调制对音频采样，采样率为8 k/s。它利用一个64 kb/s未压缩通道传输语音信号。起压缩率为1∶2，即把16位数据压缩成8位。G.711是主流的波形声音编解码器。

G.711标准下主要有两种压缩算法。一种是μ-law algorithm，主要运用于北美和日本；另一种是A-law algorithm，主要运用于欧洲和世界其他地区。其中，后者是特别设计用来方便计算机处理的。

(3)G.729。G.729协议是由ITU-T的第15研究小组提出的，并在1996年3月通过的8 kb/s的语音编码协议。

G.729协议使用的算法是共轭结构的算术码本激励线性预测(Conjugate-Structure Algebraic Code Excited Linear Prediction)，它基于CELP编码模型。由于G.729编解码器具有很高的语音质量和很低的延时(frame只有10 ms，点到点的时延25 ms)，以8 kb/s的波特率对语音进行编码，被广泛地应用在数据通信的各个领域，如VoIP和H.323网上多媒体通信系统等。

电话线路上的模拟语音信号，经话路带宽滤波(符合ITU-T G.712建议)后，被8 kHz采样，量化成16 bit线性PCM数字信号输入到编码器。该编码器是基于线性预测分析合成技术，尽量减少实际语音与合成语音之间经听觉加权后差分信号的能量为准则来进行编码的。编码器的其主要部分有线性预测分析和LPC系数的量化、开环基音周期估计、自适应码本搜索、固定码本搜索、码本增益量化。

G.729的解码也是按帧进行的，主要是对符合G.729协议的码流进行解码，得到相应的参数，根据语音产生的机理，合成语音。解码过程主要分为参数解码和后滤波处理。

• 参数解码。首先解码得到线谱对参数，并将线谱对参数转换为线性预测系数。然后解码出基音周期，获得自适应码本矢量 $V(n)$。解码出固定码本矢量的四个脉冲的位置和符号，计算出固定码本矢量 $c(n)$。解码出固定本预测增益 g_c 和固定码本增益，接着得到激励信号。最后将激励信号输入到线性预测合成滤波器中，计算出重构语音。

• 后滤波处理。后滤波处理主要是自适应后滤波。自适应后置滤波器是由三个滤波器级连而成：长时后置滤波器 $H_p(z)$、短时后置滤波器 $H_f(z)$、频谱倾斜补

偿滤波器 $H_t(z)$，后面接着进行一个自适应增益控制过程。后置滤波器的系数每一个子帧更新一次。后置滤波能够有效地改善合成出的语音质量。

不同于完全自由使用的 G.711，使用 G.729 是需要付费的。

G.729 有两大特点：

1) 占用带宽小。使用普通编码的语音通信需要占用 64 kb/s 的带宽，而 G.729 仅需要 8 kb/s。

2) 占用 CPU 时间多。使用 G.729 时 CPU 的使用时间大约为 G.711 的 4 倍，所以使用 G.729 时需要注意服务器是否有足够的处理能力。

(4) MP3。MP3 是利用心理声学模型的原理进行工作的，即利用人耳对高频声音信号不敏感的特性，将时域波形信号转换成频域信号，并划分成多个频段，对不同的频段使用不同的压缩率，对高频加大压缩比（甚至忽略信号）对低频信号使用小压缩比，保证信号不失真。这样一来就相当于抛弃人耳基本听不到的高频声音，只保留能听到的低频部分，从而将声音用 1∶10 甚至 1∶12 的压缩率压缩。由于这种压缩方式的全称称为 MPEG Audio Player3，所以人们把它简称为 MP3，是 MPEG1 的衍生编码方案，1993 年由德国 Fraunhofer IIS 研究院和汤姆生公司合作发展成功。

(5) OGG。OGG 全称应该是 OGG Vorbis，是一种新的音频压缩格式，类似于 MP3 等现有的音乐格式。但有一点不同的是，它是完全免费、开放和没有专利限制的。OGG Vorbis 不同于 MP3，支持多声道。

Vorbis 是这种音频压缩机制的名字，而 OGG 则是一个计划的名字，该计划意图设计一个完全开放性的多媒体系统。目前该计划只实现了 OGG Vorbis 这一部分。

MP3 是有损压缩格式，其压缩后的数据与标准的 CD 音乐相比是有损失的。VORBIS 也是有损压缩，但通过使用更加先进的声学模型去减少损失，因此，同样位速率 (bit rate) 编码的 OGG 与 MP3 相比听起来更好一些。另外，还有一个原因，MP3 格式是受专利保护的。如果想使用 MP3 格式发布自己的作品，则需要付给 Fraunhofer（发明 MP3 的公司）专利使用费。而 Vorbis 就完全没有这个问题。

由于 Vorbis 使用了与 MP3 完全不同的数学原理，因此在压缩音乐时受到的挑战也不同。在当前的聆听测试中，同样位速率编码的 Vorbis 和 MP3 文件具有同等的声音质量。

由于 Vorbis 使用了一种灵活的格式，能够在文件格式已经固定下来后还能对音质进行明显的调节和新算法训练，因此它的声音质量将会越来越好。

第二章 安全防范子系统

理论上,没有固定的位速率。Vorbis 的设计可以以每通道 16～128 kb/s 的位速率进行编码。但规格说明中并没有限制将文件以 512 kb/s 或 8 kb/s 方式编码。

(6)AAC。AAC(Advanced Audio Coding)是一种专为声音数据设计的文件压缩格式,又叫 MPEG-4 AAC(M4A)。与 MP3 相比,它采用了新的算法进行编码,更加高效,具有更高的"性价比"。利用 AAC 格式,可使人感觉声音质量没有明显降低的前提下,文件更加小巧。但本质上 AAC 与 MP3 一样,也是一种基于心里声学模型的有损压缩标准。特点如下:

1)提升的压缩率:可以以更小的文件大小获得更高的音质;

2)支持多声道:可提供最多 48 个全音域声道;

3)更高的解析度:最高支持 96 kHz 的采样频率;

4)提升的解码效率:解码播放所占的资源更少。

据资料介绍,作为一种高压缩比的音频压缩算法,AAC 通常压缩比为 18∶1,也有资料说为 20∶1,远胜 MP3,而音质由于采用多声道,和使用低复杂性的描述方式,使其比几乎所有的传统编码方式在同规格的情况下更胜一筹。

3. 其他高清视频系统

(1)HDCCTV。HDCCTV 是高清闭路电视系统的英文缩写。在高清电视系统发展的过程中,一方面,人们逐渐习惯了数字化的趋势,例如采用 SDI,HD-SDI 进行视频的数字化传输;另一方面,人们重温模拟传统视频的相对简洁的信号结构,再构建高清视频的模拟信号;再一方面,人们在同轴电缆、双绞线的信号传输技术上得到了长足的理论和实践突破,这三者构成了目前 HDCCTV 的不同技术和产品形态的背景基础。

一般来说,HDCCTV 在布线方案上可以沿用老的模拟系统的成果,无须重新布线,设备管理也可以沿用老的模拟系统的架构,从老的系统升级,只需要更换硬件设备(摄像机、DVR 等),无须再有其他投入,也无须再经过系统变化所需要的新的知识培训。HDCCTV 可提供高清等级的实时图像:它在传输过程中没有压缩封包的操作,图像延迟特别小,特别适合要求实时监控的场合。

它的成员包括 Comart,CSST(中国安防,中国大陆),EverFocus(慧友,中国台湾),INFINOVA(英飞拓),DAHUATECHNOLOG(浙江大华),Gennum,OVi 和 Stretch 等。

1)HD-SDI。在最初的 HDCCTV 中,实现方案首先采用的是 HD-SDI 的非压缩数字传输方案,它将与广播行业兼容的高清晰度(HDTV)视频信号经由传统的 CCTV 媒介进行传输,并且不会出现人眼可感知的压缩延迟。

安全技术防范

SDI(Serial Digital Interface)是"数字分量串行接口",那么 HD－SDI 就是高清数字分量串行接口。SDI 接口简单可分为 SD－SDI(270 Mbps,SMPTE259M)、HD－SDI(1.485 Gb/s,SMPTE292M)、3G－SDI(2.97 Gb/s,SMPTE424M)。HD－SDI 的摄像机是实时无压缩的高清广电级摄像机,它可为监控中心提供高清晰的图像来源的设备。

基于 SDI 接口的高清视频系统具有以下优点,如高清图像无延迟实时传输,高清图像无损失不失真。所提供的未压缩高清图像是智能监控所需的最佳图像来源。另外,SDI 接口即使外延也不会带来网络外延泄密问题,中心系统与前端系统是完全隔离的,不可能经过 SDI 接口产生网络入侵,安全性较网络系统要高。

2）HDCVI。HDCVI(High Definition Composite Video Interface)即高清复合视频接口,是一种基于同轴电缆的高清视频传输规范,是采用模拟调制技术传输逐行扫描的高清视频的技术,可以称作模拟高清视频技术。

HDCVI 高清复合视频接口标准由浙江大华技术股份有限公司发布,具备完全自主知识产权,目前最新版本为 1.00 版,于 2012 年 11 月 15 日正式发布。

HDCVI 技术规范包括 1 280H 与 1 920H 两种高清视频格式(1 280H 格式的有效分辨率为 1 280×720；1 920H 格式的有效分辨率为 1 920×1 080),采用自主知识产权的非压缩视频数据模拟调制技术,使用同轴电缆点对点传输百万像素级高清视频,实现无延时,低损耗、高可靠性的视频传输。

HDCVI 技术采用自主知识产权的自适应技术,保证了在 SYV－75－3 及以上规格的同轴电缆至少传输 500 m 高质量高清视频,突破了高清视频现有传输技术的传输极限。除此之外,HDCVI 技术还拥有多项自主知识产权技术,包括同步音频信号传输技术以及实时双向数据通信技术。

基本参数介绍：

• 支持 1 280×720 和 1 920×1 080 两种分辨率,25,30,50,60 四种帧率,1 280H/25f,1 280H/30f,1 280H/50f,1 280H/60f,1 920H/25f,1 920H/30f 六种高清格式。

• 视频图像的比例符合 16∶9 标准。

• 采用模拟视频传输技术。

• 采用逐行扫描,逐帧传输模式。

• 使用同轴电缆作为传输介质。

• 支持音频同轴传输,传输方向从摄像机侧发送至接收设备侧。

• 音频信号最高可支持的采样率为 44.1 kHz(1280H/25f 最高支持 32 kHz

采样率)。

• 支持同轴双向数据通信,可以通过接收端向采集端发送控制信号如云台转动、变倍控制。

• 支持的波特率有 2 400/4 800/9 600(正向传输支持 2 400/4 800/9 600,反向传输支持 2 400/4 800)。

• 自动校正补偿不同传输信道的信号失真。

(2) HD-TVI。在安防领域中,TVI(Transport Video Interface)是一种基于同轴电缆的高清视频传输规范。在国内,杭州海康威视数字技术股份有限公司等已推出 HDTVI 芯片摄像机。TVI 采用新一代连接传输系统架构,新一代亮度色度分离、信号处理滤波电路,高清画质达到 720P、1080P,使用 DVR 可混合使用 720P 信号和 1 080P 信号,可使用既有的同轴电缆,无须更改原有线路,并且能适应工程用双绞线,兼容性更强。TVI 使用同轴电缆 SYV-75-3(5C2V)双向传输百万像素级高清视频信号,传输距离可达 500 m,实现无延时、无压缩、低损耗、高性能的视频传输。同时,TVI 面向市场开放,芯片由美国第三方厂家提供,使用户在高清视频路上有更多选择。

4. 数字视频系统的互联互控协议

(1) TCP/IP 网络协议。网络协议即网络中(包括互联网)传递、管理信息的一些规范。如同人与人之间相互交流是需要遵循一定的规矩一样,计算机之间的相互通信需要共同遵守一定的规则,这些规则就称为网络协议。

TCP/IP(Transmission Control Protocol/Internet Protocol)中文译名为传输控制协议/互联网络协议。TCP/IP(传输控制协议/网间协议)是一种网络通信协议,它规范了网络上的所有通信设备,尤其是一个主机与另一个主机之间的数据往来格式以及传送方式。TCP/IP 是 internet 的基础协议,是网络的基础,是 Internet 的语言,也是一种电脑数据打包和寻址的标准方法。在数据传送中,可以形象地理解为有两个信封,TCP 和 IP 就像是信封,要传递的信息被划分成若干段,每一段塞入一个 TCP 信封,并在该信封面上记录有分段号的信息,再将 TCP 信封塞入 IP 大信封,发送上网。在接收端,一个 TCP 软件包收集信封,抽出数据,按发送前的顺序还原,并加以校验,若发现差错,TCP 将会要求重发。因此,TCP/IP 在 INTERNET 中几乎可以无差错地传送数据。对普通用户来说,并不需要了解网络协议的整个结构,仅须了解 IP 的地址格式,即可与世界各地进行网络通信。

TCP/IP 协议不是 TCP 和 IP 这两个协议的合称,而是指因特网整个 TCP/IP 协议族,参见表 2-2-9。

表2-2-9 TCP/IP协议

OSI中的层	功能	TCP/IP协议族
应用层	文件传输,电子邮件,文件服务,虚拟终端	TFTP,HTTP,SNMP,FTP,SMTP,DNS,Telnet等
表示层	数据格式化,代码转换,数据加密	没有协议
会话层	解除或建立与别的接点的联系	没有协议
传输层	提供端对端的接口	TCP,UDP
网络层	为数据包选择路由	IP,ICMP,OSPF,EIGRP,IGMP
数据链路层	传输有地址的帧以及错误检测功能	SLIP,CSLIP,PPP,MTU
物理层	以二进制数据形式在物理媒体上传输数据	ISO2110,IEEE802,IEEE802.2

从协议分层模型方面来讲,TCP/IP由四个层次组成:网络接口层、网络层、传输层和应用层(见表2-2-10)。

表2-2-10 TCP/IP的四个组成层次

TCP/IP	OSI
应用层	应用层、表示层、会话层
主机到主机层(TCP)(又称传输层)	传输层
网络层(IP)(又称互联层)	网络层
网络接口层(又称链路层)	数据链路层、物理层

TCP/IP协议并不完全符合OSI的七层参考模型,OSI(Open System Interconnect)是传统的开放式系统互联参考模型,是一种通信协议的7层抽象的参考模型,其中每一层执行某一特定任务。该模型的目的是使各种硬件在相同的层次上相互通信。这7层是物理层、数据链路层(网络接口层)、网络层(网络层)、传输层(传输层)、会话层、表示层和应用层(应用层)。而TCP/IP通信协议采用了4层的层级结构,每一层都呼叫它的下一层所提供的网络来完成自己的需求。

注意:TCP本身不具有数据传输中噪声导致的错误检测功能,但是有实现超时的错误重传功能。

第二章 安全防范子系统

TCP 和 IP 在不同的场合表达的意思,会略有不同,请读者注意。

在 Internet 上连接的所有计算机均称为主机(Host)。为了实现各主机间的通信,每台主机都必须有一个唯一的网络地址,这个地址叫作 IP(Internet Protocol)地址,即用 Internet 协议语言表示的地址。IP 协议就是使用这个地址在主机之间传递信息,这是 Internet 能够运行的基础。这是在 IP 层解决的问题。

传统的 TCP/IP 协议基于 IPV4 属于第二代互联网技术,核心技术属于美国。IPV4 是互联网协议的第 4 版,也是第一个被广泛使用,构成现今互联网技术基石的协议。1981 年 Jon Postel 在 RFC791 中定义了 IP,IPV4 可以运行在各种各样的底层网络上。

在 IPV4 里,IP 地址是一个 32 位的二进制地址(共有 2^{32} 个 IP 地址)。为了便于记忆,分为 4 段,每段 8 位,用十进制数字表示,每段数字范围为 0~255,段与段之间用句点隔开,如 202.116.0.1,这种书写方法叫作点数表示法。

IP 地址可以视为网络标识号码与主机标识号码两部分,一部分为网络地址,另一部分为主机地址。IP 地址分为 A,B,C,D,E 5 类,它们适用的类型分别为大型网络、中型网络、小型网络、多目地址和备用。常用的是 B 和 C 两类。

最初设计互联网络时,为了便于寻址以及层次化构造网络,每个 IP 地址包括两个标识码(ID),即网络 ID 和主机 ID。同一个物理网络上的所有主机都使用同一个网络 ID,网络上的一个主机(包括网络上工作站,服务器和路由器等)有一个主机 ID 与其对应。Internet 委员会定义了 5 种 IP 地址类型以适合不同容量的网络,即 A 类~E 类。

其中 A,B,C 三类(见表 2-2-11)由 Internet NIC 在全球范围内统一分配,D,E 类为特殊地址。

表 2-2-11 A,B,C 三类 IP 地址

类别	最大网络数	IP 地址范围	最大主机数	私有 IP 地址范围
A	126(2^7-2)	0.0.0.0~127.255.255.255	16777214	10.0.0.0~10.255.255.255
B	16384(2^{14})	128.0.0.0~191.255.255.255	65534	172.16.0.0~172.31.255.255
C	2097152(2^{21})	192.0.0.0~223.255.255.255	254	192.168.0.0~192.168.255.255

D 类 IP 地址在历史上被叫作多播地址(multicast address),即组播地址。在以太网中,多播地址命名了一组应该在这个网络中应用接收到一个分组的站点。多播地址的最高位必须是"1110",范围为 224.0.0.0~239.255.255.255。

119

另外,还有一些特殊的网址:

1)每一个字节都为 0 的地址("0.0.0.0")对应于当前主机。

2)IP 地址中的每一个字节都为 1 的 IP 地址("255.255.255.255")是当前子网的广播地址。

3)IP 地址中凡是以"11110"开头的 E 类 IP 地址都保留用于将来和实验使用。

4)IP 地址中不能以十进制"127"作为开头,该类地址中数字 127.0.0.1 到 127.255.255.255 用于回路测试,如:127.0.0.1 可以代表本机 IP 地址,用"http://127.0.0.1"就可以测试本机中配置的 Web 服务器。

5)网络 ID 的第一个 8 位组也不能全置为"0",全"0"表示本地网络。

6)在一个局域网中,有两个 IP 地址比较特殊,一个是网络号,一个是广播地址。网络号是用于三层寻址的地址,它代表了整个网络本身;另一个是广播地址,它代表了网络全部的主机。网络号是网段中的第一个地址,广播地址是网段中的最后一个地址,这两个地址是不能配置在计算机主机上的。例如在 192.168.0.0,255.255.255.0 这样的网段中,网络号是 192.168.0.0,广播地址是 192.168.0.255。因此,在一个局域网中,能配置在计算机中的地址比网段内的地址要少两个(网络号、广播地址),这些地址称为主机地址。在上面的例子中,主机地址就只有 192.168.0.1~192.168.0.254 可以配置在计算机上了。

传统的 TCP/IP 协议基于电话宽带以及以太网的电器特性而制定的,其分包原则与检验占用了数据包很大的一部分比例造成了传输效率低,网络正向着全光纤网络高速以太网方向发展,传统 TCP/IP 协议不能满足其发展需要。

IPV6 是 Internet Protocol Version 6 的缩写。IPV6 是 IETF(Internet Engineering Task Force,互联网工程任务组)设计的用于替代现行版本 IP 协议(IPV4)的下一代 IP 协议。

与 IPV4 相比,IPV6 具有以下几个优势:

1)IPV6 具有更大的地址空间。IPV4 中规定 IP 地址长度为 32,即有 $2^{32}-1$(符号˜表示升幂,下同)个地址,现在已难以满足全世界的 IP 应用;而 IPV6 中 IP 地址的长度为 128,即有 $2^{128}-1$ 个地址。

2)IPV6 使用更小的路由表。IPV6 的地址分配一开始就遵循聚类(aggregation)的原则,这使得路由器能在路由表中用一条记录(entry)表示一片子网,大大减小了路由器中路由表的长度,提高了路由器转发数据包的速度。

3)IPV6 增加了增强的组播(multicast)支持以及对流的控制(flow control),这使得网络上的多媒体应用有了长足发展的机会,为服务质量 QoS(Quality of Service)控制提供了良好的网络平台。

第二章 安全防范子系统

4）IPV6 加入了对自动配置（auto configuration）的支持。这是对 DHCP 协议的改进和扩展，使得网络（尤其是局域网）的管理更加方便和快捷。

5）IPV6 具有更高的安全性。在使用 IPV6 网络中用户可以对网络层的数据进行加密并对 IP 报文进行校验，极大地增强了网络的安全性。

在 TCP 层定义了两种服务机制，一种 TCP 服务，一种是 UDP 服务。

TCP 是面向连接的通信协议，通过三次握手建立连接，通信完成时要拆除连接，由于 TCP 是面向连接的因而只能用于端到端的通信。TCP 提供的是一种可靠的数据流服务，采用"带重传的肯定确认"技术来实现传输的可靠性。TCP 还采用一种称为"滑动窗口"的方式进行流量控制，所谓窗口实际表示接收能力，用以限制发送方的发送速度。

UDP 是面向无连接的通信协议，UDP 数据包括目的端口号和源端口号信息，由于通信不需要连接，因而可以实现广播发送。UDP 通信时不需要接收方确认，属于不可靠的传输，可能会出现丢包现象，实际应用中要求程序员编程验证。

在真实的 IP 网络通信中，从数据链路接口看来，传输的数据以特定结构的数据帧的方式进行传输。这个数据帧的结构如下：

数据帧：帧头＋IP 数据包＋帧尾（帧头包括源和目标主机 MAC 地址及类型，帧尾是校验字）。

IP 数据包：IP 头部＋TCP 数据信息（IP 头包括源和目标主机 IP 地址、类型、生存期等）。

TCP 数据信息：TCP 头部＋实际数据（TCP 头包括源和目标主机端口号、顺序号、确认号、校验字等）。

支持 TCP/IP 协议的网络被称作 IP 网络，但通常专指运行在以太网结构上的 IP 网络。

（2）GB/T28181。GB/T28181《安全防范视频监控联网系统信息传输、交换、控制技术要求》是由公安部科技信息化局提出，由全国安全防范报警系统标准化技术委员会（SAC/TC100）归口，公安部第一研究所等多家单位共同起草的一部国家标准。该标准 2011 版于 2012 年 6 月 1 日正式实施，在全国范围内的平安城市项目建设中被普遍推广应用。

该标准规定了城市监控报警联网系统中信息传输、交换、控制的互联结构、通信协议结构，传输、交换、控制的基本要求和安全性要求，以及控制、传输流程和协议接口等技术要求。

该标准是基于 SIP 协议之上的改进扩展应用协议，扩展创立了监控报警联网系统控制描述协议命令集（MANSCDP）。SIP 是由 IETF（互联网工程任务组）发布面向下一代媒体互联的会话初始协议,用于网络多媒体通信。SIP 是下一代网络(NGN)中的核心协议之一。该标准实现了以 SIP 为主控制信令的视频监控联网应用体系和大容量、多域、分布式媒体分发存储管理架构,较好地解决了异构大范围视频互联及治安监控海量视频信息交换、管理、综合应用难题。

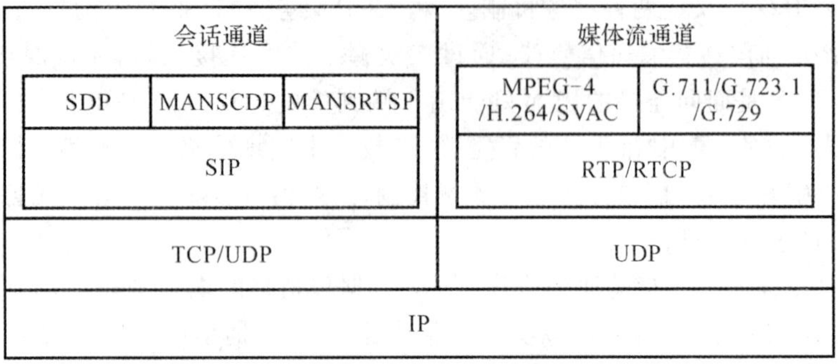

会话通道			媒体流通道	
SDP	MANSCDP	MANSRTSP	MPEG-4/H.264/SVAC	G.711/G.723.1/G.729
SIP			RTP/RTCP	
TCP/UDP			UDP	
IP				

图 2-2-4

为统一对相关标准条款的理解和认识,进一步增强标准的完整性和可操作性,SAC/TC100 组织标准编制组对标准中部分条款进行了修改和补充,形成了《国家标准 GB/T28181—2011〈安全防范视频监控联网系统信息传输交换控制技术要求〉修改补充文件》。其中,9 处新增部分为:新增 6.10 信令字符集要求,第 9 章 9.11.4 增加目录订阅通知方案描述,第 9 章增加设备配置查询、设备配置描述及消息体定义,新增附录 L 目录查询应答示例、新增附录 M 多响应消息传输、新增附录 N 媒体流保活机制、新增附录 O 基于 TCP 协议的视音频文件下载、新增附录 P 域间目录订阅通知、新增附录 Q 语音广播;6 处补充内容分别是:4.3.2 会话初始协议、4.3.6 媒体传输、9.5.3.1 应答命令消息体、9.6.1 状态消息报送、9.8 历史视音频回放、9.9 视音频文件下载部分;10 处修改补充部分:5.2 媒体传输协议要求、9.1 注册注销部分、附录 A、附录 B、附录 C、附录 D、附录 E、附录 F、附录 J、附录 K。而唯一一处修订部分则为 6.1.2SIP URI 编码规则。

该标准修订版 2016 版于 2016 年 7 月 12 日发布,2016 年 8 月 1 日正式实施。

(3)ONVIF。ONVIF 是 Open Network Video Interface Forum(开放网络视频接口论坛)的缩写。这个论坛面向全球,出发点是制订一个开放的标准,主要目标在于推动不同品牌网络设备间的整合,协助制造商,软件开发人员以及独立软件厂商确保产品的互联互通性,从而推进 IP 网络视频在安防市场的应用。2008 年 11 月,论坛正式发布了 ONVIF 第 1 版规范——ONVIF 核心规范 1.0。

从 ONVIF 的官方网站上可了解,论坛接纳的会员已有近 40 家。其中,高级

第二章 安全防范子系统

会员有 12 家,除了 3 家发起公司安讯士、博世、索尼公司外,松下、三星、思科、西门子、TI 等品牌位列其中,而国内的海康威视、浙江大华、波粒科技和佳信捷也是 ONVIF 论坛的高级会员。

ONVIF 标准将为 IP 网络视频设备之间的信息交换定义通用协议,包括装置搜寻、实时视频、音频、元数据和控制信息等。

ONVIF 规范描述了 IP 网络视频的模型、接口、数据类型以及数据交互的模式,并复用了一些现有的标准,如 WS 系列标准等。ONVIF 规范中设备管理和控制部分所定义的接口均以 Web Services 的形式提供。ONVIF 规范涵盖了完全的 XML 及 WSDL 的定义。每一个支持 ONVIF 规范的终端设备均须提供与功能相应的 Web Service。服务端与客户端的数据交互采用 SOAP 协议。ONVIF 中的其他部分比如音视频流则通过 RTP/RTSP 进行。

(4) PSIA。PSIA 是 Physical Security Interoperability Alliance(物理安防互操作性联盟)的缩写。该联盟成立于 2008 年 8 月,致力于推动整个安防生态系统及以后的 IP 功能的安全设备和系统的互操作性,现由全球 65 个以上的安防厂商和系统集成商组成。该联盟的目标是为实体安防系统的硬件和软件平台创立一种标准化的接口。

PSIA 联盟董事会成员有 Inovonics、思科、泰科、海康威视、大华、Honeywell 等知名品牌。

在其董事会的指导下,PSIA 促进开发开放的规范,涉及 IP 网络的物理安全技术,包括 IP 视频监控、存储、分析以及与入侵报警和访问控制等领域。PSIA 支持免许可证的标准和规范。现有多个工作组:核心工作组,IP 视频监控工作组,视频分析工作组,记录和内容管理工作组,区域控制工作组,系统互联工作组,符合性、物理逻辑互联工作组等。

PSIA 建立了 7 个互补的规范。在安防生态系统内外确保系统和设备间互操作、数据和情报的交换。

PSIA 的其中 3 个规范是规范家族中的"基础模型"。他们是服务模型、PSIA 通用的元数据和事件模型和通用安全模型。这些"通用模型"定义和描述了各种安全事件以及涉及安全设备和系统的计算机网络和软件协议。

PSIA 的其他 4 个规范则关注于安全生态系统领域。它们是 IP 媒体设备规范、记录和内容管理规范、视频分析规格、区域空间控制规范。这些规范将含有安全事件的通信建立在 PSIA 通用的元数据和事件模型之上,也就是上面所提及的基础模型之一。

用 PSIA 兼容的设备和系统,所有通信基于相同的基础模型,这样很容易实现由一个系统捕获的报警、事件和情报与其他系统和应用程序的共享,而不必转换或自定义接口编程。

通过PSIA规范提供的即插即用集成能力,安防顾问、集成商和最终用户可以很方便地利用各类产品和系统进行数据和情报共享而建立优化的解决方案。由此,可以将更多的预算和时间用来处理编写自定义代码和脚本来应对集成不同厂商的系统。

基于一个公共事件语言,系统和设备的互操作可以很容易地以一个单一的、统一的数据视图提供给安全操作员。同样,符合PSIA规范的设备捕获的事件,可以很容易地触发自动响应系统的后继事件或警报。这些方法使得对安全事件的管理更方便高效。

PSIA规范是向后兼容的,即使它们改进增强,旧版本设备仍能很好与符合最新版本的设备兼容协调工作。

每当操作系统或应用软件进行升级,涉及安全系统的用户界面和脚本也会经常需要修改,即使在一个系统中。PSIA规范确保不受情况的影响,从而消除维护用户定制界面和编码相关的传统成本。

PSIA标准采用了表征状态转移(REST)架构。与SOAP相比较,REST更易于使用,开发简单、只须依托现有Web基础设施(只要支持HTTP/HTTPS的客户端/服务器就支持REST)、学习成本低。但REST缺乏标准,只被看作一种架构风格和方法。

五、常用设备

1. 摄像机

摄像机(camera)是获取监视现场图像的前端设备,它的核心部件是图像传感器。传统模拟摄像机中在图像传感器之外,加上同步信号产生电路、视频信号处理电路及电源等,输出的信号是模拟视频信号。而数字摄像机是在图像传感器的基础上集成了视频处理电路、数字编码传输处理模块等,输出的是数字视频信号。

网络摄像机(简称IPC)则是将数字视频流进行压缩编码输出的摄像机。其接口是以太网IP网络。只要将IPC安置在任何一个具备IP网络接口的地点即可独立运行。网络摄像机除了具备一般传统摄像机所有的图像捕捉功能外,机内还内置了数字化压缩控制器和基于WEB的操作系统(包括Web服务器、FTP服务器等),使得视频数据经压缩甚至加密后,通过网络(局域网、Internet或无线网络)送至终端用户,而远端用户可在自己的PC上使用标准的网络浏览器或客户端软件对网络摄像机进行访问,实时监控目标现场的情况,并可对图像资料实时存储,另

第二章 安全防范子系统

外还可以通过网络来控制摄像机的云台和镜头,进行全方位地监控。有些网络摄像机还具备其他功能,如语音对讲、报警输入、继电器输出、移动侦测、模拟视频输出和 SD 卡本地存储录像资料等功能。

(1)摄像机的基本原理。摄像机是一种把景物光像转变为电信号的装置。其结构大致可分为三部分:光学系统(主要指镜头)、光电转换系统(主要指摄像管或固体摄像器件)以及电路系统(主要指视频处理电路)。

光学系统是指摄像机的光学成像部分,光电转换系统是摄像机的核心,被称作光电传感器——摄像管或固体摄像器件便是摄像机的"心脏"。光学系统的主要部件是光学镜头,它由透镜系统组合而成。这个透镜系统包含着许多片凸凹不同的透镜,其中凸透镜的中心比边缘厚,因而经透镜边缘部分的光线比中央部分的光线会发生更大的折射。当被摄对象经过光学系统透镜的折射,在光电转换系统的摄像管或固体摄像器件的成像面上形成"像点"。光电转换系统中的光敏元件会把"像点"的光学图像转变成对应电荷的电信号。这些电信号的作用是微弱的,必须经过电路系统进一步放大,形成符合特定技术要求的信号,并从摄像机中输出。

(2)摄像机的常见指标。

1)CCD(CMOS)尺寸,亦即摄像机靶面。原多为 1/2″,1/3″的已普及化,1/4″和 1/5″也已商品化。

2)CCD(CMOS)像素,是 CCD(CMOS)的主要性能指标,它决定了显示图像的清晰程度,分辨率越高,图像细节的表现越好。CCD 由面阵感光元素组成,每一个元素称为像素,像素越多,图像越清晰。

3)分辨率。标清条件的彩色摄像机的典型水平分辨率是在 320~540 电视线之间,主要有 330 线、380 线、420 线、460 线、500 线、520 线、540 线等不同档次。分辨率是用电视线(简称 TV LINES)来表示,彩色摄像机的分辨率在 330~500 线之间。传统的模拟摄像机,分辨率与 CCD 和镜头有关,还与摄像机电路通道的频带宽度直接相关,通常规律是 1MHz 的频带宽度相当于清晰度为 80 线。频带越宽,图像越清晰,线数值相对越大。

4)最低可用照度,也称为灵敏度。它是 CCD(CMOS)对环境光线的敏感程度,或者说是 CCD(CMOS)正常成像时所需要的最暗光线。照度的单位是勒克斯(Lux),数值越小,表示需要的光线越少,摄像机也越灵敏。月光级(0.1Lux 左右)和星光极(0.01Lux 以下)等高增感度摄像机可工作在很暗条件,2~3Lux 属一般照度。

5)扫描制式。对于模拟标清摄像机,有 PAL 制和 NTSC 制之分。我国采用隔行扫描(PAL)制式(黑白为 CCIR),标准为 625 行,50 场,只有医疗或其他专业领域才用到一些非标准制式。日本为 NTSC 制式,525 行,60 场(黑白为 EIA)。

6) 摄像机电源。交流有 220 V,110 V,24 V,直流为 12 V 或 9 V。

7) 信噪比。所谓信噪比指的是信号电压对于噪声电压的比值,通常用 S/N 来表示。

当摄像机摄取较亮场景时,监视器显示的画面通常比较明快,观察者不易看出画面中的干扰噪点;而当摄像机摄取较暗的场景时,监视器显示的画面就比较昏暗,观察者此时很容易看到画面中雪花状的干扰噪点。干扰噪点的强弱(也即干扰噪点对画面的影响程度)与摄像机信噪比指标的好坏有直接关系,即摄像机的信噪比越高,干扰噪点对画面的影响就越小。

由于在一般情况下,信号电压远高于噪声电压,比值非常大,因此,实际计算摄像机信噪比的大小通常都是对均方信号电压与均方噪声电压的比值取以 10 为底的对数再乘以系数 20。典型值为 46dB。若为 50dB,则图像有少量噪声,但图像质量良好;若为 60dB,则图像质量优良,不出现噪声。

一般摄像机给出的信噪比值均是在 AGC(自动增益控制)关闭时的值,因为当 AGC 接通时,会对小信号进行提升,使得噪声电平也相应提高。

8) 视频输出。模拟标清摄像机的输出多为 $1V_{p-p}$、75Ω,均采用 BNC 接头。其他接口可视标准类型而定。

(3) 摄像机的基本设置。

1) AGC ON/OFF(自动增益控制开/关)。摄像机内有一个将来自图像传感器的信号放大到可以到使用水准的视频放大器,其放大即增益,等效于有较高的灵敏度,然而在亮光照的环境下放大器将过载,使视频信号畸变。当开关在 ON 时,在低亮度条件下完全打开镜头光圈,自动增加增益以获得清晰的图像。开关在 OFF 时,在低亮度下可获得自然而低噪声的图像。

2) AWB ON/OFF(自动白平衡开/关)。开关拨到 ON 时,通过镜头来检测光源的特性/色温,从而自动连续设定白电平,即使特性/色温改变也能控制红色和蓝色信号的增益。

3) ALC/ELC(自动亮度控制/电子亮度控制)。当选择 ELC 时,电子快门根据射入的光线亮度而连续自动改变图像传感器的曝光时间(一般从 1/50～1/10 000 s 连续调节)。选择这种方式时,可以用固定或手动光圈镜头替代 ALC 自动光圈镜头。

需要注意的是:在室外或明亮的环境下,由于 ELC 控制范围有限,因而应该选择 ALC 式镜头。在某些独特的照明条件下,可能出现下列情况:

Ⅰ. 在聚光灯或窗户等高亮度物体上有强烈的拖尾或模糊现象。

Ⅱ.图像显著地闪烁和色彩重现性不稳定。

Ⅲ.白平衡有周期性变化,如果发生这些现象,应使用 ALC 镜头。

以固定光圈镜头采用 ELC 方式时,图像的景深可能小于使用 ALC 式镜头所获得的景深。因此,摄像机在完全打开固定光圈镜头而采用 ELC 方式时,景深会比使用 ALC 式镜头时小,而且图像上远处的物体可能不在焦点上。

当镜头是自动光圈镜头时,需要将开关拨到 ALC 方式。

4)BLC ON/OFF(背光补偿开/关)。当强大而无用的背景照明影响到中部重要物体的清晰度时,应该把开关拨到 ON 位置。注意:①当与云台配用或照明迅速改变时,建议把该开关放在 OFF 位置,因为在 ON 位置时,镜头光圈速度变慢;②如果所需物体不在图像中间时,背光补偿可能不会充分发挥作用。

5)LL/INT(视频同步选择电源同步/内部同步)。此开关用以选择摄像机同步方式,INT 为内同步;LL 为电源同步。有些摄像机还有一个 LL PHASE 电源同步相位控制器。当摄像机使用于电源同步状态时,此装置可调整视频输出信号的相位,调整范围大概是一帧(调整需要专业人员进行)。

6)VIDEO/DC(镜头控制信号选择视频方式/直接控制方式)。ALC 自动光圈镜头的控制信号有两种,当需要将直流控制信号的自动光圈镜头安装在摄像机上时,应该选择 DC 位置,需要安装视频控制信号的自动光圈镜头时,应该选择 VIDEO 位置。

当选择 ALC 自动光圈视频驱动镜头时,还会有一个视频电平控制(VIDEO LEVEL L/H)可能需要调整,该控制器调节输出给自动光圈镜头的控制电平,用以控制镜头光圈的开大和缩小(凹进光亮)。

在摄像机的配件中,有一个黑色的小插头,插头有四个针,连接摄像机上的黑色插座。如果用 DC 驱动的自动光圈镜头,镜头上已经做好了插头,只要插在插座上,把选择开关拨到 DC 即可;如果用视频驱动的自动光圈镜头,需要用户根据说明书上的标注,用烙铁焊好。由于厂家定义不同,因而焊法也有区别,安装时请留意。

7)SOFT/SHARP(细节电平选择开/关)。该开关用以调节输出图像是清晰(SHARP)还是平滑(SOFT),通常出厂设定在 SHARP 位置。这是针对模拟标清摄像机而言的配置。

8)FLICKERLESS(无闪动方式)。在模拟标清摄像机应用过程中,在电源频率为 50 Hz 的地区,CCD 积累时间为 1/50 s,如果使用 NTSC 制式摄像机,其垂直同步频率为 60 Hz,这样将造成视觉图像不同步,在监视器上出现闪动;反之,在电源为 60 Hz 的地区用 PAL 制式摄像机也会有此现象。为克服此现象,在电子快门设置了无闪动方式挡,对 NTSC 制式摄像机提供 1/100 s,对 PAL 制式摄像机提供 1/120 s 的固定快门速度,可以防止监视器上图像出现闪烁。手动电子快门:有些用户使用 CCD 摄取运动速度比较快的物体,如果以 1/50 s 速度拍摄,会产生拖尾现象,严重影响图像质量。有些摄像机给出了手动电子快门,使 CCD 的电荷耦合速度固定在某一值,例如 1/500 s,1/1 000 s,1/2 000 s 等,此时 CCD 的电荷耦合速度提高,这样采集下来的图像相对来说会减少拖尾现象,而且对于观测高速运动或电火花一类物体,必须使用此设置。因此,某些专用摄像机给出了手动电子快门,提供给特殊用途的用户。

(4)摄像机分类。摄像机按照分类标准的不同,种类也不同,并且随着技术的进步和市场的发展,还会有其他的分类方法。目前,常见的分类如下:

1)依成像制式划分。按照成像制式,摄像机可分为 PAL 制摄像机和 NTSC 制摄像机,采用 PAL 制摄像机的国家较多,比如中国、德国、新加坡、澳大利亚等;采用 NTSC 制的主要有美国、日本等国家。当然这仅是传统模拟标清摄像机而言。

2)依成像器件划分。按照成像器件,摄像机可分为 CCD 摄像机、CMOS 摄像机、DPS 摄像机等。

CCD(Charge Coupled Device,电荷耦合组件)摄像机为当前主流,相对于 CMOS 优点是解析度比较高、低噪点、寿命比较长。

CMOS(Complementary Metal-Oxide Semiconductor,互补性氧化金属半导体)摄像机特点是价格低廉,功耗低,缺点是寿命比较短,感光度较差,容易起噪点,多用于早期摄像机,目前有些高清摄像机也是以 CMOS 为主。这些特点是早些年的现象,但现在技术出现重大突破,其信噪比、光学宽动态、像素集成度不逊于 CCD,甚至超越 CCD。

DPS(Digital Pixel System,数字像素系统)摄像机,是一种捕捉高质量图像的技术,可以使用在最复杂及最苛刻的光照条件下,相对于传统的 CMOS 及 CCD,DPS 技术对每个像素采样后直接转换为数字信号,纯数字处理技术的应用减少了信号传输噪声和损耗。

3)依成像色彩划分。按照成像色彩,摄像机可分为黑白摄像机、彩色摄像机和彩转黑摄像机。

黑白摄像机:用于光线不足地区及夜间无法安装照明设备的地区,在仅监视景物的位置或移动时,可选用分辨率通常高于彩色摄像机的黑白摄像机。

彩色摄像机:适用于景物细部辨别,如辨别衣着或景物的颜色。因有颜色而使信息量增大,信息量一般认为是同样像素数量的黑白摄像机的 10 倍。

彩色转黑白摄像机:一般为白天照度好的情况下输出图像为彩色,夜间照度低的情况下输出图像自动转换为黑白,目前主流的摄像机都为彩色转黑白摄像机。

4)依摄像机分辨率划分。按照摄像机分辨率划分,可分为标清(低分辨率型、中分辨率型、高分辨率型)、准高清和高清型。

低分辨率型:像素在25万像素(pixel)左右、彩色分辨率为330线、黑白分辨率为400线左右。

中分辨率型:像素在25万~38万之间、彩色分辨率为420线、黑白分辨率为500线左右。

高分辨率型:像素在38万点以上、彩色分辨率大于或等于480线、黑白分辨率为540线左右。

准高清型:像素在90万像素以上,分辨率达到720P(1 280×720)。720P格式是标准数字电视显示模式,750条垂直扫描线,720条可见垂直扫描线,16:9,分辨率为1 280×720,逐行/60 Hz,行频为45 kHz。

高清型:像素在200万以上,分辨率达到1 080P(1 920×1 080)。1 080P格式,是标准数字电视显示模式,1 125条垂直扫描线,1 080条可见垂直扫描线,16:9,分辨率为1 920×1 080,其中:

Ⅰ.1080i格式是隔行/60 Hz,行频为33.75 kHz。

Ⅱ.1080p格式是逐行扫描,专业格式。

高清网络摄像机目前基本上采用CCD与CMOS两种传感器分别针对不同的需求设计,CMOS在高像素方面有一定的优势,而CCD对监控场景的适应性更佳,视频编码方式上多采用H.264与MJPEG。

4K高清型:分辨率为3 840×2 160,长宽比为16:9,在此标准下CMOS逐行扫描可达到2 160p。4K高清网络摄像机采用更高性能的全新硬件平台,搭载1 200万超高清图像传感器,具有色彩还原准确自然,画质干净细腻等特点。

5)依摄像机灵敏度划分。按照摄像机灵敏度划分,可分为如下几种:

普通型:正常工作所需照度为1~3Lux;

月光型:正常工作所需照度为0.1Lux左右;

星光型:正常工作所需照度为0.01Lux以下;

红外照明型:原则上可以为零照度,采用红外光源成像。

6)依摄像元件的CCD靶面大小划分。按照摄像元件的CCD靶面大小划分,可分为如下几种:

1 in① 靶面尺寸为宽12.7 mm×高9.6 mm,对角线16 mm;

---

① 1 in=2.54 cm。

2/3 in 靶面尺寸为宽 8.8 mm×高 6.6 mm,对角线 11 mm;
1/2 in 靶面尺寸为宽 6.4 mm×高 4.8 mm,对角线 8 mm;
1/3 in 靶面尺寸为宽 4.8 mm×高 3.6 mm,对角线 6 mm;
1/4 in 靶面尺寸为宽 3.2 mm×高 2.4 mm,对角线 4 mm。

当前主流摄像机多为 1/3 in 靶面,交通专用摄像机多用 1/2 in 靶面。

7)依结构划分。按照结构划分,可分为如下几种:

传统标准型:枪式摄像机。

板机型:鱼眼、针孔等摄像机。

伪装型:半球型、灯饰型、烟感型摄像机。

一体型:一体机、球型、红外型摄像机。

8)依接口划分。按照接口划分,可分为模拟摄像机和数字摄像机。

(5)常见摄像机产品种类。

1)低照度摄像机。

低照度摄像机是指在较低光照度的条件下仍然可以摄取清晰图像的监控摄像机。

安全防范行业所说的照度,用 Lux 表示。0Lux 表示在没有可见光线情况下也能拍摄,一般摄像机大都在 0Lux 或者 0.1Lux,照度值的大小要看镜头的光圈大小(F 值:F 值为镜头焦距与光圈直径的比值,F 值越小,说明光圈越大,通光量越大,F 值越小所需的照度越低)。

彩色摄像机从 0.000 4~1Lux,黑白摄像机从 0.000 3~0.1Lux 均有(若搭配红外线,则均可达到 0Lux)。照度能低到多少,不仅要看镜头的光圈大小(F 值),更要看是在什么条件限制下才能出现所标示的 Lux 值,否则只是流于数字表面便无任何实际意义。以光圈大小(F 值)而言,光圈愈大则其所代表的 F 值愈小,所需的照度愈低。当 Lux 值在 0.001 的时候,基本已经达到星光级照度。

2)彩转黑摄像机。彩色转黑白摄像机简称为彩转黑摄像机,也简称为日夜转换摄像机,是指在白天和晚上都能良好使用的摄像机。这是因为黑白摄像机有比彩色摄像机具有更高的灵敏度,可以在较暗的环境里获得不错的图像,特别在有红外光源配合使用时更是可以做到 0Lux。

由于彩色摄像机的 CCD 对光线的响应与人眼不尽相同,特别是在白天会受到非可见光的影响而产生偏色,因而要通过滤光片来滤除它们。在晚上应用中通常可见光不足,可利用 CCD 对近红外线的良好响应特性去除滤光片,以增强夜间的监视效果,当然也就没有色彩。通过特定的装置,在白天和黑夜都能通过同一台摄像机来提供优质图像。

彩色转黑白摄像机的配置、调试,有一些特别的地方值得注意,因为考虑到夜间的效果,有的厂家采用 1/2″CCD 靶面,对于这类彩色转黑白摄像机,安装镜头时也要考虑安装不小于 1/2 in 的镜头。这样一方面图像不会产生暗角,另一方面,充分响应厂家加大感光面积来提升夜间效果的设计初衷。再有现在随着日夜两用机的广泛应用,普通镜头对红外光的影响渐渐反映出来,有些厂家开发出红外镜头来纠正这种影响。此外应尽量选用自动光圈镜头,使得日夜两用机的效果展现可更加充分。

3)星光级摄像机。在微光情况下,通常是是指星光环境下无任何辅助光源,可以显示清晰的彩色图像,区别于普通摄像机只能显示黑白图像。星光级摄像机特征:不需要红外灯也不需要白光灯、晚上可以实现不拖尾清晰的彩色监控。

4)红外摄像机。红外摄像机主要用于在无可见光或者微光的黑暗环境下,采用红外发射装置主动将红外光投射到物体上,红外光经物体反射后进入镜头进行成像。这时看到的是由红外光反射所成的画面,而不是可见光反射所成的画面,这时便可拍摄到黑暗环境下肉眼看不到的画面。

光是一种电磁波,它的波长区间从几纳米($1\ nm = 10^{-9}\ m$)到 1 毫米(mm)左右。人眼可见的只是其中一部分,称之为可见光,可见光的波长范围为 380~780 nm,可见光波长由长到短分为红、橙、黄、绿、青、蓝、紫光,波长比紫光短的称为紫外光,波长比红光长的称为红外光。通常人们将红外光划分为近、中、远红外三部分。近红外指波长为 0.75~3.0 μm;中红外指波长为 3.0~20 μm;远红外则指波长为 20~1 000 μm。由于红外光属于非可见光,肉眼无法看见它在空间的存在,因此以一种能发射红外光的 LED 二极管红外灯主动发射红外光的形式被大量使用于要求具有隐蔽性的夜视监控中,代替传统隐蔽性低的照明灯夜视监控。红外灯有不同的功率及 715 mn,850 nm 两种波长,波长的不同决定了红外灯照距和效果。

5)热成像设备(热红外摄像机)。红外热像设备是利用红外探测器和光学成像物镜接受被测目标的红外辐射能量分布图形反映到红外探测器的光敏元件上,从而获得红外热像图,这种热像图与物体表面的热分布场相对应。通俗地讲,红外热像设备就是将物体发出的不可见红外能量转变为可见的热图像。热图像上面的不同颜色代表被测物体的不同温度。

同一目标的热图像和可见光图像是不同,它不是人眼所能看到的可见光图像,而是目标表面温度分布图像,或者说,红外热图像是人眼不能直接看到目标的表面温度分布,变成人眼可以看到的代表目标表面温度分布的热图像,即红外热像设备只能看到人和物体的热轮廓,看不清物体的真实面目。

自然界所有温度在绝对零度(−273℃)以上的物体都会发出红外线,红外线(或称热辐射)是自然界中存在最为广泛的辐射。大气、烟云等吸收可见光和近红外线,但是对3～5 μm和8～14 μm的红外线却是透明的。因此,这两个波段被称为红外线的"大气窗口"。利用这两个窗口,可以在完全无光的夜晚,或是在烟云密布的恶劣环境,能够清晰地观察到前方的情况。正是由于这个特点,红外热成像技术可用在安全防范的夜间监视和森林防火监控系统中。红外热成像设备可分为制冷型和非制冷型两大类,制冷型的热灵敏度高结构复杂一般用于军事用途,而非制冷型灵敏度虽低于制冷型,但其性能已可以满足多数军事用途和几乎所有的民用领域。由于不需要配备制冷装置,因此非制冷红外热成像设备性价比较制冷型的高。

6)网络摄像机。网络摄像机又称为IP Camera(简称IPC),是由网络编码模块和模拟摄像机或原始图像采集生成单元组合而成的。网络编码模块将模拟摄像机采集到的模拟视频信号或原始图像采集生成单元输出的数字视频流进行编码压缩,甚至加密处理,从而可以直接接入网络交换及路由设备。网络摄像机内置嵌入式芯片,采用嵌入式实时操作系统。网络摄像机的图像压缩编码标准主要有MPEG4、H.264、M-JPEG等。网络摄像机可以直接接入到TCP/IP的数字化网络中,通过互联网或者内部局域网进行视频和音频的传输。

网络上用户可以根据授权,直接用浏览器观看Web服务器上的摄像机图像,还可以控制摄像机云台镜头的动作或对系统配置进行操作。网络摄像机能更简单地实现远程监控、更简单的施工和维护、更好的支持音频、更好的支持报警联动、更灵活的录像存储、更丰富的产品选择、更高清的视频效果和更完美的监控管理。另外,IPC支持WIFI无线接入、3G接入、POE供电(网络供电)和光纤接入。

网络摄像机一般由镜头(也可选配)、图像传感器、声音传感器或模拟音频接口、图像音频处理压缩单元、网络服务单元、外部报警与控制接口等部分组成。

7)高清监控摄像机。高清监控摄像机,现在市场上主要被IPC所占据。它一般采用H.264视频压缩格式,支持多码流选择,录像分辨率达到720p(1 280×960)以上,分辨率可以达到720TVL的广播级图像画质。由于采用标准H.264压缩,录像文件可使用标准解码器解码,支持常用播放软件直接播放。具有SD记忆卡插槽,能有效解决由于网络故障引起的视频丢失问题。音频采用G.711,G723.1/6.3kb/s,OGGVIS等压缩算法,支持双向音频。而且前述各类型摄像机都可以是高清配置的摄像机。

8)网络高清球形一体化遥控摄像机。网络高清球形一体化遥控摄像机,通常简称网络高清球机。它是一种常见的高度光机电一体化的摄像机机型,内置有可快速定位转动的高速云台和带快速响应定位的变焦聚焦镜头的摄像机机芯,还包括用于控制信号和视频信号的处理发送和接收单元、供电单元和局部环境控制单元等。其光学和视频指标与其他类型摄像机一致,其机械活动性能与云台的指标相一致。

2. 镜头

(1)镜头分类。监控摄像机镜头,通常都以下列方式进行分类。

1)以镜头安装分类。所有的监控摄像机镜头均是螺纹口的,CCD 摄像机的镜头安装有两种工业标准,即 C 型安装座和 CS 型安装座。两者螺纹部分相同,但两者从镜头到感光表面的距离不同。

C 型安装座:从镜头安装基准面到焦点的距离是 17.526 mm。

CS 型安装座:特种 C 型安装,此时应将摄像机前部的垫圈取下再安装镜头。其镜头安装基准面到焦点的距离是 12.5 mm。如果要将一个 C 型安装座镜头安装到一个 CS 安装座摄像机上时,则需要使用镜头转换器。

2)以摄像机镜头规格分类。监控摄像机镜头规格应视摄像机的 CCD 尺寸而定,两者应相对应,即:

摄像机的 CCD 靶面大小为 1/2 in 时,镜头应选 1/2 in。

摄像机的 CCD 靶面大小为 1/3 in 时,镜头应选 1/3 in。

摄像机的 CCD 靶面大小为 1/4 in 时,镜头应选 1/4 in。

如果镜头尺寸与摄像机 CCD 靶面尺寸不一致时,观察角度将不符合设计要求,或者发生画面在焦点以外等问题。

3)以镜头光圈分类。镜头有手动光圈(manual iris)和自动光圈(auto iris)之分,配合摄像机使用,手动光圈镜头适合于亮度不变的应用场合,自动光圈镜头因亮度变更时其光圈亦作自动调整,故适用亮度变化的场合。自动光圈镜头有两类:一类是将一个视频信号及电源从摄像机输送到透镜来控制镜头上的光圈,称为视频输入型,另一类则利用摄像机上的直流电压来直接控制光圈,称为 DC 输入型。

自动光圈镜头上的 ALC(自动镜头控制)调整用于设定测光系统,可以整个画面的平均亮度,也可以画面中最亮部分(峰值)来设定基准信号强度,供给自动光圈调整使用。一般而言,ALC 已在出厂时经过设定,可不作调整,但是对于拍摄景物中包含有一个亮度极高的目标时,明亮目标物之图像可能会造成"白电平削波"现象,而使得全部屏幕变成白色,此时可以调节 ALC 来变换画面。

另外,自动光圈镜头装有光圈环,转动光圈环时,通过镜头的光通量会发生变化,光通量即光圈,一般 F 表示,其取值为镜头焦距与镜头通光口径之比,即 $F=f(焦距)/D(镜头实际有效口径)$,F 值越小,则光圈越大。采用自动光圈镜头,对于下列应用情况是理想的选择,它们是:在诸如太阳光直射等非常亮的情况下,用自动光圈镜头可有较宽的动态范围。

要求在整个视野有良好的聚焦时,用自动光圈镜头有比固定光圈镜头更大的景深。要求在亮光上因光信号导致的模糊最小时,应使用自动光圈镜头。

4)以镜头的视场大小分类。监控摄像机的标准镜头:视角30°左右,在1/2 in CCD摄像机中,标准镜头焦距定为12 mm,在1/3 in CCD摄像机中,标准镜头焦距定为8 mm。

广角镜头:视角90°以上,焦距可小于几毫米,可提供较宽广的视景。

远摄镜头:视角20°以内,焦距可达几米甚至几十米,此镜头可在远距离情况下将拍摄的物体影响放大,但使观察范围变小。

变倍镜头(zoom lens):也称为伸缩镜头,有手动变倍镜头和电动变倍镜头两类。

可变焦点镜头(vari-focus lens):它介于标准镜头与广角镜头之间,焦距连续可变,即可将远距离物体放大,同时又可提供一个宽广视景,使监视范围增加。变焦镜头可通过设置自动聚焦于最小焦距和最大焦距两个位置,但是从最小焦距到最大焦距之间的聚焦,则须通过手动聚焦实现。

针孔镜头:镜头直径几毫米,可隐蔽安装。

5)从镜头焦距上分。短焦距镜头:因入射角较宽,可提供一个较宽广的视野。

中焦距镜头:标准镜头,焦距的长度视CCD的尺寸而定。

长焦距镜头:因入射角较狭窄,故仅能提供狭窄视景,适用于长距离监视。

变焦距镜头:通常为电动式,可作广角、标准或远望等镜头使用。

6)以应用分类。以应用分类,镜头可分为标清镜头、红外镜头、宽光谱镜头、高清镜头。

图 2-2-5

(2)光学成像原理。镜头是摄像机最主要的组成部分,并被喻为人的眼睛。人眼之所以能看到宇宙万物,是由于凭眼球水晶体能在视网膜上结成图像的缘故;摄像机之所以能摄影成像,也主要是靠镜头将被摄体结成图像投在摄像管或固体摄像器件的成像面上。因此说,镜头就是摄像机的眼球。电视画面的清晰程度和图像层次是否丰富等表现能力,受光学镜头的内在质量所制约。当今市场上常见的各种摄像机的镜头都是加膜镜头。加膜就是在镜头表面涂上一层带色彩的薄膜,用以消减镜片与镜片之间所产生的色散现象,还能减少逆光拍摄时所产生的眩光,保护光线顺利通过镜头,提高镜头透光的能力,使所摄的画面更清晰。如图2-2-6所示为光学成像关系图。

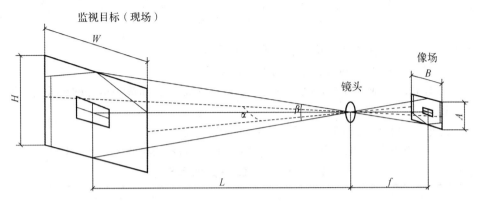

图2-2-6 光学成像关系图

镜头参数、摄像机成像器件参数和视场的对应关系有如下几个近似公式：

$$f=\frac{A\times L}{H}=\frac{B\times L}{W}$$

式中　f——焦距（约等于像距），mm。

　　　A/B——像场高/宽，mm。

　　　L——物距（镜头光学中心点到监视目标的距离），mm。

　　　H/W——视场高/宽，mm。

f近似等于像距；A/B像场高/宽可用靶面纵向/横向尺寸代替，表示满屏幕显示时的图像高度或者水平宽度；A与H应对应，即纵向尺寸和横向尺寸不能交叉对应，"高"对应"高"。变焦镜头的焦距范围应根据实际监视范围综合确定；L近似等于物距。

在物理原理上，式中的f应为像距，但摄像机镜头通常都是使用在物距远大于像距和镜头焦距的情况下，物距通常为米级，而焦距通常为毫米级，根据下述的焦距公式，可以得出，像距通常非常接近于镜头的焦距，在近似计算中，可将像距直接代换为镜头焦距。

$$\frac{1}{f}=\frac{1}{u}+\frac{1}{v}$$

式中　f——镜头焦距；

　　　u——观察的物体的物距；

　　　v——物体所成像的像距。

从图2-2-6中，可以看出：

$$\tan\frac{\alpha}{2}=\frac{B}{2f}\Rightarrow\alpha=2\arctan\frac{B}{2f}$$

$$\tan\frac{\beta}{2} = \frac{A}{2f} \Rightarrow \beta = 2\arctan\frac{A}{2f}$$

式中　α——摄像机和镜头组合的水平视场角；

β——摄像机和镜头组合的垂直视场角。

当 B 和 A 为成像面的最大尺寸时，α 和 β 就是摄像机和镜头组合的最大水平和垂直视场角。

这里给出目前几种常见 CCD 成像面的尺寸(见表 2-2-12)：

每一个摄像机 CCD 的大小不同，通常使用的 CCD 摄像机的规格($H：V$)为 4：3。

表 2-2-12　CCD 成像面尺寸

型号辨认记号	CCD 尺寸	图像尺寸/mm		
		水平 H	垂直 V	对角 D
C	1 型	12.8	9.6	16.0
H	2/3 型	8.8	6.6	11.0
D,S	1/2 型	6.4	4.8	8.0
Y,T	1/3 型	4.8	3.6	6.0
Q	1/4 型	3.6	2.7	4.5
35 mm 照相机镜头(参考)	35 mm 胶卷	36.0	24.0	43.3

表中 H,Y,D 定义见图 2-2-7。

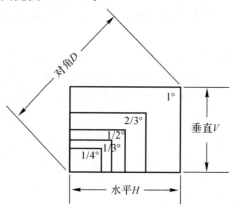

图 2-2-7　H,Y,D 的定义

依据镜头的焦距和成像面的尺寸，通常将镜头区别为广角镜头、标准镜头等，水平最大视场角度从大于 90°，60～70°，20～30°，小于 10°几个大的区间。读者有

第二章 安全防范子系统

兴趣可以根据上述的公式和数据计算一下镜头的视场角度。

对于目前的标清电视体系来讲,通常按照目标成像后在屏幕所占的比例来评估目标识别的有效性,实际上,在数值上,等于目标像高/宽与成像器件的最大垂直或者水平的感光面的尺寸的比例,由此可以结合镜头焦距等参数,确定对观察目标的有效观察距离。图 2-2-8 所示是某厂家提供的观察效果的举例。

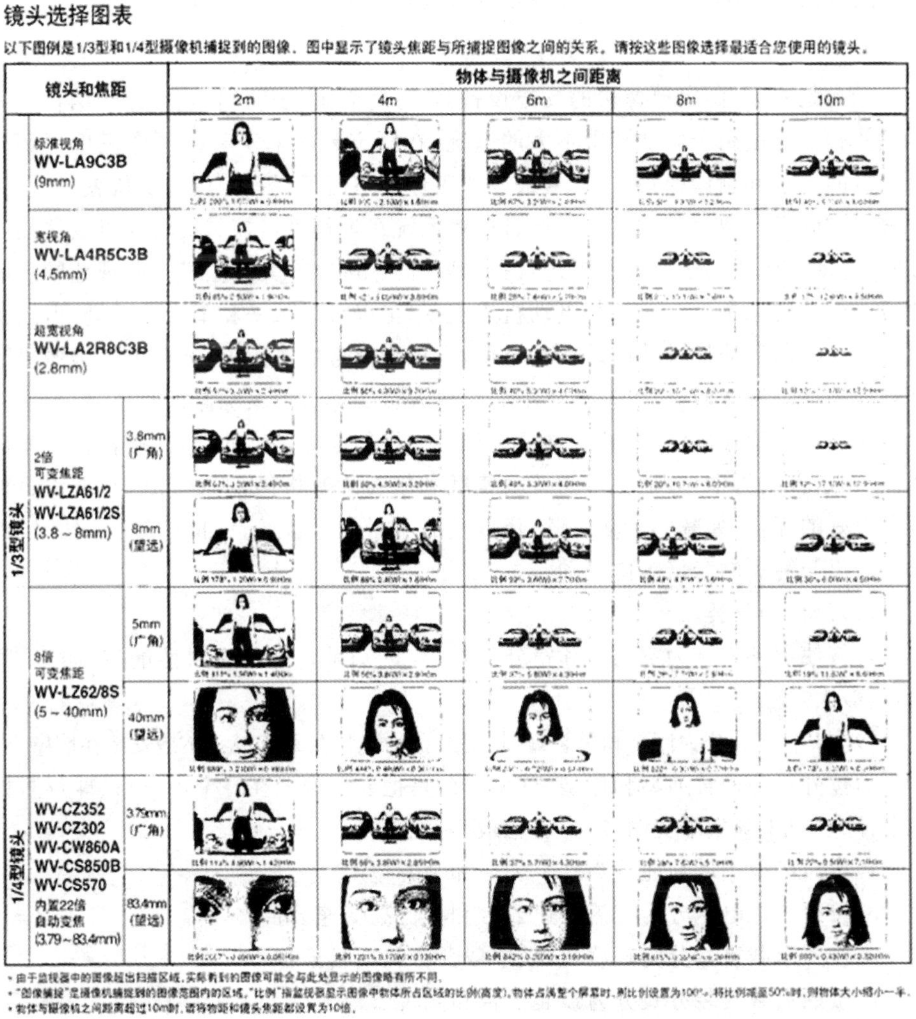

图 2-2-8 某厂家提供的观察效果的举例

(3)光学成像的其他问题。在实际应用中,除了光学分辨率外,还存在较大视场角时,远离光轴的部分出现几何失真畸变的问题。这个问题如果处置不当,会影响后续的视频分析判断,严重的会导致后续自动视频分析的失败。

镜头的成像的非平面化效果,以及传感器靶面的主光轴与镜头的重合性不一致,以及近红外焦平面、可见光焦平面与传感器靶面重合度不一致,都会导致摄像机的实际分辨率效果下降,这在高分辨率应用时,问题突出。

这些问题解决得好坏与否往往成为较高性能摄像机的重要标志。

3. 云台

云台是安装、固定摄像机的支撑设备,它分为固定(手动)和电动云台两种。固定(手动)云台适用于监视范围不大的情况,在固定云台上安装好摄像机后可调整摄像机的水平和俯仰的角度,达到最好的工作姿态后只要锁定调整机构就可以了,通常也称固定支架。电动云台是通过控制系统在远程可以控制其转动以及移动的方向,电动云台适用于对大范围进行扫描监视,它可以扩大摄像机的监视范围。电动云台运动姿态是由两台执行电动机来实现,可以进行水平和垂直的运动,电动机接受来自控制器的信号精确地运行定位,在控制信号的作用下,云台上的摄像机既可自动扫描监视区域,也可在监控中心值班人员的操纵下跟踪监视对象。

在实际工程应用中,还有一种云台和摄像机集成为一体的设备,被称作一体化球机,在这种结构中,电动云台的转动速度和精度均有极高的数值,对所带负载也做了更好的优化,如减小转动惯量,降低负载重量等,电动云台的转动位置和转动速度可以与镜头的变倍等协调动作。

(1)云台的分类。

1)按使用环境分为室内型和室外型,主要区别是室外型密封性能好,防水、防尘,负载大。

2)按安装方式分为侧装和吊装,就是把云台是安装在天花板上还是安装在墙壁上。

3)按外形分为普通型和球型,球型云台是把云台安置在一个半球形、球形防护罩中,除了防止灰尘干扰图像外,还隐蔽、美观、快速。

4)按照可以运动功能分为水平云台和全方位(全向)云台。

5)按照工作电压分为交流定速云台和直流高变速云台。

6)按照承载重量分为轻载云台、中载云台和重载云台。

7)按照负载安装方式分为顶装云台和侧装云台。

8)根据使用环境分为通用型和特殊型。通用型是指使用在无可燃、无腐蚀性气体或粉尘的大气环境中,又可分为室内型和室外型。最典型的特殊型应用是防爆云台。

在挑选云台时要考虑安装环境、安装方式、工作电压、负载大小，也要考虑性能价格比和外形是否美观等因素。

(2)云台的性能指标。

1)转动速度。云台的转动速度是衡量云台档次高低的重要指标。云台水平和垂直方向是由两个不同的电机驱动的，因此云台的转动速度也分为水平转速和垂直转速。由于载重的原因，垂直电机在启动和运行保持时的扭矩大于水平方向的扭矩，再加上实际监控时对水平转速的要求要高于垂直转速，因此，一般来说，云台的垂直转速要低于水平转速。

交流云台使用的是交流电机，转动速度固定，一般为水平转动速度为 $4°/s \sim 6°/s$，垂直转动速度为 $3°/s \sim 6°/s$。有的厂家也生产交流型高速云台，可以达到水平 $15°/s$，垂直 $9°/s$，但同一系列云台的高速型载重量会相应降低。

直流型云台大都采用的是直流步进电机，具有转速高、可变速的优点，十分适合需要快速捕捉目标的场合。其水平最高转速可达 $40°/s \sim 50°/s$，垂直可达 $10°/s \sim 24°/s$。另外直流型云台都具有变速功能，所提供的电压是直流 $0 \sim 36$ V 之间的变化电压。变速的效果由控制系统和解码器的性能决定，以使云台电机根据输入的电压大小做相应速度的转动。常见的变速控制方式有两种，一种是全变速控制，就是通过检测操作员对键盘操纵杆控制的位移量决定对云台的输入电压，全变速控制是在云台变速范围内实现平缓的变速过渡。另外一种是分挡递进式控制，就是在云台变速范围内设置若干挡，各挡对应不同的电压(转动速度)，操作前必须先选择所需转动的速度挡，在对云台进行各方向的转动操作。

一体化摄像机的云台具有转动惯量小，角加速度大，控制精度高等优点。水平转动角速度可达到 $360°/s$。

2)转动角度。云台的转动角度尤其是垂直转动角度与负载(防护罩/摄像机/镜头总成)安装方式有很大关系。云台的水平转动角度一般都能达到 $355°$，因为限位栓会占用一定的角度，但会出现少许的监控死角。当前的云台都改进了限位装置使其可以达到 $360°$ 甚至 $365°$(有 $5°$ 的覆盖角度)，以消除监控死角。用户使用时可以根据现场的实际情况进行限位设置。例如安装在墙壁上的壁装式，即使云台具有 $360°$ 的转动角度，实际上只需要监视云台正面的 $180°$ 角度，即使转动到后面方向的 $180°$ 也只能看到安装面(墙壁)，没有实际监控意义。因此壁装式只需要监视水平 $180°$ 的范围，角装式只需监视 $270°$ 的范围。这样避免云台过多地转动到无须监控的位置，也提高了云台的使用效率。

顶装式云台的垂直转动角度一般为 $+30° \sim -90°$，侧装的垂直转动角度可以达到±180°,不过正常使用时垂直转动角度在+20°(仰角)至-90°(俯角)即可。

3)载重量。云台的最大负载是指垂直方向承受的最大负载能力。摄像机的重心(包括防护罩)到云台工作面距离为50 mm,该重心必须通过云台回转中心,并且与云台工作面垂直,这个中心即为云台的最大负载点,云台的承载能力是以此点作为设计计算的基准。如果负载位置安装不当,重心偏离回转中心,增大了负载力矩,实际的载重量将小于最大负载量的设计值。因此云台垂直转动角度越大,重心偏离也越大,相应的承载重量就越小。

云台的载重量是选用云台的关键,如果云台载重量小于实际负载的重量不仅会使操作功能下降,而且云台的电机、齿轮也会因长时间超负荷损坏。云台的实际载重量可从3~50 kg不等,同一系列的云台产品,侧装时的承载能力要大于顶装,高速型的承载能力要小于普通型。

4)环境指标。室内使用的云台的要求不高,云台的使用环境的各项指标主要针对室外使用的云台。其中包括使用环境温度限制、湿度限制、防尘防水的IP防护等级。一般室外环境使用的云台温度范围为-20~+60℃,如果使用在更低温度的环境下,可以在云台内部加装温控型加热器使温度下限达-40℃或更低。湿度指标一般为95%不凝结。防尘防水的IP等级应达到IP66以上。IP防护等级的高低反映了设备的密封程度,主要指防尘和液体的侵入,它是一种国际标准,符合1997年的BS5490标准和1976年的IECS529标准。IP后的第一个数值表示抗固体的密封保护程度,第二位表示抗液体保护程度,第三位表示抗机械冲击碰撞。另外在实际使用中应根据环境选择使用相适合的材料和防护层,如铁质外壳不适合使用在潮湿和具有腐蚀性的环境中。

抗风能力是特定重型云台在强风力环境下的重要指标,它不仅取决于云台自身的性能,还与其支架的刚性条件直接相关。

5)回差。回差也称为齿轮间隙(cear backlash),是考察云台转动精度的重要指标。对于大倍数变焦镜头的控制协调来讲,极小的回差有助于很好地跟踪特定目标。

6)可靠性。云台的可靠性一般以平均故障(间隔)时间MTBF、平均修理时间MTTR、平均无故障时间MTTF及为动开关的极限次数等指标衡量。

图 2-2-9

4. 视频矩阵切换控制主机

视频矩阵的作用主要是利用有限的监视显示设备可以看到更多的摄像机图像，同时可以远程控制摄像机、镜头、云台和灯光等前端设备，以便清楚地看到需要监视的情况。

视频矩阵是指通过阵列切换的方法将 m 路视频信号从输入通道切换输送到 n 路输出通道中的任一通道上，并且输出通道间彼此独立，并任意输出至相应的显示设备上，一般情况下矩阵的输入大于输出即 $m \geqslant n$。一个 $m \times n$ 矩阵表示它可以同时支持 m 路图像输入和 n 路图像输出，即任意的一个输入和任意的一个输出。有一些视频矩阵也带有音频切换功能，能将视频和音频信号进行同步切换，这种矩阵也叫作视音频矩阵。这是一种利用空间交叉切换原理实现的矩阵控制主机，它采用单片机或更高档的芯片来控制模拟开关实现的。

利用包交换原理进行的不同数字视频的切换显示主机，从逻辑上看，等效于 m 路 IP 视频输入，n 路视频显示输出的矩阵切换主机。它被称作数字矩阵，也称为虚拟矩阵。数字矩阵实现了网络视频条件下的 IP 包交换的图像数据的传输和切换。

视频矩阵在安防领域有十分广泛的应用，在现有产品中，绝大多数都是传统的模拟视频矩阵。随着近年来数字技术的高速发展，软硬件水平的提高，不断有高性能的 DSP 和更高速的总线得到应用，使基于数字技术的视频矩阵方案能够得以实现。同时，得益于数字视频处理技术的强大功能，数字视频矩阵的优势逐渐显现，数字视频矩阵将成为安防业中新兴的一个热点，也将是视频矩阵以后的一个发展趋势。

(1)模拟矩阵。在模拟标准清晰度视频系统中，模拟矩阵是其核心的控制设备，其的输入包括摄像机、视频分配器、解码器、硬盘录像机、计算机等多类型信号源设备，显示终端一般包括监视器、电视墙和拼接屏等。

一个矩阵系统通常还应该包括以下基本功能：控制主机、控制键盘、音频控制箱、字符信号叠加、解码器接口和报警接口箱等。字符叠加应为简体中文，以方便不懂英文的操作人员使用，矩阵系统还需要支持级联，来实现更高的容量，为了适应不同用户对矩阵系统容量的要求，矩阵系统应该支持模块化和即插即用，可以通过增加或减少视频输入、输出卡来实现不同容量的组合。一般而言，矩阵系统的容量达到 64×16 即为大容量矩阵。如果需要更大容量的矩阵系统，也可以通过多台矩阵系统级联来实现。

1)某产品的主要特性。

- 输出可扩充到＊＊＊路视频输出,输入可扩充到＊＊＊＊路视频输入,可选带环通设计。
- 每台可自由编辑＊＊个字符《中英文可选》。
- 采用选配内置 IP 控制模块和视频服务器设计,可通过 IP 网络对矩阵主机进行操作和切换浏览视频图像,远程并可对摄像机及系统的控制访问。
- 采用 2U,4U,8U,16U,32U 插卡式高密度模块组合结构,方便组合扩充。
- 多重权限设置;键盘/监视器权限、键盘/摄像机权限、监视器/摄像机权限、键盘/警点权限、网络/监视器权限等系统可分区设置。
- 有热备份主机选配设计,使主机稳定性更有保障。
- 音/视频输入输出端口和通信接口有浪涌保护措施及抗雷击干扰设计。
- 音/视频切换卡、报警卡、跟随控制卡可插于一体,组成的综合监控主机。
- 可外接报警联动箱＊＊路。
- 可外接＊＊个分控键盘。
- 报警后可联动,自动打开摄像机及灯光,自动切换预置点图像并启动录像。
- 可预置任一防区警戒方式:定时、手动、常布/撤防及查询报警记录。

4.1.2 某产品的技术参数

- 增益:0 dB。
- 视频带宽:150 MHz(−3 dB)满载。
- 亮度干扰(多通道对一通道串扰和):−50 dB @10 MHz,−40 dB @100 MHz。
- 微分相位(I/OS):0.05°(R_L=150Ω)<1.28°,3.58 MHz。
- 微分相位误差:0.1°,3.58～4.43 MHz。
- 微分增益(误差):0.05％(R_L=150 Ω) 0.1％,3.58～4.43 MHz。
- 最大传播延时:5 ns(±1 ns)。
- 切换速度:≤150 ns。
- 信号制式:NTSC3.58,NTSC4.43,PAL,SECAM。

视频输入:

- 输入电平:0.5～2.0V_{p-p}。
- 回波损耗:−30 dB@5 MHz。
- 阻抗:75 Ω。
- 连接器:BNC。
- 最大直流偏置误差:15 mV。

视频输出：
- 信号类型：复合视频。
- 输出电平：$0.7V_{p-p}$。
- 回波损耗：<-30 dB@5 MHz。
- 直流补偿：± 5 mV。
- 回波锁相：$0.3\sim0.4V_{p-p}$。
- 阻抗：75 Ω。
- 连接器：BNC。
- 最大直流偏置误差：15 mV。
- 功耗：30～150 W(视具体型号确定功耗)。
- 串行接口：RS232-C,9孔 D-Sub 型连接器,端口 2,3,5 分别直通。
- 串口参数：9 600 bps,8 位数据,1 位起始位,1 位停止位,无校验,无流控。
- 电源：AC 100～220 V,50/60 Hz。

(2)数字矩阵。数字矩阵是针对前端设备全部是网络数字视频流输入,到监控中心输出上电视墙专门制作的一款产品,用于完成切换、存储、转发数字视频信号、远程控制、解码输出显示视频等功能。存在的核心产品是视频解码器,配套的网络交换机和控制终端等通常不作为数字矩阵的组成部分。包交换型矩阵目前已经比较普及,特别是远程互联的视频系统建设。

数字矩阵较之模拟矩阵,因视频信号的差异,而存在时延较大等问题,这对于实时跟踪控制系统来说需要特别关注。当然随着技术进步,系统时延和图像质量都有了很大改观,许多体验接近模拟矩阵,有的体验甚至超过模拟矩阵,如高清视频系统的应用。

5. 视频存储设备

(1)DVR 硬盘录像机。DVR 是 Digital Video Recorder 的英文缩写,即数字视频录像机。相对于传统的模拟视频录像机,不是采用磁带而是采用硬盘录像,故常常被称为硬盘录像机。DVR 的基本功能是将模拟的视、音频信号或非压缩的数字视频、音频信号转换为符合相关标准的压缩的数字视频音频数据,并将其存储在硬盘(HDD)上,并提供与录制、播放和管理这些数据相对应的功能。DVR 通常集视频音频处理、记录、本地回放显示、画面分割、云台镜头控制、报警控制、网络传输等多种功能于一身。

1)分类。按系统结构可以分为两大类:基于 PC 架构的 PC 式 DVR 和脱离 PC 架构的嵌入式 DVR。

PC式DVR:这种架构的DVR以传统的PC机为基本硬件,以Windows,Linux为基本操作系统软件,配备图像采集或图像采集压缩卡和图像处理管理软件,成为一套完整的系统。PC机是一种通用的平台,PC机的硬件更新换代速度快,因而PC式DVR的产品性能提升较容易,同时软件修正、升级也比较方便。PC式DVR各种功能的实现都依靠各种板卡来完成,比如视音频压缩卡、网卡、声卡、显卡等,这种插卡式的系统在系统装配、维修、运输中很容易出现不可靠的问题。

嵌入式DVR就是基于嵌入式处理器和嵌入式实时操作系统的嵌入式系统,它采用专用芯片对图像进行压缩及解压回放,嵌入式操作系统主要是完成整机的控制及管理。此类产品没有PC式DVR那么多的模块和多余的软件功能,在设计制造时对软、硬件的稳定性进行了针对性的规划,因此此类产品品质稳定,不会有死机的问题产生,而且在视音频压缩码流的储存速度、分辨率及画质上都有较大的改善,就功能来说丝毫不比PC式DVR逊色。嵌入式DVR系统建立在一体化的硬件结构上,整个视音频的压缩、显示、网络等功能全部可以通过一块单板来实现,大大提高了整个系统硬件的可靠性和稳定性。

DVR通常具有以太网接口。通过该接口,可实现对模拟视频的压缩转换传输的功能,也可方便地实现远程对DVR的存储视频的检索回放等功能,但通常不具备对网络视频的直接接收存储的能力。

2)DVR视频压缩技术。市面上主流的DVR采用的压缩技术有MPEG-2,MPEG-4,H.264,M-JPEG等。H.264是国内最常见的压缩方式;从压缩卡上分有软压缩和硬压缩两种,当年,软件压缩受到CPU的影响较大,做到全实时显示和录像较困难,故逐渐被硬压缩淘汰;从摄像机输入路数上分为1路、2路、4路、6路、8路、9路、12路、16路、24路、32路、48路、64路等。

3)主要功能。硬盘录像机的主要功能包括监视功能、录像功能、回放功能、报警功能、控制功能、网络功能、密码授权功能和工作时间表功能等。它还包含以下功能:

Ⅰ.视频存储:所有硬盘录像机都可以接入串口硬盘,用户可以根据自己录像保存时间选择不同大小的硬盘接上去。

Ⅱ.视频查看:硬盘录像机具有BNC,VGA视频输出,可以与电视、监视器、电脑显示器等显示设备配合使用。也有的厂家把显示屏与硬盘录像机做成一体化。其中视频查看分为视频实时查看和视频回放。

Ⅲ.视频管理:所有厂家的DVR出厂都配有集中管理软件,可以用该软件管理多个硬盘录像机的视频图像与视频统一存储等功能。

Ⅳ.远程访问:硬盘录像机通过网络设置,可以实现远程访问,手机访问。让监控在有网络的情况下,实现随时随地查看。

4)某款嵌入式硬盘录像机主要参数(参考)。

Ⅰ.功能特性。

- 设备运行低噪环保;前置插槽式的硬盘安装方式,安装维护更加便捷;
- 所有通道支持 WD1 实时编码;
- 支持 HDMI,VGA,CVBS 同时输出,HDMI 与 VGA 输出分辨率最高均可达 1 920×1 080P;
- 全新的 UI 操作界面,支持一键开启录像功能;
- 支持冗余录像、假日录像和抓图计划配置;
- 图像预览与回放时,支持音量大小调节;
- 支持预览与回放界面实时截图功能;
- 支持即时回放功能,在预览画面下对指定通道的当前录像进行回放,并且不影响其他通道预览;
- 支持最大 16 路 WD1 同步回放及多路同步倒放;
- 支持标签定义、查询、回放录像文件;
- 模拟通道前 4 路支持区域入侵与越界侦测报警、布防及联动;
- 支持回放时对录像场景的自定义区域进行智能搜索;
- 支持智能回放,提高录像回放效率,节约回放录像的时间;
- 支持重要录像文件加锁保护功能;
- 支持硬盘配额和硬盘盘组两种存储模式,可对不同通道分配不同的录像保存容量或周期;
- 支持抽帧录像存储模式,有效延长录像存储时间;
- 支持 8 个 SATA 接口,1 个 eSATA 盘库,可用于录像和备份;
- 双千兆网卡,支持网络容错、负载均衡以及双网络 IP 设定等应用;
- 支持海康威视 DDNS 域名解析系统;
- 支持远程零通道预览,使用 1 路零通道编码视频,预览多通道分割的视频画面,充分获取监控图像信息的同时节省网络传输带宽;
- 支持网络检测(网络流量监控、网络抓包、网络通畅)功能;
- 支持视频质量诊断(VQD)技术,对输入的模拟视频信号进行质量分析与预警;
- 首创的双操作系统设计,系统运行更加可靠。

Ⅱ．参数见表 2－2－13。

表 2－2－13　某款嵌入式硬盘录像机主要参数

视音频输入	模拟视频输入	16 路，BNC 接口（电平：1.0V_{p-p}，阻抗：75 Ω），PAL/NTSC 自适应
	音频输入	16 路，BNC 接口（电平：2.0V_{p-p}，阻抗：1 kΩ）
视音频输出	HDMI 输出	1 路，分辨率：1 024×768/60 Hz，1 280×720/60 Hz，1 280×1 024/60 Hz，1 600×1 200/60 Hz，1 920×1 080p/60 Hz
	VGA 输出	1 路，分辨率：1 024×768/60 Hz，1 280×720/60 Hz，1 280×1 024/60 Hz，1 600×1 200/60 Hz，1 920×1 080p/60 Hz
	CVBS 主输出	1 路，BNC 接口（电平：1.0V_{p-p}，阻抗：75 Ω）分辨率：PAL 制式 704×576；NTSC 制式 704×480
	CVBS 辅助输出	4 路，BNC 接口（电平：1.0V_{p-p}，阻抗：75 Ω）分辨率：PAL 制式 704×576；NTSC 制式 704×480
	音频输出	2 路，BNC 接口（线性电平，阻抗：600 Ω）
视音频编码参数	视频压缩标准	H.264
	视频编码分辨率	WD1/4CIF/2CIF/CIF/QCIF
	视频帧率	PAL：1/16～25 帧/s、NTSC：1/16～30 帧/s
	视频码率	32～8 192 kb/s，可自定义，最大 8 192 kb/s
	码流类型	复合流/视频流
	音频压缩标准	OGG Vorbis
	音频码率	16 kb/s
	双码流	支持
	同步回放	最多支持 16 路
硬盘驱动器	类型	8 个 SATA 接口，1 个 eSATA 接口
	最大容量	每个接口支持容量最大 4TB 的硬盘

续 表

录像管理	录像/抓图模式	手动录像/抓图、定时录像/抓图、移动侦测录像/抓图、报警录像/抓图
		动测或报警录像/抓图、动测和报警录像/抓图
	回放模式	即时回放、常规回放、事件回放、标签回放、智能回放、外部文件回放、图片回放
	备份模式	常规备份、事件备份、图片备份
网络管理	网络协议	IPv6,HTTPS,UPnP(即插即用),SNMP(简单网络管理)
		NTP(网络校时),SADP(自动搜索 IP 地址),SMTP(邮件服务)
		NFS(接入 NAS),iSCSI(IP SAN 应用)
		PPPoE(拨号上网),FTP 等
外部接口	语音对讲输入	1个,BNC 接口(电平:$2.0V_{p-p}$,阻抗:$1k\Omega$)
	网络接口	2个,RJ45 10 M/100 M/1000 M 自适应以太网口
	串行接口	1个,标准 RS-485 串行接口;
		1个,标准 RS-232 串行接口;
		1个,键盘 485 串口
	USB 接口	3个,USB 2.0
	报警输入	16 路
	报警输出	4 路
其他	电源	AC220V,50 Hz
	功耗(不含硬盘)	≤45 W
	工作温度	-10~+55℃
	工作湿度	10%~90%

6. NVR

NVR 是 Network Video Recorder 的缩写,即网络录像机。NVR 须与网络摄

安全技术防范

像机或视频编码器配套使用,才能实现对通过网络传送过来的数字视频的记录。NVR最主要的功能是通过网络接收 IPC(网络摄像机)、DVS(视频编码器)等设备传输的数字视频码流,并进行存储、管理,从而实现网络化带来的分布式架构优势。简单来说,通过 NVR,可以同时存储、观看、浏览、回放、管理多个网络摄像机的实时或已存储视频数据。

对于 NVR 的配置,一些厂家也内置了许多的视频音频编码功能,与 DVR 的功能相一致,成为一种即可存储模拟视频,也能存储非压缩数字视频,更可从网络直接对压缩的视频流、音频流进行存储,这其实是一种混合型的录像机,有的厂家称为 HVR。

NVR 产品更为注重网络应用,因此该类型设备更加注重视频在网络中的传输效率。相比之下,DVR 产品在网络环境下,往往传输效率不高。

视频数据编码后,在网络中往往利用流媒体技术。该技术通过对视频流的码率、帧率的控制,使视频在不同的网络带宽环境下达到比较好的传输效率。而流媒体(streaming media)本身的数据特征可以产生更多的应用模式,甚至能轻易地嵌入到其他业务系统中成为业务系统的一部分。因此,通过流媒体和数据库技术的结合,可以使视频数据在其他业务系统中更为容易调用而产生更多的应用模式。

通过 NVR 设备,可以组建一个以 NVR 设备为"节点"的分布式网络,从而更为适应现有的分布式多层结构网络环境,有效降低中心节点的网络传输和数据存储压力。所以 NVR 系统构建监控系统时,具有前端设备选择范围更广、更为适应网络、应用能力更强的优点。

NVR 的相关功能运行全部基于 IP 架构,因此,它可以透过局域网或广域网进行远端管理,在构架网络视频监控系统方面具备相当强的灵活性。

NVR 的产品形态可以分为嵌入式 NVR 和 PC Based NVR(PC 式 NVR)。嵌入式 NVR 的功能通过固件进行固化,表现为一个专用的硬件产品。PC 式的 NVR 功能灵活强大,这样的 NVR 更多地被认为是一套软件(和视频采集卡+PC 的传统配置并无本质差别)。

由于早期的软硬件能力的局限性,嵌入式的 NVR 和嵌入式 DVR 有一个本质的区别,就是对摄像机的兼容性相对较差;从目前市场上嵌入式 NVR 的产品来看,嵌入式 NVR 更多是 IP 摄像机的配套产品,产品的研发还有进一步改进升级的空间。

PC Based NVR 可以理解为一套视频监控软件,安装在 X86 架构的 PC 或服务器、工控机上。PC 式 NVR 是目前市场上的主流产品,由两个方向发展而来。

一个方向是插卡式 DVR 厂家在开发的 DVR 软件的基础上加入对 IP 摄像机的支持，形成的混合型 DVR 或纯数字 NVR；另外一个方向是视频监控平台厂家的监控软件，过去主要是兼容视频编解码器，现在加入对 IP 摄像机的支持，成为 NVR 的另外一支力量。

(1)某款嵌入式网络硬盘录像机。

1)功能特性。

- HDMI 与 VGA 输出分辨率最高均可达 1 920×1 080P；
- 支持 HDMI 与 VGA 同源输出；
- 支持 SDI 高清数字摄像机；
- 支持最大 16 路音频输入；
- 支持零通道编码(主要是指网络传输时，将多画面(如 16 画面)糅合成一个通道传输的功能，此时虽然可看到 16 个画面，但不是传输 16 个通道分开的数据，而是将 16 画面整合成一个画面在传，数据量只相当于传一个通道的数据)；
- 支持 OSD 叠加前端摄像机信息；
- 支持设置 OSD 叠加字体大小；
- 支持预览图像与回放图像的电子放大；
- 采用 HIKVISION 云台控制协议时候，可通过鼠标选定画面任意区域并进行中心缩放；
- 支持假日录像配置；
- 支持冗余录像；
- 支持多画面分割下不同通道并行预览与回放；
- 4 路/8 路/16 路型号设备分别支持 4 路/8 路/16 路同步回放；
- 支持 8 个 SATA 接口，1 个 eSATA 接口；
- 支持标签定义、查询、回放录像文件；
- 支持回放时对录像场景的自定义区域进行智能搜索；
- 支持录像文件倒放功能；
- 支持按事件查询、回放、备份录像文件；
- 支持重要录像文件保护功能；
- 支持硬盘配额管理，不同通道可分配不同的录像保存容量；
- 支持硬盘盘组管理，不同通道可设置不同的录像保存周期；
- 双千兆网卡，可支持网络容错、负载均衡以及双网络 IP 设定等应用；
- 支持 IPV6 协议；

·支持网络检测(网络流量监控、网络抓包、网络通畅)功能;

·支持 SNMP(简单网络管理)、NTP(网络校时)、SADP(自动搜索 IP 地址)、SMTP(邮件服务)、NFS(接入 NAS)、iSCSI(IP SAN 应用)、PPPoE(拨号上网)、UPnP 等协议。

2)参数见表 2-2-14。

表 2-2-14　某款嵌入式网络硬盘录像机的参数

视音频输入	视频输入	16 路,HD-SDI 接口(电平:800 mV$_{p-p}$,阻抗:75 Ω)
	支持的 HD-SDI 输入	1 080p25,1 080p30,1 080i50,1 080i60,720p25,720p30,720p50,720p60
	音频输入	16 路,RCA 接口(电平:2.0V$_{p-p}$,阻抗:1 kΩ)
视音频输出	HDMI/VGA 输出	1 路,VGA 与 HDMI 同源,
		分辨率:1 920×1 080/60 Hz,1 280×1 024/60 Hz,1 280×720/60 Hz,1 024×768/60 Hz
	CVBS 输出	1 路,BNC 接口(电平:1.0V$_{p-p}$,阻抗:75 Ω)
		分辨率:PAL 制式 704×576;NTSC 制式 704×480
	音频输出	2 路,RCA 接口(线性电平,阻抗:1 kΩ)
视音频编码参数	视频压缩标准	H.264
	视频编码分辨率	1 080P/720P/WD1/4CIF/VGA/CIF
	视频帧率	1/16 fps~实时
	视频码率	32 kb/s~10 Mb/s,最大 10 Mb/s
	码流类型	复合流/视频流
	音频压缩标准	G.711μ
	音频码率	64 kb/s
	双码流	支持,子码流分辨率:WD1(非实时)/4CIF(非实时)/CIF/QVGA/QCIF
	同步回放	支持 16 路
硬盘驱动器	类型	8 个 SATA 接口,1 个 eSATA 接口
	最大容量	每个接口支持容量最大 4TB 的硬盘

续 表

外部接口	语音对讲输入	1路,RCA接口(电平:2.0V_{p-p},阻抗:1 kΩ)
	网络接口	2个,RJ45 10 M/100 M/1 000 M自适应以太网口
	串行接口	1个,标准RS-485串行接口;
		1个,标准RS-232串行接口;
		1个,键盘485串口
	USB接口	3个,USB 2.0
	报警输入	16路
	报警输出	4路
其他	电源	AC 220 V,50 Hz
	功耗(不含硬盘)	≤65 W
	工作温度	-10~+55℃
	工作湿度	10%~90%

(2)某款全高清网络硬盘录像机。

1)功能特性。

Ⅰ.智能联动。

• 支持IPC场景变更侦测、区域入侵侦测、音频异常侦测、虚焦侦测、移动侦测、人脸侦测等多种智能侦测接入与联动;

• 支持智能搜索、回放及备份功能,有效提高录像检索与回放效率;

• 高清视频接入;

• 支持400 M/640 M输入带宽,可接入128路/256路高清网络视频;

• 支持600 W像素高清网络视频的预览、存储与回放;

• 支持接驳符合ONVIF、PSIA及众多主流厂商的网络摄像机。

Ⅱ.高清显示。

• 可扩展至6个HDMI输出,最大支持24路1 080p高清预览;

• 支持HDMI3、HDMI4、HDMI5、HDMI6扩展输出口拼接功能;

• 支持HDMI1/VGA/LCD输出口1/4/6/8/9/16/25/32/36/64画面分割预览。

Ⅲ.高清存储。

• 支持16个/24个SATA接口,可选配miniSAS高速扩展接口;

Ⅳ.高清转发。

4个千兆以太网口,4个千兆光口(1.25 Gb/s SFP模块),充分满足网络预览、回放以及备份应用。

Ⅴ.丰富应用。

• 支持网络容错以及多网络IP设定等应用;

• 支持IPC集中管理,包括IPC参数配置、信息的导入/导出、信息的实时获取、语音对讲和升级等功能;

• 支持USB 3.0接口和eSATA接口,充分满足高速备份需求。

2)参数见表2-2-15。

表2-2-15　某款全高清网络硬盘录像机的参数

视音频输入	网络视频输入	256路高清
	网络视频接入带宽	640 Mb/s
视音频输出	HDMI输出	2路,分辨率:1 024×768/60 Hz,1 280×720/60 Hz,1 280×1 024/60 Hz,1 600×1 200/60 Hz,1 920×1 080p/60 Hz;
		(/H系列,6路HDMI输出)
	VGA输出	1路,分辨率:1 024x768/60 Hz,1 280x720/60 Hz,
		1 280×1 024/60 Hz,1 600×1 200/60 Hz,1 920×1 080p/60 Hz
	音频输出	1个,RCA接口(线性电平,阻抗:1 kΩ)
	液晶屏显示	/H自带7 in液晶触摸屏
视音频编解码参数	录像分辨率	6MP/5MP/3MP/1080p/UXGA/720p/VGA/4CIF/DCIF/2CIF/CIF/QCIF
	同步回放	16路
录像管理	录像/抓图模式	手动录像、定时录像、移动侦测录像、报警录像
		动测或报警录像、动测和报警录像
	回放模式	即时回放、常规回放、事件回放、标签回放、日志回放
	备份模式	常规备份、事件备份
硬盘驱动器	类型	24个SATA接口,1个eSATA接口,选配miniSAS接口
	最大容量	每个接口支持容量最大4TB的硬盘

续 表

外部接口	语音对讲输入	1个，RCA 接口(电平:2.0V_{p-p},阻抗:1 kΩ)
	网络接口	4个，RJ45 10 M/100 M/1 000 M 自适应以太网口
		4个千兆光口
	串行接口	1个，标准 RS－485 串行接口(预留);
		1个，标准 RS－232 串行接口
	USB 接口	前面板1个 USB 2.0,后面板2个 USB 3.0
	报警输入	16 路
	报警输出	8 路
网络管理	网络协议	IPV6、SNMP(简单网络管理)、NTP(网络校时)
		SADP(自动搜索 IP 地址)、SMTP(邮件服务)
		NFS(接入 NAS)、iSCSI(IP SAN 应用)
		PPPoE(拨号上网)、DDNS(动态域名解析)等
阵列功能	阵列类型	RAID 0,RAID 1,RAID 10,RAID 5
其他	电源	AC 220 V
	功耗(不含硬盘)	≤100 W
	工作温度	－10～＋55℃
	工作湿度	10%～90%

7. 显示设备

监视器是视频监控系统的重要组成部分,是视频监控系统的关键显示设备。监视器通常指的是能够直接显示视频画面的显示设备,与计算机主机配套的显示设备通常称为显示器,目前,监视器和显示器的接口越来越通用,性能越来越接近。

各类显示设备正经历了从大至小的变化,显示原理也经历了许多新的突破和革新,在人机交互显示过程中起到了不可替代的作用。监视器(显示器)的发展经历了黑白(单色)到彩色,从闪烁(低帧率)到不闪烁(高帧率),从 CRT(阴极射线管)到 LCD(液晶)、LED 屏幕等的发展过程。显示器件正逐步平面化,向着像素密度更大、亮度更高,像素更多等多维度发展。

显示设备也从单屏幕向着组合屏幕综合发展。

(1)分类。

按尺寸分为 8/10/12/15/17/19/20/22/24/26/32/37/40/42/46/47/52/57/65/70/82/108 in 监视器等。

按色彩分为彩色、黑白监视器。

按扫描方式分为隔行扫描和逐行扫描。

按类型分为液晶监视器、背投、CRT 监视器、等离子监视器等。

按屏幕分为纯平,普屏,球面等。

按材质分为 CRT,LED,DLP,LCD 等。

(2)CRT 与 LCD 监视器的区别。使用阴极射线显像管(CRT)的彩色监视器和使用液晶显示屏(LCD)的彩色监视器在图像重现原理上是有区别的,前者采用磁偏转驱动实现行场扫描的方式(也称模拟驱动方式),而后者采用点阵驱动的方式(也称数字驱动方式)。因而前者往往使用电视线来定义其清晰度,而后者则通过像素数来定义其分辨率。CRT 监视器的清晰度主要由监视器的通道带宽窄和显像管的点距以及会聚误差决定,而后者则由所使用 LCD 屏的像素数决定。CRT 监视器具有价格低廉、亮度高、视角宽、使用寿命较高的优点,而 LCD 监视器则有体积小(平板形)、重量轻、图像无闪动无辐射的优点,但是 LCD 监视器的主要缺点是造价高、视角窄(侧面观看时图像变暗、彩色飘移甚者出现反色)、使用寿命短(通常 LCD 屏幕在烧机 5 000 h 之后其亮度下降为正常亮度的 60% 以下,但 CRT 的平均寿命可达 30 000 h 以上)等缺点。

(3)液晶监视器(见图 2-2-10)。液晶监视器 LCD(Liquid Crystal Display),为平面超薄的显示设备,它由一定数量的彩色或黑白像素结构组成,放置于光源或者反射面前方。

图 2-2-10 液晶监视器

对于液晶监视器来说,其面板的大小就是可视面积的大小,这一点与 CRT 监视器有些不同。同样参数规格的监视器,LCD 要比 CRT 的可视面积更大一些,一般 15 in LCD 相当于 17 in CRT,19 in LCD 相当于 21 in CRT,等等。液晶监视器有 3.5 in,5.6 in,7 in,8 in 等车载监控显示规格,10.4 in,12 in,15 in,17 in,19 in 为 4∶3 显示比例,20 in,21.5 in,22 in,26 in,32 in,37 in,40 in,42 in,47 in,52 in,55 in,65 in,70 in 和 82 in 等为 16∶9 显示比例。

1)主要功能性能特性。

第二章 安全防范子系统

Ⅰ.响应时间。

响应时间决定了监视器每秒所能显示的画面帧数,通常当画面显示速度超过25帧/s时,人眼会将快速变换的画面视为连续画面。在高速球运转,画面高速切换/移动时,要达到最佳的显示效果,需要画面显示速度在60帧/s以上,响应时间为低于16 ms以下才能满足要求,也就是说,响应时间越小,快速变化的画面所显示的效果越完美。

市场上主流液晶监视器的响应时间是8 ms,性价比也相当高,高达125帧/s的显示速度。

Ⅱ.图像效果。

亮度:液晶监视器的亮度指的是显示屏幕的亮度,是液晶监视器在白色画面之下可达到的最大的明亮程度,单位是堪德拉每平方米(cd/m^2)或称nits。液晶监视器的亮度主要是由其背光源的亮度来决定的,对背光源的亮度控制,也就是对液晶监视器的亮度控制。

对比度:液晶屏上同一点最亮与最暗时的亮度的比值就是液晶监视器的对比度(contrast),高的对比度意味着相对较高的亮度和呈现颜色的亮丽程度。液晶监视器的对比度要求达到500∶1,1 000∶1或更高。

色域:色域是对一种颜色进行编码的方法,也指一个技术系统能够产生的颜色的总和。普通LCD的色域值大约在72%,可采用广色域液晶屏,其色域可达92%。因此,显示的色彩更加丰富,可提高液晶监视器的色彩深度。

可视角度:由于液晶监视器的光线是透过液晶以接近垂直角度向前射出的,当从其他角度来观察屏幕的时候,并不会像看CRT监视器那样可以看得很清楚,而会看到明显的色彩失真,这就是可视角度小造成的。在选择液晶监视器时,应尽量选择可视角度大的产品。液晶监视器的可视角度(view angle)也称为视场角范围,包括水平可视角度和垂直可视角度两个指标,水平可视角度显示表示以显示屏的垂直轴线为准,在垂直于轴线左或右方一定角度的位置上仍然能够正常的看见显示图像,这个角度范围就是液晶监视器的水平可视角度;同理如果以水平轴线为准,上下的可视角度就称为垂直可视角度。

Ⅲ.面板品质。面板除了响应时间、可视角度、色彩还原能力外,坏点、亮点的多少是评判监视器优劣的又一重要标准。坏点分为亮点、暗点及色点,都是指液晶面板上不可修复的物理像素结构点。液晶屏根据坏点及色纯度、可视角度等参数的区别划分为若干等级:AA级:无任何坏点的LCD屏为AA级;A级:3个坏点以下,其中亮点不超过一个,且亮点不在屏幕中央区内;B级:3个坏点以下,其中亮点不超过二个,且亮点不在屏幕中央区内;C级:坏点超过3个。

2)某型液晶监视器的技术参数(参考)。

Ⅰ.功能。

• 超薄超轻设计,使用方便、美观;

• 高对比度,高亮度,提高画面层次感,更好地表现细节;

• 采用LED背光液晶屏;

• 具有自动消除残影功能,保护液晶屏的长期使用;

• 具有VGA状态图像重显率自动调整功能;

• 采用3D画质数字处理电路,即3D数字梳状滤波和3D数字图像降噪技术,图像清晰,视角宽阔;

• 全色彩,画面更加自然、细腻;

• 极速响应时间,画面真正无拖尾;

• 178°超宽视角屏幕,显示比例16:9;

• I^2C 总线最新控制电路,整机可靠性高,扩展性好;

• 具有画中画、双画面功能;

• 支持局域网、USB多媒体播放,可选WIFI、SD卡、SDI、DP功能。

丰富的对接功能:

• 多层次菜单显示功能;

• 内置电源,能耗低,液晶屏使用寿命可达60 000 h以上;

• 超静音冷却风扇设计。

Ⅱ.参数见表2-2-16。

表2-2-16 某型液晶监视机的技术参数

	分辨率	1 920×1 080 WUXGA 10bit
颜色	标准颜色	1.06Billon colors
	最大颜色值	Full Color
液晶面板屏幕	类型	LED FHD-LCD
	显示面积	1039.68(H)×584.82(V)MM
	亮度	550 cd/m²
	对比度	1 300:1
	响应时间	12 ms
	可视角度	178°

续　表

PC 信号	行频	121.8～140 kHz
RGB 输入	场频	120 Hz
视频	模拟视频彩色制式	PAL/NTSC
	视频输入/输出	2 路 1 V,75 Ω,BNC
	S‑video 输入	1 路 Y:1 V,75 Ω C:0.3 V,75 Ω
	YP_BP_R 信号格式	1 路 1 080 p(60 Hz)向下兼容
VGA 支持模式		1 路 1 920×1 080(60 Hz)向下兼容
HDMI 支持模式		1 路 1 080 P(60 Hz)向下兼容
DVI 支持模式		1 路 1 080 P(60 Hz)向下兼容
3G‑SDI 支持模式		1 路 1 080 P(60 Hz)向下兼容
DP 接口		支持
RJ45 接口		支持局域网多媒体享
USB 接口	图片支持的格式	JPEG,PNG,BMP,TIFF,GIF
	音频支持的格式	MPEG‑1(Layer Ⅰ/Ⅱ/Ⅲ),AAC(AAC‑LC,HE‑AACv1,HE‑AACv2),PCM,WMA,
	视频支持的格式	avi,mkv,asf,wmv,wma,mov,mp4,vob,mpg,ps,rmvb
电源		AC100～240 V,50/60 Hz
最大功耗		≤130 W
工作环境	温度	0～50℃
	相对湿度	10％～90％
	海拔高度	≤5 000 m
存储环境	温度	－20～60℃
	相对湿度	10％～90％
备注		选配:一路音频输入输出,透雾功能,低照度功能,运动补偿功能,智能温控,触摸功能,SD 卡功能,VGA 输出功能,WiFi,内置 PC,AR 玻璃,四画面,RS485,抗强磁系统

安全技术防范

8. 大屏拼接显示系统

近几年,随着多部门应急决策、集中管理、信息共享等的出现,大屏显示系统广泛应用于安全防范系统监控中心的图像显示、远程指挥等。目前,比较常见的大屏幕拼接系统,通常根据显示单元的工作方式分为三个主要类型,即 LCD 显示单元拼接、PDP 显示单元拼接和 DLP 背投显示单元拼接。其中前两者属于平板显示单元拼接系统,后者属于投影单元拼接系统。随着技术的进步,其他类型的大型拼接屏也在涌现中,如远距离观看方式下的 LED 无缝拼接屏,每个彩色显示 LED 像素间距可小至 1.6 mm,等等。

(1) 等离子大屏拼接系统。PDP(Plasma Display Panel),即等离子显示屏。PDP 是一种利用气体放电的显示技术,其工作原理与日光灯很相似。它采用了等离子管作为发光元件,屏幕上每一个等离子管对应一个像素,屏幕以玻璃作为基板,基板间隔一定距离,形成一个个放电空间。放电空间内充入氖、氙等混合惰性气体作为工作媒质,在两块玻璃基板的内侧面上涂有金属氧化物导电薄膜作激励电极。当向电极上加入电压,放电空间内的混合气体便发生等离子体放电现象,也称电浆效应。等离子体放电产生紫外线,紫外线激发涂有红绿蓝荧光粉的荧光屏,荧光屏发射出可见光,显现出图像。

PDP 单元拼接具有颜色鲜亮、高对比度以及高亮度的优点,同时也具有其自身无法克服的缺点。等离子由于耗电量与发热量很大,会产生严重灼伤现象,并不适用于长期静态画面显示监控,并且 PDP 单元用于拼接之后,整机升温更高,致使设备容易烧毁。此外,目前市面上等离子拼接幕墙价格较高,目前在低碳、节能已经成为主流趋势,对于大多数普通用户来说,等离子拼接显然不是其最优选择。

(2) LCD 液晶拼接。所谓的 LCD 液晶大屏拼接,是采用 LCD 显示单元拼接的方式,通过拼接控制软件系统,来实现大屏幕显示效果的一种拼接屏体。LCD 液晶拼接目前以韩国三星的 DID 为代表,虽然拼接市场上还有 SHARP,LG,NEC 等品牌,但是 DID 以其优良的性价比在 LCD 平板拼接技术中一枝独秀。

LCD 拼接具有厚度薄、重量轻、能耗低、寿命长、无辐射等优点,而且其画面细腻、分辨率高,各项关键性能指标的优秀表现,已使它成为发展主流,前景看好。作为拼接显示终端,LCD 尽管有上述优点,但是作为拼接显示单元,其缺点也是致命的:目前其拼缝较大,且在三种拼接显示单元中最大,令许多用户不得不忍痛舍弃。

(3) DLP 拼接系统。DLP 是 Digital Lighting Progress 的缩写,即数字光处理,也就是说这种技术要先把图像信号经过数字处理,然后再把光投影出来。具体说来,DLP 投影技术是应用了数字微镜晶片(DMD)作主要关键元件以实现数字光学处理过程。其原理是将光源借由一个积分器(integrator),将光均匀化,通过

第二章 安全防范子系统

一个有色彩三原色的色环(color wheel),将光分成 R,G,B 三色,再将色彩由透镜成像在 DMD 上。以同步信号的方法,把数字旋转镜片的电信号,将连续光转为灰阶,配合 R,G,B 三种颜色而将色彩表现出来,最后在经过镜头投影成像。

DLP 大屏幕拼接系统以 DLP 投影机为主并配以图像处理器组成的高亮度、高分辨率色彩逼真的电视墙,能够显示各种计算机、网络信号以及视频信号,画面能任意漫游、开窗、放大缩小和叠加。此外,相较于其他拼接技术,DLP 拼接的突出优势是"零缝隙",其物理缝隙画面整体显示效果良好。而且,DLP 拼接系统对于环境的要求较低,从而使得运行成本降低。

(4)大屏幕投影墙拼接系统构成。大屏幕投影墙系统主要用于显示大量的信息,如视频图像、计算机模拟图像、网络信息图像等。随着投影墙拼接技术的日益发展,大屏幕投影墙的应用领域也越来越广泛,如军队指挥、电力和电信网管调度、气象分析、水利和水调、交通、安全防范、娱乐、远程视讯会议等场合。大屏幕投影墙拼接系统通常由 4 个主要部分构成,即投影单元、多屏处理器、信号切换与分配和大屏幕管理。

1)投影单元。投影单元的显示品质直接影响着整个投影墙的效果,采用不同类型的投影单元会得到大不相同的结果。在投影墙的拼接中更多采用 DLP 投影机作为机心,以求能达到每个投影单元的对比度、颜色、亮度一致,进而使整个投影墙体的比度、颜色、亮度达到一致。

每个投影单元可以接收由图像处理器送出的 RGB 信号或直接由计算机输出的 RGB 信号、视频信号等。目前,每个 DLP 投影单元的分辨率为 $1\,024\times768$。

2)多屏处理器。多屏处理器又称电视墙处理器、电视墙控制器、电视墙拼接器、显示墙控制器、拼接墙控制器、多屏拼接处理器、显示墙拼接器、大屏幕处理器、数码拼接处理器、多屏图像处理器和显示墙处理器,是投影墙系统的核心。

多屏处理器的主要功能是将一个完整的图像信号划分成 N 块后分配给 N 个视频显示单元(如背投单元),完成用多个普通视频单元组成一个超大屏幕动态图像显示屏。可以支持多种视频设备的同时接入,如 DVD、摄像机、卫星接收机、机顶盒、标准计算机 A 信号。电视墙处理器可以实现多个物理输出组合成一个分辨率叠加后的超高分辨率显示输出,使屏幕墙构成一个超高分辨率、超高亮度、超大显示尺寸的逻辑显示屏,完成多个信号源(网络信号、RGB 信号和视频信号)在屏幕墙上的开窗、移动、缩放等各种方式的显示功能。如图 2-2-11 所示为多屏处理器。

3)信号切换与分配。信号切换部分由视频信号和计算机信号切换二部分组成。该部分主要作用是将视频信号和计算机信号切换到如图像处理器、投影单元的输入端等以供显示。信号分配部分由分配器组成,以保证本机显示器和投影机的显示图像相同。

4) 大屏幕管理。大屏幕的管理是由软件实现,大屏幕管理软件用以实现:投影墙的调整、窗口管理、网络控制、矩阵切换等功能。还可以预存一些常用的模式,使用时可随时调用预存模式,即可实现预期效果,从而简化了操作,提高了效率。

图 2-2-11　多屏处理器

(5) 某型 LCD 拼接屏显示系统技术参数(参考)。

1) 总体功能。

- 7×24 h 不间断工作,整个系统平均无故障时间 MTBF≥50 000 h;
- 拼接显示整墙亮色、对比度等达到一致性,高分辨率,高亮度,高对比度,图像色彩还原性好,显示清晰,失真度小,亮度均匀;
- 系统具有处理能力强、功能完善的多屏拼接控制系统和控制管理软件。

2) 显示单元。

- LCD 单元采用超窄边面板,LED 光源;
- 拼接边缝≤5.7 mm;
- 物理分辨率为 1 920×1 080;
- 超宽视角≥178°;
- 亮度≥700 cd/m^2;
- 对比度≥3 500∶1;
- 响应时间≤8 ms;
- 3D 动态自适应降噪;
- 可输入模拟/数字 RGB、复合视频、高清视频、高清数字等信号。接口支持类型:1 路 HDMI,1 路 DVI, 1 路 VGA,2 路 Y/C,(1 路环入 1 路环出),2 路 VIDEO(1 路环入 1 路环出),1 路 RGBHV,(5BNC),1 路 yPbPr 信号,1 路 USB, 1 路 DEBUG ISP,1 组 RX/TX 调试口;
- 显示单元提供 1 路 RS232 入,2 路 RS232 出串口控制;
- 具备 Y/C,VIDEO 双通道视频环入环出功能。

3) 大屏拼接处理器。
- 板卡式热插拔结构,可扩容到不小于128路信号输入、16路信号输出;
- 输入可支持 DVI-D,HDMI,RGBHV,HD-SDI,CVBS,YpbPR,IP 网络流媒体信号,分辨率可到 1 920×1 200@60 Hz/1 080P60;输出支持 DVI-I 输出;
- HDMI 输入支持 HDCP 1.3,网络输入支持 H.264 和 M-JPEG 格式;
- 处理控制软件提供中文操作、控制和维护界面;
- 可实现画面在大屏幕拼接墙上跨屏、漫游、分割、缩放、画中画等显示;
- 具备虚拟屏积木式堆叠功能,可无缝接入 PGIS,ARGIS 等主流 GIS 系统,支持点对点超高分辨率显示;
- 客户端能对处理器所有接入信号源进行实时预览,并具备"克隆屏"功能,将大屏幕上所有内容同步克隆到预览窗口,每路输出能同步监控128路信号;
- 可对信号输入卡进行详细设置,包含信号源输入属性、字符叠加、4K 分辨率转换、信号源输入模式转换、更改信号源名称、切割图像大小设置等;
- 窗口可直接使用鼠标左键进行人性化设置:窗口位置及图像切割调整,窗口置顶、置底、全屏、单元内最大化、还原、关闭所有窗口等;
- 可自定义添加24BIT高清底图,也可自定义不同底图显示在不同的区域;
- 能读写输入卡的 EDID,并能对 EDID 进行修改保存。

4) 大屏控制软件的功能。

中文操作、控制和维护界面;

矩阵通道名称可自定义;

支持冗余热备份信号的切换控制;

提供模式和预案的管理;

具有完整的二次开发接口,提供对其他系统的控制接口,必须保证免费提供控制软件系统的升级和更新。

六、系统应用中应注意的问题

1. 模拟视频系统中常见图像干扰及其解决方法

在模拟标准清晰度视频系统中,由于信号处理方式也很简陋,传输方式相对简单,对外来的高频和低频(特别是工频)干扰抑制能力较差,须在工程实施中重点关注,以确保视频信号和控制信号的有效和完整。

(1)木纹状的干扰。木纹状干扰的出现,轻微时不会淹没正常图像,而严重时图像就无法观看了(甚至破坏同步)。这种故障现象产生的原因较多也较复杂,大致有如下几种原因:

1)视频传输线的质量不好,特别是屏蔽性能差(屏蔽网不是质量很好的铜线网,或屏蔽网过稀而起不到屏蔽作用)。与此同时,这类视频线的线电阻过大,因而造成信号产生较大衰减也是加重故障的原因。此外,这类视频线的特性阻抗不是 75 Ω 以及参数超出规定也是产生故障的原因之一。由于产生上述的干扰现象不一定就是视频线不良而产生的故障,因此这种故障原因在判断时要准确和慎重。只有当排除了其他可能后,才能从视频线不良的角度去考虑。若是电缆质量问题,最好的办法当然是把所有的这种电缆全部换掉,换成符合要求的电缆,这是彻底解决问题的最好办法。

(2)由于供电系统的电源不"洁净"而引起的。这里所指的电源不"洁净",是指在正常的电源(50 Hz 的正弦波)上叠加有干扰信号。而这种电源上的干扰信号,多来自本电网中使用开关电源的设备。特别是大电流、高电压的开关电源类设备,对电网的污染非常严重,这就导致了同一电网中的电源不"洁净"。比如本电网中有大功率可控硅调频调速装置、可控硅整流装置、可控硅交直流变换装置等等,都会对电源产生污染。这种情况的解决方法比较简单,只要对整个系统采用净化电源或在线 UPS 供电就基本上可以得到解决。

3)系统附近有很强的干扰源,这可以通过调查和了解而加以判断。如果属于这种原因,解决的办法是加强摄像机的屏蔽,以及对视频电缆线的管道进行接地处理等。

(2)较深较乱的大面积网纹干扰。严重时图像全部被破坏,形不成图像和同步信号,这种故障是由于视频电缆线的芯线与屏蔽网短路、断路造成的。这种情况多出现在 BNC 接头或其他类型的视频接头上。即这种故障现象出现时,往往不会是整个系统的各路信号均出问题,而仅仅出现在那些接头不好的路数上。只要认真逐个检查这些接头,就可以解决。

(3)若干条间距相等的竖条干扰。干扰信号的频率基本上是行频的整数倍,这是由于视频传输线的特性阻抗不是 75 Ω 而导致阻抗失配造成的。也可以说,产生这种干扰现象是由视频电缆的特性阻抗和分布参数都不符合要求综合引起的。解决的方法一般靠"始端串接电阻"或"终端并接电阻"的方法去解决。另外,值得注意的是,在视频传输距离很短时(一般为 150 m 以内),使用上述阻抗失配和分布参数过大的视频电缆不一定会出现上述的干扰现象。解决上述问题的根本办法是在选购视频电缆时,一定要保证质量。必要时应对电缆进行抽样检测。

(4)由传输线引入的空间辐射干扰。这种干扰现象的产生,多数是因为在传输系统、系统前端或中心控制室附近有较强的、频率较高的空间辐射源。这种情况的解决办法一个是在系统建立时,应对周边环境有所了解,尽量设法避开或远离辐射

第二章 安全防范子系统

源;另一个办法是当无法避开辐射源时,对前端及中心设备加强屏蔽,对传输线的管路采用钢管并良好接地。

2. 模拟视频系统信号传输中的抗干扰方法

(1)干扰的来源及影响方式。模拟视频系统中传输信号的类型主要有两类:一类是模拟视频信号,传输路径由摄像机到矩阵,从矩阵再到显示器或录像机;另一类是数字信号包括矩阵与摄像机之间的控制信息传输,矩阵中计算机部分的数字信号。一般设备成为干扰源的可能性很小,因此干扰主要通过信号传输路径进入系统。监控系统的信号传输路径是,能通过视频电缆和传输控制信号的双绞线耦合进系统的干扰有各种高频噪声比如大电感负载启停,地电位不等引入的工频干扰,平衡传输线路失衡使抑噪能力下降将共模干扰转成了差模干扰,传输线上阻抗不匹配造成信号的反射使信号传输质量下降,静电放电沿传输线进入设备造成接口芯片损伤或损坏。具体表现如下:

由于阻抗不匹配造成的影响在视频图像上表现为重影。在信号传输线上会将在脉冲序列的前后沿形成振荡。振荡的存在使高低电平间的阈值差变小,当振荡的幅值再大或有其他干扰引入时就无法正确分辨出脉冲电平值,导致通信时间变长或通信中断。接地和屏蔽不好会导致传输线抑制外部电磁干扰能力的下降,体现在视频图像就是雪花噪点、网纹干扰以及横纹滚动等;在信号传输线上形成尖峰干扰,造成通信错误。平衡传输线路失衡也会在信号传输线上形成尖峰干扰。静电放电除了会造成设备损坏外,还会影响存储器内的数据,使设备出现些莫名其妙的错误。

(2)数字控制信号传输中的抗干扰措施。在模拟视频监控系统工程中数字控制信号的传输通常指长线传输,常见的方式有:通过调制、解调方法在电力线或视频线上传输数字信号;通过工业标准的通信网络进行传输,比如 RS422,RS485,这也是最常见的方式。

RS485 总线是采用差分平衡电气接口,具有较强的抗电磁干扰能力,但在实际工程 RS485 总线并未达到人们期望的效果。问题往往出现在以下几个方面:第一,网络拓扑不合理,未按照总线型网络拓扑布线,成为事实上的星形拓扑;第二,传输线与接收和发送端设备连接不正确,削弱了平衡线的抗干扰能力;第三,公用双绞线,未进一步采取抗干扰措施,比如采用屏蔽双绞。虽然在造成干扰的方式上有所不同但在干扰的表现形式上只有两种:一种是反射增加了信号畸变程度;另一种是外部的干扰由于平衡条件被破坏,共模干扰变成了串模信号进入传输线。

双绞线作为 RS485 传输一对电磁感应噪声有较强的抑制能力,但对静电感应引起噪声的抑制能力较差,因此 RS485 传输线应选用屏蔽双绞线。双绞线的屏蔽层要正确接地,这里讲的"地"应是驱动总线逻辑门的"地",而非"机壳地""保护地",但在许多实际设备上往往没有给出接地连接端,所以在这种情况下就需要引一条线将屏蔽与驱动逻辑门集成电路的地相连。

(3)视频信号的干扰。模拟标清视频信号的干扰在图像上表现为雪花点和50 Hz横纹滚动,对于雪花点干扰是由于传输线上信号衰减以及耦合了高频干扰所致,这种干扰比较容易消除,在摄像机与控制矩阵之间合适位置增加一个视频放大器,将信号的信噪比提高,或者改变视频电缆的路径避开高频干扰源,高频干扰的问题可基本上得到解决。较难解决的是50 Hz横纹滚动及进一步加高频干扰的情况,比如电梯轿厢内摄像机的输出图像。为了抑制上述干扰,首先分析一下造成上述问题的原因。

摄像机要求的供电电源一般有三种:直流12 V、交流24 V或220 V,大多数工程应用中不从电梯轿厢的供电电源上取,而是另外布设供电电源给摄像机供电,摄像机输出图像经过一条软性的视频电缆从井道的上方或下方送出,视频电缆和供电电缆与轿厢的动力线捆绑在一起,当电梯运行时牵引电机运行产生的电磁场沿照明动力线传播,显然会影响摄像机供电电缆和视频电缆,当视频电缆的屏蔽层不够严密时,高频干扰就经视频电缆传回监视器。而对于50 Hz的横纹滚动根据电磁学理论知道视频电缆的屏蔽层可完全消除50 Hz工频干扰。由此可以推断这部分干扰不是通过视频电缆耦合过来,而是来自电源线和不合理的视频线联结。

对于图像中的高频干扰,因它的频带仍在8 MHz以内,采用空隙率为50%左右的屏蔽网可基本消防高频干扰,但要达到50%的空隙率屏蔽网根数须每个波长长度有60根以上,这样高的密度又会使电缆的柔韧性下降,比较好的方法是采用带有双层屏蔽的视频电缆。

视频电缆屏蔽层是接地的,如果视频信号"地"与显示器的"地"相对"电网地"的电位不同,那么通过电源在摄像机与显示器之间形成电源回路,这样50 Hz的工频干扰进入显示器中,从图中的电气连接可以看出消除50 Hz工频干扰方法有两种,一是想办法使各处的"地"电位与"电网地"的电位差完全相同,或者切断形成地环流的路径。工程环境比较复杂,使各处"地"完全等电位比较困难,只能通过加大摄像机供电线缆的线径,尽可能降低地回路的电阻,或者采用切断地环流回路的方法,在摄像机或显示器端有一端不接地,通常在显示器端不接供电电源的地,这样虽不能完全消除干扰但可大大减少50 Hz的干扰。

从上面的分析中看到,如果电源线上耦合上高频噪声,即使视频电缆的屏蔽电缆的屏蔽性再好,也会将噪声送至监视器,因此摄像机的供电电源线最好也要屏蔽,上述措施需要在工程设计和施工时就要全面考虑才能实现。

3. 数字视频系统图像效果差及其解决对策

数字视频系统中所表现的图像干扰有别于模拟的特点，特别是 IP 视频，更多体现为 IP 包对于视频流的影响，以及系统设备对视频资源的操作控制权限和支持的能力。前者因为干扰、设备的软硬件资源不足导致承载视频流的 IP 包丢失等，而使得播放的图像出现马赛克、卡顿不流畅或者与现场事件对比时延过大等现象。

(1) 首先按照 IP 网络的规则，做好 IP 地址和网络设备的相应配置，保证同网段或不同网段的路由畅通可达。确保交换机的性能满足总流量和峰值流量的需求。

(2) 按照系统的整体规划，确保设备对视频资源的控制权限在可以操控的范围内。

(3) 确保播放 IP 视频的解码设备或客户端能够支持所接收视频的编码方案，其计算能力满足解码需要。

(4) 对于数字视频图像的时延过大，也有可能是选用的视频编码方案不合理，导致缓冲时间过大。

(5) 控制端对前端设备的 PTZ 控制效果，在数字视频图像时延过大的基础上，还存在控制信号的向前传输的时延等问题，数字视频系统的设计者应巧妙组合，合理搭配，以确保最终的使用体验处在较好的状态。

七、视频监控系统的发展趋势

近年来，随着数字图像处理技术和数字电路技术的飞速发展，图像信号的数字化和处理变得比较普遍，利用数字图像处理技术进行动态监测和现场监控都已成为现实，而且具有相当高的灵敏度和可靠性。视频监控系统以其直观、方便、信息内容丰富而被广泛应用于金融系统、交通系统、公安系统、教育系统和医疗系统等众多领域。传统的视频监控技术已不再是当代发展的主流，而以计算机、网络通信技术为基础，以高清监控、智能图像分析以及系统集成为特色的视频监控系统逐渐成为视频监控领域的整体发展方向。

前端一体化、传输网络化、处理数字化、系统集成化、管理智能化是视频监控系统公认的发展方向，而数字化是网络化的前提，网络化又是系统集成化的基础，所以，视频监控发展的最大特点就是数字化、网络化、智能化。

1. 数字化

数字化是 21 世纪的特征，是以信息技术为核心的电子技术发展的必然，数字化是迈向成长的通行证，随着时代的发展，人们的生存环境将变得越来越数字化。

安全技术防范

视频监控系统的数字化首先应该是系统中信息流(包括视频、音频、控制等)从模拟状态转为数字状态,这将彻底打破"经典闭路电视系统是以摄像机成像技术为中心"的结构,根本上改变视频监控系统从信息采集、数据处理、传输、系统控制等的方式和结构形式。

信息流的数字化、编码压缩、开放式的协议,使视频监控系统与安防系统中其他各子系统间实现无缝连接,并在统一的操作平台上实现管理和控制,这也是系统集成化的含义。

2. 网络化

视频监控系统的网络化将意味着系统的结构将由集总式向集散式系统过渡。集散式系统采用多层分级的结构形式,具有微内核技术的实时多任务、多用户、分布式操作系统,以实现抢先任务调度算法的快速响应。组成集散式监控系统的硬件和软件采用标准化、模块化和系列化的设计,系统设备的配置具有通用性强、开放性好、系统组态灵活、控制功能完善、数据处理方便、人机界面友好以及系统安装、调试和维修简单化,系统运行互为热备份,容错可靠等优点。系统的网络化在某种程度上打破了布控区域和设备扩展的地域和数量界限。系统网络化将使整个网络系统硬件和软件资源的共享以及任务和负载的共享,这也是系统集成的一个重要概念。

3. 智能化

目前,视频监控网络的图像内容分析仍须依靠人工实时观看、手动调阅。随着视频会议监控网络规模的扩大,视频数据海量增长,图像监看和调阅占用的人员很大,成为制约充分发挥视频监控网络效能的瓶颈。从海量的监控视频中获取有用的信息或者情报越来越困难。从实际应用的角度考虑,信息应该是可以被检索和查询的,而当前对监控视频的应用大多只是对监控场景的再现和回放,难以满足用户信息化应用的需求。就目前情况而言,监控网络缺乏智能技术应用。与大型视频监控系统联动的城市应急系统是解决治安、防灾问题的关键之一,须建立完善可靠的智能联动指挥系统。将基于公安业务的智能化指挥管理与基于监控业务的安防系统紧密结合是目前城市安防系统的难点。这需要较高水平的系统智能化。灵活运用人脸识别、车牌识别,流量统计、轨迹跟踪,行为分析,图像检索等智能化视频处理技术,有效扩展系统的防治能力和多用途应用。

4. 高清视频监控发展推动技术创新

随着网络视频监控的成熟,各级视频监控系统用户对图像质量要求的提高,高清视频监控成为未来视频监控市场发展方向之一。平安城市公安系统、交通卡口、机场、海关、边防安检、水利电力、环保监测、森林防火减灾等这些行业的用户对高清视频图像有着迫切的需求。高速行驶车辆的牌照、人员嘈杂场所，一个人的面部特征，在高清视频监控技术的帮助下，都可以清晰显示。百万像素摄像机、高性能编解码器以及IP网络技术代表了高清产品中采集、编解码、网络传输方面的发展方向。而这三个方面再加上强大的分析能力将成为推动城市视频监控系统市场的主要技术因素。可以预见，各个城市视频监控系统向高清化方向的升级发展将对视频监控管理平台提出更高的发展要求，从而推动整个市场的技术革新，科技创新能力领先的企业将会脱颖而出。

5. NVR逐步取代DVR

视频监控网络化的产物不仅仅是网络摄像机，NVR管理平台已成为视频监控市场的主流形态。

(1)全网络化：DVR系统中，监控点的位置局限，无法实现远程部署。NVR系统中，监控点位置任意，不受地域限制。IPC（网络摄像机）大量部署，直接需要与NVR进行直存配套。

(2)图像不受干扰：DVR前端采用模拟传输到中心，因而环境干扰对实时监控以及录像回放都有很大的影响。NVR对前端数字化，由网络传输，解决了外部干扰问题，保证图像质量。

(3)系统安全性：DVR模拟信号无法实现任何加密机制，NVR产品及系统采用通过AES码流等多种加密、用户认证和授权等这些手段来确保安全。

(4)高可靠性存储：DVR无法实现前端存储，一旦中心设备或线路出现故障，录像资料就无从获取。NVR产品及系统可以支持中心存储、前端存储以及客户端存储三种存储方式，并能实现中心与前端互为备份。

八、思考题

(1)视频监控系统的定义是什么？有哪些分类分级？

(2)视频监控系统的主要功能有哪些？

(3)视频音频的编码基本原理是什么？有哪些标准？

(4)什么叫空间/时间分辨力？与分辨率、清晰度有什么区别？

(5)如何理解原始完整性？

(6)视频设备/系统互联互控协议有哪些？

(7)摄像机镜头的分类有哪些？

(8)摄像机的分类有哪些？

第三节 出入口控制系统

一、基本概念

1. 概述

出入口控制系统是安全技术防范领域的重要组成部分,是现代信息科技发展的产物,是数字化社会的必然需求,是人们对社会公共安全与日常管理的双重需要,是发展最快的新技术应用之一。从广义上讲,出入口控制系统是对人员、物品、信息的流动的管理,它所涉及的应用领域和产品种类非常多。而所说的出入口控制系统通常是指采用现代电子与信息技术,在出入口对人或物这两类目标的进、出,进行放行、拒绝、记录和报警等操作的控制系统。在现行国家标准 GB50348《安全防范工程技术规范》中的定义为:利用自定义符识别或/和模式识别技术对出入口目标进行识别并控制出入口执行机构启闭的电子系统或网络。

出入口控制系统,历史上也有人称作门禁系统。

2. 常见术语和名词解释

(1)目标(object)。通过出入口且需要加以控制的人员和/或物品。

(2)目标信息(object information)。赋予目标或目标特有的、能够识别的特征信息。数字、字符、图形图像、人体生物特征、物品特征、时间等均可成为目标信息。

(3)钥匙或凭证(key)。用于操作出入口控制系统、取得出入权的信息和/或其载体。

钥匙所表征的信息可以具有表示人和/或物的身份、通行的权限、对系统的操作权限等单项或多项功能。

(4)自定义特征信息识别。

1)人员编码识别(human coding identification)。通过编码识别(输入)装置获取目标人员的个人编码信息的一种识别。

2)物品编码识别(article coding identification)。通过编码识别(输入)装置读取目标物品附属的编码载体而对该物品信息的一种识别。

(5)模式特征信息识别。

1)人体生物特征信息(human body biologic characteristic)。目标人员个体与生俱有的、不可模仿或极难模仿的那些体态特征信息或行为,且可以被转变为目标独有特征的信息。

2）人体生物特征信息识别（human body biologic characteristic identification）。采用生物测定(统计)学方法，获取目标人员的生物特征信息并对该信息进行的识别。

3）物品特征信息(article characteristic)。目标物品特有的物理、化学等特性且可被转变为目标独有特征的信息。

4）物品特征信息识别(article characteristic identification)。通过辨识装置对预定物品特征信息进行的识别。

(6)密钥、密钥量与密钥差异(key-code，amount of key-code，difference of key-code)。可以构成单个钥匙的目标信息即为密钥。

系统理论上可具有的所有钥匙所表征的全体密钥数量即为系统密钥量。如果某系统具有不同种类的、权限并重的钥匙，则分别计算各类钥匙的密钥量，取其中密钥量最低的作为系统的密钥量。

构成单个钥匙的目标信息之间的差别即为密钥差异。

(7)钥匙的授权(key authorization)。准许某系统中某种或某个、某些钥匙的操作。

(8)误识(false identification)。系统将某个钥匙识别为该系统其他钥匙，包括误识进入和误识拒绝，通常以误识率表征。

(9)拒认(refuse identification)。系统对某个经正常操作的本系统钥匙未做出识别响应，通常以拒认率表征。

(10)识读现场(identification locale)。对钥匙进行识读的场所和/或环境。

(11)识读现场设备(locale identify equipment)。在识读现场的、出入目标可以接触到的、有防护面的设备（装置）。

(12)防护面(protection surface)。设备完成安装后，在识读现场可能受到人为被破坏或被实施技术开启，因而须加以防护的设备的结构面。

(13)防破坏能力(anti destroyed ability)。在系统完成安装后，具有防护面的设备（装置）抵御专业技术人员使用规定工具实施破坏性攻击，即出入口不被开启的能力（以抵御出入口被开启所需要的净工作时间表示）。

(14)防技术开启能力(anti technical opened ability)。在系统完成安装后，具有防护面的设备（装置）抵御专业技术人员使用规定工具实施技术开启（如各种试探、扫描、模仿、干扰等方法使系统误识或误动作而开启），即出入口不被开启的能力（以抵御出入口被开启所需要的净工作时间表示）。

(15)复合识别(combination identification)。系统对某目标的出入行为采用两种或两种以上的信息识别方式并进行逻辑相与判断的一种识别方式。

(16)防目标重入(anti pass-back)。能够限制经正常操作已通过某出入口的目标,未经正常通行轨迹而再次操作又通过该出入口的一种控制方式。

(17)多重识别控制(multi-identification control)。系统采用某一种识别方式,须同时或在约定时间内对两个或两个以上目标信息进行识别后才能完成对某一出入口实施控制的一种控制方式。

(18)异地核准控制(remote approve control)。系统操作人员(管理人员)在非识读现场(通常是控制中心)对虽能通过系统识别、允许出入的目标进行再次确认,并针对此目标遥控关闭或开启某出入口的一种控制方式。

(19)受控区、同级别受控区、高级别受控区(controlled area, the same level controlled area, high level controlled area)。如果某一区域只有一个(或同等作用的多个)出入口,则该区域视为这一个(或这些)出入口的受控区,即某一个(或同等作用的多个)出入口所限制出入的对应区域,就是它(它们)的受控区。

具有相同出入限制的多个受控区,互为同级别受控区。

具有比某受控区的出入限制更为严格的其他受控区,是相对于该受控区的高级别受控区。

二、系统构成

1. 基本构成

出入口控制系统主要由识读部分、传输部分、管理/控制部分和执行部分以及相应的系统软件组成。

由于人们对出入口的出入目标类型、重要程度以及控制方式、方法等应用需求千差万别,带来对产品功能、结构、性能、价格的要求有很大不同,使得出入口控制系统产品具有多样性的特点。但各种类型出入口控制系统,都具有相同的控制模型,如图2-3-1所示。

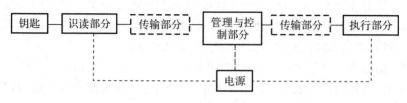

图2-3-1 出入口控制系统组成示意图

2. 系统构建模式

根据系统规模、现场情况、安全管理要求等,系统有多种构建模式,可合理选择。

(1)出入口控制系统按其硬件构成模式划分,可分为一体型和分体型。

1)一体型:出入口控制系统的各个组成部分通过内部连接、组合或集成在一起,实现出入口控制的所有功能,如图2-3-2所示。

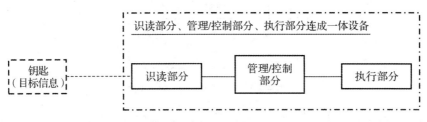

图2-3-2 一体型结构组成

2)分体型:出入口控制系统的各个组成部分,在结构上有分开的部分,也有通过不同方式组合的部分。分开部分与组合部分之间通过电子、机电等手段连成为一个系统,实现出入口控制的所有功能,如图2-3-3、图2-3-4所示。

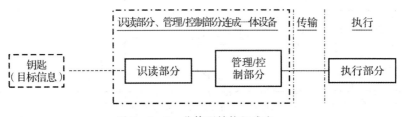

图2-3-3 分体型结构组成之一

图2-3-4 分体型结构组成之二

(2)出入口控制系统按其管理/控制方式划分,可分为独立控制型、联网控制型和数据载体传输控制型。

1)独立控制型:出入口控制系统,其管理与控制部分的全部显示/编程/管理/控制等功能均在一个设备(出入口控制器)内完成,如图2-3-5所示。

图 2-3-5　独立控制型组成

2)联网控制型:出入口控制系统,其管理与控制部分的全部显示/编程/管理/控制功能不在一个设备(出入口控制器)内完成。其中,显示/编程功能由另外的设备完成。设备之间的数据传输通过有线和/或无线数据通道及网络设备实现,如图 2-3-6 所示。

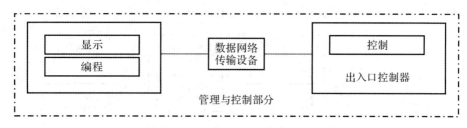

图 2-3-6　联网控制型组成

3)数据载体传输控制型:出入口控制系统与联网型出入口控制系统区别仅在于数据传输的方式不同,其管理与控制部分的全部显示/编程/管理/控制等功能不是在一个设备(出入口控制器)内完成。其中,显示/编程工作由另外设备完成。设备之间数据传输通过对可移动的、可读写的数据载体的输入/导出操作完成,如图 2-3-7 所示。

图 2-3-7　数据载体传输控制型组成

(3)出入口现场设备连接方式可划分为单出入口控制设备、多出入口控制设备。

1)单出入口控制设备(单门控制器):仅能对单个出入口实施控制的单个出入口控制器所构成的控制设备,如图2-3-8所示。

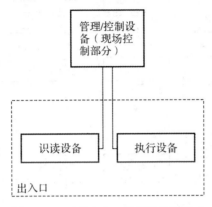

图2-3-8 单出入口控制设备型组成

2)多出入口控制设备(多门控制器):能同时对两个以上出入口实施控制的单个出入口控制器所构成的控制设备,如图2-3-9所示。

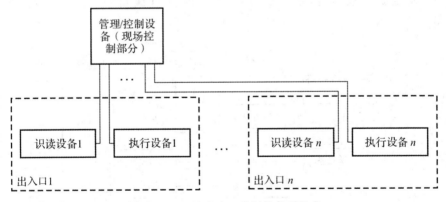

图2-3-9 多出入口控制设备型组成

(4)出口控制系统按联网模式划分可分为总线制、环线制;单级网、多级网。

1)总线制:出入口控制系统的现场控制设备通过联网数据总线与出入口管理中心的显示、编程设备相连,每条总线在出入口管理中心只有一个网络接口。如图2-3-10所示。

安全技术防范

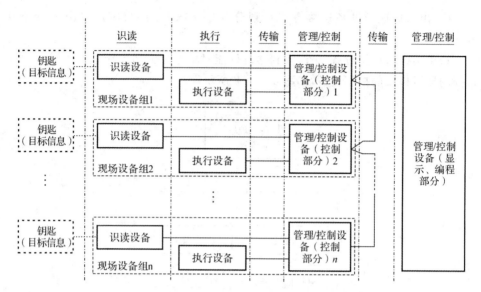

图 2-3-10 总线制系统组成

2）环线制：出入口控制系统的现场控制设备通过联网数据总线与出入口管理中心的显示、编程设备相联，每条总线在出入口管理中心有两个网络接口，当总线有一处发生断线故障时，系统仍能正常工作，并可探测到故障的地点，如图 2-3-11 所示。

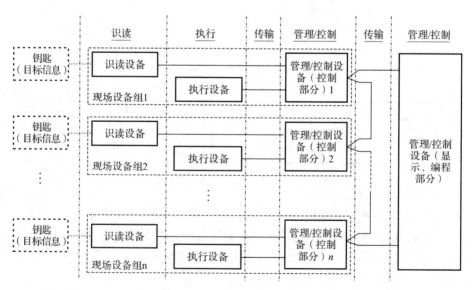

图 2-3-11 环线制系统组成

3)单级网:出入口控制系统的现场控制设备与出入口管理中心的显示、编程设备的连接采用单一联网结构,如图2-3-12所示。

图2-3-12 单级网系统组成

4)多级网:出入口控制系统的现场控制设备与出入口管理中心的显示、编程设备的连接采用两级以上串联的联网结构,且相邻两级网络采用不同的网络协议,如图2-3-13所示。

图2-3-13 多级网系统组成

三、主要功能及性能

1. 出入口识读部分的主要功能

出入口目标识读部分,是通过提取出入目标身份等信息,将其转换为一定的数据格式传递给出入口管理子系统;管理子系统再与所载有的资料对比,确认同一性,核实目标的身份,以便进行各种控制处理。对人员目标分为生物特征识别系统、人员编码识别系统两类;对物品目标分为物品特征识别系统、物品编码识别系统两类。

生物特征识别系统是采用生物测定(统计)学方法,通过拾取目标人员的某种身体或行为特征,提取信息。常见的生物特征识别系统主要有指纹识别、掌型识别、眼底纹识别、虹膜识别、面部识别、语音特征识别、签字识别等。

人员编码识别系统是通过编码识别装置,将目标人员的个人编码信息直接提取。常见的人员编码识别系统有普通编码键盘、乱序编码键盘、条码卡识别、磁条卡识别、接触式IC卡识别、非接触式IC卡(感应卡)识别等。

物品特征识别系统是通过辨识目标物品的物理、化学等特性,形成特征信息,如金属物品识别、磁性物质识别、爆炸物质识别、放射性物质识别、特殊化学物质识别等。

物品编码识别系统是通过编码识别装置,提取附着在目标物品上的编码载体所含的编码信息。它有一件物品一码及一类物品一码两种方式。常见的有应用于超市防盗的电子 EAS 防盗标签、RFID 识别标签等。

2. 出入口管理/控制部分的主要功能

出入口管理子系统是出入口控制系统的管理与控制中心。其具体功能如下:

• 它是出入口控制系统人机界面。

• 负责接收从出入口识别装置发来的目标身份等信息。

• 指挥、驱动出入口控制执行机构的动作。

• 出入目标的授权管理(对目标的出入行为能力进行设定),如出入目标的访问级别、出入目标某时可出入某个出入口、出入目标可出入的次数等。

• 出入目标的出入行为鉴别及核准。把从识别子系统传来的信息与预先存储、设定的信息进行比较、判断,对符合出入授权的出入行为予以放行。

• 出入事件、操作事件、报警事件等的记录、存储及报表的生成。事件通常采用 4W 的格式,即 When(什么时间)、Who(谁)、Where(什么地方)、What(干什么)。

• 系统操作员的授权管理。设定操作员级别管理,使不同级别的操作员对系统有不同的操作能力,还有操作员登陆核准管理等。

• 出入口控制方式的设定及系统维护。单/多识别方式选择,输出控制信号设定等。

• 出入口的非法侵入、系统故障的报警处理。

• 扩展的管理功能及与其他控制及管理系统的连接,如考勤、巡更等功能,与入侵和紧急报警、视频监控、消防等系统的连动。

3. 出入口控制执行部分的主要功能

出入口控制执行机构接收从出入口管理子系统发来的控制命令,在出入口做出相应的动作,实现出入口控制系统的拒绝与放行操作,分为闭锁设备、阻挡设备及出入准许指示装置设备三种表现形式,例如:电控锁、挡车器、报警指示装置等被控设备,以及电动门等控制对象。

四、常用设备

1. 各主要部分/设备的技术特点

(1)出入口识读部分。识读部分是出入口控制系统的前端设备,负责实现对出入目标的个性化探测任务,在编码识别设备中,以卡片式读取设备最为广泛,下面介绍几种常见的卡片及其配套读卡设备。

1)条码卡。条码是将线条与空白按照一定的编码规则组合起来的符号,用以代表一定的字母、数字等资料。将黑白相间的组成的一维或二维条码印刷在 PVC 或纸制卡基上就构成条码卡,就像商品上贴的条码一样,如图 2-3-14 所示。其优点是成本低廉,缺点是条码易被复印机等设备轻易复制、条码图像易褪色、污损,故一般不用在安全要求高的场所。世界上约有 225 种的一维条码,每种一维条码都有自己的一套编码规格,规定每个字母(可能是文字或数字或文数字)由几个线条(bar)及几个空白(space)组成,以及字母的排列。一般较流行的一维条码有 39 码、EAN 码、UPC 码、128 码等。

图 2-3-14　一维条码卡

二维码(quick response code),又称二维条码,它是用特定的几何图形按一定规律在平面(二维方向)上分布的黑白相间的图形,是所有信息数据的一把钥匙,如图 2-3-15 所示。在现代商业活动中,可实现的应用十分广泛,如产品防伪/溯源、广告推送、网站链接、数据下载、商品交易、定位/导航、电子商务应用、车辆管理、信息传递等。优点是高密度编码,信息容量大,编码范围广,容错能力强,具有纠错功能,译码可靠性高,可引入加密措施,成本低,易制作,持久耐用。致命的缺点是成为手机病毒、钓鱼网站传播的新渠道。

图 2-3-15　二维条码卡

2)磁条卡。将磁条黏贴在卡基上就构成磁条卡,磁卡可分为 PET 卡、PVC 卡和纸卡三种。它是利用磁性载体记录英文与数字信息,用来标识身份或其他用途的卡片,如图2-3-16所示。磁卡使用方便,造价便宜,用途极为广泛,可用于制作信用卡、银行卡、地铁卡、公交卡、门票卡、电话卡;电子游戏卡、车票、机票以及各种交通收费卡等。其优点是成本低廉,缺点也是可用设备轻易复制且易消磁和污损,磁条读卡机磁头也很容易磨损,对使用环境要求较高,常与密码键盘联合使用以提高安全性。在未来几年,磁卡将逐步退出市场。

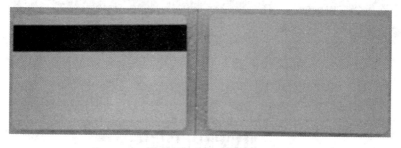

图2-3-16 磁条卡

3)威根卡(Wiegand card)。威根卡也叫铁码卡,是曾在国外流行的一种卡片,卡片中间用特殊的方法将极细的金属线排列编码,其读卡机和操作方式与磁条卡基本相同,但原理不同,具有防磁、防水等能力,环境适应性较强。虽然卡片本身遭破坏后金属线排列即造破坏,不好仿制,但利用读卡机将卡信息读出,也容易复制一张相同卡片。在国内很少使用,但它的输出数据的格式常被其它读卡器采用。如图2-13-17所示。

图2-3-17 威根卡

4)接触式IC卡(CPU卡)。IC卡是集成电路卡(Integrated Circuit Card)的简称,是镶嵌集成电路芯片的塑料卡片,其外形和尺寸都遵循国际标准(ISO/IEC 7816,GB/T16649)。芯片一般采用不易挥发性的存储器(ROM、EEPROM)、保护逻辑电路、甚至带微处理器CPU。带有CPU的IC卡才是真正的智能卡。接触式IC卡分三种类型:存储卡或记忆卡(memory card)、带有CPU的智能卡(smart card),带有显示器及键盘、CPU 的超级智能卡。优点是存储容量大,安全保密性强,携带方便。接触式 IC 卡广泛应用在各种领域,比如加油卡、驾驶员积分卡等,在出入口系统中,主要是用存储卡和逻辑加密卡,常用在宾馆的客房锁等处。但接触式操作,容易使卡片和读卡器磨损,必须对设备经常维护。特别是带有 CPU 的智能卡,由于其安全保密性高,近年来取代磁条卡广泛应用于银行储蓄卡、信用卡等,如图 2-13-18 所示。

5)无源感应卡。无源感应卡是在接触式 IC 卡的基础上采用射频识别技术(RFID,Radio Frequency Identification)而来的,也称无源射频卡,如图 2-3-19 所示。卡片与读卡器之间的数据采用射频方式传递,卡片的能量来自读卡器的射频辐射场,当卡片靠近读卡器,其感应积累的能量足以使其内部电路工作时,就向读卡器无线传送数据。无源感应卡主要有感应式 ID 卡和可读写的感应式 IC 卡两种形式。感应式 ID 卡在工作时只向读卡器发送卡片本身的 ID 号码;可读写的感应式 IC 卡能在"读"过程中交互读写信息与验证,安全性更高。由于无源感应卡的能量获取来自读卡器的射频辐射场,能量较小,所以它的读卡距离较近。常见的读卡距离为 4~80 cm。无源感应卡在识读过程中无须接触读卡器,对粉尘、潮湿等环境的适应远高于上述其他卡片系统,它使用起来非常方便(比如不用从手包中取出就能使用),它一经出现,就迅速应用在出入口控制系统中,成为目前出入口控制系统识读产品的主流。

图 2-3-18　CPU 卡

图 2-3-19　无源感应卡

6)有源感应卡。有源感应卡与无源感应卡的技术特点基本相同,不过其能量来自卡内的电池,如图 2-3-20 所示。能量的增强,使得读卡距离大为增加,通常的读卡距离为 3.5~15 m。常用于对机动车的识别,不过卡片寿命受电池的制约,不能更换电池的卡片,其寿命一般在 2~5 年。

7)生物特征。生物特征识别不依附于其他介质,直接实现对出入目标的个性化探测,一些代表性的生理特征有指纹、掌形、脸形、虹膜、视网膜、声音等。下面介绍几种常见的生物特征识别设备。

Ⅰ.指纹识别。指纹是每个人特有的,几乎伴随终生都不会有变化,是人体独一无二的特征,和其他生物识别技术比较起来较容易实现,指纹识别是目前使用最多的生物特征识别技术,它包括指纹图像获取、提取特征和原存储的特征信息比对这三部分。指纹识别设备易于小型化,使用方便,识别速度较快,但操作时须人体接触识读设备,须人体配合的程度较高。但存在以下缺点:某些人或群体的指纹特征少,难成像,每一次使用指纹时都会在指纹采集头上留下用户的指纹印痕,而这些指纹痕迹存在被用来复制指纹的可能性。指纹识别如图2-3-21所示。

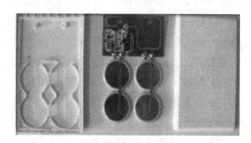

图2-3-20 有源感应卡

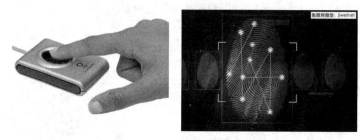

图2-3-21 指纹识别

Ⅱ.掌形识别。掌形识别是通过测试手掌的形状、手指的长度、手掌的宽度及厚度、各指两个关节的宽度与高度等,将数据综合为特征值存储在用户模板中。目前的掌形识别设备识别速度较高、误识率较低。同指纹识别一样,操作时需人体接触识读设备,需人体配合的程度较高。掌形识别系统适用对安全性要求高的场所,目前掌形识别系统产品的精确度、稳定度还存在一定的问题,且应用成本较高,普及率不是很大。掌形识别如图2-3-22所示。

Ⅲ.虹膜识别。虹膜特征是每个人特有的,一个人的虹膜在发育成熟后终生不变,它存在于眼的表面(角膜下部),是瞳孔周围的有色环行薄膜,眼球的颜色由虹膜决定,不受眼球内部疾病的影响。虹膜识别技术是利用虹膜终身不变性和差异性的特点来识别身份的,读取装置主要是通过摄像机,只要眼睛正视摄像机就可完成信息读取。它的特点是不需要接触识读设备,但需人体配合才能识别,误识率很低。优点是便于用户使用、不需物理的接触、可靠性高。缺点是很难将图像获取设备的尺寸小型化、镜头可能产生图像畸变而使可靠性降低、设备造价高、大范围推广难。如图2-3-23所示。

图2-3-22 掌形识别

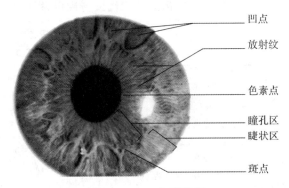

图2-3-23 虹膜识别

Ⅳ.面部识别。面部识别是人类自身最常用的识别他人方法,通过现代信息技术,将摄像机捕捉到的人脸图像进行分析、抽取特征。面部识别技术通过对面部特征和它们之间的关系(眼睛、鼻子和嘴的位置以及它们之间的相对位置)来进行识别,用于捕捉面部图像的两项技术为标准视频和热成像技术:标准视频技术通过视频摄像头摄取面部的图像,热成像技术通过分析由面部的毛细血管的血液产生的热线来产生面部图像,与视频摄像头不同,热成像技术并不需要在较好的光源,即使在黑暗情况下也可以使用。它采用主动方法,使要求目标配合的程度降到最低;其优点是非接触的信息采集,相对于指纹、掌形等接触式采集系统,更易被使用者接受,更安全、卫生;缺点是:使用者面部的位置与周围的光环境都可能影响系统的精确性,而且面部识别也是最容易被欺骗的;另外,对于因人体面部的如头发,饰物,变老以及其他的变化可能需要通过人工智能技术来得到补偿;对于采集图像的设备会比其他技术昂贵得多。这些因素限制了面部识别技术广泛地运用。面部识别如图 2-3-24 所示。

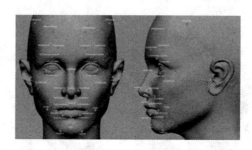

图 2-3-24　面部识别

8)识读设备应用举例。常用编码识读设备应用举例见表 2-3-1。

表 2-3-1　常用编码识读设备应用举例

序号	名称	适应场所	主要特点	安装设计要点	适宜工作环境和条件	不适宜工作环境和条件
1	普通密码键盘	人员出入口,授权目标较少的场所	密码易泄漏、易被窥视,保密性差,密码需经常更换	用于人员通道门,宜安装于距门开启边 20～30 cm,距地面 1.2～1.4 m 处;室内安装;如需室外安装,须选用密封性良好的产品	不易经常更换密码且授权目标较多的场所
2	乱序密码键盘	人员出入口授权目标较少的场所	密码易泄漏,密码不易被窥视,保密性较普通密码键盘高,须经常更换			
3	磁卡识读设备	人员出入口;较少用于车辆出入口	磁卡携带方便、便宜,易被复制、磁化,卡片及读卡设备易被磨损,须经常维护	用于车辆出入口,宜安装于车道左侧距地面高 1.2m,距挡车器 3.5m 处		室外可被雨淋处;尘土较多的地方;环境磁场较强的场所
4	接触式 IC 卡读卡器	人员出入口	安全性高,卡片携带方便,卡片及读卡设备易被磨损,须经常维护		室内安装;适合人员通道	室外可被雨淋处;静电较多的场所;尘土较多的地方

续 表

序号	名称	适应场所	主要特点	安装设计要点	适宜工作环境和条件	不适宜工作环境和条件
5	接触式TM卡（纽扣式）读卡器	人员出入口	安全性高，卡片携带方便，不易被磨损			
6	条码识读设备	用于临时车辆出入口	介质一次性使用，易被复制、易损坏	宜安装在出口收费岗亭内，由操作员使用	停车场收费岗亭内	非临时目标出入口
7	非接触只读式读卡器	人员出入口；停车场出入口	安全性较高，卡片携带方便，不易被磨损，全密封的产品具有较高的防水、防尘能力	用于人员通道门，宜安装于距门开启边20～30 cm，距地面1.2～1.4 m处；	可安装在室内外；近距离读卡器（读卡距离＜50 cm）适合人员通道；远距离读卡器（读卡距离＞50 cm）适合车辆出入口	电磁干扰较强的场所；较厚的金属材料表面；工作在900 MHz频段下的人员出入口；无防冲撞机制（防冲撞：可依次读取同时进入感应区域的多张卡），读卡距离＞1 m的人员出入口
8	非接触可写、不加密式读卡器	人员出入口；消费系统一卡通应用的场所；停车场出入口	安全性不高，卡片携带方便，易被复制，不易被磨损，全密封的产品具有较高的防水、防尘能力	用于车辆出入口，宜安装于车道左侧距地面高1.2 m，距挡车器3.5 m处		
9	非接触可写、加密式读卡器	人员出入口；与消费系统一卡通应用的场所；停车场出入口	安全性高，无源卡片，携带方便不易被磨损，不易被复制，全密封的产品具有较高的防水、防尘能力	用于车辆出入口的超远距离有源读卡器（读卡距离＞5 m）应根据现场实际情况选择安装位置，应避免尾随车辆先读卡		

表 2-3-2 常用人体生物特征识读设备应用举例

序号	名称	主要特点		安装设计要点	适宜工作环境和条件	不适宜工作环境和条件
1	指纹识读设备	指纹头设备易于小型化；识别速度很快；使用方便；需人体配合的程度较高	操作时需人体接触识读设备	用于人员通道门，宜安装于适合人手配合操作，距地面 1.2~1.4 m 处； 当采用的识读设备，其人体生物特征信息存储在目标携带的介质内时，应考虑该介质如被伪造而带来的安全性影响	室内安装；使用环境应满足产品选用的不同传感器所要求的使用环境要求	操作时需人体接触识读设备，不适宜安装在医院等容易引起交叉感染的场所
2	掌形识读设备	识别速度较快；需人体配合的程度较高。				
3	虹膜识别设备	虹膜被损伤、修饰的可能性很小，也不易留下被可能复制的痕迹；需人体配合的程度很高；需要培训才能使用	操作时不需人体接触识读设备	用于人员通道门，宜安装于适合人眼部配合操作，距地面 1.5~1.7 m 处	环境亮度适宜、变化不大的场所	环境亮度变化大的场所，背光较强的地方
4	面部识别设备	需人体配合的程度较低。易用性好。适于隐蔽地进行面相采集、对比		安装位置应便于摄取面部图像的设备能以最大面积、最小失真地获得人脸正面图像		

说明：

1. 当识读设备采用 1∶N 对比模式时，不须由编码识读方式辅助操作，当目标数多时识别速度及误识率的综合指标下降；

2. 当识读设备采用 1∶1 对比模式时，须编码识读方式辅助操作，识别速度及误识率的综合指标不随目标数多少变化；

3. 当采用的识读设备，其人体生物特征信息的存储单元位于防护面时，应考虑该设备被非法拆除时数据的安全性；

4. 当采用的识读设备，其人体生物特征信息存储在目标携带的介质内时，应考虑该介质如被伪造而带来的安全性影响；

5. 所选用的识读设备，其误识率、拒认率、识别速度等指标应满足实际应用的安全与管理要求。

第二章 安全防范子系统

(2)出入口管理/控制部分。出入口管理/控制部分是出入口控制系统的核心，下面将从硬件、接口、软件等几方面分别进行介绍。

1)管理/控制部分的硬件结构。联网型出入口控制系统普遍采用中心管理电脑对系统进行授权与设置，前端现场控制器实时执行管理控制功能。简单功能的现场控制器主要采用8位单片处理器进行管理，复杂一些的采用16位单片机甚至32位RISC指令的高速CPU。为保证控制器断电时信息不丢失，普遍采用静态存储器SRAM存储授权和事件信息，并由3V锂电池提供应急数据保持，也有个别小系统采用EEPROM存储的。硬件看门狗电路是它们的标准配置，保证工作异常时不死机。一般内置有时钟计时电路。所有外围接口都设计有保护电路，以适应复杂的安装和使用环境。供电系统有时设计为两个，其中一个提供控制器主板工作使用，另一个提供给电控锁等大电流电感部件使用，使电磁冲击干扰降到最低程度。大型系统中，一般还有一种设备称为网络控制器，负责连接、管理下层的多台现场控制器，以减少管理电脑对设备的轮巡时间。

2)信息及控制接口。与识读部分的接口，其接口形式主要为RS232或RS485，以及威根接口，目前威根接口被大多数感应式读卡器和现场控制器所采用。示意图如图2-3-25所示。现场控制器与出入口管理服务端的数据接口，其接口形式以RS485或RS422为主，也有采用以太网接口的现场控制器。大多数现场控制器与执行部分的接口采用继电器干接点的方式，方便大电流执行部件的控制操作。

3)软件。在联网型出入口控制系统中，运行在中心电脑上的管理软件提供人/机界面，负责授权、管理及实施远程控制，其客户端有C/S结构部署的，也有B/S部署的。大型系统还设置双机备份模式，以提高可靠性。有些软件不但能实现电子地图、出入口控制、停车场、考勤、在线巡更、报警等功能，还能与DVR等视频设备实现联动。支持远程、多组团、跨时区的出入口管理软件已经出现。出入口控制系统的软件正朝着安全防范集成平台迈进。

(3)出入口控制执行部分。出入口控制执行部分，主要分为闭锁部件、阻挡部件、出入准许指示部件等三类产品。闭锁部件主要指各种电控、电动锁具；阻挡部件主要指各种电动门、升降式地挡(阻止车辆通行的装置)等设备；通行/禁止指示灯等属于典型的出入准许指示部件。在停车场已广泛使用的电动栏杆机，其阻挡能力有限，且有诸多防砸车等对机动车的保护设计，但不能起到阻止犯罪分子驾车闯关的作用，也属于出入准许指示部件。

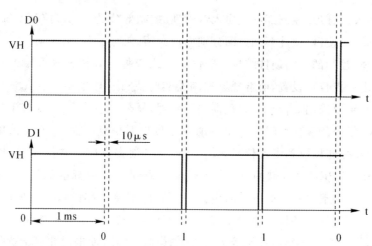

Wiegand 26bit 格式说明

| 1 | 2 | 3 | 4 | 5 | 6 | 7 | 8 | 9 | 10 | 11 | 12 | 13 | 14 | 15 | 16 | 17 | 18 | 19 | 20 | 21 | 22 | 23 | 24 | 25 | 26 |

24bit 有效数据

bit1：bit2～bit13 的偶校验；bit26：bit14～bit125 的奇校验。

Wiegand 8bit 键盘编码格式说明

0：11110000　1：11100001　2：11010010　3：11000011　4：10110100
5：10100101　6：10010110　7：10000111　8：01111000　9：01101001
＊：01011010　＃：01001011

图 2-3-25　威根信号示意图

(4) 常用执行设备应用。常用执行设备应用举例见表 2-3-3。

表 2-3-3　常用执行设备应用举例

序号	应用场所	常采用的执行设备	安装设计要点
1	单向开启、平开木门（含带木框的框的复合材料门）	阴极电控锁	适用于单扇门；安装位置距地面 90～110 cm 边门框处；可与普通单舌机械锁配合使用
		电控撞锁	适用于单扇门；安装于门体靠近开启边，距地面 90～110 cm 处；配合件安装在边门框上
		一体化电子锁	
		磁力锁	安装于上门框，靠近门开启边；配合件安装于门体上；磁力锁的锁体不应暴露在防护面（门外）
		阳极电控锁	

续 表

序号	应用场所	常采用的执行设备	安装设计要点
		自动平开门机	安装于上门框;应选用带闭锁装置的设备或另加电控锁;外挂式门机不应暴露在防护面(门外);应有防夹措施
2	单向开启、平开镶玻璃门(不含带木框门)	阳极电控锁;磁力锁;自动平开门机	同本表第1条相关内容
3	单向开启、平开玻璃门	带专用玻璃门夹的阳极电控锁;带专用玻璃门夹的磁力锁;玻璃门夹电控锁	安装位置同本表第1条相关内容;玻璃门夹的作用面不应安装在防护面(门外);无框(单玻璃框)门的锁引线应有防护措施
4	双向开启、平开玻璃门	带专用玻璃门夹的阳极电控锁;玻璃门夹电控锁	同本表第3条相关内容
5	单扇、推拉门	阳极电控锁	同本表第1,3条相关内容
		磁力锁	安装于边门框;配合件安装于门体上;不应暴露在防护面(门外)
		推拉门专用电控挂钩锁	根据锁体结构不同,可安装于上门框或边门框;配合件安装于门体上;不应暴露在防护面(门外)
		自动推拉门机	安装于上门框;应选用带闭锁装置的设备或另加电控锁;应有防夹措施
6	双扇、推拉门	阳极电控锁	同本表第1,3条相关内容
		推拉门专用电控挂钩锁	应选用安装于上门框的设备;配合件安装于门体上;不应暴露在防护面(门外)
		自动推拉门机	同本表第5条相关内容
7	金属防盗门	电控撞锁;磁力锁;自动门机	同本表第1条,第5条相关内容
		电机驱动锁舌电控锁	根据锁体结构不同,可安装于门框或门体上

续　表

序号	应用场所	常采用的执行设备	安装设计要点
8	防尾随人员快速通道	电控三棍闸；自动启闭速通门	应与地面有牢固的连接；常与非接触式读卡器配合使用；自动启闭速通门应有防夹措施
9	小区大门、院门等（人员、车辆混行通道）	电动伸缩栅栏门	固定端应与地面有牢固的连接；滑轨应水平铺设；门开口方向应在值班室（岗亭）一侧；启闭时应有声、光指示，应有防夹措施
		电动栅栏式栏杆机	应与地面有牢固的连接，适用于不限高的场所，不宜选用闭合时间小于3 s的产品，应有防砸措施
10	一般车辆出入口	电动栏杆机	应与地面有牢固的连接；用于有限高的场所时，栏杆应有曲臂装置；应有防砸措施
11	防闯车辆出入口	电动升降式地挡	应与地面有牢固的连接；地挡落下后，应与地面在同一水平面上；应有防止车辆通过时，地挡顶车的措施

2．常用设备的基本原理

（1）感应式（射频）读卡器。感应式读卡器常用的频率范围有 100～200 kHz 的低频、13.56 MHz 的中频和 915 MHz 及 2.45 GHz 的高频。目前应用在人员出入口和车库最多的是 125 kHz 的低频和 13.56 MHz 的中频识读设备，高频产品多用于高速公路等远距离不停车收费道口等地方。即使是同一频率，不同的产品制造商在设计应用方面也有差别。下面分别对 125 kHz，134.2 kHz，13.56 MHz 产品各举一例，重点介绍卡片在数据传输上的主要原理：

1）某 125 kHz 产品。读卡器工作时，通过其感应线圈（天线）向周围持续发送 125 kHz 的射频电波，在线圈轴向越靠近线圈平面的位置，电磁场强度越强。感应卡片的内部除有处理和保存信息的电路外，还有一组用于接收能量和发送信息的由线圈（电感）和电容组成的 LC 回路。工作示意图如图 2-3-26 所示。

在卡片休眠状态下，其 LC 回路的谐振频率为 125 kHz，当卡片靠近读卡器时，LC 回路得到电磁场能量，并通过泵电路将卡片内部的蓄能元件充电，当判定能量足够时激发处理部件工作，同时调整 LC 回路的电容值，使其工作在 62.5 kHz 下，卡片信息通过 62.5 kHz 的载频将数据发送出去。读卡器是如何保证发送射频的同时接收卡片信息呢？

原来,读卡器的接收电路采用特殊的滤波设计,将陷波点选择在 125 kHz,而将 62.5 kHz 设计为最大增益点。波形示意图如图 2-3-27 所示。通常,读卡器能接收到卡片发射信息的距离要大于卡片感应到使其能量足够发射的距离。用这种读卡设备,在两只读卡器距离较近时,当卡片靠近其中一只读卡器,可能会出现两只读卡器同时读卡的现象。

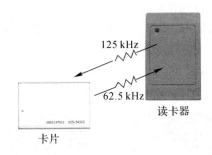

图 2-3-26　125 kHz 感应读卡器工作示意图

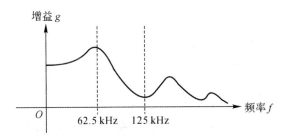

图 2-3-27　125 kHz 波形示意图

2)某 134.2 kHz 产品。与 125 kHz 产品不同,读卡器工作时,并不是持续的而是间歇的向周围发送 134.2 kHz 的射频电波,卡片感应的能量足够时,要等到读卡器发送射频电波的间歇时向读卡器发送信息。卡片回传的频率也是 134.2 kHz,因此,滤波器设计较 125 kHz 产品大为简化。工作示意图如图 2-3-28 所示。但要注意,当两只读卡器距离不太远时,若读卡器之间未采用发射同步措施,由于发射和间歇点的重叠,读卡器都将不能正常工作。

3)某 13.56 MHz 产品。读卡器工作时,向周围发送 13.56 MHz 的射频电波,形成一个空间电磁场,当该场发生细微扰动时,读卡器本身可检测这种变化。一个谐振频率在 13.56 MHz 的卡片接近读卡器,在吸收能量的同时也在改变着该电磁场。工作示意图如图 2-3-29 所示。当卡片开始发送信息的时候并不需要发射射频信号,而只需根据其信息编码的时序,经调制后控制谐振回路通断变化即改变对电磁场能量的吸收,从而引起电磁场的变化。读卡器检测这种变化,经解调后得到卡片发来的信息。由于卡片不发射射频信号,读卡器接收灵敏度有限,这种读卡器的读卡距离较近。另一方面,由于工作频率较高,信号的载频也较高,单位时间内传送的数据量较低频卡大很多,有利于实现多种双向认证、读写、加密、防冲撞(可依次读取同时进入感应区域的多张卡)等操作。有关智能感应卡的国际标准(ISO/IEC14443)和 RFID 标准(ISO/IEC15693)中,已将 13.56 MHz 作为标准工作频率。在出入口控制以外的领域如食堂售饭系统、公交地铁系统、银行系统等方面,13.56 MHz 的卡片已被广泛采用。

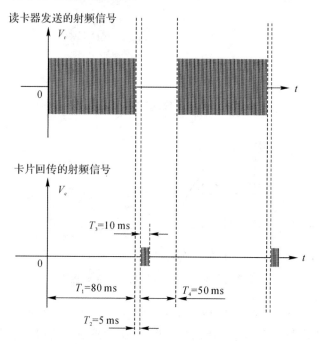

图 2-3-28 134.2 kHz 工作示意图

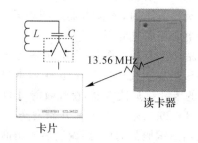

图 2-3-29 13.56 MHz 感应读卡器工作示意图

(2)指纹识别设备。在生物特征识别设备中,指纹识别设备应用最多。但特征抽取方法不尽相同,如特征点法,是以线形来抽取指纹、抽出指纹上山状曲线的分歧点或指纹中切断的部分(端点)等特征来识别的。特征点是一个三维向量,包含位置和方向等信息。此外还有指纹自动分类、定位、形态和细节特征提取与指纹自动匹配算法。在特征点法的辨识中,手指按压或流汗、指纹线的愈合和伤痕对辨识影响不大。另外还有相位设定法。相位是指指纹角度的相对位置,以傅里叶方式变换指纹信息,用以辨识指纹相位的相关强度,原理上不受指纹的位置与图像明暗影响,因为相位设定处理方式单纯,适合于制作大规模集成电路,实现产品小型化并降低成本。

(3)门禁控制器。门禁控制器是重要的管理控制装置,在分体系统中,门禁控制器通常安装在前端的受控区内,与现场的识读设备和执行设备相连接。控制器内可存储该出入口可通行的目标权限信息、控制模式信息及现场事件信息。现将某种单门控制的门禁控制器具体介绍一下,其工作原理如图 2-3-30 所示。

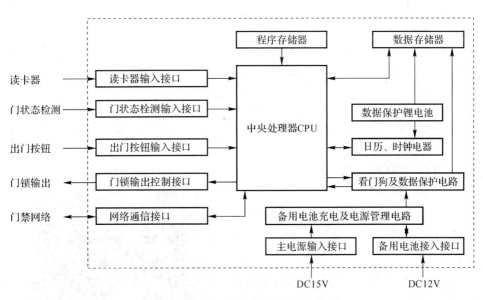

图 2-3-30 门禁控制器原理框图

1)门禁控制器读卡。控制输出工作流程图如图 2-3-31 所示。

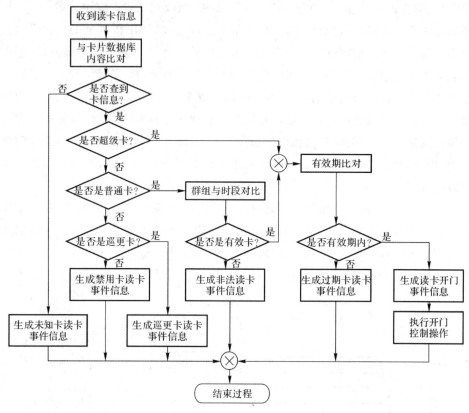

图 2-3-31　门禁控制器读卡——控制输出工作流程图

2) 门禁控制器功能

Ⅰ. 主要技术指标。

• 4 000 张卡片识别，256 个群组识别，64 个时段设置，16 384 种出入时段控制方式；

• 通过与上位机软件管理模块配合使用，可实现超容量卡片（最多 42 亿张）的动态管理；

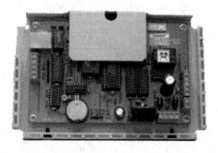

图 2-3-32

• 卡级别可设定为超级卡、普通卡、巡更卡；

• 每张卡片可设定其有效期及使用次数，并能根据管理需要禁止某张卡的

使用;
- 同时支持单机与联网模式,具有8 000条事件保持能力;
- 可接带密码键盘的读卡器,对持卡人进行双鉴识别,识别格式为Wiegand 8/26/40bit;
- 具有密码防胁迫报警功能;
- 可设定为核准开门方式;
- 可设定为读卡器直通方式,方便卡片的录入工作;
- 可通过网络遥控开锁;
- 可编程开启时间长度,最短128 ms,最长32 512 ms或长开;
- 收到从识别装置发来的一组完整信息后0.8 s内完成判定、拒绝等操作;

Ⅱ.电气指标。
- 主电源:DC15V/2.5A;
- 辅助电源:(备用电池)12 V/7 A·h;
- 工作电流:典型30 mA(空载),最大2 A(带读卡器及电控锁)。

(4)电控锁具。最常见的电控锁具是磁力锁、阳极锁以及阴极锁。

1)磁力锁:依靠电磁力直接吸附的力量将电磁锁体和配套软铁吸合在一起,构造简单,无滑动或转动磨损件,常用规格有250 kg,280 kg的产品。该锁为加电闭锁、断电开启模式,闭锁时的电流在500～800 mA。连接示意图如图2-3-33所示。

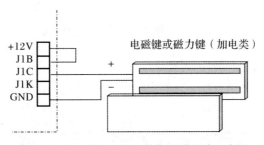

图2-3-33 磁力锁与门禁控制器连接示意图

2)阳极锁:依靠电磁力将锁舌推出,使其插入配套锁片中达到闭锁的目的。该锁具附有锁片检测装置,当闭锁信号给出时,若未检测到锁片到位(门没有关闭到位)信号,锁舌不会伸出,直至锁片到位才将伸出锁舌,完成闭锁工作。该锁为加电闭锁、断电开启模式,闭锁时的电流在300 mA～1.2 A。连接示意图如图2-3-34

所示。

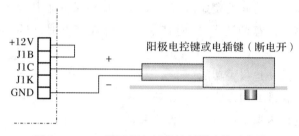

图 2-3-34　阳极锁与门禁控制器连接示意图

3)阴极锁:电磁力并不直接作用在闭锁单元上,而是通过磁力推杆锁止闭锁单元。闭锁单元平时靠弹簧回位,开锁时磁力推杆打开闭锁单元,闭锁单元在阴极锁配套的锁舌推动下推开,达到开锁的目的,若推杆未打开闭锁单元门锁不能被打开。该锁较多采用加电开启、断电闭锁模式,也有加电闭锁、断电开启的产品,工作时的电流在 100～200 mA。连接示意图如图 2-3-35 所示。

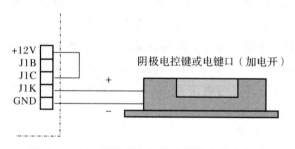

图 2-3-35　阴极锁与门禁控制器连接示意图

五、主要技术要求

1. 防护级别

出入口控制系统的防护等级分类参见表 2-3-4～表 2-3-6,共分为普通防护级别(A 级)、中等防护级别(B 级)和高防护级别(C 级)三级。表中引用了 GB12663《防盗报警控制器通用技术条件》、GB4208《外壳防护等级(IP 代码)》和 GA/T 73—1994《机械防盗锁》的相关技术要求。有兴趣的读者可参看相关标准。

第二章 安全防范子系统

表 2-3-4 出入口控制系统防护等级分类表 1 系统识读部分的防护等级

要求等级	外壳防护能力	保密性(采用电子编码作为密钥信息的)	保密性(采用图形图像、人体生物特征、物品特征、时间等作为密钥信息的)	防复制和破译	防破坏 有防护面的设备(抵抗时间/min)	防技术开启 有防护面的设备
普通防护级别(A级)	外壳应符合 GB12663 的有关要求。识读现场装置外壳应符合 GB4208—1993 中 IP42 的要求;但室外型的外壳还应符合 GB4208—1993 中 IP53 的要求。	密钥量 $>10^4$	密钥差异 $>10\, n_{max}$;误识率不大于 $1/n_{max}$;	使用的个人信息载体应能防复制	防钻 10;防锯 3	防误识开启 1500;防电磁场开启 1500
中等防护级别(B级)	外壳应符合 GB4208—1993 中 IP42 的要求;但室外型的外壳还应符合 GB4208—1993 中 IP53 的要求	密钥量 $>10^4$;至少采用以下一项:连续输入错误的钥匙信息时有限制操作的措施;采用自行变化编码;采用可更改编码(限制无授权人员更改)	密钥差异 $>10^2 \times 1/n_{max}$;误识率不大于 $1/n_{max}$;	使用的个人信息应能防复制;无线电传输信息时经 24h 扫描时间(改变不少于 5 000 种编码组合)获取正确码的概率小于 4%,或每次操作密钥后自行变化编码	防钻 10;防锯 20;防撬 6;防拉 20	防误识开启 3 000;防电磁场开启 3 000
高防护级别(C级)	外壳应符合 GB4208—1993 中 IP43 的要求;但室外型的外壳还应符合 GB4208—1993 中 IP55 的要求。	密钥量 $>10^6$;至少采用以下一项:连续输入错误操作的措施;采用自行变化编码;采用可更改编码(限制无授权人员更改)。	10^3 误识率不大于 $0.1/n_{max}$	制造的所有钥匙应能防未授权的读取信息,防复制;不能采用在空间可被截获的方式传输密钥信息。	防钻 30;防锯 10;防撬 30;防拉 30;防冲击 30	防误识开启 5 000;防电磁场开启 5 000;60

表 2-3-5 出入口控制系统防护等级分类表 2 系统管理与控制部分的防护等级

要求 等级	外壳防护能力	控制能力				保密性		防破坏 （抵抗时间/min）	防技术开启
		防目标重 人控制	多重识别 控制	复合识别 控制	异地核准 控制	防调阅管理 与控制程序	防当场复制管 理与控制程序		
普通防 护级别 （A级）	有防护面的管理与控制部分，其外壳应符合GB4208—1993中IP42的要求；否则外壳应符合GB4208—1993中IP32的要求	无	无	无	无	有	无		
中等防 护级别 （B级）	有防护面的管理与控制部分，其外壳应符合GB4208—1993中IP42的要求；否则外壳应符合GB4208—1993中IP32的要求	有	无	无	无	有	有		
高防护 级别 （C级）	有防护面的管理与控制部分，其外壳应符合GB4208—1993中IP42的要求；否则外壳应符合GB4208—1993中IP32的要求	有	有	有	有	有	有	对于有防护面的管理与控制部分，与表B1的此项要求相同； 对于无防护面的管理与控制部分不作要求	

表 2-3-6　出入口控制系统防护等级分类表 3　系统执行部分的防护等级

要求等级	外壳防护能力	控制出入的能力		防破坏/防技术开启（抵抗时间 min 或次数）
		执行部件	强度要求	
普通防护级别（A级）	有防护面的，外壳应符合 GB4208—1993 中 IP42 的要求；否则外壳应符合 GB4208—1993 中 IP32 的要求；	机械锁定部件的(锁舌、锁栓等)	符合 GA/T 73—1994《机械防盗锁》A 级别要求	符合 GA/T 73—1994《机械防盗锁》A 级别要求
		电磁铁做为间接闭锁部件的	符合 GA/T 73—1994《机械防盗锁》A 级别要求	符合 GA/T 73—1994《机械防盗锁》A 级别要求；防电磁场开启>1 500 min
		电磁铁做为直接闭锁部件的	符合 GA/T 73—1994《机械防盗锁》A 级别要求	符合 GA/T 73—1994《机械防盗锁》A 级别要求；防电磁场开启>1 500 min；抵抗出入目标以 3 倍正常运动速度的撞击 3 次
		阻挡指示部件的(电动挡杆等)	指示部件不作要求	指示部件不作要求
中等防护级别（B级）	有防护面的，外壳应符合 GB4208—1993 中 IP42 的要求；否则外壳应符合 GB4208—1993 中 IP32 的要求；	机械锁定部件的(锁舌、锁栓等)	符合 GA/T 73—1994《机械防盗锁》B 级别要求	符合 GA/T 73—1994《机械防盗锁》B 级别要求
		电磁铁作为间接闭锁部件的	符合 GA/T 73—1994《机械防盗锁》B 级别要求	符合 GA/T 73—1994《机械防盗锁》B 级别要求；防电磁场开启>3 000 min
		电磁铁作为直接闭锁部件的	符合 GA/T 73—1994《机械防盗锁》B 级别要求	符合 GA/T 73—1994《机械防盗锁》B 级别要求；防电磁场开启>3 000 min；抵抗出入目标以 5 倍正常运动速度的撞击 3 次
		阻挡指示部件的(电动挡杆等)	指示部件不作要求	指示部件不作要求
高防护级别（C级）	有防护面的，外壳应符合 GB4208—1993 中 IP42 的要求；否则外壳应符合 GB4208—1993 中 IP32 的要求；	机械锁定部件的(锁舌、锁栓等)	符合 GA/T 73—1994《机械防盗锁》B 级别要求	符合 GA/T 73—1994《机械防盗锁》B 级别要求
		电磁铁作为间接闭锁部件的	符合 GA/T 73—1994《机械防盗锁》B 级别要求	符合 GA/T 73—1994《机械防盗锁》B 级别要求；防电磁场开启>5 000 min
		电磁铁作为直接闭锁部件的	符合 GA/T 73—1994《机械防盗锁》B 级别要求	符合 GA/T 73—1994《机械防盗锁》B 级别要求；防电磁场开启>5 000 min；抵抗出入目标以 10 倍正常运动速度的撞击 3 次
		阻挡指示部件的(电动挡杆等)	指示部件不作要求	指示部件不作要求

2. 授权

通过设置,可对每个出入目标能通过的出入口、通过的时间段、通行次数进行严格管理,使有通行权限的目标在通过出入口时,系统予以放行,否则予以拒绝并向系统发出报警信息。目标的授权既可单独进行,也可成组批量进行。还可以对目标的有效期进行设置,当超过有效期时,系统自动禁止该目标通行。

3. 误识与拒认

误识和拒认是两个完全不同的概念,误识是指系统把一个目标的信息识别为系统另外一个目标的信息,误识的结果可能是误识进入,也可能是误识拒绝。误识常用误识率表示。拒认是指系统对系统的目标识别时不能得到目标信息,而造成识别失败。拒认通常用拒认率表示。

假设某出入口对 A,B 和 C 三个目标进行识别,A 和 C 目标有通过的权限而 B 目标没有权限。若系统识别 A 时错误的识别为 B,使 A 不能通过,就叫误识拒绝;如图 2-3-36 所示。

图 2-3-36 误识拒绝

若系统识别 B 时错误的识别为 A,使 B 通过,称为误识通过,如图 2-3-37 所示。

若系统识别 A 时错误的识别为 C,使 A 通过,也称为误识通过,如图 2-3-38 所示。

若系统识别 A 时识别不出目标信息,使 A 不能通过,称为拒认,如图 2-3-39 所示。

第二章 安全防范子系统

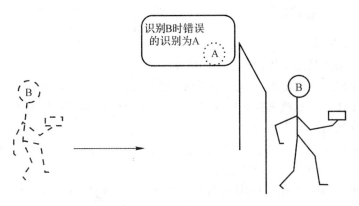

图 2-3-37　误识通过 1

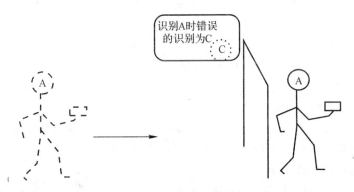

图 2-3-38　误识通过 2

图 2-3-39　拒认

4. 响应时间与计时

(1) 响应时间。

1) 系统的下列主要操作响应时间应不大于2s。

• 在单级网络的情况下，现场报警信息传输到出入口管理中心的响应时间；

• 除工作在异地核准控制模式外，从识读部分获取一个目标的完整信息始至执行部分开始启闭出入口动作的时间；

• 在单级网络的情况下，操作（管理）员从出入口管理中心发出启闭指令始至执行部分开始启闭出入口动作的时间；

• 在单级网络的情况下，从执行异地核准控制后到执行部分开始启闭出入口动作的时间。

2) 现场事件信息经非公共网络传输到出入口管理中心的响应时间应不大于5s。

(2) 系统计时。

1) 系统校时。系统的与事件记录、显示及识别信息有关的计时部件应有校时功能；在网络型系统中，运行于中央管理主机的系统管理软件每天都会向其他的现场控制器等与事件记录、显示及识别信息有关的各计时部件自动校时。

2) 计时精度。非网络型系统的计时精度不低于5 s/d；网络型系统的中央管理主机的计时精度不低于5 s/d，其他的与事件记录、显示及识别信息有关的各计时部件的计时精度不低于10 s/d。

绝对计时的准确性，代表了系统时间与标准时间（如北京时间）误差的大小。相对计时的一致性，体现了一个系统中多个带有独立计时的设备之间计时差异。因为各个带有独立计时的设备在采集某一个目标的出入事件信息时，会将其时间信息附加该信息上，这样会形成该目标在系统内的行动轨迹，一旦相对计时的一致性存在差异，系统会给出错误的结果，这在实际的案件侦破过程中会误导我们的工作。因此，在出入口控制系统中特别强调相对"计时"问题，如图2-3-40所示。

5. 信息的保存

出入口控制系统除能保存各授权目标的信息外，还能对各种系统操作信息，操作员授权信息、事件信息等进行保存。对于联网型出入口控制系统，信息不单保存在出入口管理主机上，在前端出入口现场控制器中也会保存对应出入口目标的授权信息及出入事件、报警等信息。

事件记录应包括时间、目标、位置、行为，其中时间信息应包含：年、月、日、时、分、秒，年应采用千年记法。现场控制设备中的每个出入口记录总数：A级不小于

32条，B、C级不小于1 000条。中央管理主机的事件存储载体，应至少能存储不少于180 d的事件记录，存储的记录应保持最新的记录值。经授权的操作（管理）员可对授权范围内的事件记录、存储于系统相关载体中的事件信息，进行检索、显示和/或打印，并可生成报表。

与视频监控系统联动的出入口控制系统，应在事件查询的同时，能回放与该出入口相关联的视频图像。

相对计时不一致造成的后果，使破案老手遇到新问题

图2-3-40　相对"计时"问题

6. 出入口控制系统的防护能力

系统的防护能力由所用设备的防护面外壳的防护能力、防破坏能力、防技术开启能力以及系统的控制能力、保密性等因素决定，参见表2-3-4～表2-3-6，但要特别注意下列问题：

（1）关于"执行部分"的类型及防护要求问题。不同的管理要求、安全要求、现场环境以及需控制的出入目标种类、通过率指标等要求的不同，使得"执行部分"的产品型式、结构也有很大的差异。要注意"执行部件"多样性的特点，不要认为"执行部件"就一定是"电控锁具"，这是很片面的理解。同时还应注意"执行部分"的防护要求主要针对闭锁及阻挡部件，对指示装置（部件）未作要求，如图2-3-41所示。

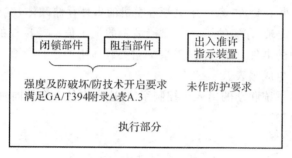

图 2-3-41　执行部分

在停车库(场)出入口使用的电动栏杆机,是常见的阻挡指示部件,它仅能起到阻挡指示作用,不能起到对其控制的出入目标——机动车的阻挡作用,要想达到阻止普通车辆非法闯入的高安全要求场合,必须使用有足够抗撞击能力的挡车设备,如某驻华使馆的地下停车库的出入口采用了地面升降式阻挡设备,它能有效地阻止一般的"汽车炸弹"袭击,而普通的电动栏杆机根本做不到这点。

(2)关于"识读现场设备、防护面"及其应用的意义。出入口控制系统的主要作用就是使有出入授权的目标快速通行,阻止未授权目标通过。受控区是出入口控制系统提出的基本概念,在犯罪分子欲实施技术开启和破坏时,安装在受控区内的系统设备(如控制器、管理电脑)相对于安装在受控区外的设备(如读卡器)要安全得多,如图 2-3-42 所示。

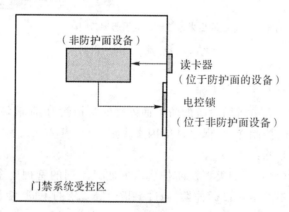

图 2-3-42　识读现场设备与防护面

由于出入口控制系统的特点,决定了在大多数情况下其部分设备只能暴露在受控区之外,因此在表 2-3-4~表 2-3-6 中许多地方都提到了"防护面",强化了对位于"防护面"设备的防破坏、防技术开启等方面的要求,弱化了"非防护面"设备在这方面的要求。

7. 信息的保密性

对于系统信息的保密性应从下述三方面考虑,具体指标参看表 2-3-4～表 2-3-6。

1) 对目标识别部分,应加大密钥量,加强密码被扫描、被空间截获的措施。对于特征识别系统,还应加大特征信息的密钥差异,降低误识率。使用了目标信息载体的识别系统,应提高防复制的能力。

2) 对于管理与控制部分,应采取措施防非法调阅管理与控制程序、防当场复制与操作管理与控制程序,确保信息的安全。

3) 对数据传输信道,应采取物理隔离、数据加密等措施,防止信息被窃取、盗用。

8. 鉴别与控制能力

系统从识读部分得到目标信息后与事先存储的该目标授权信息比对,完成对该目标的鉴别工作,对符合放行的目标,系统还将进一步根据该出入口的控制模式再次判定,驱动执行部分工作,完成起闭动作。不同的控制模式,代表不同程度的控制能力,下面介绍几种常见的控制模式,它们可以单独使用,也可联合设置:

(1) 目标防重入控制。目标防重入有时也称防返传(anti pass-back),启用该功能时,目标被严格限制为按规定顺序出入,防止一张卡(编码介质)带多个目标通行的可能。

(2) 多重识别控制。在一个出入口必须对两个或两个以上的具有通行权限的目标同时(或短时间内按顺序)进行识别后方能通行的一种控制模式。常用于库房等需要多人同时进入的特殊场所。

(3) 复合识别控制。复合识别,就是对单一目标采用两种或两种以上的识别方法识别后才能通行的一种控制模式。比如:读卡+输入个人密码;读卡+指纹等。避免了因卡(编码介质)丢失带来的安全隐患,提高了安全性。

(4) 异地核准控制。异地核准控制,就是在远离被控出入口的地方(通常是控制室)增加二次复合开启机制,目标在该出入口正常识别后,出入口并不开启,而是将该目标请求开启的信息显示在远端的出入口控制显示屏上,由远端的操作员借助其他复合手段(比如视频监控画面)进行二次复合,给出放行或拒绝的控制指令。采用该种控制模式,增加了犯罪分子的作案难度(起码必须攻破两个点),提高了安全性,常用于银行守库室等场所。

9. 控制出入的能力

(1)通过率。也就是出入口在单位时间内允许通过目标数量的能力,它不仅与系统对目标的鉴别时间、执行部件的响应速度有关,还与识别方式、被控对象(如门体等)的起闭速度、通道宽度及形式等环境因素有关。单一从系统鉴别目标的时间来衡量通过率是很不完全的。

(2)防非法目标闯入的能力。出入口控制系统的一个最重要的功能就是对非授权目标的拒绝。对于不同的安全与管理要求,应采用不同的手段。各防护级别对应的执行部分的防护等级要求,见表2-3-6。

(3)防尾随能力。与防返传不同,尾随是指当已被授权的目标通过出入口时,其他的未经识别目标跟随其通过的一种行为。当系统在应用中确实需要防尾随功能时,可根据现场的实际情况和工作性质选择系统配置方案。如在银行的重要场所设置联动互锁门(防尾随门),授权目标通过第一道门后,必须将其关闭才能打开第二道门;在人员通行量较多的地铁通道、超高层写字楼的大堂设置多台速通闸机,保证一次读卡开闸只能通过一个人。

10. 防破坏与防技术开启能力

这里应特别注意:不要把"防破坏"看成"防设备被破坏",而要看,位于防护面的设备遭到破坏性攻击时,出入口不被开启的能力。

举例:

例1:位于某出入口防护面的读卡器在遭到破坏性攻击1 min后,该读卡器已完全损坏,但犯罪分子在随后的40 min内一直未能将出入口打开。

$$T_1=1+40=41 \text{ min}$$

例2:位于另一个出入口防护面的一体化门禁机的设计得非常坚固,犯罪分子用了8 min才把它破坏,但在随后的1 min内就把出入口打开了。

$$T_2=8+1=9 \text{ min}$$

在这两个例子中,由于$T_1>T_2$,因此例1的防破坏能力要强于例2的防破坏能力。

在表2-3-4至表2-3-6中用3个子表对系统识别部分、系统管理/控制部分、系统执行部分的"防破坏能力"及"防技术开启能力"分别给出了规定。对无防护面的设备、出入准许指示部件,不作要求。

在实际应用中,要根据不同的安全与管理要求选择系统与产品,满足"防破坏"及"防技术开启"要求,如图2-3-43所示。

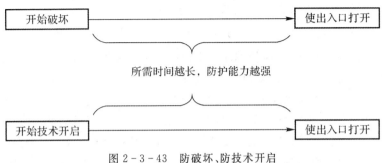

图 2-3-43 防破坏、防技术开启

六、系统应用中应注意的问题

1. 优先解决"safety"问题，这是设计系统与产品的基本原则

出入口控制系统的设计，应充分考虑"安全"因素，英文"security"和"safety"翻译成中文都是"安全"，但它们的含义有所不同，"security"是"安全"的社会属性，"safety"是"安全"的自然属性。以防入侵、防盗窃、防抢劫、防破坏、防爆炸等为目的的安全技术防范系统主要针对的是"security"；而防火、防目标被非人为因素伤害等是"safety"涉及的问题。当同时出现这两种"安全"问题时，在大多数情况下应优先解决"safety"问题。这是设计系统与产品的基本原则。

在出入口控制系统中，识读部分与执行部分是出入目标最易接触的部分，也是最有可能对出入目标的造成伤害的部分。但不同的产品类型，其对安全的影响也是不同的。

在生物特征识别中，指纹、掌形识别等须人体直接接触的识读装置就不如面部、眼虹膜识别这类不须人体直接接触的识读装置安全，因为直接接触的识读装置的接触面若不能及时清洁，就有可能成为某些传染性疾病传播的媒介。

另外，直接担负阻挡作用的执行机构，其启闭动作本身必须考虑出入目标的安全，如电动门的关闭动作必须等待出入目标安全离开时方可进行；挡车器必须等待车辆离开后方可落下挡车臂等。

在安全防范系统中与紧急疏散及消防系统联系最为紧密的就是出入口控制系统。出入口控制系统强调的是对空间的隔离，以保证"security"；而紧急疏散及消防系统强调的是能快速逃离，以保证"safety"。在"safety"优先的原则指导下，出入口控制系统的设计必须满足紧急疏散及消防的需要，这并不是说出入口控制系统所管理与控制的每个出入口必须与消防联动。但当通向疏散通道方向为防护面时，必须联动，保证在火灾等紧急情况发生时，出入口控制执行部件应能不用钥匙、自动迅速开启,以便人员安全地疏散。

2. 设备安装位置和连接线缆的防护措施等因素对安全的影响

在出入口控制系统中,应特别注意受控区域及其级别,以及现场设备安装位置和连接线缆的防护措施等因素对安全的影响。

出入口控制等安全技术防范系统在某种意义上来说,好比设置了一个技术迷宫,它增加了非法入侵者的作案难度,延迟作案时间,并能提早报警以便及时处警。但在实际应用中,非法入侵者在初步了解安全技术防范系统后,并不去直接去解开迷宫通路而是寻找系统的薄弱点进行攻击从而到达犯罪目的。在出入口控制系统中,执行部分的输入线缆及其连接端,就是一个易于被攻击的薄弱点。

为此针对出入口控制系统特别提出了"受控区"等概念和对执行部分输入电缆的端接与防护要求,以便指导我们的系统设计、施工安装、检测验收等工作。

举例来说,一个管理了从 A~G 共 7 个受控区域的出入口控制系统(比如某个公司的多个办公室),如图 2-3-44 所示。

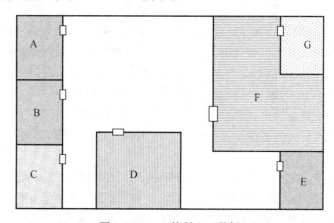

图 2-3-44 控制入口举例

其中:A,B,E 三个区域为同级别受控区,即它们对目标的授权是一致的,能进入 A 区的目标也可进入 B,E 区,能进入 B,E 区的目标也同样能进入 A 区。G 区是相对于 F 区的高级别受控区,即能进入 G 区的目标一定能进入 F 区,而能进入 F 区的目标不一定能进入 G 区。C 区和 D 区分别是相对于其他受控区的非同级别受控区,即能进入该区的目标不一定能进入其他区,而能进入其他区的目标也不一定能进入该区。若能进入 G 区的目标也能进入其他任何区的话,那么 G 区就是该出入口控制系统的最高级别受控区。

该例子若是某公司的多门联网门禁系统的话,有许多问题值得探讨:

问题一：采用多门门禁控制器应特别注意其安装位置，如图2-3-45所示。

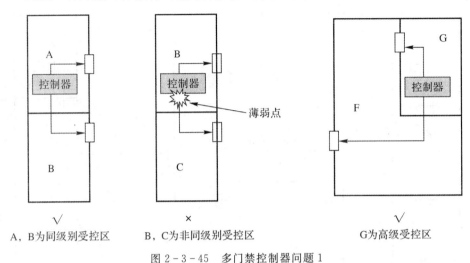

图2-3-45　多门禁控制器问题1

目前采用直流或脉冲信号等非编码信号直接驱动电控锁具的门禁控制器占很大比例，在本例中采用双门控制器控制A和B两个门是合理的，若控制B和C门就存在问题，控制器安装在B区内C区就不安全，控制器安装在C区内B区就不安全。

安装在G区的双门控制器控制G和F两个门是否合理呢？答案是肯定的。

问题二：采用多门门禁控制器应特别注意对电控锁连接线的防护，如图2-3-46所示。

当电控锁的连接线必须离开本受控区、同级别受控区、高级别受控区敷设时，有可能成为被实施攻击的薄弱点，必须严格防护。

在多出入口系统中要想提高安全性和可靠性，减少工程施工带来的安全隐患，建议尽量采用联网控制的单出入口控制器。若必须采用多出入口控制器，则应安装在高级别防区内并做好对执行部分输入线缆的防护。

七、出入口控制系统的发展趋势

1. 出入口控制系统的现状

感应卡是目前出入口控制识别应用系统的主流，特征识别技术产品蓬勃发展；大多数的联网门禁系统使用RS485连接，采用TCP/TP多极联网的系统得到越来越多的应用；与报警、视频监控联动的系统正在引起人们的关注，一卡通成为用户设计出入口控制系统标书的主要指标。

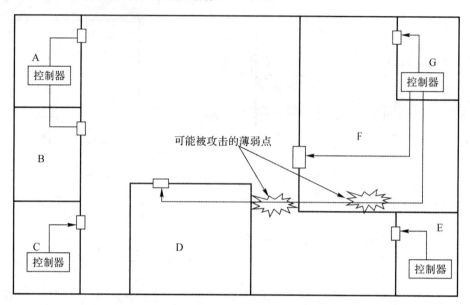

图2-3-46 多门禁控制器问题2

2. 识读设备的发展趋势

目标识别系统注重安全、易用,期待标准的统一

(1)RFID推动出入口控制识别技术的发展。在中国,感应式(射频)识别(RFID)技术应用于出入口控制系统,已经历了十多年的时间。在125 kHz低频ID感应式(射频)编码识别系统成为当前出入口控制系统应用的主流之后,编码识别系统正向注重安全性与多应用性(一卡通)的目标发展。具有远距离识别、目标防冲撞机制(在同一个感应区域内,可同时分别识别多个目标,不会相互干扰)的感应式编码识别系统将有很大的发展空间。

虽然与之相关的技术标准(如ISO/IEC14443,ISO/IEC15693)为该技术应用起到了一定的积极作用,但仍满足不了技术进步及应用发展的需要。在125 kHz,134.2 kHz,13.56 MHz,915 MHz,2.45 GHz等频率下的RFID系统都有各自的应用优势,难分伯仲,难以统一。这和应用领域、成本、安全要求等诸多问题息息相关,也涉及各方利益问题。

物流将会是RFID技术最大的应用领域,在物流领域大量采用统一标准的RFID技术之前,应用于出入口控制系统的感应识别技术标准很难统一。在中国,第二代身份证已采用了RFID技术,全民数字化的时代已经到来,若在技术、法律、

第二章 安全防范子系统

法规等条件允许的情况下,将读取二代证唯一码等信息的技术开放,必将引来出入口控制系统编码识读设备的技术统一,否则只能等待 RFID 在物流应用的普及。

在只读型(read only)编码识别系统的数字接口方面,Wiegand 接口协议已成为大多数厂家使用的标准,这标志着不同厂家的设备可实现互联,系统应用更灵活。

(2)生物特征识别技术产品日趋成熟。在常用的生物特征识别系统(如指纹、掌形、眼虹膜、面部识别、声纹、签名等)中,指纹识别应用最多,掌形识别、虹膜识别的产品也已步入成熟阶段,面部识别最具发展潜力。生物特征识别已应用于信息安全、金融、出入口控制、证照等领域,其中,出入口控制系统是其最为成熟的应用领域之一。

出入口控制系统就是对流动目标的数字化管理,编码识别系统是利用编码介质(编码卡等),将目标数字化的,而生物特征系统是直接把目标特征数字化。因此,采用生物特征识别技术可以为使用者带来更多方便,使用者无须携带编码介质,就能得到识别与认证,也不用担心编码介质丢失带来的麻烦。生物识别系统要关注的首要问题就是要把误识率降到最低。其次,要提高识别速度,提高通过率。

生物特征识别技术在出入口控制系统中主要有两种应用形式:①独立应用形式;②与编码识别系统结合识别的形式。其中,独立应用形式采用 1∶N 的比对模式,是识别"我是谁"的过程。优点是无须携带编码介质,直接识读;缺点是为降低误识率,会使拒认概率大增;当 N 变大时,识别速度也会变慢。而基于与编码识别系统结合的生物特征识别形式采用 1∶1 的比对模式,是验证"我是我"的过程。它通过编码 ID 直接指向比对数据,实现 1∶N 到 1∶1 的转换,优点是提高了识别准确率,加快了速度,且识别速度与 N 的大小无关;缺点是依赖于编码介质,使用不方便。在实际应用当中要根据用户的管理、安全、容量等要求合理选择系统,满足使用需要。

面部识别是未来最受欢迎的识别技术之一,它采用主动方法,使要求目标配合的程度降到最低;非接触的信息采集相对于指纹、掌形等接触式采集系统,更易被使用者接受,最具友好性和非侵犯性,更安全、卫生(减少由交叉接触带来的疾病传播)。目前有不少企业、研究机构在这一领域已取得了研究成果,也有部分应用实例,我们期待着面部识别技术迈向更加成熟、产品应用更加广泛的一天早日到来。

3. 出入口控制系统与一卡通

什么是一卡通?目前还没有一个统一的定义。这里所说的一卡通是指持卡者用一张卡能同时在两种或两种以上系统中正常操作的系统总称。仅在安全防范领域,使用卡的系统就有出入口控制(门禁)、停车库(场)管理、在线式电子巡查等系统。在实际应用中,除安全防范之外,最常见的是与电子消费系统组成一卡通。在一些大城市,由于公交已使用了某种感应卡,使得这些地区的许多门禁系统也采用该卡,做到公交、门禁一卡通。还有一些地区,由于每辆车都已安装了远距离感应式过桥收费卡,该区域的停车场(库)也就直接使用该卡,做到路桥、车库一卡通。

其实,卡就是一个标识,就是一个持卡人的个性化数字代码,随着数字化进程的进一步深入,一卡通应用必将迎来它的辉煌时期。

需要注意的是,由于安全防范系统应独立运行,与其他系统共享的卡片信息(卡片库)在很多情况下都是分而设置,要想得到高效的管理,必须要求系统提供卡片数据同步接口。这是出入口控制技术发展的必然趋势。

4.从出入口控制系统到安全防范集成平台

出入口控制系统向"数字化安全防范管理与控制集成平台"迈进。

(1)联动平台——安全防范系统集成的解决方案。系统集成是在安全防范工程项目中经常遇到的问题,不单是要求监控、报警、门禁、停车场管理等安全防范系统集成,还要和其他管理系统(如消防报警、楼宇自控、信息发布、电梯控制、消费系统、日常管理等)集成。以往通常的做法是:各安全防范子系统独立工作、集中监视、人工干预控制,即在中控室实现"物理集成";稍好一点的做法是前端设备能够实现安全防范各子系统之间的部分硬件联动。虽然许多视频监控设备厂家已将报警功能集成其中,门禁产品也大多具有报警接口,但仍然满足不了设备集成商应付最终用户千差万别、极负个性化的应用需求。在实际应用中,要么降低或修订使用标准,要么降低技术指标,临时拼凑、搭配。这为今后的使用、维护、系统升级带来诸多隐患和不便。另一方面,安全防范系统的各子系统应能独立运行,当一个子系统发生问题时,不应影响其他系统正常工作,确保可靠。因此各子系统之间不应过分依赖或粘连。最好的方式是在安全防范监控中心把各子系统的数据资源、控制资源等信息通过集成联动平台的方式组合起来,最大限度地利用整体资源,做到优势组合,满足应用的需要。

构成平台的技术基础是数字化、网络化、标准化。随着信息技术的飞速发展,安全防范各子系统的信息化、网络化的进展也十分迅速,以出入口控制、数字视频监控系统为首的IT产品迅速成为市场的宠儿,传统产品面临新的革命。

(2)出入口控制系统——数字化安全防范技术的代表,已踏入集成平台的第一方阵。

"数字化安全防范"从流动目标个体的数字化信息入手,以识别目标的数字化编码信息、数字化特征信息为技术核心,它是采用主动的方法,从加强日常事务管理入手,对目标流动自动进行监控管理,并能快速进行判断。对符合条件的流动请

第二章 安全防范子系统

求予以放行,对不符合条件的流动请求予以拒绝,并发出报警信息,它还能全方位的记录,并以数字方式存储各种流动与报警信息。相对于传统安全防范而言,是主动管理与被动报警的关系,是智能监控与人工监视的关系,是全面安全防范与部分安全防范的关系。

目标探测→传输→处理→监视→控制,一直是安全技术防范系统主要的技术应用模式,无论是报警、监控、出入口控制系统,个性化目标探测始终是技防系统追求的目标之一,出入口控制系统率先全面实现个性化目标探测,它推动着数字化安全防范技术的发展。出入口控制系统已从独立控制走向联网管理,从单一的专用控制网络(如 RS485 等)协议向通用的 TCP/IP 协议迈进,新一代出入口控制系统不但能支持 C/S 结构,也同样支持 B/S 应用,用户可通过网络以浏览网页的方式进行管理与控制,强大的数据库管理与事件记录查询系统,丰富多样的个性化客户管理应用需要,长期与视频监控及报警系统的联动实践,已培养了一批善于研发、设计数字化系统的专家和企业,数字化安全防范集成平台已具备必要的研发基础及技术优势,已经取得一定的应用成果,集成平台正在发展之中。

八、思考题

1. 出入口控制系统的定义是什么?
2. 出入口控制系统的主要功能有哪些?
3. 如何理解受控区和防护面?
4. 什么是防技术开启?
5. 出入口控制常见的识读装置有哪些?

第四节 防爆安全检查系统

一、基本概念

由于国际恐怖活动的日益加剧,国内和国际航班以及重要部门正在成为恐怖活动的主要目标。1985 年在爱尔兰沿海印度航空飞机的被炸毁,1994 年在太平洋上空菲律宾航班的空难,1998 年在苏格兰洛克比上空泛美航班的被炸毁,到 2001 年发生在美国的"9·11"事件,都证明了日益加剧的恐怖活动给航空事业造成的损失和威胁。为了防止恐怖事件的发生,各国政府采取了高标准的安全措施和使用了更先进的安全检查设备。在机场,对旅客手提行李、托运行李实行 100% 的检查,零担货物、航空集装箱、大型集装箱在装载之前也都要进行防爆安全检查。对旅客用生物手段(面相、虹膜、指纹等识别)进行身份确认,对可疑旅客进行携带威胁品和违禁品的人体扫描检查,阻止炸药、爆炸装置、易燃易爆的液体、武器、刀具被带上飞机。车站、港口、重要部门、公共活动场所对旅客以及携带物也进行检查,严防威胁物带上火车、轮船以及重要的场所。对人体携带威胁品探测的设备有金属探测设备、质谱仪、毫米波、X射线人体检查设备等。

目前用于第一级行李检查的设备主要是能量型的X射线检查设备,大都使用160 keV能量的X射线和能量探测器,不仅探测行李中隐藏的金属武器,而更主要的是探测隐藏的炸药、毒品以及违禁品。第一级判定为可疑的行李被送到第二级或第三级在进行判识,后级设备采用更先进的多视角、衍射或断层扫描X射线设备。而货物和航空集装箱的检查设备则使用了较高的能量,范围从160~320 keV。大型集装箱的检查使用了能量更高的450 keV X射线源、X射线加速器、放射性同位素源钴60以及其他类型的γ射线源,有些设备使用了中子探测技术,其目的就是为了使设备有更高的穿透力和分辨力,得到高质量的被检客体的图像。

X射线散射设备、四极矩谐振分析(QRA)设备、四极矩谐振分析和X射线技术组合的设备可以有效地探测隐藏在行李物品中的塑性以及很难用常规成像技术探测出来片状炸药,气体离子迁移质谱仪等也广泛用于对微量炸药和毒品的探测。这些技术已经被证明是探测少量塑性炸药、薄片炸药以及军用爆炸物的有效技术。这种技术也可以用于鉴别麻醉毒品,例如海洛因和可卡因等。

X射线CT设备是唯一通过美国TSA(FAA)认证测试的炸药自动探测设备,探测率可高达98%,被广泛用于后级的行李检查设备,对被前级判定为可疑的行李做出准确的判识。用于安全检查的CT设备不同于传统医学上使用的CT设备,用于安全检查设备的通道要更大,检查速度要更快。不仅能探测出炸药,还能识别出炸药的种类以及给出质量。设备不仅能显示整个被检物的X射线图像,还能显示断层以及三维图像。

对瓶装易燃、易爆液体的非接触检查的设备也已经广泛部署在机场和地铁安检场所,这些设备使用了CT技术、理想双能量技术、微波技术、磁谐振技术、拉曼光谱技术等。

1. 防爆安全检查设备的分类

防爆安全检查设备按使用技术的不同可分为X射线检查设备、中子探测设备、四极矩谐振分析探测设备、质谱分析设备、毫米波探测设备、金属探测设备等。

X射线检查设备按使用的X射线能量谱可分为单能和双能的X射线检查设备;双能X射线检查设备又分为传统的双能量X射线探测设备和AT(先进)技术的X射线探测设备;按使用射线源的投影方式可分为单视角、双视角和多视角X

第二章 安全防范子系统

射线设备;按射线源射束的出射方向可分为侧照、底照和顶照式的 X 射线设备;按成像原理可分为点扫描、线扫描、CT 检以及便携式 X 射线设备,X 射线 CT 设备分为单能和双能 CT;按 X 射线的利用原理可分为双能透射式、背散射式、衍射式设备;按设备的用途可分为手提(小件物品)行李检查设备、托运行李检查设备、货物以及集装箱检查设备、人体扫描检查设备;集装箱检查设备按工作方式不同,可分为固定式和移动式的检查设备,按使用的放射源不同又分为 X 射线(450 keV)、X 射线加速器和同位素放射源的集装箱检查设备。

按探测客体的不同,这些检查设备可分为金属探测设备、大量炸药探测设备、微量炸药探测设备以及液体炸药探测设备等。大量炸药探测设备是指机场对旅客检查的 X 射线设备,而微量炸药探测设备是指质谱及离子漂移探测设备等。金属探测设备包括常用的通过式的金属探测门和手持金属探测器。

2. 防爆安全检查设备在安全防范系统(工程)中的作用

防爆安全检查设备广泛用于机场、铁路、港口以及重要部门的安全检查,重要部门包括重要的国家机关、监狱、法院、博物馆等部门。

防爆安全检查设备能有效地防范和阻止武器、炸药、违禁品和威胁物进入安全区域、重要部门以及公共场所可能引发的爆炸、劫持等恐怖事件的发生,保证国家财产和人民群众的生命安全,它们是保证区域安全的第一道防线。

安全检查设备也广泛用于隐藏毒品的检查,有效地打击利用各种行李物品、人体藏毒和其他运输工具走私毒品的活动,打击各种有组织的贩毒团伙进行的贩毒,遏制毒品在我国的蔓延,维护我国安定团结发展经济的大好局面。

二、X 射线安全检查设备

1. 概述

X 射线安全检查设备是利用了 X 射线和被检物(客体)相互作用时发生的光电吸收、康普顿散射、瑞利散射和电子对效应得到被检物的特征信息。早期使用的安检设备一般是透射式的单能 X 射线设备,只能得到被检物按密度及原子序数衰减的黑/白图像,物质的密度及原子序数越大,对 X 射线的衰减就越大,穿过被检物到达探测器的 X 射线光子数就越少,图像就暗。反之,密度及原子序数小的物质对射线的衰减就小,图像就越亮。这种设备对探测隐藏的金属武器特别有效,如刀、枪等。

随着科学技术的不断发展,塑料手枪以及陶瓷刀具和炸药逐步成为恐怖分子进行破坏的工具,随之出现的双能 X 射线检查设备成为探测此类威胁物的有力工具。双能设备利用了 2 个或多个 X 射线能谱和物质相互作用,从不同的高、低能谱信号中得到有关被检物原子序数的信息,从而得到被检物的物质组成信息,有效地区分有机物和无机物,并给出不同的颜色。此类设备被广泛用于机场、铁路、港口、海关以及重要部门。

由于传统的 X 射线检查设备都是采用了透射方法,得到被检物质的穿透图像,由于多种物质的重叠,准确地探测混在不同类物质中的炸药,特别从有机物中识别出炸药是非常困难的事情,探测薄片形、无规则的炸药对于传统的双能系统也是不可能的。射线穿过薄片形的物质所得到的信息作为整个图像的背景信息而不易识别出来,因此,利用散射 X 射线的设备显示了独特的优越性。利用康普顿散射的 X 射线设备用来探测片状炸药以及低原子序数的物质,特别是探测器碳、氢、氧成分丰富的物质。利用 X 射线相干散射的原理的 X 射线衍射设备,可以准确地探测物质的组成,但由于检查速度慢以及探测器对温度的要求,目前只是作为第二级安全检查用。

X 射线 CT 设备不仅能得到被检物的透视图像,还可以得到被检物断层图像以及三维图像。单能 X 射线 CT 设备通过 X 射线被检物体密度信息去识别物质,双能 X 射线 CT 通过测量被检物的有效原子序数和密度两个信息去识别物质,这样就提高了设备的探测率,降低了误报率。

X 射线探测设备以计算机为平台,采用了计算机图像处理、存储和显示技术的诸多优点,为用户提供了高质量图像和多种服务功能。如超级图像增、多种组合控制、危险品图像自动插入、数据报告的浏览和打印输出、图像存储和图像转储、图像回拉、网络接口、操作员培训、系统自诊断等功能。设备使用了高效半导体探测器,可以对被检物进行无死角检查。设备不仅提供反映被检物吸收特性的 X 射线透视图像,还可以提供有关被检物质化学组成的信息,并对不同物质赋予不同的颜色。对于行李中某些过厚穿不透或者密度较大的物品或区域自动给出提示。设备也能识别某些特定危险物,如炸药、毒品等,并赋予不同的颜色。设备装备了输送带系统,被检物可以快速地通过 X 射线检测区域,大大提高了检查效率。设备采用线扫描或点扫描工作原理,单次检查和泄漏射线的剂量较低,一般不需要再加特殊防护设备。

高能 X 射线以及加速器系统主要用于集装箱等大型货物的检查。

2. X 射线双能量探测设备

双能量 X 射线探测设备主要是利用了射线和物质相互作用的光电吸收效应,设备测量穿过被检物品而被衰减的 X 射线的强度,并由 X 射线传感器将 X 射线信号转换成可处理的电信号,从而得到被检物的 X 射线透射投影图像。典型顶照式

X射线检查设备的外形图以及与工作原理示意图如图2-4-1所示。

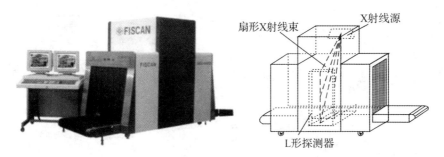

图2-4-1　FISCAN CMEX 10080行李检查X射线安全检查设备设备示意图

(1)AT技术的双能量型X射线探测设备。AT技术的双能量X射线检查设备通常使用2个X射线源和2套独立的探测器。通常低能X射线源的工作电压为75 keV,高能X射线源的工作电压为150 keV,滤波器滤除了高能源的低能射线,低、高能射线可以很好地分离。低能探测器吸收低能源发出的低能X射线,得到被检物的低能信息;高能探测器吸收高能源的高能射线,得到被检物的高能信息,然后再计算出被检物组成物质的有效原子序数信息。这种设备探测物质的有效原子序数精度高,炸药探测率要高于传统的双能量设备,这种设备也称为炸药自动探测设备。公安部第一研究所生产的FISCAN EDS 10080设备通过了TSA/FAA有关AT技术设备的检测。设备的外形图和工作示意图如图2-4-2所示。

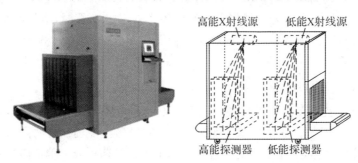

图2-4-2　FISCAN EDS-双源、双探X射线安全检查设备示意图

(2)TRX设备。TRX(TIP Ready X-ray Machine)设备是指具有TIP功能的X射线检查设备,TIP(Threat Image Projection)功能是指危险品图像的注入功能。当旅客行李包裹正在被检查时,TIP能自动注入虚拟的危险品图像(FTI),或在旅客包裹队列中注入一个完全虚拟的包裹图像(CTI),如图2-4-3~图2-4-5

所示。FTI功能把虚拟的手枪注入旅客行李图像中。

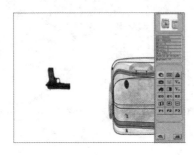

图2-4-3　FT1功能把虚拟的手枪注入旅客行李图像中

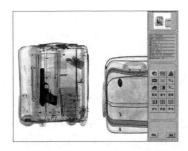

图2-4-4　设备注入的CTI图像

图2-4-5　TRX设备

TIP功能主要是为了训练操作人员,提高他们识别危险品的能力。操作人员需要对他们看见的每个行李做出决定,如果行李图像中注入了危险品,他们应立即做出反应。当操作人员知道他们操作的设备具有TIP功能时,他们始终会意识到屏幕上随时有可能出现危险品,这样可以使操作人员时刻保持警惕性,提高判识图像的能力和质量。

3. 多视角X射线探测设备

多视角顾名思义就是X射线束从多个方位和角度穿过被检物,得到不同投影角度的X射线图像。操作员通过观察多个不同投影角度的被检物图像,分辨出行李内部重叠的物体,准确地从复杂背景物体中识别炸药以及其他危险物和违禁物。常用的多视角设备有2(双)视角、3视角和5视角设备等。

4. X射线康普顿散射设备

X射线康普顿散射设备是利用了射线和物质相互作用发生的非相干散射效应,设备采集被检物散射的X射线,生成被检物的散射X射线图像。

X射线康普顿散射设备通常采用飞点扫描原理,飞点扫描X射线检查系统主要是由探测器部件(透射探测器和散射探测器)、斩波轮系统、X射线产生系统、图像数据的传输与控制系统、以及计算机系统组成。背散射设备以及飞点扫描原理示意图如图2-4-6所示。

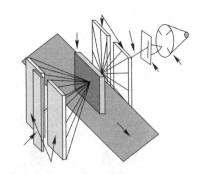

图2-4-6 背散射设备以及飞点扫描原理示意图

(1)飞点扫描成像系统的突出特点。

1) X射线透射图像反映了被检物的总衰减效应,较好地显示了高密度和高原子序数的物质,如枪支和匕首等。散射信号直接反映了物质的组成,这种技术容易发现毒品和炸药。

2) 点扫描X射线检查设备的检查剂量特别低,只有传统线扫描系统检查剂量的1/10或更低,所以,此种设备的射线防护较容易。即使大型集装箱检查用飞点扫描设备,也不需要构筑很厚的水泥防护墙。

(2)康普顿散射成像的特点。利用X射线的康普顿散射可以探测传统设备难以探测的薄片型炸药或违禁品。比较被检物的双能透射和背散射图像不难看出,康普顿散射可以有效地探测片状炸药等低原子序数的物质(见图2-4-7)。

图2-4-7 片状炸药模拟物

5. X射线衍射(相干散射)设备

X射线衍射技术测量晶格用于物质分析鉴别,测量晶体的晶格常数。X射线光子具有波动性,相位同相时相互加强;相位相反时,相互减弱。

X射线衍射设备不是测量X射线辐射吸收,而是测量物质的特殊弹性X射线散射,这种广泛用于结晶学领域鉴别物质的方法适合识别隐藏在行李物品中的炸药、塑性炸药等危险品。被测试物体的晶格结构引起了辐射射束的特征X射线衍射谱,这些就是物质的特殊图谱。X射线衍射设备使用特殊探测器采集被检物品的特征X射线衍射谱。近年来,Smith Heimman公司推出了的HDX 10065设备(见图2-4-8)和YXLON公司开发的XES系列的X射线衍射炸药探测设备。

图2-4-8 HDX10065设备

X射线相干散射设备通过使用比标准X射线衍射仪的典型能量要高得多的能谱区域的相干X射线散射中出现的特有的布拉格(Bragg)特性来识别物质。设备一旦确认某种可疑物质是炸药,就会分析这些频谱,并给出报警信号。

这种X射线衍射设备也存在一些问题,如检查速度慢,只能作为安全检查的第二级或第三级设备。如果行李中存有高原子序数的物质,此对应区域的射线衰减大,探测到的光子数太少而影响了相干散射峰值的形成。为避免出现被检物的漏检区域,被检物或探测器需要往复移动。如果多种物质的重叠,在单元体积内会出现多个能谱峰值,征特征量的探测出现会引起误探测。

6. X射线CT探测设备

X射线断层扫描仪一般称为"CT",全称为电子计算机X射线断层摄影,CT是英文词组"Computerized Tomography"的缩写。CT扫描仪的发明是在电子计算机的应用普及和X射线被发现的基础上取得的。

近年来,由于恐怖活动的日益增长,制造恐怖活动的手法越来越高,恐怖分子把军用炸药、液体炸药等爆炸装置隐藏在行李物品中攻击飞机以及重要部门。由于目前广泛使用的双能量X射线检查设备只能显示被检物的二维图像,物体的重叠使得设备不能准确地探测识别隐藏的炸药,而CT可对被检物进行三维空间的观察,包括进行横断面的摄像;同时 CT 又具有很高的密度分辨率和空间分辨率,提高了图像的清晰度;它还能把被检物横断图像在几秒钟内便显示在显示器上,从帮助操作员准确地识别炸药以及威胁物,这是普通的 X 射线检查做不了的;并且 CT 检查属于无损伤检查法,除 CT 广泛应用于医疗,从 20 世纪 90 年代开始逐渐大量用于安全检查。用于安全检查的 CT 设备要求检查通道大,检查速度快。

目前在医疗和安全检查用的 CT 分为 2 类,即多层螺旋 CT(MSCT)和电子束 CT(EBCT 或 EBT,或叫超高速 CT)。这属于第 5 代和第 6 代 CT。多层螺旋 CT 是当今的主流产品,电子束 CT 是最新的 CT 技术,由于电子束 CT 的电子束扫描钨靶的速度远远高于多层螺旋 CT 机中扫描架的机械扫描运动,因而电子束 CT 的扫描速度明显高于普通 CT,使成像时间大大缩短。

所有用于 100%旅客交运行李自动检查系统的 X 射线检查设备都是网络连接的,所有旅客被检行李的图像都将被存储,并由管理员工作站负责管理。管理任务包括图像数据库的管理、人员和设备的管理,如图像的存储和检索,远程诊断和工作站状态显示等。系统网络是由边缘交换机、中央交换机、群集服务器和 UPS 电源组成的。检查系统示意图如图 2-4-9 所示。

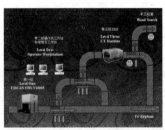

图 2-4-9 检查系统示意图

7.便携式 X 射线探测设备

(1)概述。便携式 X 射线探测设备以它的体积小、重量轻、操作灵活方便,广泛用于公共安全领域,邮包、信件、小件行李中隐藏金属武器、爆炸物、毒品等违禁品的探测。

早期的便携式 X 射线探测设备一般是直接观察式的设备,工作原理和早期的医用胸透 X 射线设备相同。在整个检测过程中,射线需要连续发射照射被检物,荧光屏把 X 射线信号转换成光信号,摄像机再把光信号转换成视频信号,最终在显示器进行模拟图像的显示。这种设备由于没有图像存储功能,射线发射时间长,检查剂量大。为了改进图像质量和减小剂量,有些设备使用了像增强器,但由于像增强器的尺寸以及价格问题,限制了设备的使用范围,这种设备主要用于人体小范围的检查。

随着计算机技术的发展,国内外公司开发了新一代的全数字化的便携式 X 射线探测设备。用数字相机和计算机完成了图像信号的拾取、存储、处理、显示以及控制。同时,X 射线源的体积更小,重量更轻,焦斑更小,可以交流供电,也可以用电池供电。图像的传输可以通过电缆,也可以无线传输。有显示单能黑白图像的设备,也有显示双能图像的设备。下面将介绍几种典型的便携式 X 射线探测设备。

(2)便携式 X 射线探测设备的分类。便携式 X 射线探测设备按成像原理分为面成像和线扫描设备;按射线的利用方式分为双能和单能设备;按图像的传输方式分为无线传输和有线传输设备;按图像的采集方式可分为直接观察式和脉冲存储显示设备。按使用传感器的不同可分为闪烁体-CCD 相机组合式和平板直接成像设备。

(3)典型的便携式 X 射线探测设备。

1)公安部第一研究所生产的脉冲面阵 PXTV-Ⅱ便携式 X 射线探测设备。设备是以计算机为平台的系统,控制单元控制射线发射以及图像信号的拾取、存储、处理以及显示等。由于系统采用脉冲方式,摄像机通过短暂时间的信号积累,捕捉被检物的 X 射线透射图像信息,通过采集卡存入计算机。设备可穿透 16 mm 的铝板和分辨 ϕ0.2 mm 的铜线。设备及原理方框图如图 2-4-10 所示。

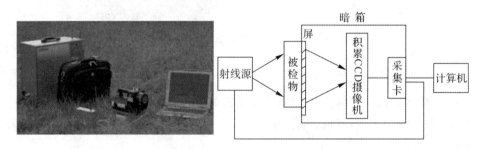

图 2-4-10 设备及原理框图

2)国外生产的平板式双能便携式 X 射线检查设备。这种平板式的便携式 X 射线检查设备采用非晶硅阵列作为探测器,直接将 X 射线强度信号转换成电信号。设备可分辨有机物和无机物,穿透力可达 40mm 钢板,但价格昂贵。

图 2-4-11　平板式双能便携式 X 射线检查设备

8. 小型 X 射线移动探测设备

小型移动探测设备可以移动到任何需要进行安全检查的场所，操作方便，机动性好。主要用于机场专机或零担货物的检查，重要部门或公共聚会活动场所的安全检查以及对车辆的移动检查。检查车可由 2～3 人操作，一人是司机，一人是操作员。

（1）小型能量型透射式 X 射线检查车。小型能量型透射式 X 射线检查车或叫作车载 X 射线检查设备，是由载车和通道式车载能量型 X 射线检查设备组成的。载车通常由中小型卡车底盘或面包车改装而成，X 射线检查设备一般为顶照或侧照式的，这种设备的输送带系统的高度较低，方便被检物的放置。设备横向安装到载车的箱体内，检查通道的长度就是载车的宽度。载车的箱体两侧有专门改装、可以开启的门，折叠式输送带可以伸出箱体外，方便被检物的放置。

当实施检查时，打开载车箱体上的门，出入口处的可折叠输送带被放下，检查设备的安全连锁装置保证了只有输送带稳定的放置后，设备才可以加电。设备加电后，启动输送带，被检物由入口进入检测通道，X 射线扫描被检物，然后被传送到出口处，完成一次扫描。设备的显示器上显示了被检物的 X 射线图像，操作人员判读和分析图像，有些设备会给出危险物自动报警信号，安全被检物被放行，可疑被检物可开包检查。

检查车可以工作在 2 种工作模式：直通式和往返式。在工作场地宽敞的情况下，采用直通式检查，这种方式检查效率高。在工作场地狭窄的情况下，出口处的侧门不用打开，只打开入口处的门，被检物检查完后再从入口处取出。控制台上的显示器显示被检物的图像，系统功能同标准的双能量 X 射线检查设备的功能。

这种移动设备工作时，车辆停止在检查场所。借助于输送带，被检物通过箱体内的 X 射线检测区域，完成了扫描检查。此种设备主要用于机场专机或零担货物的检查，重要部门或公共聚会活动场所的安全检查。检查车如图 2-4-12 所示。

安全技术防范

图 2-4-12　检查车

（2）背散射式 X 射线检查车。背散射式 X 射线检查车可以对各种车辆、货物实施隐蔽检查，检查隐藏的毒品、武器、爆炸物、违禁物品等，也适用于隐藏的走私人口的检查以及对人体携带爆炸物或毒品进行隐蔽检查。

背散射式 X 射线检查车是由轻型的载重卡车底盘改装而成的，车内包含背散射式飞点扫描 X 射线检查设备、供电设备、空调系统、安全连锁控制系统等。检查车可由 2 人操作，一人是司机，一人是操作员。

由于散射探测器和 X 射线源安装在被检物体的同一侧，这使得进行隐蔽检查成为可能。对于较大型的物体，X 射线不能有效穿透时，使用背散射技术比传统的透射技术有很大的优越性，尤其是探测隐藏于靠近被检物表面一定深度范围内，如夹层、伪装等处的违禁品特别有效。又由于检查车采用了飞点扫描设备原理，检查剂量特别低，可实施没有任何特殊防护的安全检查。

小型背散射检查车可以工作在 4 种方式对被检车辆实施检查，工作方式的选择和设置可通过系统主界面实施。

1）移动检查方式。移动检查方式是指被检车俩静止不动，由驾驶员驾驶检查车驶过被检物，从而得到被检物的背散射图像，图像以卷轴或刷屏方式实时的显示在驾驶室后排安装的显示器上。图像存储和判读由车上检查员（操作员）完成。

2）固定检查方式。固定检查方式是指检查车不移动，被检车辆或人移动通过检查车的扫描区域。被检物和检查车的距离直接影响信号的强度。

检查车工作在固定方式，设备可以由发电机供电，也可用外部市电供电。

3）遥控检查方式。遥控检查方式是指检查车设置工作在固定方式，检查员在远到 500 m 以内的距离采集、处理和存储图像。

4）相对移动检查方式。相对移动检查是指检查车在以正常速度行驶过程中对正在行驶的可以车辆实施扫描检查。检查车以一定的速度超过被检车辆，从而完成对可疑车辆的扫描检查。背散射 X 射线检查车的检查示意图以及背散射图像如图 2-4-13 所示。

图 2-4-13 背散射 X 射线检查车的检查示意图以及背散射图像

9. 人体内外隐藏违禁品探测设备

由于国内外恐怖活动以及走私毒品的日益猖獗，恐怖分子和毒品犯不仅利用物品、货物、汽车等犯罪和走私，而且利用人体携带爆炸装置进行破坏和恐怖活动，进行毒品的走私，对世界和平以及国内稳定团结的大好形势构成了严重威胁。美国以及欧洲已公开在机场使用人体检查设备对可疑旅客进行携带武器以及危险品的检查，我国已开始使用先进的人体检查设备对走私毒品的可疑人员实施人体内外携带毒品和违禁品的检查。

目前机场使用的快速通过的人体探测设备主要有金属探测器、线扫描透射式或点扫描背散射 X 射线设备，毫米波以及离子漂移人体探测设备。由于 X 射线检查设备和毫米波成像设备能生成并显示出比较清晰地反映被检查人身体形状的图像，因此检查过程或多或少会暴露个人隐私，目前采取的办法是用图像处理技术遮盖隐私部位，或同性别的检查人员判读图像等办法解决。这类设备的检查速度虽然比安全门要慢，需要数秒钟，但成像直观，是检查人体携带危险品和违禁品的适用设备。

（1）通过式的金属探测器以及手持的金属探测器。通过式的金属探测器主要用来对人体携带金属物品的探测，广泛用于机场、监狱等重要部门的安全检查，以及贵重金属生产部门。前者主要是检查枪支、弹药以及匕首等，而后者针对检查贵重金属的携带。这种设备使用简单，只要被检人员以正常速度穿过大门，如果携带了金属物品，设备会自动报警，并能给出金属物品隐藏在人体的部位。

手持的金属探测器主要是用于对人体的局部检查，工作原理是使用电磁感应探测金属物品。通过式金属门和手持金属探测器如图 2-4-14 所示。

（2）微剂量、线扫描、双能量 X 射线检查设备。公安部第一研究所生产的人体探测设备使用了传统的线扫描、双能 X 射线探测技术。为了使设备有高的穿透力和分辨力，设备使用了一个较高能量的 X 射线源和小像素阵列探测器。借助设备的移动平台,被检人员通过设备的检测区后,设备就完成了对被检人员的一次扫描检查。利用X射线对人体不同部位呈现出的不同衰减系数,以及体外、体内物体边缘的特殊轮廓特性,以确定体内外是否藏有危险品和毒品以及违禁品。利用计算机技术建立体内外携带危险品和违禁品数据库,并采用先进的图像处理技术,对人体透射图像进行特殊的图像处理,有效地突出了毒品及其他违禁品的显示,使操作人员能够更好地辨别体内外携带的危险品和违禁品。

图 2-4-14 通过式金属门和手持金属探测器

设备由射线源、阵列探测器、控制机柜(图像处理与控制单元、射线源控制器、计算机系统)、移动平台、操作台等部件组成。每分钟可对5~6人实施检查(最慢每12s完成一个人体检查)。设备占地面积小,检查剂量低。设备的外形以及人体透射X射线图像如图2-4-15所示。

FISCAN 设备图像　　　　　　　　COMPASS设备

图 2-4-15　设备的外形以及人体透射X射线图像

(3)背散射人体携带违禁品探测设备。设备利用了康普顿散射飞点扫描成像原理,即依据X射线和物质相互作用的康普顿散射效应,测量被检物靠近射线源一侧不同位置的散射射线强度,得到被测物质电子密度的信息。设备的图像系统重建了被检物的二维图像。美国科学和工程公司生产的设备外形以及工作原理示意图如图2-4-16所示。

第二章 安全防范子系统

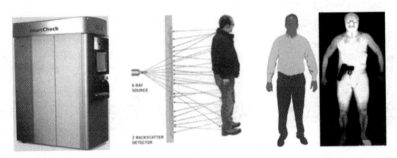

图 2-4-16 美国科学和工程公司生产的设备外形以及工作示意图

系统工作时，被检人站立不动，在机械传送装置的帮助下，飞点 X 射线从上向下或从下向上扫描被检人，完成对整个人体的扫描，从而得到了人体的散射图像。由于不同的物质的散射强度不同，原子序数大的物质，如金属物品手枪、匕首的散射信号弱，图像灰度低；原子序数小的物质，如炸药、毒品等有机物的散射强度大，图像较亮。这样很容易探测出人体携带的危险物和违禁品。

背散射人体探测设备已开始用于机场、海关、边防和重要部门的安全检查，主要是用于体外携带违禁品的检查。机场和重要部门侧重于武器和威胁品的检查，而海关、边防侧重于携带毒品的检查。生产此种设备的厂家有 AS&E 和 Rapiscan 公司。

（4）毫米波人体探测设备。人体探测设备的微波装置发射毫米波对人体进行扫描检查，特殊设计的探测器提供了优良的灵敏度和分辨率。毫米波成像原理类似于红外线成像，探测人体发出的无线电波。不同的是毫米波可以穿透衣服，看到衣服下面隐藏的东西，揭示衣服下面隐藏的金属、陶瓷、塑料武器和刀具，以及炸药、毒品等物。设备使用主动毫米波，人体反射低功率的无线电波，这种波比手机使用的相似无线电波弱几千倍。设备使用全息三维成像技术，生成并被检人体图像。此种设备无电离是一种安全的设备。德国 SMITTH HEIMANN 公司和美国 L3 公司的毫米波人体探测设备以及显示图像如图 2-4-17 所示。

这两种设备所不同的是，美国 L3 公司的毫米波成像系统被检人不需要转动，只是设备发射毫米波的装置旋转，对被检人进行扫描，而德国 SMITTH HEIMANN 公司的毫米波成像系统要求被检人原地转动，完成对人体的全面扫描。

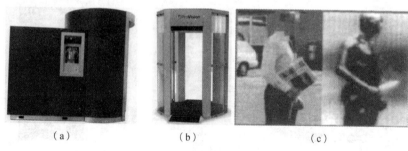

图 2-4-17 毫米波人体探测设备及显示图像
(a)SMITH HEIMAMM 设备；(b)L3 设备普通像；(c)毫米波图像

(5)通过式离子漂移人体检查设备。通过式离子漂移(或质谱分析技术)人体检查设备可对被检人员从头到脚实施非接触检查，探测人体携带的微量炸药和毒品等。当被检人员通过检测区域时，设备会发出一股风吹掉藏在头发、人体、衣服、鞋子上的粒子，依靠重力以及向下的气流，粒子直接进入分析室进行分析。设备可以检测多种炸药和毒品，而且在几秒钟的时间内可以给出结果。这种快速检查设备适合机场、海关对大量人员的检查。可探测的炸药包括 RDX，PETN，TNT，Semtex，NG 等。毒品包括 Cocaine，Heroin，PCP，THC，Methamphetamine 和 Ecstasy 等。图 2-4-18 所示为通过式离子漂移人体检查设备。

Smith Heimann设备　　　　Ge设备　　　　Syagen 设备

图 2-4-18 通过式离子漂移人体检查设备

三、集装箱探测设备

利用集装箱、货车、船舶、飞机、火车等各种运载工具走私以及偷运枪支、武器、毒品、爆炸物、非法移民等违禁品问题已成为困扰各国政府的国际公害，特别是"9·11"恐怖袭击和世界范围内反恐形势的变化，检查不仅仅是针对违禁品，人们

第二章 安全防范子系统

已把关注的视线转移到保证机场、港口等基础设施、设备和人员的安全,防止恐怖分子及其高危物品的国际偷运。近年来,各国政府通过立法以及加大投入,防止和禁止核辐射物质的非法运输,打击全球利用核辐射物质的恐怖主义活动,以维护社会和公民以及世界的安全。

集装箱检查设备主要是由射线子系统、探测器子系统、信号采集与处理子系统、计算机图像处理与信息管理子系统、机械拖动(固定检查设备的被检车辆的拖动系统和移动检查的载车)与控制子系统、辐射屏蔽、安全监测与连锁、供电系统等组成的。

目前广泛使用的集装箱检查设备按使用的射线可分为 450 keV X 射线源、X 射线加速器源和放射源集装箱检查设备,按设备的工作方式可分为固定式、车载移动式、组合移动(轨道框架)式等。固定式探测设备有传统检查方式和快速通过式。固定式传统检查方式是指检查设备固定安装在检查场地内,工作时设备不动,被检车辆通过拖动装置平移通过监测区,或是被检车辆停放在检测区,由拖动装置拖动设备的源、探装置扫描被检物,得到被检的透射图像。快速通过式是检查时司机不下车,直接把集装箱卡车开过检测通道,通过一个极低剂量的射线源对集装箱进行扫描。移动式检查是指检查设备可以自由从一个检查场地转移到另外一个检查场地。由于快速通过式和移动式检查是在一个开放的环境内实施的,因而要求辐射源的剂量对环境的危害低至可以忽略。

集装箱检查设备使用的探测器有闪烁体加光电二极管、电离室式探测器或是闪烁体加光电倍增管等。探测器子系统将射线强度信号转换成可处理的电信号,计算机图像处理子系统完成对图像数据的处理、存储和显示,提供多种图像处理功能以及管理功能。

1. X 射线集装箱探测设备

X 射线集装箱探测设备通常使用 450 keV 的 X 射线源,有固定和移动式的。这种设备占地面积小,防护容易,但由于射线能量低,穿透能力差(设备能穿透 100mm 厚的钢板),被广泛用于对航空集装箱、零担货物以及集装箱车的检查。

2. X 射线加速器集装箱探测设备

X 射线加速器也是由高速电子轰击重金属靶发生轫致反应而产生高能 X 射线的,射线能量级不是传统 X 射线机使用的 keV,而是 MeV 量级。使用 X 射线加速器的集装箱探测系统的性能指标大大好于使用 450 keV X 射线集装箱探测系统。这种设备最大可穿透 300 mm 厚的钢板。

由于加速器 X 射线的空间分布是不均匀的,其正前方向最强,随着角度变大而迅速减弱,通常加速器的照射视野张角被限定为±15°,为使照射视野能包覆集装箱货车(4 m高),从加速器靶到阵列探测器的距离需要 7.5 m 左右,如图 2-4-19 所示。

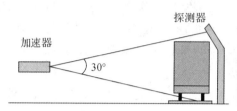

图 2-4-19　X 射线加速器集装箱探测设备示意图

3. γ射线集装箱探测设备

γ射线集装箱探测设备也分为固定式、移动式和组合式,通常采用广泛使用的人工放射性同位素钴-60 和铯 137 作为设备的射线源(见图 2-4-20)。

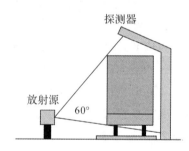

图 2-4-20　γ射线集装箱探测设备示意图和移动式 γ射线集装箱探测设备

四、金属探测器

1. 概述

金属探测器于 20 世纪 60 年代末开始用于美国联邦法院,70 年代初由于武装劫机事件的不断增加,开始用于机场对旅客进行公开的检查。目前,金属探测器已成为一种重要的安全检查设备,可以有效地检测出人身携带的枪支、匕首等金属武器。

金属探测器能够检查出具有一定量的金属成分的物品,包括磁性材料和非磁性材料。金属探测器除广泛用于民航、港口、银行、监狱等安全检查外,还用于工业生产中,如木材加工、棉花加工、食品加工、防止贵重金属的丢失,如美国的核工厂就装备有金属探测器。在我国的造币厂、卷烟厂等也使用金属探测器。此外还在探察地下管道和勘探矿床资源方面也获得了广泛的应用。

用于人身检查的金属探测器分为手持式和通道式两大类。通道式有多种形式,有立柱式、平板式、门框式等形式,称这种通道式的金属探测器为安全门。当人通过安全门时,其随身携带的金属物品就会被检查出来。手持金属探测器用于对人身进行更详细的局部检查,特别是那些经过安全门发出报警信号的那些旅客。金属探测器也用来探测地雷等地面金属物。

2. 通道式金属探测器

像其他科学技术的发展一样,通过式金属探测器技术的发展也是相当迅速的,大体经历了六代产品更新。

第一代通道式金属探测器是无源磁场计。它的装置结构形式是将探测器安装在棍棒或薄板中,由两根棍棒或两块薄板构成人行通道,其探测原理是基于测量地磁的变化。当有铁磁性物品通过探测区时,探测区的地磁受到扰动,探测器探测这个变化用来检测金属物品。要求探测器具有很高的灵敏度,对探测器的周围环境提出了很高的要求,日光灯、电动机以至汽车的启动点火都可能给探测器带来干扰,因此系统的抗干扰能力很差。并且对于非铁磁物质不能扰动地磁变化,如不锈钢、金、银、铜、铝等非铁磁物质,即使通过检测区也无法探测出来。随着用各种非铁磁性材料制成的武器和爆炸装置的出现,所以这种设备的应用受到了限制,难于获得广泛的应用。

第二代安全门产品是有源探测器。它不是靠测量地磁变化的原理,而是由探测器本身在探测区域建立一个稳定的交变磁场,当有金属物品通过或靠近该探测区时,这个自建交变磁场的强度、相位和频率都将发生变化,用电子电路检测这种变化从而检测出金属物品的存在。这种探测器不仅可以探测铁磁物质,也可以探测非铁磁物质。由于自建磁场可以做得很强,有可能在接受线圈中感应出高达几伏到十几伏的感生电压,而被检物产生的有用信号电压只有几十微伏到几毫伏,因此很难检测。解决的办法是要求接收线圈和发射线圈完全正交达到零耦合,有效地抑制发射电磁场。在设备结构上,要求收、发系统成为一个刚体,并且要求在搬运过程中不能碰撞,受潮热不变形等苛刻条件。另外,在使用现场,旅客携带的大件金属物品,因环境温度、周围电磁场的变化以及内部电路参数的漂移都会影响探测结果。为减少了误报警的发生,克服周围环境的影响,保证足够的灵敏度,需要人工随时作好零平衡的调整。

第三代通道式金属探测器基本上是对有源金属探测器的进一步改进。在自建交变磁场"连续波法"金属探测器原理的基础上,在电子线路上采用了自动调节的闭环消差系统,解决了上述系统存在的两个问题。一是使通道式金属探测器能自动适应环境温度和通道结构的变化;二是自动消除周围固定金属物和固定电磁场的影响,使系统的灵敏度、稳定性、环境适应性和操作方便都得到了改善。

第四代通道式金属探测器是将连续波的工作方式改为脉冲波的工作方式。脉冲场技术是利用金属物通过检测通道时,由于涡流效应,脉冲后沿发生变化,接收线圈探测出这种变化,并通过处理电路辨别是否报警。由于这种技术只是在发射脉冲结束后,打开接收系统拾取有用信号,因而不要求收、发线圈之间的最小耦合。同时拾取有用信号的采样期间可以限制得很窄,这也进一步提高了通道式金属探测器的抗干扰能力。

第五代通道式金属探测器是对探测器的性能进行重大改进。为了减少误报率和提高灵敏度,20世纪80年代中后期通道式金属探测器进入了单片机时代。数据采集、数据处理、控制显示和系统管理等工作,均可由一片或数片单片机担任,使设备的性能和功能得到了改进和提高。除了在总体结构,电路硬件上采取更强的抗干扰措施外,单片机可以针对不同的使用环境,采用不同的数学模型算法,对信号进行软件抗干扰处理。针对旅客携带的小件日用金属品,有些厂家采用向量谐波分析算法。用DSP(信号处理器)对采集的信号进行处理,对金属物的材料和形状有一定的识别能力,减少了由此引起的误报警。单片机还可以随时监控探测器各个部分的工作并把探测状态调到最佳化。通道式金属探测器的人机界面也有很大改善,按键功能由过去的一键一功能变为一键多功能。显示器不仅显示报警电平,而且也可显示设置状态,自检信息和错误代码。设备和设备之间,设备和计算机之间还可以互联网络,交换数据,形成多设备协同工作,构成很强的系统。社会需求与科学进步使通道式金属探测器已达到造型美观,使用方便,维护简单和工作稳定。

第六代通道式金属探测器是在第五代通道式金属探测器性能基础上的又一次改进,探测识别能力、电磁兼容性、对周围环境的适应性以及系统的智能化都得到了很大提高。系统采用微机控制,提供了最佳的信号传输和分析,传感器实现了最佳设计,实现了在整个通道内的最佳探测均匀性和最佳抗干扰能力以及宽范围的可调灵敏度。遥控控制功能、自诊断功能、多种可视的显示和报警功能使得系统操作方便,维护容易。系统可单机安装,也可以组网工作,数据可存储、转储。如图2-4-21所示为不同类型的通过式金属探测器。

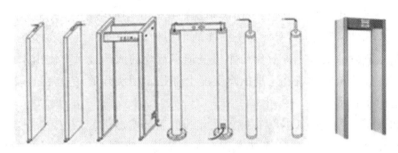

图2-4-21 不同类型的通过式金属探测器

3.手持金属探测器

手持金属探测器广泛用于机场、港口、海关、铁路、监狱、重要出入口及各类公共场所大型活动的安全检查,能快速准确地检查人身和小件包裹中是否含有不允许的各种金属武器及贵重金属,防止犯罪和走私的必要而理想的器材。

手持金属探测器使用对人体无害的微弱低频电磁场,长期工作对人身无任何伤害。对被测物中的胶卷及磁性物质(磁带、信用卡、磁盘等)无任何不良影响。

手持金属探测器的工作原理和金属探测门基本相同,都是仪器本身建立了一个平衡的电磁场,当有金属物品接近时,就破坏了磁场的平衡,电磁场参数发生变化,导致探测场发生变化而引起探测器本身频率,相位和幅度的变化,检测出这些相应的变化量用于报警信号。

手持金属探测器分为外差式、相位式和幅度变化式。外差式受外界因素影响较大,稳定性和灵敏度都不理想,操作使用也较麻烦。而后两者克服了外差式的不足,能适应各种环境条件,而且本身具有自平衡的功能,操作极为方便。

图2-4-22所示为几种不同形状的手持金属探测器。

图2-4-22 几种不同形状的手持金属探测器

五、四极子谐振探测设备

恐怖分子使用塑性、片状和军用级别的炸药对民用航线的安全构成了严重威胁。塑性炸药非常稳定,具有像黏土一样的可塑性,可以被非常容易的隐藏,即使是很小量也有致命的危害。薄片状炸药很难用常规的成像技术探测出来,且人工检查的方法无论从时间花费还是危险程度上都是不切实际的,迫切需要探索探测此类炸药的新技术。

用四极子谐振分析(QRA)探测塑性炸药的新技术已引起关注,这一方法与其他方法相比有许多优点。QRA 技术首次在越南战争期间被美军用来探测塑料地雷。QRA 类似于广泛使用的磁谐振(MR)和磁谐振成像(MRI)技术,但这种技术具有明显的优点,就是不需要把被检物浸入到稳定的、均匀的磁场,而是用无线电波脉冲去探测目标物质的分子结构,这些被探测的混合物最终由它们独一无二的四极矩谐振频率来鉴别。

四极矩谐振分析是一种很有前途的技术,因为它对含有炸药的化学物质具有独特的探测能力。它能很容易地把炸药中的氮成分与无害物质中的氮成分区分开;它能探测托运行李或手提行李中的某些类型的炸药,而且不论炸药的形状怎样或所在位置,准确性都相当高;它也能与各种现行技术相结合来提高整个系统的性能,在检查托运行李或手提行李方面的各种航空安全应用中具有很大潜力,但由于检测速度太慢,目前没有得到应用。

六、气体离子迁移探测设备

气体离子迁移探测设备是根据离子迁移光谱测定技术而设计和生产的一种高效分析仪器,可以用来准确地检测痕量化学残余物,对炸药和毒品具有优越的检测性能。

离子迁移谱测定技术,即 IMS(Ion Mobility Spectrometry)技术,属光谱学的一个分支,是通过研究离子的 mobility(离子的迁移率)这一重要物理特征来实现分子高灵敏度检测的技术,即在确定的温度、气压、电场条件下,通过研究离子自身尺寸、质量、电荷量对 mobility 的影响和在迁移谱上的表征,实现对极微量化学物质的微粒和蒸气的探测和认定。该探测技术具有灵敏度高、检测范围广、针对性强、可扩展性宽、快速便捷等特点。

设备可以对微量炸药以及毒品进行探测,探测灵敏度高、探测率高,误报率低(小于 1%)。

可探测的炸药包括 4C(RDX)、季戎(PETN)、硝化甘油(NG)、梯恩梯(TNT)、硝铵(Ammonium Nitrate)、二硝基甲苯等(DNT)。可探测毒品包括可卡因(Cocaine)、海洛因(Heroin)、安非它明(Amphetamine)等

目前由于各种炸药和毒品的渡越时间都集中在较短时间段之内,所以只能探测 30 种。如果某个人触摸过毒品或炸药,他的手摸过的地方,被别的人也摸了,也就是他的手触摸的轨迹,也会被探测出来。灵敏度过高,容易误报。

七、瓶装易燃、易爆液体探测

由于易燃、易爆液体很容易地伪装在看起来与一般无害液体相同的瓶子内被偷偷地带上飞机、火车,它们正对民航以及公共安全构成严重威胁。开瓶检查不仅效率低,还会引发旅客的抵触情绪,因此,迫切需要有一种简单、快速、准确和廉价的仪器来探测装在瓶子内的危险液体。

近年来,世界各地的公司都在探索开发探测瓶装液体的技术和设备,Quantum Magnetics 公司研制的液体内容鉴别系统是一种安全的非入侵式的探测系统,主要使用磁谐振(MR)和非电离激发去分析封在非金属液体容器内的内容,然后分类成有害的和无害的。X 射线 CT 设备通过对液体瓶进行断层扫描,计算瓶内的液体密度,从而识别出液体的类型。理想双能量技术通过探测瓶内液体的原子序数去识别液体的类型。微波技术也用来分析封闭在瓶子中的液体,微波信号可以穿过任何非金属容器,用微波信号来测量被检液体的介电响应,根据介电响应来区分大多数良性液体和危险液体。

八、热中子探测技术

传统 X 射线检查设备主要是依靠物质等效原子序数或质量密度来识别违禁物,对于塑料武器和无形炸弹以及既无金属部件又具有可塑性的新材料和爆炸机制,不能可靠地探测。

中子检测技术是射线无损检测技术的一种,由于中子本身的许多特殊性质,导致中子检测技术在射线无损检测和无损评价中起着其他检测方法不可替代的作用。近年来,中子技术被用来探测行李物品中隐藏的炸药、毒品等违禁品,以及对大型集装箱以及卡车的检查。

随着核电子学、中子管设计等工作取得的进展,利用中子进行检测越来越受到重视。

九、TERAHERTZ(亚毫米)波炸药探测技术

TERAHERT 波也称 T 波、太赫兹、远红外或亚毫米波。近十几年来,随着超快激光技术的迅速发展和飞秒光脉冲出现,为太赫兹脉冲的产生提供了稳定、可靠的激发手段,使太赫兹辐射的产生和应用得到了蓬勃发展。太赫兹电磁辐射在基础研究、工业以及国防领域中有非常重要的应用,因此,世界上很多研究机构相继开展了该领域的深入研究,并已取得了很多重要成果。

像无线电波一样,太赫兹波可以穿透衣服、纸张、塑料和其他包装材料,能够得到隐藏物品的太赫兹图像。当太赫兹和物质相互作用时,还能够得到许多物质的特征太赫兹光谱,因此可以用来识别物质。试验证明,太赫兹不仅可以探测隐藏的金属物品,还可以探测炸药、毒品、陶瓷武器等,使用太赫兹技术的安全检查设备正在开发中。

近年来,许多大学的实验室和一些公司开展了太赫兹技术的应用研究,在未来几年内,用于探测人体以及物品的太赫兹设备将进入实用阶段。以色列和 Smiths 联合开发的手持太赫兹探测棒会像金属探测器一样对人体隐藏威胁物进行探测,它不仅能探测金属武器,还能探测炸药以及非金属物品。当太赫兹探测棒探测到隐藏物品时,会发出报警信号,并给出是否包含炸药的指示。所以,太赫兹设备可以用来探测隐藏在行李物品和人体的小量炸药的探测。利用太赫兹(THz)干涉测量成像还可以用于远程炸药探测(见图 2-4-23、图 2-4-24)。

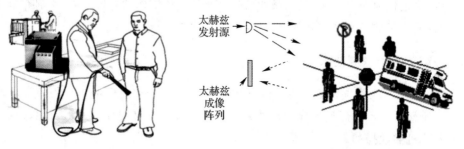

图 2-4-23 检查点使用的太赫兹探测棒　　图 2-4-24 太赫兹远程炸药探测示意图

十、思考题

(1)防爆安全检查的作用是什么?

(2)防爆安全检查设备常见的有哪几种技术?

第五节 停车场(库)安全管理系统

一、概述

停车库(场)安全管理系统是安全技术防范领域的重要组成部分,是对进、出停车库(场)的车辆进行自动登录、监控和管理的电子系统或网络。也是出入口控制系统的一种应用模式,同时也综合了视频监控、报警等其他安全防范技术。这里所说的车辆主要是指出/入停车场的机动车辆,包括大型车、中型车、小型车、摩托车、三轮车等。它是满足人们对车辆的出入等安全需要,以及满足人们对车辆停车引导、计费、驻车等管理需要双重要求的产物。本节重点是从安全防范的角度展开的,对非安全防范的管理功能也做了一般性描述。

二、系统构成

停车库(场)安全管理系统主要由入口控制部分、出口控制部分、(库)场内监控部分、中心管理/控制部分组成。简单的系统不设置(库)场内监控部分。停车库(场)管理系统组成框图如图2-5-1所示。

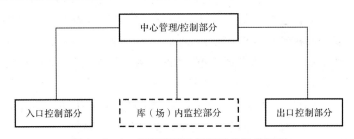

图2-5-1 停车库(场)管理系统组成框图

1. 入口控制部分

入口控制部分主要由识读、控制、执行这三部分组成。可根据安全与管理的需要扩充自动发卡设备、识读/引导指示装置、复核用图像获取设备、对讲设备等。入口控制部分组成框图如图2-5-2所示。

(1)识读部分。可采用编码设备或特征识别方式,最常见的编码识别是感应卡识别;最常用的特征识别是对车辆牌照的识别。识别可采用单一识别方式,也可采用多种手段复合识别。在应用中复合识别可以是对单一目标(驾驶员或车)的识别,也可以是对双目标(驾驶员和车)的识别。

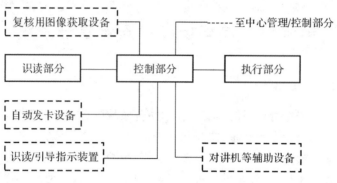

图 2-5-2 入口控制部分组成框图

（2）控制部分。获取从识读部分发来的目标身份信息,经核实处理,向执行部分发出指令,对符合放行的车辆予以放行,拒绝非法侵入。有些系统还能驱动指示装置,显示进入车辆的信息及库（场）内的车位等信息。为方便临时车辆入场,有的系统还增设无人值守的自动出卡设备,与中心值班人员通话的对讲设备等。

复核用图像获取设备（如摄像机）主要用于对安全要求高的场所,常与库（场）内监控系统联合设置。

（3）执行部分。根据安全和管理需要,执行设备可采用出入准许指示装置或阻挡设备。电动栏杆机是应用最为广泛的停车库（场）执行设备。其阻挡能力有限,有诸多防砸车等对机动车的保护设计,不能起到阻止犯罪分子驾车闯关的作用,也属于出入准许指示部件。升降式地挡（阻止车辆通行的装置）等阻挡设备,主要用在对安全要求较高的场所。

在应用中,电动栏杆机常与车辆感应装置（如探测金属的环路检测器,也称地感控制器）一起使用,满足防砸车、自动触发落杆等功能要求。

2. 出口控制部分

出口控制部分的设备组成与入口控制部分基本相同,也主要由识别、控制、执行这三部分组成。出口控制部分组成框图如图 2-5-3 所示。但其扩充设备有所不同,主要有自动收卡设备、识读/收费指示装置、复核用图像获取设备、图像显示设备等。具有图像复核和/或对临时车辆收费的系统,在出口处须有值班人员值守。

识读、执行部分功能与入口部分基本相同,只是对于临时车辆,须经值守人员收费、确认后才发出放行信号。在控制部分的扩展方面,指示装置除显示车辆的信息外,还显示临时车辆应收费的信息、储值车辆余额信息、固定车辆（或常租车辆）

卡将到期等信息。自动收卡设备杜绝了值守人员的舞弊行为。在有图像复核(图像对比)的系统中,系统自动调出对应车辆的入场图像,显示在图像显示设备上,由值守人员复核。

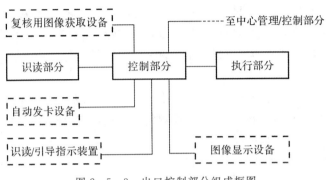

图 2-5-3 出口控制部分组成框图

3. 库(场)内监控部分

在安全与管理要求较高的场所,如大型专用停车库(场)应设置视频监控,对行车道与停车区域进行监控管理,其技术指标满足第 4 张视频监控系统的要求。

4. 中心管理/控制部分

中心管理/控制部分是停车库(场)安全管理系统的管理与控制中心。根据系统产品的具体形式不同,其功能的涵盖范围也不尽一致。有的系统,其中心部分承担的功能多,前端部分承担的功能少;另一些系统,其中心部分承担的功能少,前端部分承担的功能多。系统综合的功能如下:

• 它是停车库(场)安全管理系统人机界面。

• 出入目标的授权管理(对目标的出入行为能力进行设定),如固定车辆(或常租用户车辆)、临时车辆、储值车辆进行授权。

• 出入事件、操作事件、报警事件等的记录、存储及报表的生成。事件通常采用 4W 的格式,即 When(什么时间)、Who(谁)、Where(什么地方)、What(干什么)。对于有图像复核的系统,还把在出入口抓拍到的图像与出入事件信息关联记录。

• 出入目标的出入行为鉴别及核准。把从识别部分传来的信息与预先存储、设定的信息进行比较、判断,对符合出入授权的出入行为予以放行。

• 系统操作员的授权管理。设定操作员级别管理,使不同级别的操作员对系统有不同的操作能力,还有操作员登陆核准管理等。

安全技术防范

- 出入口控制方式的设定及系统维护。单/多识别方式选择,输出控制信号设定等。
- 出入口的非法侵入、系统故障的报警处理。
- 对有收费的系统,还可设定各出入口值守人员的管理、操作与收费权限,并能设置与记录详尽的班次与值守人员登录情况,确保收费安全,防止内盗。
- 对于已设置库(场)内监控的系统,中心管理/控制部分承担了视频监控中心的任务。
- 对于一些大型的、临时车位较多、出入口较繁忙、需收费的系统,可设立一个或多个收费中心,车主先在中心结算,在规定时间内出库(场),只需验证通过,不再收费,大大提高了出入口的通过率。
- 扩展的管理功能及与其他控制及管理系统的连接,如与门禁、电子巡查、入侵和紧急报警、视频监控、消防等系统的联动。

三、功能、性能

1. 常见停车库(场)安全管理系统构建模式

停车库(场)安全管理系统按出入口管理功能可分为不计费模式、计费模式、图像对比模式;按联网模式可分为不联网模式、联网模式;按出入口数量和层次可分为单出入口模式、单区域多出入口模式、多区域或嵌套区域多出入口模式。

在安全要求与管理要求这两个方面,车位引导与计费不同。由于计费系统中存在值守人员对现金收取过程,应在系统的技术层面提出要求,保证其安全。而车位引导则更偏重于停车管理,在系统构建模式上就不考虑其因素,其功能融合在系统中。

(1) 按出入口管理功能分类。

1) 不计费模式:主要针对固定车辆(或常租用户车辆)的,没有或较少有临时车辆的停车库(场)。其收费采用纯人工的方法。

2) 计费模式:适用于须收费的(包括固定车辆、临时车辆、储值车辆混合型)的停车库(场)。

3) 图像对比模式:适用于对安全管理要求较高的场所,利用对车辆出入图像的复核,减少正常持卡开错车的可能,防止车辆被盗。

(2) 按联网模式分类。

1) 不联网模式:针对固定车辆(或常租用户车辆)的停车场,可采用一次性授权方法,平时不联网即可工作。对于有计费功能的不联网系统往往采用可读写的感应 IC 卡技术,将入库(场)信息存于卡上,出库(场)时根据读出的数据自动计算出入时间差得出应收费值。

2)联网模式:将入口部分、出口部分、中心管理/控制部分通过数据网络连接在一起,由中心管理软件统一授权、管理、计算、发布信息。

(3)按出入口数量和层次分类。

1)单出入口模式:即单入单出模式。

2)单区域多出入口模式:在单出入口模式的基础上,通过中心管理/控制部分连接多个出入口。所有入口和出口都对应同一个核算/管理区域。

3)多区域或嵌套区域多出入口模式:在单区域多出入口模式的基础上,通过中心管理/控制部分连接多个出入口。系统分为多个核算/管理区域,各区域可独立也可包容嵌套,每个区域的入口和出口(组)相对应独立完成出入控制、计费工作。对于有嵌套区域的系统,计费应考虑嵌套因素,使其设置满足要求。

2. 停车库(场)安全管理系统功能分类

停车库(场)安全管理系统的需求,体现在安全与管理这两个层面。库(场)出入口控制、库(场)内监控功能满足的是安全需求,而停车库(场)的计费、引导等功能满足的是管理需求。作为安全防范从业者,更应注意安全防范的需求。

(1)停车库(场)的出入口控制功能。

停车库(场)作为出入口控制系统的一种应用模式,在识读、控制、执行等方面的技术功能要求和指标方面,首先应符合出入口控制的相关规定,可参看本章第三节的相关部分。在通道功能设置方面要与其他停车场设施(通道形式、车位布置、标志标线)以及所针对的车辆种类(小型车辆、大型车辆等)、性质(固定车辆、临时车辆、储值车辆等)、流量(通行能力)等相协调、配套,使不同的出入口设备配置,满足不同的应用需求。

(2)库(场)内监控功能。库(场)内监控是对行车道与停车区域进行监控管理,其技术功能要求和指标首先应符合视频监控系统的规定,可参看第四章的相关部分。对于采用图像复核的系统,其前端设备功能和技术指标也应参照第四章的相关规定和要求,使其图像应有利于看清车型(厂牌)、颜色、号牌等。

(3)停车库(场)的计费、引导等管理功能。计费停车场能根据管理和使用要求设置费率,常见的对临时车辆计费的方法有昼夜模式和时段模式。昼夜模式可设置早晚时间间隔点,并对白天和夜间使用不同的收费标准,如:从早 6 点至晚 22 点,每 4 小时收费 1 元;从晚 22 点至次日早 6 点,每小时收费 0.6 元等。时段模式可按停留时间的长短设置多个时间段的费率,如:第 1 小时 5 元,第 2~4 小时每小时10元,4小时以上每小时30元等。在同一车库(场)同一时间对不同车型(大车、小车等)也可按不同费率收费。

车位引导功能可由最简单的入场时库(场)内剩余车位数及满位指示,到分区域车位数指示引导,直至每个车位的指示引导。常采用车辆检测装置,对车辆通过及在位情况进行检测,系统根据通过计数及在位结果计算出库(场)内或各区域甚至各车位的停泊情况,将结果发布到车位指示装置上,供驾驶员和管理人员使用。如图2-5-4所示。

在地下车库入口的显示　　在地下1层至地下2层入口的显示　在地下2层至地下3层入口的显示

图2-5-4　某地下车库分层引导显示效果示意图

四、常用设备

停车库(场)的现场设备有分离和集中等多种表现形式,如有的入口现场设备把识读、控制、车辆检测集中为一台设备称为"入口机",出口亦然。但每部分的功能基本一样,下面就常见的识读设备、车辆检测设备、执行设备、现场显示设备、管理控制、图像复核设备及管理软件分别加以介绍。

1. 识读设备

停车库(场)采用的识读设备的基本原理与本章第三节出入口控制系统的相同。对于固定车辆和储值车辆常采用读卡距离在50 cm～1 m的无源卡识读设备;或采用3～8 m的远距离有源卡识读设备,实现不停车控制。使用远距离识读时要注意防止非授权车辆提前通过的问题。对于临时车辆常采用出卡机和收卡机等设备。它们把识读设备集成其中。出卡机出卡的同时完成读卡操作,用于无人值守的入口,出卡机常备对讲功能,当有应急情况时可与中心值班人员通话。收卡机执行收卡操作时先自动读卡,系统判断有效性及类别,再决定是否自动收卡,不符合收卡条件的卡片将自动退出。某出卡机外观尺寸示意图如图2-5-5所示。

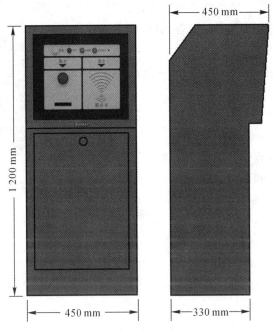

图 2-5-5 某出卡机外观尺寸示意图

2．车辆探测设备

车辆探测设备是停车库（场）常用设备，主要用于防栏杆机误砸车辆、触发自动落杆信号、车辆通过计数等，也可用在出卡机及收卡机旁，保证有车时才能操作设备。常用的车辆检测设备是探测金属的环路检测器，也称地感控制器，是一种外接环状大线圈的金属探测设备，环路检测器工作时，线圈与内部电路构成 LC 回路振荡器，通常的工作频率在 200～400 kHz。当车辆通过时，车辆上的金属靠近线圈，改变了 L（电感）值，使振荡器频率发生变化，环路检测器的内部电路检测到这种变化，输出有无车辆的信息。

某环路检测器举例（见图 2-5-6 及图 2-5-7）：

(1)主要技术指标。

• 适用于车辆通行道口，检测车辆通行、防止电动栏杆机的栏杆砸车、触发落杆等动作。

• 探测灵敏度 8 级可调。

• 对外界环境温度及传感线圈能自动适应。

• 环路有 4 种频率可供选择，防止相邻环路的交调串扰。

- 3种继电器接点输出方式可供选择：

方式1：车辆驶入时，接点吸合，并维持直到车辆驶出，接点释放。

方式2：车辆驶入时，接点吸合，并维持300 ms后，接点释放。

方式3：车辆驶出时，接点吸合，并维持300 ms后，接点释放。

- 继电器接点容量：24V/2A。
- 可适应的线圈电感量：50～220μH。
- 线圈建议尺寸：用直径1.5 mm的BV线，

图2-5-6 某环路检测器外观示意图

绕制76 cm×183 cm的矩形框4～5圈，并用塑料胶带缠紧避免松弛影响性能。

（2）注意事项。

- 线圈附近，特别是线圈正下方不能有大量的金属物质，否则会工作不正常甚至不能工作。
- 相邻安装的线圈间，其线圈边缘应至少离开30 cm以上。
- 绕制好的线圈铺设应牢固，不能因车辆驶过等外接因素使其晃动、变形，否则也会工作不正常甚至不能工作。

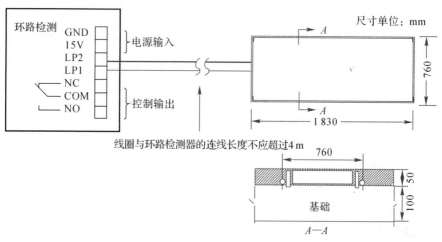

图2-5-7 某环路检测器接线及线圈示意图

- 车辆检测除了可以采用上述埋地线圈检测外，还可以采用红外检测、雷达检测技术、视频检测等多种方式。采用视频检测具有可以避免破坏路面、适合移动式、便携式等应用的优点。

3. 执行设备

电动栏杆机是最常见的停车库(场)用出入口执行设备,起到对机动车的放行与拒绝作用,常与车辆检测装置一起使用。对于有限高的地下车库,其栏杆采用折臂方式。

某栏杆机设备举例。

(1)主要技术指标:

- 采用 PWM(脉宽调制)调制技术,可以对运行速度连续调整;
- 抬起或落下栏杆时间最短为 3.5 s;
- 设置有栏杆机遇到障碍自动打开功能(需加装气动传感器);
- 具有无触点起停控制,电机过流保护,电机换向控制,平滑速度控制,电子刹车;
- 可由停车场控制器及车辆环路检测器直接与其连接并实施控制;
- 还可以和无线遥控器,控制按钮,红外保护器等其他设备连接;
- 有自学习模式,自动调整运行平稳性;
- 机器使用寿命:>1 000 000 次;
- 电机额定扭矩:0.3 N·m;
- 杆长(直杆或折杆):2.5~6 m;
- 噪音:<60 db;
- 环境温度:-20~50℃。

(2)注意事项。

- 当栏杆长度等负载情况发生变化时,应及时调整匹配拉簧的松紧度,或更换拉簧。
- 在学习模式下,自动调整到最佳点时,应立即退出学习模式,栏杆机会记住此时的数据,良好工作。不要让栏杆机一直工作在学习模式下。
- 当发生停电事故,栏杆机不能正常起落时,应用随机工具松开离合,用手扶起栏杆,再把栏杆离合锁紧。
- 正常工作时,必须把离合锁紧。

安装有折臂装置的某栏杆机示意图如图 2-5-8 所示。

某栏杆机的外形尺寸及结构说明图如图 2-5-9 所示。

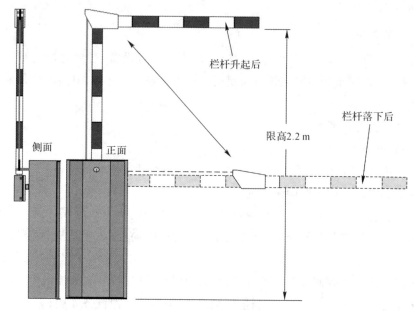

图 2-5-8 安装有折臂装置的某栏杆机示意图

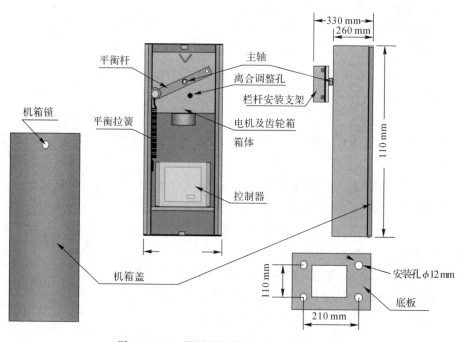

图 2-5-9 某栏杆机外形尺寸及结构说明图

4. 现场显示设备

现场显示设备主要有放行拒绝指示用红绿信号灯、多功能入/出信息及车位引导显示用 LED 显示器、多功能信息及复核图像显示用 PC 用 CRT 或 LCD(见图 2-5-10)。

图 2-5-10 某出口显示屏的剩余车位指示示意图

5. 管理控制、图像复核设备及管理软件

(1)现场控制器:现场控制器是重要的管理控制装置,在系统中,现场控制器通常安装在入口和出口部分内,与现场的识读设备和执行设备相连接。控制器内可存储该出入口可通行的目标权限信息、控制模式信息及现场事件信息。

(2)图像复核设备及管理软件:具有图像对比功能的系统,其出口应设置图像复核显示设备,通常由 PC 机、视频采集卡及管理软件组成。

某停车场图像对比服务器接线端子说明图如图 2-5-11 所示。某停车场管理软件部分界面如图 2-5-12 所示。

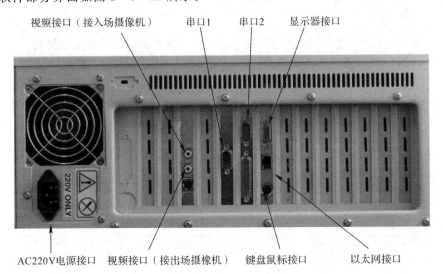

图 2-5-11 某停车场图像对比服务器接线端子说明图

图 2-5-12 某停车场管理软件部分界面

五、主要技术指标

1. 车辆信息识读功能

应能通过车辆信息识别装置,识读车辆身份编码信息。

2. 车辆感应功能

应能通过车辆感应装置,感知车辆。

3. 信息保存

在场车辆信息永久保存;出/入场信息(包括车辆信息,车主信息,出/入场时间信息等)保存时间≥1年;出/入场图片信息保存时间≥15天。

4. 声光提示

系统各部分应对工作状态、操作与结果、出入准许、发生事件等给出可见的、发生的指示。

5. 挡车功能

应能通过挡车装置,允许/禁止车辆的通行。

6. 应急开启

在停电或系统不能正常工作时,应可以手动开启和关闭挡车装置。

7. 防重入、重出功能

应具备防止车辆利用同一车辆身份编码信息多次进出停车场的功能,即一车专卡。

8. 脱机运行功能

在脱离中央管理装置的情况下,系统能实现车辆的出入控制。

9. 系统自检

系统自检时间≤10 s;自检内容包括出/入口控制单元状态、挡车装置状态(异常、正常)、网络状态等。

10. 权限管理功能

对系统操作(管理)员的授权管理和登录核准进行管理,应设定操作权限,使不同级别的操作(管理)员对系统有不同的操作能力。

11. 车辆身份编码信息管理功能

应能对车辆身份编码信息能进行管理和并通过系统控制该信息对应车辆的进出。

12. 收费管理功能

应具备对车辆停车费用的设定、计算和管理功能。

13. 事件记录功能

将出入事件、操作事件、报警事件等记录存储于系统的相关载体中,并能形成报表以备查看。

14. 事件阅读、打印与报表生成功能

经授权的操作(管理)员可将授权范围内的事件记录、存储于系统相关载体中的事件信息,进行检索、显示和/或打印,并可生成报表。

15. 自动发出/回收车辆身份编码信息

在需要的情况下,能自动发出/回收车辆身份编码信息。

16. 异常开启记录

异常开启时,出/入口控制设备自行记录(发生时间、出/入通道号、操作员)并上传到管理机记录。

17. 后备电源

系统停电后,应自动切换后备电源并能够维持系统正常运行不少于 15 min。

18. 报警

出/入口控制设备、网络、挡车装置等设备出现异常时应有声光提示报警。

19. 防砸车功能

当挡车装置关闭过程中,若车辆进入挡车器工作区内时,设备能够自动避开,防止意外发生。

20. 图像对比监控功能

应能在同一界面上显示车辆的出入图片,(操作员)核对后可控制挡车装置开启/关闭。出/入场车辆图像分辨率:不低于 320×240 像素点。

21. 对讲系统功能

可增加对讲系统,使车辆驾驶人员能和操作(管理)员进行及时有效的沟通。

22. 车辆自动识别功能

能增加车辆自动识别模块,实现车辆特征信息(如车牌)的自动识别。

23. 系统接口

扩充性强,留有与其他系统接口,方便其他系统(如物业管理系统、门禁管理系统、消费系统等)互相兼容。

六、停车库(场)管理系统的应用举例

1. 应用需求

某项目的停车库(场)为带嵌套区域的、带图像对比、引导、计费的系统。出入

口分布图如图 2-5-13 所示。

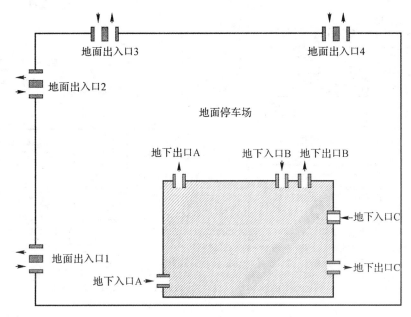

图 2-5-13 停车库(场)系统出入口分布图

其中地面有 4 个出入口(含 4 入 4 出),允许内部车辆(固定车辆)、外来车辆出入,对外来车辆计费。通过地面停车场可到达该区域内的地下车库出入口。地面出入口标示为地面出入口 1～4。从任何入口进入可从任何出口出去。

地下出入口只允许内部车辆进入,外来车辆禁止进入。地下车库从 B1～B3 共分三层,要求按层划分区域设置车辆引导系统。地下车库的出入口标示为地下入口 A～C,及地下出口 A～C。

从 A 入口能进入 B1,B2,B3;从 B 入口只能进入 B2,B3,不能进入 B1;从 C 入口只能进入 B2,B3,不能进入 B1;

在 B1 层,只能从 C 出口离开;在 B2 层,只能从 A,B 出口离开;在 B3 层,也只能从 A,B 出口离开。

2. 应用设置

考虑到该项目的情况,经综合设计,最后的应用设置情况如图 2-5-14～图 2-5-22 所示。

(1)地面出入口部分如图 2-5-14、图 2-5-15 所示。

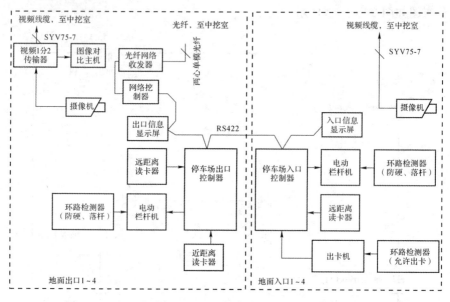

图 2-5-14 地面出入口 1～4 的每个出入口的设备连接示意图

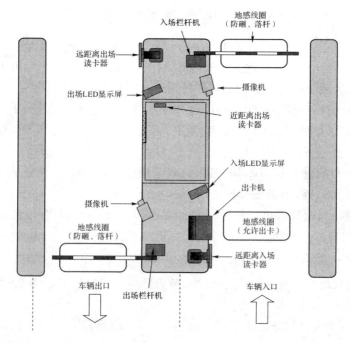

图 2-5-15 地面出入口 1～4 的每个出入口的设置效果图

（2）地下出入口部分如图 2-5-16、图 2-5-17 所示。

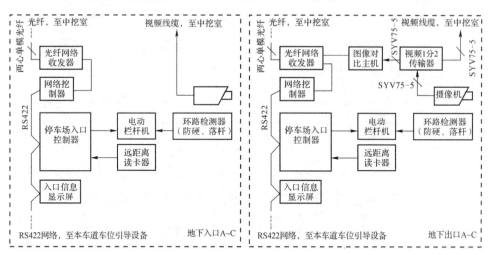

图 2-5-16　下出入口设备连接示意图

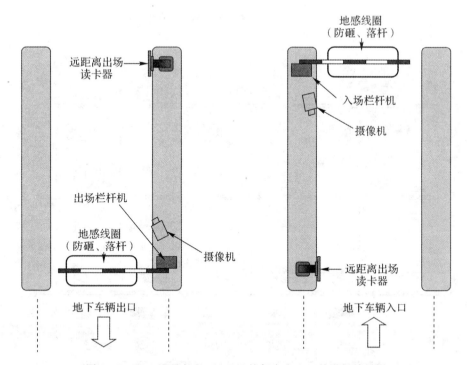

图 2-5-17　地下出入口 A～C 的每个出入口的设置效果图

(3)地下车库引导部分如图2-5-18至图2-5-21所示。

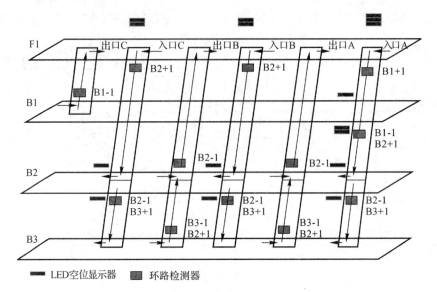

图2-5-18 停车库车位引导设备布置示意图

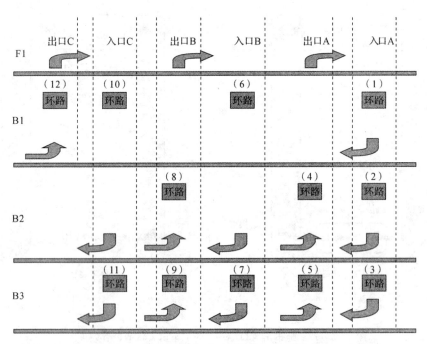

图2-5-19 地下停车库车位引导部分车辆检测设备布置示意图

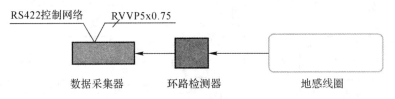

图 2-5-20　车位引导车辆检测计数设备示意图

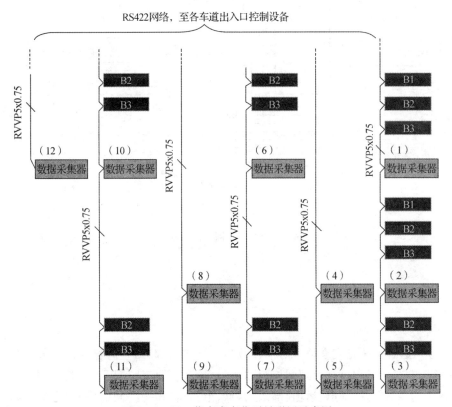

图 2-5-21　停车库车位引导联网示意图

(4)中心管理部分如图 2-5-22 所示。

七、思考题

(1)停车库(场)安全管理系统的定义是什么？
(2)停车库(场)安全管理系统的主要功能有哪些？
(3)停车库(场)安全管理系统出入口识别技术有几类？

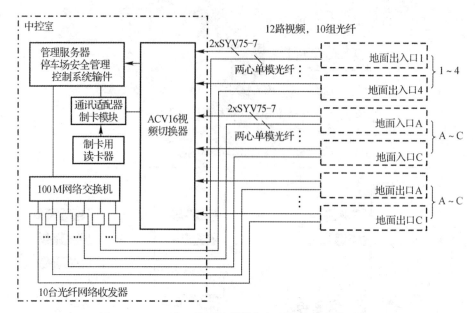

图 2-5-22 中心管理控制设备与现场设备连接示意图

第六节 其他系统

一、电子巡查系统

1. 电子巡查系统概述

电子巡查系统是安全技术防范领域的重要组成部分,是对保安巡查人员的巡查路线、方式及过程进行管理和控制的电子系统。其广泛使用于宾馆、商务楼、住宅小区、工厂、医院、邮电、运输、部队、监狱、电力、油田等一切需要对预定的场所、部位,进行定时、定点巡查的安全防范管理与行政管理的场所。

电子巡查系统主要由信息标识、数据采集、数据转换传输及管理软件等部分组成。

2. 电子巡查系统的分类

依照巡查信息是否能即时传输到管理终端,电子巡查系统一般分为离线式和在线式两大类。

（1）离线式电子巡查系统。巡查人员采集到的巡查信息不能即时传输到管理终端的电子巡查系统为离线式电子巡查系统。它由信息装置、采集装置、信息转换装置、管理终端等部分构成，其原理框图如图2-6-1所示。

注1：图中大虚线框表示其中的设备可以是一体化设备，也可以是部分设备的组合。（下同）
注2：图中小虚线框中的打印机表示属于可选设备。（下同）

图2-6-1 离线式电子巡查系统原理图

离线式电子巡查系统仅能对巡查方式、路线、人员、时间进行事先约定、设置，也只能在事后采集结果并进行分析统计，不能对进行中的巡查过程实施监管。它的实质是仅对巡查人员是否执行正常巡查进行管理。

（2）在线式电子巡查系统。识读装置通过有线或无线方式与管理终端通信，使采集到的巡查信息能即时传输到管理终端的电子巡查系统称为在线式电子巡查系统。它由识别物、识读装置、管理终端等部分构成，其原理框图如图2-6-2所示。

图2-6-2 在线式电子巡查系统原理图

在线式电子巡查系统不仅能对巡查方式、路线、人员、时间进行事先约定、设置，并在事后采集结果并进行分析统计，还能对进行中的巡查过程实施监控管理，对在巡查过程中出现未按规定时间、轨迹巡查的行为发出报警信息。它在满足离线式电子巡查系统的所有功能外，采取主动的方式实时监管，其实质不是仅对巡查人员是否执行正常巡查进行管理，还能通过不正常的巡查行为（时间、轨迹不正常）及时发现情况，减少巡查人员的失误，在一定程度上也保护了巡查人员的安全（如巡查过程中被劫持、伤害，有突发事件发生等）。

3. 离线式电子巡查系统的组成、主要设备的功能及信号传输方式

离线式电子巡查系统产品结构简单、容易施工、使用方便，应用最为广泛。

（1）信息装置。由储存有ID信息的载体介质组成，最常见的是接触式信息钮（见图2-6-3），它体积小巧，很方便安装，也有采用感应卡作为信息装置的。系统以信息装置的ID信息表征地址信息，由采集装

图2-6-3 接触式信息钮

置收集信息后再做处理。安装时应牢固,并方便采集装置采集信息。

(2)采集装置。采集装置内置识读电路和存储单元,用于采集、存储巡查信息的设备(见图2-6-4)。巡查信息包含时间、地点及人员信息。为方便巡查人员日常握持使用,采集装置常设计成外形为棒状、枪柄状等体积大小适中,具有一定防水、防尘能力,内置电池的设备。

图2-6-4 采集装置

(3)信息转换装置。在离线式电子巡查系统中,信息转换装置用于采集装置与智能终端之间进行信号转换及通信。常见信息转换装置和智能终端之间采用RS232接口连接(见图2-6-5)。

图2-6-5 信息转换装置

(4)智能终端。在离线式电子巡查系统中,智能终端可由专用智能终端设备、PC机及其管理软件组成,是电子巡查系统的管理中心,负责基本设置、生成数据报表、巡查统计等功能。

4. 在线式电子巡查系统的组成、主要设备的功能及信号传输方式

在线式电子巡查系统较离线式复杂,成本较高,常与出入口控制系统联合设置。

(1)识别物。识别物就是在在线式电子巡查系统中,供现场识读装置识别巡查人员等信息的载体,可分为编码识别物和特征识别物。感应式ID卡、信息钮都是常见的编码识别物,也有用指纹等生物特征信息作为识别物的。识别物的作用就是让系统知道是谁(巡查人员)操作,以便与时间和地点等数据组成电子巡查信息。

(2)现场识读装置。在在线式电子巡查系统中,现场识读装置就是安装于巡查

现场的表征地址、时间信息并通过对识别物的识读,实现巡查信息采集、存储及与智能终端进行通信的设备。根据不同的识别物,有不同的识读前端相对应。在应用时,巡查人员到达巡查现场,经操作,使现场识读装置采集到表征巡查人员信息的识别物,再由现场识读装置中的处理部分将时间信息和位置信息一起生成一条巡查记录,并暂存于现场识读装置的存储单元中,以便通过传输部分实时传递给智能终端。

(3)智能终端。在线式电子巡查系统的智能终端,除能完成离线式电子巡查系统智能终端的基本设置、生成数据报表、巡查统计等功能外,还能监控巡更过程,对非正常的行为及时报警。常与出入口控制系统的管理中心联合设置。

(4)信号的传输。在线式电子巡查系统现场识读装置与智能终端的信号常用RS485传输,也有通过以太网、电话线传输的。与出入口控制系统联合设置的在线式电子巡查系统,一般不单独采用其他传输方式。

5.电子巡查系统的主要技术指标

(1)一般要求。

1)巡查信息采集。

• 巡查人员通过巡查地点时,按正常操作方式,采集装置或识读装置应采集到巡查信息。

• 采集装置应具有防复读功能。

2)巡查信息存储:

• 采集装置应能存储不少于4 000条的巡查信息;

• 识读装置宜具有巡查信息存储功能,存储容量由产品标准规定;

• 采集装置在换电池或掉电时,所存储的巡查信息不应丢失,保存时间不少于10天。

3)识读响应。

• 采集装置或现场识读装置在识读时应有声、光或振动等指示。

• 采集装置或现场识读装置的识读响应时间应小于1 s。

• 采集装置或现场识读装置采用非接触方式的识读距离应大于2 cm。

• 在线式电子巡查系统采用本地管理模式时,现场巡查信息传输到管理终端的响应时间不应大于5 s;采用电话网管理模式时,现场巡查信息传输到管理终端的响应时间不应大于20 s。

4)计时。管理终端(管理中心)应能通过授权或自动方式对采集装置或识读装置进行校时;采集装置或识读装置计时误差每天应小于10 s;管理终端(管理中心)宜每天对采集装置或识读装置进行校时。

5)传输故障监测。电子巡查系统在传输数据时如发生传送中断或传送失败等故障,应有提示信息。

6)数据输出。采集装置或识读装置内的巡查信息应能直接输出打印或通过信息转换装置下载到管理终端输出打印。

(2)管理软件要求。

1)基本要求。

• 软件应采用中文界面。

• 软件应根据智能终端的配置选择相应的通信协议及其接口。

• 软件应设置登陆和操作权限。

• 软件应有操作日志。

• 更新(升级)时应保留并维持原有的参数(如操作权限、密码、预设功能)、巡查记录、操作日志等信息。

• 对在线式电子巡查系统,应能通过管理终端向各识读装置发出自检查询信号并显示正常或故障的设备编号或代码。

• 软件应能编制巡查计划。除能设置多条不同的巡查路线外,也能对预定的巡查区域、路线进行巡查时间、地点、人员等信息设置,并有校时功能。

• 系统巡查信息在管理终端(管理中心)中保存应不少于30天。

2)巡查记录。

• 每条巡查记录应正确反映时间(精确到秒)、地点、人员信息。

• 巡查记录应正确反映正常巡查的时间、地点、人员;异常巡查的迟到早到、漏巡错巡、人员班次错误等详细记录。

3)查询统计。

• 在授权下可按时间、地点、路线、区域、人员、班次等方式对巡查记录查询、统计。

• 在授权下也可按专项要求(迟到、早到、错巡、漏巡或系统故障等)对巡查记录查询、统计。

4)脱机和联机。在线式电子巡查系统在管理终端关机、故障或通信中断时,识读装置宜独立实现对该点的巡查信息的记录;当管理终端开机、故障修复或通信恢复后能自动将巡查信息送到管理终端。

5)警示。

• 在线式电子巡查系统中,管理终端在巡查计划时间内没有收到巡查信息及收到不符合巡查计划的巡查信息应有警情显示。

• 在线式电子巡查系统中,管理终端收到设备故障或/和不正常报告应有警情显示。

• 在线式电子巡查系统中,当巡查人员发生意外时宜具备向管理终端紧急报警的功能。

6.电子巡查系统的应用

常见的电子巡查系统有如下两种应用模式,分为本地管理模式和远程管理模式。

(1)本地管理模式。通过信号转换装置或现场识读装置将巡查信息输出到本地智能终端上或直接打印,如图2-6-6、图2-6-7所示。

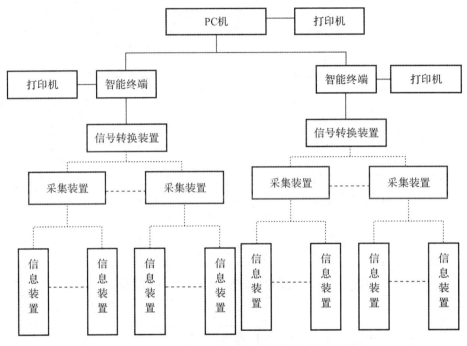

图2-6-6 网络远程管理型(离线式电子巡查系统)

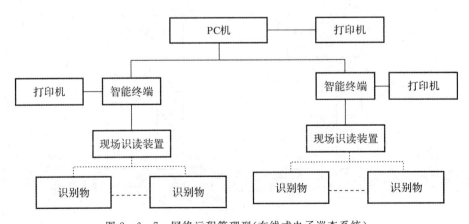

图2-6-7 网络远程管理型(在线式电子巡查系统)

(2)远程管理模式。运用网络或电话线将巡查记录传送到远端的 PC 机上,根据操作权限实现多点操作,如图 2-6-8、图 2-6-9 所示。

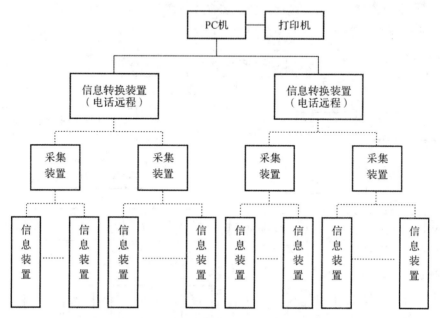

图 2-6-8　电话远程管理型(离线式电子巡查系统)

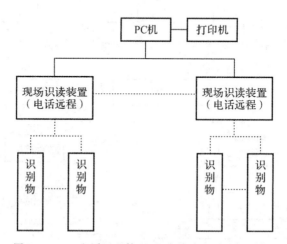

图 2-6-9　电话远程管理型(在线式电子巡查系统)

第二章 安全防范子系统

7. 在线式电子巡查系统与出入口控制系统的关系

在线式电子巡查系统常与出入口控制系统联合设置,联网控制型出入口控制系统大多拥有电子巡查管理模块。

如某出入口控制系统将识别的感应卡片设置为出入卡和巡更卡(巡更:电子巡查的一种通俗称谓),应用系统中所有的出入口识读点都可设置为巡查点。还可根据安全管理需要,在某些点仅设置巡查点而不设置出入口识读点,巡查现场的现场识读装置可以是出入口控制系统的识读控制器,也可以是电子巡查系统的专用设备。

二、楼寓(访客)对讲系统

1. 楼寓(访客)对讲系统概述

楼寓(访客)对讲系统也是出入口控制系统的一种应用模式。常用于居民住宅楼、别墅等地方,有一对一的可视及非可视系统,也有一对多的可视及非可视系统,还有联网型可视及非可视系统。其中联网型可视对讲系统采用的技术除联网外,是其他系统所采用技术的集合。本节内容主要围绕联网型可视对讲系统展开。

2. 系统构成

楼寓(访客)对讲系统主要由中心管理机、(可视)门口机、(可视)室内机、中间传输控制设备、系统电源、传输介质等部分组成。

3. 联网模式

联网模式按系统规模分为独立单元联网模式、多单元联网模式和分片区管理联网模式。按传输方式分为有线公共网络/专用网络联网模式和无线公共网络/专用网络联网模式。如图2-6-10所示为独立单元联网模式示意图。如图2-6-11所示为多单元联网模式示意图。

4. 楼寓(访客)对讲系统的设备功能

根据安全管理的需要,楼寓(访客)对讲系统的功能可分为基本功能和扩展功能。

(1)基本功能。

1)选呼功能:门口机和中心管理机应能正确选呼相应的室内机,并能听到应答提示音。

2)呼叫功能:门口机应能正确呼叫中心管理机,并能听到应答提示音。室内机应能正确呼叫中心管理机,并能听到应答提示音。

3)通话功能：经选呼或呼叫后，能实现双向通话。

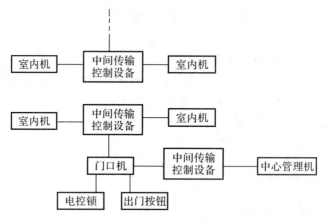

图 2-6-10　独立单元联网模式示意图

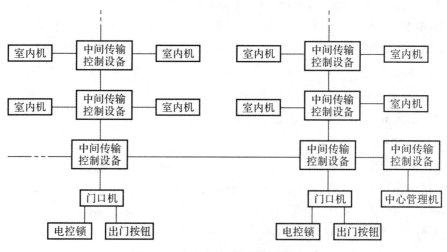

图 2-6-11　多单元联网模式示意图

4)电控开锁功能：经操作，室内机和中心管理机能控制门口机实施开锁。

5)可视功能：可视门口机呼叫可视室内机后，在可视室内机的显示器上能看到由可视门口机摄取的图像。可视门口机呼叫中心管理机后，在中心管理机的显示器上也能看到由可视门口机摄取的图像。

6)夜间摄像机补光及操作功能：可视门口机能提供摄像补光、键盘照明，以便来访者夜间操作和用户识别来访者。

(2)扩展功能。

1)报警功能:具有报警功能的产品或系统,能将门磁、空间移动探测器等接入室内机,实现报警功能。报警信号可在室内机以及中心管理机上得到响应。有报警功能的系统有设防和撤防的功能、对接入的报警探测器发出的报警信号提供瞬时报警、有防拆防破坏报警功能。

2)图像录放功能:系统可拍摄并存储访客的图像,在可视室内机和中心管理机的显示器上可查看拍摄存储的访客图像。

3)留言功能:系统能对访客进行留言存储,在室内机上可提取访客的留言。

4)信息发布功能:系统可提供中心管理机向可视室内机发送图文信息,在可视室内机上可查看相应的图文信息。

5)门禁识别控制功能:在门口机上可通过对卡片特征信息、生物特征信息的识别,实现对人员出入的控制管理。

5.楼寓(访客)对讲系统的信号传输方式

楼寓(访客)对讲系统中有音频、视频、控制等多种信号,联网系统还有联网信号。目前,采用基带传输的系统占绝大多数。音频信号的传输应保证话音清晰、响度适中、不出现共振现象;视频信号传输应保证传输带宽、阻抗匹配、信噪比等等满足要求,保证图像清晰、灰度色彩还原正确、无拖影现象。

6.楼寓(访客)对讲系统的主要技术指标

楼寓(访客)对讲系统应满足系统功能的要求,主要技术指标如下:

(1)通话传输技术指标。

1)全程响度评定值(OLR):具有免提对讲功能的室内机应答通道的全程响度评定值:(18±5) dB;中心管理机至室内机的全程响度评定值:(13±5) dB。

2)频率响应:主呼通道和应答通道的带宽应在 400~3 400 Hz 范围内。

3)非线性失真:主呼通道和应答通道的非线性失真不大于7%。

4)信噪比:主呼通道和应答通道的信噪比不小于 30 dB。

5)侧音掩蔽评定值(STMR):中心管理机手柄端的侧音掩蔽评定值(STMR)不小于 5 dB。

6)振铃声级:室内机和中心管理机的振铃声级不小于 70 dB(A)。具有铃声调节的中心管理机,其振铃声级不小于 55 dB(A)。

(2)视频传输技术指标。

1)图像清晰度:可视室内机和中心管理机的显示屏清晰度(中心水平)大于 200 TVL。

安全技术防范

2)显示灰度等级:可视室内机和中心管理机的灰度等级大于7级。

3)可视门口机环境照度:最低照度大于0.1 lux(黑白),或大于1.5 lux(彩色);最高照度小于4 500 lux(黑白),或小于3 500 lux(彩色)。

4)图像质量:按五级损伤制评定,图像质量不低于4分。

7. 楼寓(访客)对讲系统与其他系统的关系

楼寓(访客)对讲系统也是出入口控制系统的一种应用形式,综合了话音复合、视频监控、入侵和紧急报警系统的技术成果,强调了对门口机所在通道口的出入管理,是智能化居民小区等领域必备的技防手段。

三、思考题

(1)电子巡查系统的技术类型有哪些?

(2)楼寓对讲系统构成及联网模式有哪些?

第三章

安全防范工程建设

第一节 安全防范工程建设程序与要求

一、安全防范工程建设程序

安全防范工程的建设应符合国家法律、法规的规定及 GA/T75—1994《安全防范工程程序与要求》的相关要求。安全防范工程的建设,应纳入单位或部门工程建设的总体规划,根据其使用功能、管理要求和建设投资等因素,进行综合设计、同步施工和独立验收。基本程序如图 3—1—1(图中带 * 号者为重点)所示。

二、建设初期主要环节

1. 项目立项

安全防范工程申请立项前,须进行可行性研究。可行性研究报告经批准后,工程正式立项。可行性研究报告由建设单位(或委托单位)编制。

一般来说,在进行可行性研究前,需编制项目建议书,结合建设单位的安全防范现状,着重分析原有安全防范措施的差距和不足,提出安全防范的实际需求,突出安全防范工程建设的必要性、紧迫性。项目建议书应简练概括地表达建设项目的主要内容,包括项目概况、安全防范现状描述、项目建设的必要性、需求分析、项目建设的条件、建设依据、建设方案综述、系统设计、项目机构和人员、项目建设进度安排、投资额度及资金筹措、效益与风险分析、结论和附件等。

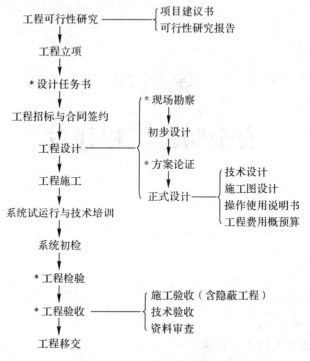

图 3-1-1 安全防范工程程序

可行性研究报告是安全防范工程建设、投资和决策的依据,可行性研究报告是在项目建议书的基础上进行编制,编制时应细化项目建设需求、建设方案和风险分析等内容。对于复杂和特殊工程,要对影响安全防范系统功能或性能的技术路线、主要设备选型等内容进行必要的多方案比较。还要对项目建设规模、技术、工程、经济等方面进行分析,完成包括设备选型、系统建设、人员组织、实施计划、投资与成本、效益及风险等的论证、计算和评价,选定最佳建设方案。

2. 设计任务书的编制

设计任务书是建设单位根据国家有关部门的规定、相关标准规范和管理/使用需求,依据经批准的工程项目立项的可行性研究报告而编制的、对工程建设项目提出设计要求的技术文件。设计任务书是工程招(投)标的重要技术文件之一,是设计单位(或承建单位)进行工程设计、施工的重要依据之一,也是工程验收的主要依据文件。

设计任务书的编制一般由工程建设单位自己完成,无能力独立完成设计任务书的建设单位,设计、施工单位可协助完成。设计任务书中要清晰、明确、合理地表述安全防范目的、建设内容及功能性能要求。设计任务书的主要内容应包括：

(1)任务来源。

(2)政府部门的有关规定和管理要求。

(3)应执行的国家现行标准。

(4)被防护对象的风险等级与防护级别。

(5)工程项目的内容和要求(包括设计、施工、调试、检验、验收、培训和维修服务等)。

(6)建设工期。

(7)工程投资控制数额。

(8)工程建成后应达到的预期效果。

(9)工程设计应遵循的原则。

(10)系统构成。

(11)系统功能要求(含各子系统的功能要求)。

(12)监控中心要求。

(13)建设单位的安全保卫管理制度。

(14)接处警反应速度。

(15)建筑物平面图。

3. 现场勘察

安全防范工程设计前，应进行现场勘察。安全防范行业所称的"现场勘察"有别于工程建设界泛指的"工程地质水文勘察"，仅指进行安全防范工程设计前，对被防护对象所进行的、与安全防范系统设计有关的各方面情况的了解和调查。现场勘察是设计的基础。因此，在进行安全防范系统设计之前，进行"现场勘察"是必要的。对于新建工程或无法进行现场勘察的工程项目，可省略。现场勘察的内容和要求包括以下内容：

(1)全面调查和了解防护对象本身的基本情况。

1)防护对象的风险等级与所要求的防护级别。

2)防护对象的物防设施能力与人防组织管理概况。

3)防护对象所涉及的建筑物、构筑物或其群体的基本概况：建筑平面图、使用(功能)分配图、通道、门窗、电(楼)梯配置、管道、供电线路布局、建筑结构、墙体及周边情况等。

(2)调查和了解防护对象所在地及周边的环境情况。

1)地理与人文环境。调查了解防护对象周围的地形地物、交通情况及房屋状况；调查了解被防护对象当地的社情民风及社会治安状况。

2)气候环境和雷电灾害情况。调查工程现场一年中温度、湿度、风、雨、雾、霜等的变化情况和持续时间(以当地气候资料为准);调查了解当地的雷电活动情况和所采取的雷电防护措施。

3)电磁环境。调查防护对象周围的电磁辐射情况,必要时,应实地测量其电磁辐射的强度和辐射规律。

4)其他需要勘察的内容。

(3)调查了解潜在防范对象的攻击方式和特点。

(4)按照纵深防护的原则,草拟布防方案,拟定周界、监视区、防护区、禁区的位置,并对布防方案所确定的防区进行现场勘察。

1)周界区勘察:①周界形状、周界长度;②周界内外地形地物状况等;③提出周界警戒线的设置和基本防护形式的建议。

2)周界内勘察:①勘察防区内防护部位、防护目标;②勘察防区内所有出入口位置、通道长度、门洞尺寸;③勘察防区内所有门窗(包括天窗)的位置、尺寸等。

3)施工现场勘察:①勘察并拟定前端设备安装方案,必要时应作现场模拟试验。探测器:安装位置、覆盖范围、现场环境;摄像机:安装位置、监视现场一天的光照度变化和夜间提供光照度的能力、监视范围、供电情况;出入口执行机构:安装位置、设备形式。②勘察并拟定线缆、管、架(桥)敷设安装方案。③勘察并拟定监控中心位置及设备布置方案。监控中心面积;终端设备布置与安装位置;线缆进线、接线方式;电源;接地;人机环境。

(5)现场勘察的具体内容依防范对象而定,一般应包括地理环境、人文(社情民意)环境、物防设施、人防条件、气候(温度、湿度、降雨量、霜雾等)、雷电环境、电磁环境等。现场勘察结束后应编制现场勘察报告。现场勘察报告应包括下列内容:

1)进行现场勘察时,对上述相关勘察内容所做的勘察纪录。

2)根据现场勘察记录和设计任务书的要求,对系统的初步设计方案提出的建议。

3)现场勘察报告经参与勘察的各方授权人签字后作为正式文件存档。

4. 评估

建设单位或者安全主体应根据自己的需要对自身当前和未来面临的风险做出识别分析,确定应对策略和具体化解的风险内容,提出风险评估报告。这个活动可以在安全主体认为必要的任何时候开展。通常在工程立项前,安全防范系统更新前等时机进行。它是安全防范工程建设过程中的重要内容。

第三章 安全防范工程建设

三、思考题

(1)设计任务书主要包括哪些内容？
(2)现场勘察的内容有哪些？

第二节　安全防范工程设计

一、概述

1. 设计原则

在安全防范工程设计的过程中，应遵循以下原则：

(1)人防、物防、技防相结合，探测、延迟、反应相协调。安全防范的目标是为了保证人民生命财产安全，具体地讲，是防止在特定区域和空间内受到人为的侵扰或破坏。在进行防护的过程中，单一依赖技防手段或者物防手段或者人防手段都是片面的。而且在所有过程中，人的因素是首要的，如果没有合理有效的管理制度和工作机制配套，其他的办法再高级，也会出现程度不同的安全漏洞，从而导致风险事件的发生。

在具体的系统布防中，物防是基础，人防是关键，技防是手段。在系统的运行过程中，探测是条件，延迟是基础，反应是结果，来保证系统的实施效果。

人防、物防、技防是安全防范的三种基本手段，必须相结合，任何单一的防范手段都不可能实现真正的安全。探测、延迟、反应是安全防范的三个基本要素，必须相协调，在满足 $T_{探测}+T_{反应} \leqslant T_{延迟}$ 的条件下，安全防范系统才是一个有效的系统。

(2)保护对象的防护级别与风险等级相适应。在充分调查实际情况下，按照国家有关规范和相关规定，根据防护目标（保护对象）的风险等级，评估出被攻击特点；根据其防护级别，提出相应的防护措施，以便在系统建成后，将防护目标的风险程度降到可接受的范围内。

(3)系统和设备的安全等级与防范对象及其攻击手段相适应。安全防范系统是用于保护需要保护对象，对抗防范对象攻击的。因此其自身的安全特性，即自身的抗攻击能力是有效发挥防范效能的必要条件。

要根据防范对象的能力和攻击手段，合理选择安全防范系统和设备的安全等级。如在具体选择防盗保险柜产品时，要考虑攻击者使用的破坏工具以及保险柜应提供的防破坏时间，合理选择不同安全等级的产品。

风险等级高的保护对象，通常情况下选择配置安全等级高的系统和设备。

安全技术防范

(4)满足防护的纵深性、均衡性、抗易损性要求。在防护区域和防护目标明确的前提下,如何建立合理有效的纵深防护体系是建设安全防范系统的保证探测、延迟、反应的必要条件。这里的纵深是一种空间和时间相结合的纵深,是保证足够延迟入侵或逃逸的必要条件。

防护体系的均衡性是不言而喻的,这可以从木桶盛水的短板效应来理解。失去了均衡防护,再高级的技防手段也是白搭,入侵者可以从系统最薄弱的地方入手,攻击进来或突破出去。

系统的建设和使用必须能够保证日常的正常使用,有些直接人机接触或接近的设备不应因人体或周围物体的轻微磕碰而损坏,有的还需要抗击一定强度的暴力打击等。

(5)满足系统的安全性、可靠性要求。系统的安全性不仅包括设备不易受到外物的破坏、干扰,也包括所使用的设备不会对人体或防护目标等带来直接或间接的损伤。例如,在文物系统中,某些辅助照明设备就不能对特定的文物直接照射,以避免紫外线照射过度现象的发生。

建设安全防范系统的目的不是摆样子,更不是为了花钱上档次,而是为了系统可靠安全的运行,从而保证达成既定的防范目标。系统的可靠性,以及出现故障后的维护保障措施就成为安全系统的重要系统有效运行的根本基础。

(6)满足系统的电磁兼容性、环境适应性要求。安全技术防范系统是一个电子系统,其电磁辐射和抗静电干扰、抗雷击等电磁兼容性要求非常突出。在实际应用中,第一,不能干扰别人,发射功率要满足要求;第二,要有抗干扰的耐受力,别人也不能干扰自己,也就是在正常的电磁环境还能正常工作,这是起码的要求。有大量的案例表明,电磁兼容性设计和施工是不可或缺的关键环节。

(7)满足系统的实时性和原始完整性要求。安全防范系统是一个实战系统,兼具指挥调度的功能。系统的实时性和原始完整性是实战系统的必然要求。

安全防范系统中的电子防护系统就是要以极小的时延和极高的可靠度,将现场的信息及时准确完整地呈现给系统的后续环节或值机人员等,以便进一步进行各资源的协同配合和及时处置。这其中也包含了传输和存储的数据的不可篡改的要求。

(8)满足系统的兼容性、可扩展性、可维护性要求。现代科技的发展日新月异,无论是探测技术、信息传输技术,还是信息处理显示存储技术,还是供电技术等,都有许多新产品和新技术,有些已经相当成熟,而且成本已经非常低。为更好地利用这些技术,必须在系统建设之初,充分调研,选择成熟而可靠的技术与设备,在保证兼容性和可维护性的前提下,尽可能优化系统的互联配置,以便达到最佳的系统性价比。

(9)满足系统的经济性、适用性要求。尽管许多被防护的目标价值很高,但在有限的经济条件下,如何合理规划,提高资金的使用效率,保证安全防范设备的适用性,也是安全防范系统建设过程中的重要内容。安全永远是有限安全。

2. 总体构思

根据设计任务书和勘察报告,按照上述原则,提出设计构思,包括布防思路、系统选择和主要设备选型的思路、管线路由和承建单位法的构思,进而提出可操作的系统工程造价估算。

初步设计阶段重点解决布防思路和系统选型、系统估价的问题,施工图设计阶段重点解决具体实施细节,确定工程实施的问题。

在工程设计单位面,可以用图文表相结合的方式进行设计,尤其是图纸方式,在表达空间布局和逻辑关系方面,简洁直观,得天独厚,应优先采用。

在布防体系方面,要针对防护目标的空间分布和材质特点等,结合前端探测设备的性能和功能,选择适当的前端设备组合布设,同时明确探测与控制范围。

一般来说,要首先划分好纵深防护体系,特别是各区域边界的合理划分,这必须充分认识到防护目标、管理策略、技术条件等诸多因素的有机结合。比如:出入口控制系统在受控区域的划分上,更要根据安全管理要求及现场勘察记录,制订每个出入口的识读模式、控制方案,选定执行部件,明确控制管理模式(单/双向控制、目标防重入、复合识别、多重识别、防胁迫、异地核准等)。

3. 概(预)算编制

在初步设计阶段和施工图设计阶段均应编制相应的概(预)算书,以便建设单位和工程实施方作为造价估算核算的依据,也是方案论证的重要方面,合理的工程造价是保证系统经济适用运行的必要前提。

概(预)算书中应充分反映安全防范工程中的设备数量、单价和施工工程量,通常按照 GA/T70 — 2014《安全防范工程建设与维护保养费用预算编制办法》和国家相关建设工程或电子工程的定额,结合市场情况进行评估。当然,工程实施方也可以采用工程量综合单价的方法进行自主报价,但不应出现恶意低价和价格虚高的现象。同时,建设单位也应合理评估整体造价,避免被非安全防范目的内容过多占用资金,而无法达到安全防范系统的建设质量和防范效果,这也是保证安全防范市场健康发展的必要条件。

二、布防设计

在进行安全防范工程设计时,要明确保护对象及其须达到的保护程度(即安全

安全技术防范

需求)。保护对象包括保护单位、保护部位和/或区域、保护目标三个层次,即保护对象可以是保护单位的整体范围,也可以是保护单位中的一个或多个部位和/或区域,或者是需要保护的具体目标,具体保护目标可以是重要的人和/或物,也可以是各类系统以及组成系统的重要设备和/或部件等。对于保护单位整体来说,安全需求通常包括防入侵、防盗窃、防抢劫、防破坏、防爆炸等;对于保护部位和/或区域来说,安全需求通常包括防止对部位和/或区域的入侵或接近、窃听或窃视等;对于物品目标来说,安全需求通常包括防止被接近、防止被触及、防止被移动、防止被盗窃、防止被破坏、防止被损毁等;对于人员目标来说,安全需求通常包括防止被接近、防止被伤害等;对于需要保护的系统和/或设备和/或部件来说,安全需求通常包括防止由于各种人为的破坏或攻击,导致系统和/或设备和/或部件出现故障、重要业务中断、出现影响安全的异常状态等。

安全防范工程设计应针对需要防范的对象,按照纵深防护和均衡防护的原则,统筹考虑人力防范能力,协调配置实体防护和/或电子防护设备、设施,对保护对象从单位、部位和/或区域、目标三个层面进行防护。

1. 周界的防护设计

(1)根据安全管理需要可选择实体防护、入侵探测和视频监控等防护措施。

(2)要考虑不同的实体防护措施对不同风险的防御能力。

(3)要考虑不同的电子入侵探测设备对翻越、穿越、挖洞等不同入侵行为的探测能力以及入侵探测报警后的人防响应能力。

(4)要明确视频监控对周界环境的监视效果,至少能看清周界环境中人员的活动情况。

2. 周界出入口的防护设计

(1)根据现场环境和安全防范管理要求,合理选择实体防护和/或出入口控制和/或电子入侵探测和/或视频监控等防护措施。

(2)要考虑不同的实体防护措施对不同风险的防御能力。

(3)要考虑出入口控制的不同识读技术类型及其防御非法入侵(强行闯入、技术开启)的能力。

(4)要考虑不同的电子入侵探测设备对翻越、穿越等不同入侵行为的探测能力以及入侵探测报警后的人防响应能力。

(5)要考虑视频监控设备对出入口的监视效果,通常要能清晰辨别出入人员的面部特征和出入车辆的号牌。

3. 通道和公共区域的防护设计

（1）通常情况下选择视频监控，监视效果要能看清监控区域内人员、物品、车辆的通行状况；重要点位最好能清晰辨别人员的面部特征和车辆的号牌。

（2）对于高风险保护对象周边的通道和公共区域，根据需要可选择电子入侵探测和/或实体防护措施。

4. 监控中心、财务室、水电气热设备机房等重要场所的防护设计

（1）根据现场环境和安全防范管理要求，合理选择实体防护和/或出入口控制和/或电子入侵探测和/或视频监控等防护措施。

（2）实体防护通常选择防盗门和/或防盗窗，其他防护措施要考虑选择的设备类型及其防御非法入侵的能力、报警后的响应时间以及视频监控的监视效果。

5. 保护目标的防护设计

（1）根据现场环境和安全防范管理要求，合理选择实体防护和/或区域电子入侵探测和/或位移探测和/或视频监控等防护措施。

（2）要根据不同保护目标的具体情况和对抗的风险，采取相应的实体防护措施。

（3）可采用区域电子入侵探测、位移探测等手段对固定目标被接近或被移动的情况实时探测报警，要考虑报警后的人防响应能力。

（4）通常情况下，视频监控要确保保护目标持续处于监控范围内，同时考虑对保护目标及其所在区域的监视效果，并至少能看清保护目标及其所在区域中人员的活动情况。当保护目标涉密或有隐私保护需求时，视频监控要能满足保密和隐私保护的相关规定。

三、架构设计

安全防范系统架构设计要按照安全可控、开放共享的原则进行，并考虑下列要素。

1. 子系统和资源

根据现场勘查和风险防护规划以及前端布防情况，确定组成安全防范系统的各子系统以及需要进行集成和/或联网的各类信息资源。

安全防范系统可由一个或多个子系统构成。安全防范系统的子系统主要包括：入侵和紧急报警系统、视频监控系统、出入口控制系统、停车库（场）安全管理系统、防爆安全检查系统、电子巡查系统和楼寓对讲系统等。

其他子系统包括与安全防范系统有密切关系的应急对讲系统、应急广播系统

和应急照明系统等。

2. 传输网络

传输网络依据传输信号电气特性的不同,可分为有线网络、无线网络及其混合网络。有线网络按照传输介质的不同,可分为光纤网络和电缆网络。安全防范系统最好采用专用传输网络,可采用专线方式或公共网络基础上的虚拟专用网(VPN)方式。

系统的主干传输网络最好设计为以监控中心为汇接/核心点(根节点)的星形/树形传输网络拓扑结构,推荐安全防范系统的主干传输网络优先采用独立设置的光纤网络,在目前的安防工程中,常见的主干传输网络是专用的 IP 光纤网络。系统传输的通信链路应满足系统的信息传输、交换和共享应用的需要。系统传输的通信链路指标包括传输衰耗、网络带宽、延时、延时抖动和丢包率等。当有线传输不具备条件时,可考虑采用具有相应安全措施的无线传输方式。

3. 集成/联网方式

根据对安全防范各子系统集成管理以及对各类信息资源共享、交换的实际需要,合理选择适宜的系统集成和/或联网方式。

根据系统复杂程度的不同,安全防范系统可有多种集成和/或联网方式,主要包括通过不同子系统设备之间的信号驱动实现的简单联动方式,通过不同子系统管理软件之间的通信实现的子系统联动方式,通过安全防范管理平台实现对安全防范各子系统以及其他子系统集中控制与管理的集成方式。

4. 安全防范管理平台

根据安全防范系统集成、联网与管理的实际需要,合理规划设计安全防范管理平台的具体功能。安全防范系统可以通过一个安全防范管理平台实现对各安防子系统以及其他子系统的集成,也可以将一个或多个安全防范管理平台的信息向上级联,形成多级联网,实现信息的汇聚与共享。

5. 信息共享模式

根据安全防范系统信息共享应用的实际需要,可设置客户端和/或分平台。客户端和/或分平台宜基于系统专用传输网络进行规划设计。

安全防范管理平台也可通过适当的边界安全隔离措施与基于其他政府/行业/企事业单位专网和/或互联网建设的其他安全防范管理平台和/或客户端和/或其他业务系统实现信息的交换与共享。通过对多级安全防范管理平台的互联,可以实现大范围、跨区域安全防范系统的信息联网、共享与应用的级联方式,根据安全防范管理的需要,安全防范系统还可与其他业务系统进行集成和/或联网的综合应用方式。

6. 存储及其管理模式

根据安全防范系统信息存储与管理的实际需要,合理规划数据存储及其管理模式,具体可分为分布存储分布管理模式、分布存储集中管理模式、传统集中存储集中管理模式、云存储管理模式等。

分布存储分布管理模式是指各子系统独立存储自身数据,独立管理界面,各自授权。

分布存储集中管理模式是指各子系统独立存储数据,独立管理,但可以提供统一的集成界面,集中管理所有数据。

传统集中存储集中管理模式是指对各子系统的数据集中一个地点存储、由统一的管理平台进行管理授权,各子系统可以直接控制到各自所属的数据,但系统不可分割。

云存储是指通过集群应用、网格技术或分布式文件系统等方法,将网络中大量各种不同类型的存储设备通过应用软件集合起来协同工作,共同对外提供数据存储和业务访问功能的一个系统,保证数据的安全性,并节约存储空间。云存储管理模式是指通过云存储架构对各子系统的数据进行统一存储管理。物理上,这些数据的存储地点可以集中在一起,也可以分布在多地,但数据的完整性一致性高,由统一的存储管理平台管理,具有更高的数据 I/O 能力,便于后续的大数据共享应用。各子系统可通过云存储专用接口对相关数据进行访问。

7. 系统供电

根据安全防范系统及其设备的空间分布特点和安全保障需求,结合当地的供电条件,合理选择主电源、备用电源及其供电模式和保障措施。

安全防范系统的供电模式一般可以分为本地供电模式、集中供电模式和混合模式。

在集中供电模式下,主电源或备用电源由监控中心统一接入,通过配电箱/柜和供电线缆将电能输送给安防系统前端负载,根据需要可在各局部区域进行再分配。主电源和备用电源均可采用本地供电模式。

主电源的本地供电模式可以是市电网本地供电模式,或独立供电模式,或其他类型。市电网本地供电模式可直接将安防系统各前端负载就近接入配电箱/柜,由供电线缆将电能输送给该部分安防负载设备。在独立供电模式下,通常由原电池等非市电网电源对安防负载一对一的供电。此类配置一般不再配置备用电源。

8. 接口协议

根据安全防范系统、设备互联互通以及信息共享应用的具体要求,统筹规划设计系统的各类接口以及信息传输、交换、控制协议。

接口协议通常包括各子系统前端设备与安全防范管理平台之间的接入协议；安全防范管理平台之间（包括上下级联）的信息传输、交换、控制协议；安全防范管理平台与其他业务系统之间的数据交换服务接口协议等。这些接口协议的统一规划是安全防范系统、设备互联互通以及信息共享应用的基础。

9. 智能应用

根据用户对安全防范系统信息、数据深化挖掘应用的实际需求，进行安全防范管理平台的智能化模块设计，或在安全防范管理平台之外单独规划设计智能化应用系统，包括视频智能分析系统、大数据分析系统等。视频智能分析系统可实现对视频图像中的人员、车辆、物品和事件等对象的特征、行为、数量进行分析和结构化描述、检测和识别判断，还可实现视频图像的摘要和浓缩、增强与复原、智能检索等处理与深化应用。

10. 系统运行维护

根据安全防范系统接入设备的规模及复杂程度，进行安全防范管理平台的运行维护模块设计，或在安全防范管理平台之外单独规划设计运行维护管理系统或运行维护管理平台，保障安全防范系统、设备以及网络的正常运行。

运行维护管理系统或运行维护管理平台可实现对安全防范系统、设备、用户、网络、业务等进行综合运行维护管理的功能，包括设备信息及生命周期管理、设备/软件/链路监测、视频图像质量检测、用户和日志管理以及对设备接入率/在线率/完好率、故障排除率、系统链路可用率、运行维护日志完整率等指标进行统计分析等。

11. 系统安全

应按照信息安全等级保护相关要求，整体规划安全防范系统的安全策略，选择适宜的安全管控措施保障安全防范系统、设备、数据以及网络的安全。安全管控措施包括系统的接入设备安全措施、数据安全措施、传输网络安全措施以及不同网络的边界安全隔离措施等。

四、功能性能设计

1. 安全防范管理平台

安全防范管理平台是安全防范系统集成与联网的核心，其设计要合理选择下列功能：

（1）集成管理。要能对安全防范各子系统进行控制与管理，实现各子系统的高效协同工作。

(2)信息管理。要能实现系统中报警、视频图像等各类信息的存储管理、检索与回放。

(3)用户管理。要能对系统用户进行创建、修改、删除和查询,对系统用户划分不同的操作和控制权限。

(4)设备管理。要能对安全防范系统的设备在线状态进行监测,宜对系统内设备进行统一编址、寻址、注册和认证等管理。

(5)联动控制。要能实现相关子系统间的联动,并以声光和/或文字图形方式显示联动信息。

(6)日志管理。要能对系统用户的操作、系统运行状态等进行记录、查询、显示。

(7)统计分析。要能对系统数据进行统计、分析,生成相关报表。

(8)系统校时。要能对系统及设备的时钟进行自动校时,计时偏差应满足管理要求。

(9)预案管理。要能针对不同的报警或其他应急事件编制、执行不同的处置预案,并对预案的处置过程进行记录。

(10)人机交互。系统软件要能提供清晰、简洁、友好的中文人机交互界面。

(11)联网共享。要能支持安全防范系统不同管理平台之间以及与非安防系统之间的联网,实现信息交换与共享。信息传输、交换、控制协议应符合国家现行相关标准的规定。

(12)指挥调度。要能支持通过对各类信息的综合掌控,实现对资源的统一调配和应急事件的快速处置。

(13)智能应用。能支持通过对视音频信息的结构化分析、大数据处理等智能化手段,实现对关注目标的自动识别、风险态势的综合研判与预警。

(14)系统运维。能支持对系统和设备的运行状态进行实时监控,对设备生命周期进行管理。及时发现故障,保障系统和设备的正常运行。

(15)安全管控。要采取安全防控措施,保障系统、设备及传输网络的安全运行。能支持对系统、设备及传输网络的安全监测与风险预警。

2. 入侵和紧急报警系统

入侵和紧急报警系统应对保护区域的非法隐蔽进入、强行闯入以及撬、挖、凿等破坏行为进行实时有效的探测与报警。要结合风险防范要求和现场环境条件等因素,选择适当类型的设备和安装位置,构成点、线、面、空间或其组合的综合防护系统。宜考虑同步配置声音复核装置。入侵和紧急报警系统功能设计主要内容如下:

（1）探测。入侵和紧急报警系统应能准确、及时地探测入侵行为、触发紧急报警装置，并发出入侵报警信号、紧急报警信号。

（2）防拆。当入侵和紧急报警系统的探测、传输、控制指示、告警装置等设备被替换或外壳被打开时，应能发出防拆信号。

（3）防破坏及故障识别。当报警信号传输线被断路/短路、探测器电源线被切断、系统设备出现故障时，报警控制设备上应发出声、光报警信息。

（4）设置。应能按时间、区域、部位，对全部或部分探测回路（防区）的瞬时防区、24小时防区、延时防区、旁路、传输、告警、设防、撤防、胁迫报警等功能进行设置。应能对系统用户权限进行设置。

（5）操作。系统用户应能根据权限级别不同，按时间、区域、部位对全部或部分探测回路进行自动或手动设防、撤防、旁路等操作，并应能实现胁迫报警操作。

（6）指示。系统应能对入侵和紧急、防拆、故障等报警信号来源、控制指示设备以及远程信息传输工作状态有明显清晰的指示。

（7）通告。当系统出现入侵、紧急、防拆、故障、胁迫等报警状态和非法操作时，系统应能根据不同需要在现场和/或监控中心发出声、光报警通告。

（8）传输。应能实时传递各类报警信号/信息、控制指示设备各类运行状态信息和事件信息。

（9）记录。应能对系统操作、报警和有关警情处理等事件进行记录和存储，且不可更改。

（10）响应。系统报警响应时间应满足GB/T 32581—2016的要求。

（11）复核。在重要区域和重要部位发出报警的同时，应能对报警现场进行声音和/或图像复核。

（12）联动。系统应能提供接口实现与视频监控、出入口控制、实体防护等其他子系统的联动。

（13）独立运行。安全防范系统的其他子系统和安全管理系统的故障宜不影响入侵和紧急报警系统的运行，入侵和紧急报警系统的故障宜不影响安全防范系统其他子系统的运行；当用于高风险保护对象时，安全防范系统的其他子系统和安全防范管理平台的故障均应不影响入侵和紧急报警系统的运行，入侵和紧急报警系统的故障应不影响安全防范系统其他子系统的运行。

（14）误报警与漏报警。入侵报警系统的误报警率应符合设计任务书和/或工程合同书的要求。入侵报警系统不得有漏报警。

（15）报警信息分析。系统可具有对各类状态/事件信息进行综合识别、分析、研判等功能。

3. 视频监控系统

视频监控系统应对监控区域和目标进行实时、有效的视频采集和监视,对视频采集设备及其信息进行控制,对视频信息进行记录与回放,监视效果应满足实际应用需求。视频监控系统功能设计主要内容如下:

(1)视频/音频采集。视频采集设备的监控范围应有效覆盖被保护部位、区域或目标,监视效果应满足场景和目标特征识别的不同需求。视频采集设备的探测灵敏度和动态范围应满足现场图像采集的要求。视频采集设备宜具有同步音频采集功能。

(2)传输。系统的传输装置应从传输信道的衰耗、带宽、信噪比、误码率、时延、时延抖动等方面,确保视频图像信息和其他相关信息在前端采集设备到显示设备、存储设备等各设备之间的安全有效及时传递。视频传输应支持对同一视频资源的信号分配或数据分发的能力。

(3)切换调度。系统应具备按照授权实时切换调度指定视频信号到指定终端的能力。

(4)远程控制。系统应具备按照授权对选定的前端视频采集设备进行 PTZ 实时控制,或对前端视频采集设备进行工作状态调整的能力。

(5)视频显示和声音展示。系统应能实时显示系统内的所有视频图像,系统图像质量应满足安全管理要求。显示的方式可以是单屏幕单路画面,也可以是单屏幕多画面,也可以是组合屏幕综合显示。显示的图像和展示的声音应具有原始完整性。声音的展示应满足辨识需要。

(6)存储/回放/检索。存储设备应能完整记录指定的视频图像信息,其容量设计应综合考虑记录视频的路数、存储格式、存储周期长度、数据更新等因素,确保存储的视频图像信息质量满足安全管理要求。视频存储设备应具有足够的能力支持视频图像信息的及时保存、连续回放、多用户实时检索和数据导出等。在用户选定的图像质量条件下,各路视频图像信息连续存储周期长度应不少于 30 d。防范恐怖袭击重点目标的视频图像信息在高清(1 080P)、不低于 25 帧/s 条件下,其存储周期长度应不少于 90 d。视频图像信息宜与相关音频信息同步记录、同步回放。

(7)视频/音频分析。根据实际需要,系统可具有场景分析、目标识别、行为识别等视频智能分析功能。系统可具有对异常声音分析报警的功能。

(8)多摄像机协同。根据实际需要,系统可设置多台摄像机协同工作。

(9)系统管理。系统应具有用户权限管理、操作与运行日志管理、设备管理和自我诊断等功能。

(10)联动。系统应能提供接口,实现与入侵和紧急报警系统、出入口控制系统等其他子系统的联动。

安全技术防范

(11)独立运行。安全防范系统的其他子系统和安全防范管理平台(非依赖于视频监控系统的安全防范管理平台)的故障均应不影响视频监控系统的运行;视频监控系统的故障应不影响安全防范系统其他子系统的运行。

(12)集成与联网。系统应具有与其他子系统集成和进行多级联网的能力。

4. 出入口控制系统

出入口控制系统应对不同受控区的出入口,按各种不同的通行对象及其出入权限,对其进、出实施实时控制与管理。出入口控制系统功能设计主要内容如下:

(1)受控区划分。应根据安全管理要求及各受控区的出入权限要求,确定各受控区,明确同级别受控区和高级别受控区,并以此作为系统设备的选型和安装位置设置的重要依据。

(2)目标识别。出入口控制系统应采用编码识读和/或特征识读方式,对目标进行识别。编码识别应有防泄漏、抗扫描、防复制的能力。特征识别应在确保满足一定的拒认率的管理要求基础上降低误识率,满足安全的相应要求。

(3)出入控制。出入口控制系统应根据安全管理需要,可选择使用包括但不限于下列一种出入控制方式或多种出入控制方式的组合:支持对进入受控区的单向识读出入控制功能;支持对进入及离开受控区的双向识读出入控制功能;支持对出入目标的防重入功能;支持复合识别控制功能;支持多重识别控制功能;支持异地核准控制功能;可根据管理需要,合理选择具有防尾随功能的系统设备。

(4)出入授权。出入口控制系统应根据安全管理要求,对不同目标出入各受控区的时间、出入控制方式等权限进行配置。

(5)自我保护。出入口控制系统应根据安全要求,采用相应自我保护措施和配置。位于对应受控区、同权限受控区或高权限受控区域以外的部件应具有适当的防篡改/防撬/防拆保护措施。连接出入口控制系统部件的线缆,位于出入口对应受控区和同权限受控区和高权限受控区域外部的,应封闭保护,其保护结构的抗拉伸、抗弯折强度应不低于镀锌钢管。

(6)指示/通告。出入口控制系统应能对目标的识读结果提供现场指示。当系统出现违规识读、出入口被非授权开启、故障、胁迫等状态和非法操作时,系统应能根据不同需要在现场和/或监控中心发出可视和/或可听的通告或警示。

(7)记录/存储。系统的信息处理装置应能对系统中的有关信息自动记录、存储,并有防篡改和防销毁等措施。

(8)应急疏散。系统不应禁止由其他紧急系统(如火灾等)授权自由出入的功能。系统必须满足紧急逃生时人员疏散的相关要求。当通向疏散通道方向为防护面时,系统必须与火灾报警系统及其他紧急疏散系统联动,当发生火警或需紧急疏散时,人员不用识读应能迅速安全通过。

第三章 安全防范工程建设

(9)联动。系统应能提供接口,实现与入侵和紧急报警、视频监控等其他子系统的联动。

(10)独立运行。安全防范系统的其他子系统和安全防范管理平台的故障均应不影响出入口控制系统的运行;出入口控制系统的故障应不影响安全防范系统其他子系统的运行。

(11)一卡通用。当系统与其他业务系统共用的凭证或其介质构成"一卡通"的应用模式时,应对出入口控制系统与其他业务系统进行独立设置与管理。

5.停车库(场)安全管理系统

停车库(场)安全管理系统应对停车库(场)的车辆通行道口实施出入控制、监视与图像抓拍、行车信号指示、人车复核及车辆防盗报警,并能对停车库(场)内的人员及车辆的安全实现综合管理。停车库(场)安全管理系统功能设计主要内容如下:

(1)出入口车辆识别。停车库(场)安全管理系统应根据安全技术防范管理的需要,采用编码凭证和/或车牌识别方式对出入车辆进行识别。高风险目标区域的车辆出入口可复合采用人员识别、车底检查等功能的系统。

(2)挡车/阻车。停车库(场)安全管理系统设置的电动栏杆机等挡车指示设备应满足通行流量、通行车型(大小)的要求。电控阻车设备应满足高风险目标区域的阻车能力要求。

(3)行车疏导(车位引导)。应根据停车库库(场)的规模和形态设计行车疏导(车位引导)功能,如在入口处车位显示,分层的车辆统计与在位车显示等。

(4)车辆保护(防砸车)。系统挡车/阻车设备应有对正常通行车辆的保护措施,宜与地感线圈探测等设备配合使用。

(5)库(场)内部安全管理。应在库(场)内部设置紧急报警、视频监控、电子巡查等技防设施,封闭式地下车库等部位应有足够的照明设施。

(6)指示/通告。系统应能对车辆的识读过程提供现场指示。当系统出现违规识读、出入口被非授权开启、故障等状态和非法操作时,系统应能根据不同需要向现场、监控中心发出可视和/或可听的通告或警示。

(7)管理集成。系统可与停车收费系统联合设置,提供自动计费、收费金额显示、收费的统计与管理功能。系统也可与出入口控制系统联合设置,与其他安全防范子系统集成。

6.电子巡查系统

电子巡查系统应按照预先编制的人员巡查程序,通过信息识读器或其他方式对人员巡查的工作状态(是否准时、是否遵守顺序等)进行监督管理。电子巡查系

安全技术防范

统功能设计主要内容如下：

(1)巡查线路设置。应能对巡查线路轨迹、时间、巡查人员进行设置。应能设置多条并发线路。

(2)巡查报警设置。应能设置巡查异常报警规则。

(3)巡查状态监测。应能在预先设定的巡查路线中，对人员的巡查活动状态进行监督和记录。应能在发生意外情况时及时报警。

(4)统计报表。系统可对设置内容、巡查活动情况进行统计，形成报表。

(5)联动。根据需要，系统可与视频监控系统、出入口控制系统、入侵报警系统等安全防范子系统联动。

7. 防爆安全检查系统

防爆安全检查系统应由经过专业培训的安全检查人员，在专门设置的安全检查区，通过安全检查设备的探测、识别，配合安全检查人员的专业检查，实现阻止禁限带物品进入保护单位或区域的目的。防爆安全检查系统功能设计主要内容如下：

(1)系统应能对进入保护单位或区域的人员和/或物品和/或车辆进行安全检查，对规定的爆炸物、武器、管制品或其他违禁品进行实时、有效的探测、显示、记录和报警。

(2)系统所用安全检查设备应符合相关产品标准的规定。系统的探测率、误报率和人员、物品和车辆的通过率(检查速度)应满足国家现行相关标准的要求。

(3)系统探测时产生的辐射剂量不应对被检人员和物品产生伤害，不应引起爆炸物起爆。系统探测时泄漏的辐射剂量不应对非被检人员和环境造成伤害。

(4)成像式人体安全检查设备的显示图像应具有人体隐私保护功能。

(5)安全检查信息存储时间应大于等于90 d。

(6)安全检查区应设置在保护区域的入口，安全检查区内设置的安全检查通道数量、配备的安全检查设施和人员应与被检人员、物品和车辆流量相适应。

(7)应根据安全防范管理要求，选择在安全检查区内配置以下安全检查设备、设施：手持式金属探测器；通过式金属探测门或成像式人体安全检查设备；微剂量X射线安全检查设备；痕量炸药探测仪；危险液体检查仪；车底成像安全检查设备等。

(8)人员密集的大流量出入口和通道宜选用高效、安全的快速通过式安全检查设备。

(9)应配备适当数量的防爆处置、防护设施，其存放场所应安全受控、便于设施取用。

(10)应在安全检查区设置视频监控装置，实时监视安全检查现场情况，监视和

第三章 安全防范工程建设

回放图像应能清晰显示安全检查区人员聚集情况、清晰辨别被检人员的面部特征、清晰显示放置和拿取被检物品等活动情况。

（11）针对举办临时性大型活动的场所，应根据实际需要设置临时性防爆安全检查系统。

8. 系统集成与联网

系统集成一般通过综合布线系统和计算机网络等技术，将各个分离的设备、功能、信息等集成到相互关联的、统一、协调的系统（平台）之中，使资源达到充分共享，实现集中、高效、便利的管理。系统集成应采用功能集成、网络集成、软件界面集成等多种集成技术。系统集成实现的关键在于统一接口和协议，以解决设备、子系统、平台等之间的互联、互操作问题。

安全防范系统的集成设计包括子系统的集成设计、总系统的集成设计，必要时还应考虑总系统与上一级管理系统的集成设计。入侵和紧急报警系统、视频监控系统、出入口控制系统等独立子系统的集成设计是它们各自主系统对其分系统的集成。总系统的集成是由安全防范管理平台对各子系统以及其他电子信息系统的集成。安全防范系统可通过独立设置的安全防范管理平台进行集成，也可基于某一子系统的管理平台进行集成。系统集成与联网功能设计主要内容如下：

（1）系统集成与联网方式要根据安全防范管理业务需求、系统资源联网共享、事件快速处置响应和系统运行安全可控等要求，确定系统架构。

（2）对设备或系统进行互联时，要采用适宜的接口方法和通信协议，保证信息的有效提取和及时送达。

（3）为确保系统对各类事件的信息快速传递和有效响应，要对网络性能和任务调度策略进行规划和优化。

（4）要根据信息安全的相关要求，合理规划系统内、外安全边界及安全管控措施，选择安全可控的硬件或软件产品。

（5）系统集成时需要合理规划各类、各级用户和设备的控制管理权限，考虑用户授权策略、控制优先级策略、设备资源受控权限的协调策略、并发访问时共用资源（如网络带宽）的保障协调策略等。

（6）要根据用户工作的习惯性、操作控制的专业性、业务处理易用性和信息显示的直观性等因素，选择适宜的客户端界面，根据需要可支持多种客户端界面。

（7）对于多级联网的系统，各级安全防范管理平台（不与子系统管理平台一体化设置的安全管理平台）和各子系统应能独立运行。

（8）安全防范管理平台（不与子系统管理平台一体化设置的安全管理平台）的故障不应影响各子系统的正常运行。某一子系统（不与安全管理平台一体化设置的子系统）的故障不应影响安全防范管理平台和其他子系统的正常运行。上级安

安全技术防范

全防范管理平台的故障不应影响下级安全防范管理平台的正常运行。

(9)安全防范系统中的承担数据库、信息分发、安全认证等重要功能的硬件或者软件应采用冗余设计,宜进行双机热备份。安全防范系统联网用的关键传输路由宜进行双路由配置。

(10)当安全防范系统与其他电子信息系统集成联网时,其他电子信息系统的故障不应影响安全防范系统的正常运行。

五、监控中心设计

安全防范系统的监控中心,是系统的神经中枢和指挥中心,除了监控室自身的安全防范要求外,还有监控室的环境要求,旨在提醒设计人员要贯彻"以人为本"的原则,按照人机工程学的原理和环保的有关要求,为值班人员创造一个安全、舒适、方便的工作环境,以提高工作效率,避免或减少由于人的疲劳导致的误操作或误判断而造成系统的误报、漏报或其他事故。

监控中心的选址应远离产生粉尘、油烟、有害气体、强震源和强噪声源以及生产或储存具有腐蚀性、易燃、易爆物品的场所,避开发生火灾危险程度高的区域和电磁场干扰区域。监控中心的值守区与设备区宜分开设置,监控中心的值守区与设备区为两个独立物理区域时,设备区应采取不低于监控中心的防护措施,当值守区与设备区不相邻时,两区之间的传输线缆应采取金属管保护。

监控中心应设置为禁区,应有保证自身安全的防护措施和进行内外联络的通信手段,并应设置紧急报警装置和留有向上一级接处警中心报警的通信接口。监控中心出入口应设置视频监控和出入口控制装置。监视效果应能清晰显示进入监控中心人员的面部特征。监控中心内应设置视频监控装置,监视效果应能清晰显示监控中心内人员活动的情况。当监控中心不是出入口控制系统的最高级别受控区时,应加强对设置在监控中心的出入口控制系统管理主机、网络接口设备、网络线缆的保护。

监控中心的面积应与安全防范系统的规模相适应,不宜小于 20 m^2,应有保证值班人员正常工作的相应辅助设施。对于面积较大的监控中心宜配备卫生间,对于系统较大、设备较多的监控中心,建议设置独立的专用设备间,专用设备间应设为禁区。监控中心室内地面应防静电、光滑、平整、不起尘。门的宽度不应小于 0.9 m,高度不应小于 2.1 m。监控中心内的温度宜为 16～30℃,相对湿度宜为 30%～75%。监控中心内应有良好的照明。室内的电缆、控制线的敷设宜设置地槽;当不设置地槽时,也可敷设在电缆架槽、电缆走廊、墙上槽板内,或采用活动地板。根据机架、机柜、控制台等设备的相应位置,应设置电缆槽和进线孔,槽的高度和宽度应满足敷设电缆的容量和电缆弯曲半径的要求。

第三章 安全防范工程建设

室内设备的排列,应便于维护与操作,并应满足消防安全的规定。控制台的装机容量应根据工程需要留有扩展余地。控制台的操作部分应方便、灵活、可靠。控制台正面与墙的净距离不应小于1.2 m,侧面与墙或其他设备的净距离,在主要走道不应小于1.5 m,在次要走道不应小于0.8 m。机架背面和侧面与墙的净距离不应小于0.8 m。

六、传输与路由设计

1. 传输方式

传输方式的选择取决于系统规模、系统功能、现场环境和管理工作的要求。一般采用有线传输为主、无线传输为辅的传输方式。有线传输可采用专线传输、公共电话网、公共数据网传输、电缆光缆传输等多种模式。

选用的传输方式应保证信号传输的稳定、准确、安全、可靠,且便于布线、施工、检验和维修。可靠性要求高或布线便利的系统,应优先选用有线传输方式,最好是选用专线传输方式。布线困难的地方可考虑采用无线传输方式,但要选择抗干扰能力强的设备。

报警网的主干线(特别是借用公共电话网构成的区域报警网),宜采用有线传输为主、无线传输为辅的双重报警传输方式,并配以必要的有线/无线转接装置。

2. 传输线缆

传输线缆的衰减、弯曲、屏蔽、防潮等性能应满足系统设计总要求,并符合相应产品标准的技术要求。在满足上述要求的前提下,宜选用线径较细、容易施工的线缆。

报警信号传输线的耐压应不低于 AC250 V,应有足够的机械强度;铜芯绝缘导线、电缆芯线的最小截面积应满足下列要求:

(1)穿管敷设的绝缘导线,线芯最小截面积不应小于 1.00 mm^2。
(2)线槽内敷设的绝缘导线,线芯最小截面积不应小于 0.75 mm^2。
(3)多芯电缆的单股线芯最小截面积不应小于 0.50 mm^2。

视频信号传输电缆应满足下列要求:
(1)应根据图像信号采用基带传输或射频传输,确定选用视频电缆或射频电缆。
(2)所选用电缆的防护层应适合电缆敷设方式及使用环境的要求(如气候环境、是否存在有害物质、干扰源等)。
(3)室外线路,宜选用外导体内径为 9 mm 的同轴电缆,采用聚乙烯外套。
(4)室内距离不超过 500 m 时,宜选用外导体内径为 7 mm 的同轴电缆,且采用防火的聚氯乙烯外套。

(5)终端机房设备间的连接线,距离较短时,宜选用外导体内径为 3 mm 或 5 mm,且具有密编铜网外导体的同轴电缆。

(6)电梯轿厢的视频同轴电缆应选用电梯专用电缆。

网络数据信号传输电缆用于视频监控、出入口控制、停车库(场)管理等系统进行信息传输和应用时,根据传输带宽与速率、传输距离、设备接口类型、屏蔽与非屏蔽、以太网供电及实际承载电流功耗等因素选择,网络数据信号传输电缆应符合 GB50311—2016《综合布线系统工程设计规范》的相关规定。

光缆应满足下列要求:

(1)光缆的传输模式,可依传输距离而定。长距离时宜采用单模光纤,距离较短时宜采用多模光纤。

(2)光缆芯线数目,应根据监视点的个数、监视点的分布情况来确定,并注意留有一定的余量。

(3)光缆的结构及允许的最小弯曲半径、最大抗拉力等机械参数,应满足施工条件的要求。

(4)光缆的保护层,应适合光缆的敷设方式及使用环境的要求。

3. 传输设备

利用公共电话网、公用数据网传输报警信号时,其有线转接装置应符合公共网入网要求;采用无线传输时,无线发射装置、接收装置的发射频率、功率应符合国家无线电管理的有关规定。应根据信号带宽、衰减情况、传输距离和实时传输要求,在电缆、光缆传输的适当位置加装均衡、放大、中继、收发、混合或耦合等装置。

视频电缆传输部件应满足下列要求:

(1)视频电缆传输方式。下列位置宜加电缆均衡器:①黑白电视基带信号在 5 MHz 时的不平坦度不小于 3 dB 处;②彩色电视基带信号在 5.5 MHz 时的不平坦度不小于 3 dB 处。

下列位置宜加电缆放大器:①黑白电视基带信号在 5 MHz 时的不平坦度不小于 6 dB 处;②彩色电视基带信号在 5.5 MHz 时的不平坦度不小于 6 dB 处。

(2)射频电缆传输方式。①摄像机在传输干线某处相对集中时,宜采用混合器来收集信号;②摄像机分散在传输干线的沿途时,宜选用定向耦合器来收集信号;③控制信号传输距离较远,到达终端已不能满足接收电平要求时,宜考虑中途加装再生中继器。

(3)无线图像传输方式:①监控距离在 10 km 范围内时,可采用高频开路传输;②监控距离较远且监视点在某一区域较集中时,应采用微波传输方式。需要传输距离更远或中间有阻挡物时,可考虑加微波中继;③无线传输频率应符合国家无

第三章 安全防范工程建设

线电管理的规定,发射功率应不干扰广播和民用电视,调制方式宜采用调频制。

网络传输交换设备应满足安全管理及数据处理的功能、性能等要求,光端机、解码箱或其他光部件在室外使用时,应具有良好的密闭防水结构。

七、供电设计

根据 GB/T15408 — 2011《安全防范系统供电技术要求》的建议,应充分重视作为电子信息系统的基础建设问题,即应从整体到局部进行全面规划,从系统到设备进行合理布局,不仅要确保供电的稳定性和可靠性,更要确保免受雷电和认为破坏的安全性。

- 从主电源和备用电源的配置上合理均衡安全和经济性问题。
- 在高安全性要求的设备供电上确保备用电源的高可用性。
- 在分布供电方面,兼顾效率和防破坏的要求。
- 在分配供电时,合理配置供电电压和线缆类型,避免火灾隐患。
- 合理选择能效比高的供电设备和安防功能设备。
- 增强供电系统的可管理性。
- 避免不良电源和信号通信之间的相互干扰。

具体地讲,应首先做好以下几个方面的设计工作:

(1)应根据安防系统的建设需要,调查安防设备所在区域的各类电源的质量条件,并特别了解本地市电网的按照 JGJ 16 — 2008 要求的负荷等级。

(2)按照测算的安防系统总功耗等数据对主电源功率容量做出基本规划。

(3)根据安防设备所在区域的市电网供电条件、安防系统各部分负载工作和空间分布的功耗特点、系统投资成本、控制现场安装条件和供电设备的可维修性等诸多因素,并结合安防系统所在区域的风险等级和防护级别,合理选择主电源形式及供电模式。

(4)根据应急负载的功耗分布情况,主电源的供电质量和连续供电保障能力,确定是否配置备用电源、备用电源形式及其供电模式,高风险等级单位或部位宜配置备用电源。备用电源的延迟时间应满足相关标准的要求。

(5)根据应急负载的分布和抗破坏能力的要求,选择适当的供电保障方式。当安防系统要求增强供电系统自我防护能力时,宜选择具有互为热备、多重来源的主电源,备用电源宜多级本地配置。

(6)供电系统根据需要可配置适当的配电箱/柜和可靠的供电线缆。供电设备和供电线缆应有实体防护措施,并应按照强弱电分隔的原则合理布局。

(7)供电设备的供电能力应与所供电的安防功能子系统或设备的功能性能相适应。

安全技术防范

(8)供电线缆的路由设计要求如下：

1)应根据负载的分布情况,合理确定各级配电箱/柜的位置布局;当主电源采用市电网供电时,还应遵循同建筑体内同区域同相电原则确定配电箱/柜的上级电源来源。

2)室内供电线缆宜由上级配电箱/柜或本地配电箱/柜以短程线段放射敷设到下级配电箱或安防设备。配电箱/柜的位置宜低于所连接的下一级配电箱/柜或其他安防设备负载。供电线缆不宜长距离沿建筑物外墙附近敷设。

3)室外供电电缆宜采用以建筑物为中心的放射状结构的地下直埋或地下排管方式敷设。

(9)应坚持安全、可靠、经济、适用和可管理、认证的原则对安全防范系统的供电设备和线缆进行选型,安全最优先。

八、安全性设计

安全防范系统的安全性,包括自然属性的安全和社会人文属性的安全两个层次。自然属性的安全一般是指系统(包括其所用产品)在运行过程中能够保证操作者人体健康安全和设备本身安全的技术要求,如设备的防火与防过热,防人身触电,防有害射线和有毒气体,防机械伤人(如爆炸破裂、锐利边缘、重心不稳及运动部件伤人)等;社会人文属性的安全通常是指设备和系统的防人为破坏、信息的防人为窃取和篡改等技术要求。

安全防范系统所用设备、器材的安全性指标应符合现行国家标准 GB16796《安全防范报警设备安全要求和试验方法》和相关产品标准规定的安全性能要求。

安全防范系统的设计应防止造成对人员的伤害,系统所用设备及其安装部件的机械结构应有足够的强度,应能防止由于机械重心不稳、安装固定不牢、突出物和锐利边缘以及显示设备爆裂等造成对人员的伤害。系统的任何操作都不应对现场人员的安全造成危害。系统所用设备,所产生的气体、X射线、激光辐射和电磁辐射等应符合国家相关标准的要求,不能损害人体健康。系统和设备应有防人身触电、防火、防过热的保护措施。监控中心(控制室)的面积、温度、湿度、采光及环保要求、自身防护能力、设备配置、安装、控制操作设计、人机界面设计等均应符合人机工程学原理。

安全防范系统的设计应保证系统的信息安全性,系统的供电应安全、可靠。应设置备用电源,以防止由于突然断电而产生信息丢失。系统应设置操作密码,并区分控制权限,以保证系统运行数据的安全。系统选用的设备以及设备的安装方式,不应引入安全隐患,不应对保护目标造成损害。在具有易燃易爆物质的特殊区域,安全防范系统应有防爆措施并满足其行业的有关规定。信息传输应有防泄密措施,有线专线传输应有防信号泄漏和/或加密措施,有线公网传输和无线传输应有加密措施。当基于不同安全性质传输网络的系统和设备联网时,应采取相应的网络边界安全管理措施。应有防病毒和防网络入侵的措施。

安全防范系统的设计应考虑系统的防破坏能力,入侵和紧急报警系统应具备防拆、开路、短路报警功能。系统传输线路的出入端线应隐蔽,并有保护措施。系统宜有自检功能和故障报警、欠压报警功能。高风险防护对象的安全防范系统宜考虑遭受意外电磁攻击的防护措施。

系统宜对用户和设备进行身份认证,宜对用户和设备基本信息、属性信息以及身份标识信息等进行管理。系统运行的密钥或编码不应是弱口令,用户名和操作密码组合应不同。根据安全管理需要,系统可对重要数据进行加密存储。

1. 安全防范系统供电设备防护安全要求

(1)配电箱/柜的机械结构应有足够的强度,能满足使用环境、设备承载和普通人员挤靠压力后无明显变形的要求。

(2)配电箱/柜宜有防人为开启的锁止装置,内装有防拆报警装置。具备条件的,配电箱宜安装有可接入安防系统的安全监测控制装置。

(3)配电箱/柜宜设置在强弱电井/间和/或监控中心设备间内。

(4)供电设备所在的区域应采取物理防护措施,并宜设报警探测装置,其报警信息应传送到监控中心。安装有安防系统供电设备的强弱电井/间应设置该井或房间门的开闭状态监视装置,有条件的宜设置出入口控制装置。

2. 安全防范系统供电线缆防护安全要求

(1)非架空敷设的供电线缆应采用穿管槽等方式进行保护。

(2)管槽在物理上应封闭且不易破拆。

(3)必须穿越潮湿、腐蚀环境时,保护用的管槽等材料等应具有防锈(腐)蚀的防护措施。

(4)室外供电线缆应充分考虑防水、防风、防冰凌、防腐蚀等措施,室外立杆应稳定牢固,室外架空的供电线缆宜采用钢索牵拉保护,配置的钢索应牢靠。

九、可靠性与可维护性设计

在理论上,所谓可靠性,是指产品(系统)在规定条件下(使用条件=工作条件+环境条件)和规定时间内完成规定功能的能力。定量表示可靠性的数学特征量很多,一般采用其最常用的特征量——平均无故障时间 MTBF(Mean Time Between

Failure)作为衡量系统(产品)可靠性的技术指标。在进行系统功能设计时,须同时考虑系统的功能、性能指标与可靠性指标的相容问题,避免盲目追求过多的功能、过高的指标而牺牲系统可靠性的倾向。系统的可靠性问题是一个十分复杂的问题,难以在短时间内用简单的方法进行定量测试。需要重点强调的是设备的可靠性和系统的可维修性与维修保障性。

1. 可靠性

安全防范系统可靠性指标的分配应根据系统规模的大小和用户对系统可靠性的总要求,应将整个系统的可靠性指标进行分配,即将整个系统的可靠性要求转换为系统各组成部分(或子系统)的可靠性要求。系统所有子系统的 MTBF 不应小于其 MTBF 分配指标。系统所使用的所有设备、器材的 MTBF 不应小于其 MTBF 分配指标。

采用降额设计时,应根据安全防范系统设计要求和关键环境因素或物理因素(应力、温度、功率等)的影响,使元器件、部件、设备在低于额定值的状态下工作,以加大安全余量,保证系统的可靠性。

采用简化设计时,应在完成规定功能的前提下,采用尽可能简化的系统结构,尽可能少的部件、设备,尽可能短的路由,来完成系统的功能,以获得系统的最佳可靠性。

系统应采用储备冗余(冷热备份)设计,特别是系统的关键组件或关键设备,必须设置热(冷)备份,以保证在系统局部受损的情况下能正常运行或快速维修。

对于一些非常重要的部位,系统应采用主动冗余设计,尽可能采用总体并联式结构或串——并联混合式结构,以保证系统的某个局部发生故障(或失效)时,不影响系统其他部分的正常工作。

2. 可维护性

为保障系统维修维护,在设计阶段就要充分考虑系统建成后维修的便利,在进行产品选型、工程施工、备品备件和工程技术文档编制等环节要进行可维护性设计。

产品选型时,系统的前端设备最好采用标准化、规格化、通用化设备以便维修和更换;系统主机结构要模块化;系统前端设备、系统主机和安全管理等的软件要模块化;系统前端设备和系统主机最好具有自检、故障报警、故障代码和日志功能;系统前端设备、系统主机和安全管理软件最好采用标准化通信协议,满足在线监测、故障定位、隐患排查和维护保障的要求。

在工程施工阶段,系统线路接头应插件化,线端要作永久性标记;设备安装或

第三章 安全防范工程建设

放置的位置要留有足够的维修空间；传输线路要设置维修测试点。关键线路或隐蔽线路要留有备份线。

要留有备品备件，系统所用设备、部件、材料等，最好有足够的备件和维修保障能力；系统软件要有备份和维护保障能力。

要编制与安全防范工程现场一致的施工图；要整理和归档与安全防范工程项目一致的系统的前端设备、系统主机和安全管理等的软硬件产品说明书、安装手册、维护手册等。

十、电磁兼容性与环境适应性设计

1. 电磁兼容性设计

电磁兼容性（EMC，Electro Magnetic Compatibility）是指设备或系统在其电磁环境中符合要求运行并不对其环境中的任何设备产生无法忍受的电磁骚扰的能力。因此，EMC包括两个方面的要求：一方面是指设备在正常运行过程中对所在环境产生的电磁骚扰或干扰不能超过一定的限值；另一方面是指设备对所在环境中存在的电磁骚扰具有一定程度的抗扰度，即电磁敏感性或抗电磁干扰能力。安全防范系统的电磁兼容性设计涉及设备选型或设计、传输介质选择和传输路由设计等多个环节。

安全防范系统所用设备的电磁兼容性设计，应符合电磁兼容试验和测量技术系列标准的规定。试验的严酷等级根据实际需要，在设计文件中确定。线缆的电磁兼容设计应符合有关标准、规范的要求。

（1）传输线路的抗干扰设计。电力系统与信号传输系统的线路应分开敷设。信号电缆的屏蔽性能、敷设方式、接头工艺、接地要求等应符合相关标准的规定。当电梯箱内安装摄像机时，应有防止电梯电力电缆对视频信号电缆产生干扰的措施。

（2）防电磁骚扰设计。系统所用设备外壳开口应尽可能小，开口数量应尽可能少。系统中的无线发射设备的电磁辐射频率、功率，非无线发射设备对外的杂散电磁辐射功率均应符合国家现行有关法规与技术标准的要求。

2. 环境适应性设计

环境适应性是指产品在其寿命周期内的储存、运输和使用等状态预计可能遇到的各种环境的作用下能实现其所有预定功能、性能和/或不被破坏的能力，即不产生不可逆损坏和能正常工作的能力。环境适应性本身不用定量指标表示，但环境适应性要求可以有定量要求，为可靠地实现产品在规定任务的前提下，产品对环境的适应能力,包括产品能承受的若干环境参数的变化范围,须对产品环境适应性采取的一系列设计和工艺措施,包括减缓环境影响的措施和提高装备自身抗环境作用能力的措施,它是产品的重要质量特性、指标之一。

安全防范系统设计应符合其使用环境(如室内外温度、湿度、大气压等)的要求。系统所使用设备、部件、材料的环境适应性应符合GB/T15211《报警系统环境试验》中相应严酷等级的要求。在沿海海滨地区盐雾环境下工作的系统设备、部件、材料,应具有耐盐雾腐蚀的性能。在有腐蚀性气体和易燃易爆环境下工作的系统设备、部件、材料,应采取符合国家现行相关标准规定的保护措施。在有声、光、热、振动等干扰源环境中工作的系统设备、部件、材料,应采取相应的抗干扰或隔离措施。

十一、防雷与接地设计

安全防范系统的雷电防护设计,也是系统安全性设计的重要内容。对于固定目标而言,安全防范系统常常是以建筑物或构筑物为载体的,因此做好建(构)筑物本身的雷电防护是安全防范系统雷电防护的基础和前提。然而,由于安全防范系统在本质上是一套电子信息系统,因此除了建(构)筑物的雷电防护之外,安全防范系统重点关注信息系统的雷电防护问题。

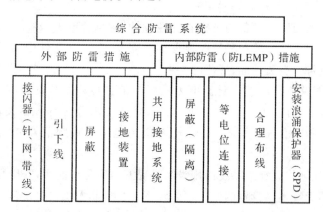

结合当地的地质、建筑物和气候条件,特别是小气候的历史规律,在安全防范系统在设计阶段,应重点考虑合理选择报警探测器、摄像机的安装位置、高度等,合理对信号传输和供电路由和方法做出规划设计,这将会大大地降低遭受雷击的概率。

建于山区、旷野的安全防范系统,或前端设备装于塔顶,或电缆端高于附近建筑物的安全防范系统,应按GB50057—2010《建筑物防雷设计规范》的要求设置避雷保护装置。

建于建筑物内的安全防范系统,其防雷设计应采用等电位连接与共用接地系统的设计原则,并满足 GB50343—2012《建筑物电子信息系统防雷技术规范》的要求。

安全防范系统的接地母线应采用铜质线,接地端子应有地线符号标记,单点接地电阻不得大于 4 Ω;建造在野外的安全防范系统,其接地电阻不得大于 10 Ω;在高山岩石的土壤电阻率大于 2 000 Ω·m 时,其接地电阻不得大于 20 Ω。

高风险防护对象的安全防范系统的电源系统、信号传输线路、天线馈线以及进入监控室的架空电缆入室端均应采取防雷电感应过电压、过电流的保护措施。安全防范系统的电源线、信号线经过不同防雷区的界面处,宜安装电涌保护器;系统的重要设备应安装电涌保护器。电涌保护器接地端和防雷接地装置应作等电位连接。等电位连接带应采用铜质线,其截面积应不少于 16 mm^2。

监控中心内应设置接地汇集环或汇集排,汇集环或汇集排宜采用裸铜线,其截面积应不小于 35 mm^2。宜采用联合接地方式,接地电阻不得大于 1 Ω。

不得在建筑物屋顶上敷设电缆,必须敷设时,应穿金属管进行屏蔽并接地。架空电缆吊线的两端和架空电缆线路中的金属管道应接地。光缆传输系统中,各光端机外壳应接地。光端加强芯、架空光缆接续护套应接地。

十二、思考题

(1)安全防范工程设计应遵循的基本原则有哪些?

(2)安全防范工程布防设计应从哪些方面考虑?

第三节 安全防范系统设计流程与深度

安全防范系统工程的设计应按照"设计任务书的编制—现场勘察—初步设计—方案论证—施工图设计文件的编制(正式设计)"的流程进行。

一、初步设计

初步设计一般是在获得审批通过的项目可行性研究报告的基础上编制。初步设计文件应满足建设单位和有关行政主管部门审查批准的要求,应满足编制设计概算书的需要,应满足编制施工图设计文件的需要。

编制初步设计文件前,应进行现场勘察,并编制现场勘察报告。

初步设计文件应在可行性研究报告的基础上细化项目建设需求、建设方案和风险分析等内容,通过与建筑等其他专业的配合及初步的设计计算,对安全防范工程设计方案或重大技术问题的解决方案进行综合技术分析,论证技术上的适用性、可靠性和经济上的合理性。

初步设计文件应以防护目标的风险等级和防护级别、保卫和保密的使用需求为依据,对项目建设规模、技术、工程、经济等方面进行完整、系统地分析和论述,完成包括系统构成、各子系统设计、设备选型、效益及风险等的论证、计算和评价。

1. 项目建设条件

项目建设条件的内容包括:

(1)简述项目建设地自然条件,包括区域位置、地形地貌、气象条件、水文地质、电磁环境等。

(2)简述项目建设地基础设施条件,包括总图布置、建筑结构特征、供配电条件、网络与通信条件、道路与交通状况等。

(3)简述项目建设地人文环境条件,包括人员组成、社会治安状况、警务配置情况等。

2. 需求分析

需求分析的内容包括:

(1)对原有安全防范措施(人防、物防、技防等)分别进行详细描述,并列出原有的主要软硬件设备清单。

(2)简述项目提出的背景和依据,包括政策法规、社会环境、安全防范工作的使用需求等,并进行项目需求分析。

(3)结合项目需求分析,描述原有安全防范措施存在的主要问题和差距。

(4)对照设计任务书和相关标准规范,确定防护目标的风险等级、防护级别或防护要求。

(5)按照防护目标的防护级别以及安全防范的使用需求,进行风险识别、分析和评估。

3. 初步设计的依据

初步设计依据的内容包括:

(1)相关的法律法规和国家现行标准。

(2)工程建设单位或其主管部门的有关管理规定。

(3)设计任务书。

(4)现场勘察报告、相关建筑图纸及资料。

4. 初步设计的设计内容

初步设计的设计内容包括:

(1)建设单位的需求分析与工程设计的总体构思(含防护体系的构架和系统配置)。
(2)防护区域的划分、前端设备的布设与选型。
(3)中心设备(包括控制主机、显示设备、记录设备等)的选型。
(4)信号的传输方式、路由及管线敷设说明。
(5)监控中心的选址、面积、温湿度、照明等要求和设备布局。
(6)系统安全性、可靠性、电磁兼容性、环境适应性、供电、防雷与接地等的说明。
(7)与其他系统的接口关系(如联动、集成方式等)。
(8)系统建成后预期效果说明和系统扩展性的考虑。
(9)对人防、物防的要求和建议。
(10)设计施工一体化企业应提供售后服务与技术培训承诺。

5. 初步设计文件的编制

初步设计文件包括设计说明、设计图纸、主要设备器材清单和工程概算书。初步设计文件的编制包括以下内容：

(1)设计说明包括工程项目概述、布/设防策略、系统配置及其他必要的说明。
(2)设计图纸包括系统图、平面图和监控中心布局示意图及必要说明。
(3)设计图纸符合以下要求：①图纸应符合国家制图相关标准的规定,标题栏应完整,文字应准确、规范,应有相关责任人员签字,设计单位盖章；②图例应符合GA/T74—2016《安全防范系统通用图形符号》等国家现行相关标准的规定；③在平面图中应标明尺寸、比例和指北针；④在平面图中应包括设备名称、规格、数量和其他必要的说明。
(4)系统图包括以下内容：①主要设备类型及配置数量；②信号的传输方式、系统主干的管槽线缆走向和连接设备关系；③供电方式；④接口方式(含各子系统之间、及与其他系统的接口关系)；⑤其他必要的说明。
(5)平面图包括以下内容：①应标明监控中心的位置及面积；②应标明前端设备的布设位置、设备类型和数量等；③管线走向设计应对主干管路的路由等进行标注；④其他必要的说明。
(6)对安装部位有特殊要求的,宜提供安装示意图等工艺性图纸。
(7)监控中心布局示意图包括以下内容：①平面布局和设备布置；②线缆敷设方式；③电源的供电要求；④其他必要的说明。
(8)主要设备器材清单应包括设备名称、规格、数量等。
(9)按照工程内容,根据GA/T70—2016《安全防范工程费用预算编制办法》等国家现行相关标准,编制工程概算书。

二、方案论证与评审

工程项目合同签订、完成初步设计后，应由建设单位组织相关人员对包括安全防范系统工程的初步设计进行方案论证。风险等级较高或建设规模较大的工程项目应报上级主管部门，并由行业管理部门组织相关人员进行方案论证。方案论证应对前述的设计内容做出评价，形成结论（通过、基本通过、不通过），提出整改意见，并由建设单位确认。设计单位应根据方案论证的结论和整改意见，在施工图设计文件的编制过程中认真落实。

1. 方案论证资料

方案论证应提交以下资料：①设计任务书；②现场勘察报告；③初步设计文件；④主要设备材料的型号、生产厂家、检验报告或认证证书。

2. 方案论证内容

方案论证包括内容如下：①系统设计是否符合设计任务书的要求；②系统设计的总体构思是否合理；③设备的选型是否满足现场适应性、可靠性的要求；④系统设备配置是否符合防护级别的要求；⑤信号的传输方式、路由及管线敷设是否合理；⑥系统安全性、可靠性、电磁兼容性、环境适应性、供电、防雷与接地是否符合相关标准的规定；⑦系统的可扩展性、接口方式是否满足使用要求；⑧初步设计文件是否符合规定；⑨建设工期是否符合工程现场的实际情况和建设单位的要求；⑩工程概算是否合理；⑪对于设计施工一体化企业，其售后服务承诺和培训内容是否可行。

3. 论证结论

方案论证应对以上的内容做出评价，形成结论（通过、基本通过和不通过），提出整改意见，并经建设单位确认。

三、施工图设计

施工图设计文件编制的依据应包括初步设计文件和根据方案论证中提出的整改意见和设计单位所作出的并经建设单位确认的整改措施。

1. 施工图设计文件

施工图设计文件应包括设计说明、设计图纸、主要设备材料清单、工程预算书。施工图设计文件的编制应符合以下规定：

（1）施工图设计说明应对初步设计说明进行修改、补充、完善，包括设备器材的施工工艺说明、管线敷设说明等，并落实整改措施。

第三章 安全防范工程建设

(2)施工图纸应包括系统图、平面图和监控中心布局图及必要说明,并符合相关规定。

(3)系统图应充实系统配置的详细内容,标注设备数量、编号,标注管线敷设方式、管材规格及数量,补充接线图,系统内的供电设计等。

(4)应提出施工安全设计的措施等。

2. 平面图

平面图应符合下列规定:

(1)前端设备设防图应正确标明设备器材安装位置和安装方式、设备编号、探测器探测的距离及覆盖范围等,并列出设备统计表。

(2)前端设备设防图可根据需要提供安装说明和安装大样图。

(3)管线敷设图应标明管线的敷设安装方式、型号、路由、数量,末端出线盒的位置高度等。分线箱应根据需要,标明线缆的走向、端子号,并根据要求在主干线路上预留适当数量的备用线缆,并列出材料统计表。

(4)管线敷设图可根据需要提供管路敷设的局部大样图。

(5)其他必要的说明。

3. 监控中心布局图

监控中心布局图应包括以下内容:

(1)监控中心的平面图应标明控制台和显示设备的位置、外形尺寸、边界距离等。

(2)根据人机工程学原理,确定控制台、显示设备、机柜以及相应控制设备的位置、尺寸。

(3)根据控制台、显示设备、设备机柜及操作位置的布置,标明监控中心内管线走向、开孔位置。

(4)标明设备连线和线缆的编号。

(5)说明对地板敷设、温湿度、风口、灯光等装修要求。

(6)其他必要的说明。

4. 工程预算书

按照施工内容,根据GA/T70—2014《安全防范工程建设与维护保养费用预算编制办法》等国家现行相关法规,编制工程预算书。

四、竣工资料

竣工资料必须能够反映项目建设全过程和项目真实面貌,能够为项目建成后的使用、维护保养、改建与扩建等提供基础资料。竣工资料必须完整齐全、准确真实、整洁美观、签章完备,竣工文件应与施工内容一致,竣工图纸应与施工现场一致。

竣工文件是工程项目从提出、立项、审批、勘察设计、施工到竣工投入使用全过程中所形成的文件、图表、声像等材料。各种文件、图表、声像等材料应完整、准确、清晰,组档系统。

竣工文件包括工程立项审批文件、工程设计文件、工程施工文件、工程验收证明文件、使用/维护手册、技术培训文件等。

1. 工程立项审批文件

(1)申请立项的文件。

(2)批准立项的文件。

(3)招投标或竞争性谈判文件(含相关答疑、承诺文件)。

(4)项目合同书(含合同书附件)等。

2. 工程设计文件

(1)设计任务书。

(2)初步设计文件。

(3)初步设计设计方案论证意见,并附论证会方案评审小组(评审委员会)名单。

(4)初步设计方案通过论证后,设计、施工单位和建设单位共同签署的整改落实意见。

(5)施工图设计文件等。

3. 工程施工文件

(1)开工报审资料。

(2)施工组织设计文件。

(3)设计变更资料。

(4)工程洽商资料。

(5)工作联系单。

(6)系统调试报告(含各子系统调试及系统联调记录)。

(7)工程竣工报验资料。

(8)会议纪要等。

4. 工程验收证明文件

(1)设备材料报验资料。

(2)隐蔽工程验收资料。

第三章 安全防范工程建设

(3)施工质量检验、验收资料。
(4)设备、材料移交清单。
(5)系统调试开通记录。
(6)系统试运行报告(含试运行记录表)。
(7)项目建设工作总结报告。
(8)初步验收报告(含初步验收意见)。
(9)初步验收意见的整改落实报告。
(10)项目竣工报告。
(11)项目结算报告(包括工程结算说明、佐证材料)。
(12)系统自检或检验报告等。

5．使用/维护手册

(1)软硬件设备产品说明书。
(2)软件系统操作使用、日常维护手册。
(3)硬件设备操作使用、日常维护手册等。

6．技术培训文件

(1)技术培训方案。
(2)技术培训记录。
(3)技术培训考核评价等。

7．竣工图纸

竣工图纸应按照工程制图的要求绘制。应图面整洁，线条流畅，书写规范，标注明确，文字工整，字迹清晰，通篇不允许有模糊不清之处。

竣工图内容应与施工图设计、设计变更、材料变更、施工实际情况及质检记录相符合。凡在施工中，完全按原设计施工，无任何变动的，则在原设计图上加盖"竣工图"标记章作为竣工图。

图面变更内容未超过30%时，可以直接用施工图改绘竣工图，在施工图说明处注明变更内容，并且从修改位置引出说明。应保留原标题栏，并在其上方(上方无空白处时，可在其他适当位置)加盖"竣工图"标记章作为竣工图；凡结构形式改变、工艺改变、平面布置改变、项目改变以及有其他重大改变，或者图面变更面积超过30%的，不宜再在原施工图上修改、补充，应重新绘制改变后的竣工图。重新绘制竣工图时，若涉及变更，应依据实际变更内容绘图，并在图纸说明中写明"本页有变更，变更内容见×××(填写设计变更单或工程洽商单完整编号)"字样。

竣工图编制后，应将"竣工图"标记章逐页加盖在图纸正面右下角的标题栏上方空白处或适当空白的位置。竣工图纸标题栏及"竣工图"标记章须相关人员签章确认,签字应规范齐全,不允许代签。竣工图纸包括以下主要内容:①图纸目录;②设计说明;③图例;④总平面图;⑤系统图;⑥设备器材平面布置图;⑦传输及系统布线图;⑧监控中心布局图;⑨主控设备布置图;⑩设备接线图;⑪施工大样图等。

五、思考题

(1)安全防范系统工程的设计流程?

(2)入侵和紧急报警系统的初步设计应包括的内容有哪些?

(3)出入口控制系统的施工图设计应包括的内容有哪些?

(4)如何对设计方案进行论证?

(5)如何形成竣工资料?

第四节 安全防范工程施工与设备安装、调试

一、安全防范工程实施

安全防范工程施工是安全防范工程实施中一个重要环节,施工质量将直接影响安全防范工程的质量,不仅关系到设计方案是否得到实现,还关系到系统工作的可靠性和使用质量问题。所以,施工单位、监理单位、建设单位都要十分重视安全防范工程的施工质量。

安全防范工程的施工,首先应执行安全防范的有关规定,主要人员应经过专业培训,取得相应资质证书,在实施过程中注意严格执行保密措施,同时还应按照建筑安装工程和电子工程的相应规范进行。

1. 施工准备

安全防范工程所具备的条件包括设计文件、仪器设备、施工场地、管道、施工器材及隐蔽工程的要求等。施工单位应对这些要求认真准备,以提高施工安装效率,避免在审核、安装、随工验收等工作中出现不必要的返工。

安全防范工程施工前,施工单位应勘察施工现场、熟悉施工环境,做好下列工作后,方可进场、施工:

(1)施工对象已基本具备进场条件,如作业场地、安全用电等均符合施工要求。

(2)施工区域内建筑物的现场情况和预留管道、预留孔洞、地槽及预埋件等应符合设计要求。

(3)使用道路及占用道路(包括横跨道路)情况符合施工要求。

(4)允许同杆架设的杆路及自立杆杆路的情况清楚,符合施工要求。

(5)敷设管道电缆和直埋电缆的路由状况清楚,并已对各管道标出路由标志。

(6)当施工现场有影响施工的各种障碍物时,已提前清除。

施工前还应具备设计文件和施工图纸,如设备配置平面图、接线图、系统原理图及其他必要的技术文件。施工人员要熟悉施工图纸及有关资料,并认真领会,包括工程特点、承建单位案、工艺要求、施工质量标准及验收标准,施工工具认真准备,设备材料准备充足,即设备、器材、辅材、工具、机械以及通讯联络工具等应满足连续施工和阶段施工的要求,各有源设备应通电老化,各项功能正常,以剔除设备早期故障。

2. 施工工艺

按照质量管理体系的方法,从进度总体安排、人员指派、设备材料准备、工艺控制和成果检查等多个环节进行管理和控制。

(1)基础结构施工和线缆敷设工艺。室外立杆基础等施工严格按照建筑结构施工规范进行。

各类电缆和光缆敷设除了遵守正常的建筑电气工程安装规范实施外,还应特别注意符合安全防范的自身安全要求。

(2)设备安装工艺。各类设备安装则要从以下几个方面进行全面把关:
- 固定牢靠,防护到位,外观协调;
- 信号连接可靠;
- 供电可靠安全;
- 设备功能性能正常发挥;
- 各类标识清晰永久。

(3)设备调试工艺。为保证设备和系统的正常的功能和性能发挥,现场进行各类参数的调整是十分必要的。调试工作应由专业人士主导,并按照相应操作与调试规程实施,既有与设备安装的设备级的局部调试,又有安装完毕后的系统级联调,二者缺一不可。

调试前,应有调试大纲和计划,根据现场情况和系统运行特点,合理规划系统级的参数,合理规定管理员、调试员和值机员的授权等。

按照计划和调试规程,合理配置系统级参数,使得系统在有限的配置下可以得到较优的系统级系统。

整个调试过程,特别是调整到位后的参数标定应记录在案。

3. 施工须注意的问题

根据多年来安全防范工程建设与管理的实践,在安全防范工程的施工中应特

安全技术防范

别注意以下问题：

(1)施工人员必须经过培训，熟悉相关标准并掌握安全防范设备安装、线缆敷设的基本技能；系统调试人员应熟悉系统的功能、性能要求，并具有排除系统一般故障的能力。

(2)施工单位在线缆敷设结束后要尽快与建设单位和/或监理单位一起对管线敷设质量进行随工验收，并填写"隐蔽工程随工验收单"，以避免对工程造成不良后果。

(3)线缆敷设时，为避免干扰，电源线与信号线、控制线，应分别穿管敷设；当低电压供电时，电源线与信号线、控制线可以同管敷设。

4. 常见错误工艺或容易忽略的做法

(1)设备自身防护不够。设备没有按照设计进行现场安装，缺乏必要的防护措施，直接导致引发设备被破坏的风险。如摄像机或报警探测设备随意安装到没有防护措施的位置，设备的工作状态可以随意被人调整，甚至拆掉，系统也没有提供必要的巡检手段。

(2)管线路由不在防护区内。管线路由因为施工难度较大，而随意更改位置，没有在相应的防护区内部署，或者在离开规划的防护区后缺乏加强的物理防护措施，也没有备用的安全措施。

(3)控制类设备安装位置不在相应的受控区或防护区内。有时因为安装条件的限制，而把出入口控制系统的控制类设备安装低级别受控区内，或把入侵和紧急报警系统的控制器放到了不是自己防护的区域或更高级别的防护区域，甚至设在了没有必要防护措施的公共区域。

(4)线缆和供电施工工艺不到位。在工程现场，前端设备的连接没有相应防护措施的暗藏或强化的物理防护，现场设备的供电连接采用普通插座方式且明露在人们触手可及的地方，从而可能随时被人剪断线缆，或者拔掉电源插头，从而使设备功能失效。

供电线缆建议按照GB/T15408—2011《安全防范系统供电技术要求》推荐的方法进行规划、设计和敷设，既要确保供电的可靠性，还要避免增加认为破坏的概率，更要确保供电线缆和信号线缆间的相互隔离，以达到互不干扰的效果。

二、隐蔽工程与线管敷设

1. 隐蔽工程

设计和施工人员应在管线敷设和设备安装前进行必要的技术交底。工程施工

第三章 安全防范工程建设

应按正式设计文件和施工图纸进行,不得随意更改。若确须局部调整和变更的,须填写"更改审核单",或监理单位提供的更改单,经过审核程序,经批准后按修改后的设计文件执行。

由于在竣工验收时难以对隐蔽工程进行现场检查,为了确保管线敷设等隐蔽工程的质量,使安全防范系统调试能顺利进行。施工中应做好隐蔽工程的随工验收,及时对其质量进行随工验收,以免对工程带来不良后果。即管线敷设时,建设单位或监理单位应会同设计、施工单位对管线敷设质量进行随工验收,并填写"隐蔽工程随工验收单"或监理单位提供的隐蔽工程随工验收单。表3-4-1为更改审核单。表3-4-2为隐蔽工程随工验收单。

表3-4-1 更改审核单

编号：

工程名称：			
更改内容	更改原因	原为	更改为

申请单位(人)、日期：		分发单位
审核单位(人)、日期：		
批准会签	设计施工单位、日期：	
	建设监理单位、日期：	
更改实施日期：		

安全技术防范

表 3-4-2 隐蔽工程随工验收单

工程名称：

建设单位/总包单位	设计施工单位	监理单位

隐蔽工程内容	序号	检查内容	检查结果		
			安装质量	部位	图号
	1				
	2				
	3				
	4				
	5				
	6				

验收意见	

建设单位/总包单位	设计施工单位	监理单位
验收人：	验收人：	验收人：
日期：	日期：	日期：
签章：	签章：	签章：

注：
(1)检查内容包括：(序号1)管道排列、走向、弯曲处理、固定方式,(序号2)管道搭铁、接地(序号3)管口安放护圈标识,(序号4)接线盒及桥架加盖,(序号5)线缆对管道及线间绝缘电阻,(序号6)线缆接头处理等。
(2)证据留存资料,包括各个主要节点的图片、视频、比例等资料。
(3)检查结果的安装质量栏内,按检查内容序号,合格的打"√",基本合格的打"△",不合格的打"×",并注明对应的楼层(部位)、图号。
(4)综合安装质量的检查结果,填写在验收意见栏内,并扼要说明情况。

第三章 安全防范工程建设

2. 线管敷设

(1)综合布线系统的线缆敷设应符合现行国家标准 GB/T50311—2000《建筑与建筑群综合布线系统工程设计规范》的规定。

(2)非综合布线系统室内线缆的敷设,应符合下列要求:

1)无机械损伤的电(光)缆,或改、扩建工程使用的电(光)缆,可采用沿墙明敷方式。

2)在新建的建筑物内或要求管线隐蔽的电(光)缆应采用暗管敷设方式。

3)下列情况可采用明管配线:

· 易受外部损伤;

· 在线路上,其他管线和障碍物较多,不宜明敷的线路;

· 在易受电磁干扰或易燃易爆等危险场所。

4)电缆和电力线平行或交叉敷设时,其间距不得小于 0.3 m;电力线与信号线交叉敷设时,宜成直角。

(3)室外线缆的敷设,应符合下列要求:

1)当采用通信管道(含隧道、槽道)敷设时,不宜与通信电缆共管孔。

2)当电缆与其他线路共沟(隧道)敷设时,其最小间距应符合表 3-4-3 的规定。

表 3-4-3　电缆与其他线路共沟(隧道)的最小间距

种　类	最小间距/m
220 V 交流供电线	0.5
通信电缆	0.1

3)当采用架空电缆与其他线路共杆架设时,其两线间最小垂直间距应符合表 3-4-4 的规定。

表 3-4-4　电缆与其他线路共杆架设的最小垂直间距

种类	最小垂直间距/m
1～10 kV 电力线	2.5
1 kV 以下电力线	1.5
广播线	1.0
通信线	0.6

安全技术防范

4)线路在城市郊区、乡村敷设时,可采用直埋敷设方式。

5)当线路敷设经过建筑物时,可采用沿墙敷设方式。

6)当线路跨越河流时,应采用桥上管道或槽道敷设方式,当没有桥梁时,可采用架空敷设方式或水下敷设方式。

7)室外设备连接电缆时,宜从设备的下部进线,防止雨水沿着电缆流进设备。

8)线缆两端应作防潮密封处理,延长使用寿命。

(4)敷设电缆时,多芯电缆的最小弯曲半径,应大于其外径的 6 倍;同轴电缆的最小弯曲半径应大于其外径的 15 倍。

(5)线缆槽敷设截面利用率不应大于 60%;线缆穿管敷设截面利用率不应大于 40%。

(6)电缆沿支架或在线槽内敷设时应在下列各处牢固固定:

1)电缆垂直排列或倾斜坡度超过 45°时的每一个支架上。

2)电缆水平排列或倾斜坡度不超过 45°时,在每隔 1~2 个支架上。

3)在引入接线盒及分线箱前 150~300 mm 处。

(7)明敷设的信号线路与具有强磁场、强电场的电气设备之间的净距离,宜大于 1.5 m,当采用屏蔽线缆或穿金属保护管或在金属封闭线槽内敷设时,宜大于 0.8 m。

(8)线缆在沟道内敷设时,应敷设在支架上或线槽内。线缆进入建筑物后,线缆沟道与建筑物间应隔离密封。

(9)线缆穿管前应先清刷管孔,检查保护管是否畅通,预埋镀锌铁丝,线缆宜涂抹黄油或滑石粉,管口应加护圈,防止穿管时损伤导线。

(10)导线在管内或线槽内不应有接头和扭结。导线的接头应在接线盒内焊接或用端子连接。

(11)同轴电缆应一线到位,中间无接头。根据设计图纸要求的线路长度来选配电缆,逐盘核对。

(12)电缆长度,避免电缆接续。当电缆确须接续时,应采用专用接插件。

为了避免干扰,48 V 以上电源线与信号线、控制线应分开敷设。线缆敷设完毕后应测量线缆绝缘电阻,线缆应予以标识。

(13)光缆敷设应满足下列要求:

1)敷设光缆前,应对光纤进行检查。光纤应无断点,其衰耗值应符合设计要求。核对光缆长度,并应根据施工图的敷设长度来选配光缆。配盘时应使接头避开河沟、交通要道和其他障碍物。架空光缆的接头应设在杆旁 1 m 以内。

2)敷设光缆时,其最小弯曲半径应大于光缆外经的 20 倍。光缆的牵引端头应作好技术处理,可采用自动控制牵引力的牵引机进行牵引。牵引力应加在加强芯上,其牵引力不应超过 150 kg;牵引速度宜为 10 m/min;一次牵引的直线长度不宜超过 1 km,光纤接头的预留长度不应小于 8 m。

3) 光缆敷设后,应检查光纤有无损伤,并对光缆敷设损耗进行抽测。确认没有损伤后,再进行接续。

4) 光缆接续应由受过专门训练的人员操作,接续时应采用光功率计或其他仪器进行监视,使接续损耗达到最小。接续后应做好保护,并安装好光缆接头护套。

5) 在光缆的接续点和终端应作永久性标志。

6) 管道敷设光缆时,无接头的光缆在直道上敷设时应有人工逐个入孔同步牵引;预先作好接头的光缆,其接头部分不得在管道内穿行。光缆端头应用塑料胶带包扎好,并盘圈放置在托架高处。

7) 光缆敷设完毕后,宜测量通道的总损耗,并用光时域反射计观察光纤通道全程波导衰减特性曲线。

三、设备安装

1. 探测器安装

入侵探测器种类繁多,各有各的特性。各类探测器的安装,应根据所选产品的特性、警戒范围要求和环境影响等,确定设备的安装点(位置和高度)。还要充分考虑气候对有效探测距离的影响,留有充分余量。探测器底座和支架应固定牢固。导线连接应牢固可靠,外接部分不得外露,并留有适当余量。

周界入侵探测器的安装,应能保证防区交叉,避免盲区,并应考虑使用环境的影响。紧急按钮的安装位置应隐蔽,便于操作、不得倾斜,外接导线应留有适当余量。

2. 摄像机安装

安装前应逐项检查,如调整后的焦距、同步、图像质量等,在各项处于正常工作状态后方可安装。摄像机、拾音器的安装具体地点、安装高度应满足监视目标视场范围要求,注意防破坏。在满足监视目标视场范围要求的条件下,其安装高度:室内离地不宜低于 2.5 m;室外离地不宜低于 3.5 m。摄像机及其配套装置,如镜头、防护罩、支架、雨刷等,安装应牢固,运转应灵活,应注意防破坏,并与周边环境相协调。

在强电磁干扰环境下,摄像机安装应与地绝缘隔离以避免干扰。信号线和电源线应分别引入,外露部分用软管保护,并不影响云台的转动。从防范效果出发,电梯厢内的摄像机应安装在厢门上方的左或右侧,并能有效监视电梯厢内乘员面部特征。

3. 云台、解码器安装

云台的安装应牢固,转动时无晃动。应根据产品技术条件和系统设计要求,检查云台的转动角度范围是否满足要求。解码器应安装在云台附近或吊顶内(但须留有检修孔)。

4. 出入口控制设备安装

各类识读装置的安装高度离地不宜高于 1.5 m,安装应牢固。感应式读卡机在安装时应注意可感应范围,不得靠近高频、强磁场。锁具安装应符合产品技术要求,安装应牢固,启闭应灵活。

5. 停车库(场)管理设备安装

(1)读卡机(IC 卡机、磁卡机、出票读卡机、验卡票机)与挡车器安装:

- 安装应平整、牢固,保持与水平面垂直、不得倾斜;
- 读卡机与挡车器的中心间距应符合设计要求或产品使用要求;
- 宜安装在室内,当安装在室外时,应考虑防水及防撞措施。

(2)探测设备安装:

- 感应线圈埋设位置与埋设深度应符合设计要求或产品使用要求;
- 感应线圈至机箱处的线缆应采用金属管保护,并固定牢固;
- 视频分析摄像机安装的位置、角度,应根据需要使所拍摄图像可清晰显示车辆号牌字符、号牌颜色、车身颜色、车辆特征、人员特征等相关信息。

(3)信号指示器安装。

- 车位状况信号指示器应安装在车道出入口的明显位置;
- 车位状况信号指示器宜安装在室内;安装在室外时,应考虑防水措施;
- 车位引导显示器应安装在车道中央上方,便于识别与引导。

6. 电子巡查设备安装

在线巡查或离线巡查的信息采集点(巡查点)的数量应符合设计与使用要求,其安装高度离地 1.3~1.5 m。安装应牢固,注意防破坏。

7. 防爆安全检查设备安装

X 射线行李检查设备的安装场地地面应平整,无台阶和 10°以上陡坡;场地承重和空间应能满足设备的质量、尺寸、通道的要求。

通过式金属探测门设备的安装应选择平整、坚实的场地,落地应平稳,机械连接和构件应牢固。

8.控制设备安装

控制台、机柜(架)安装位置应符合设计要求,安装应平稳牢固、便于操作维护。控制台正面与墙的净距离不应小于1.2 m,侧面与墙或其他设备的净距离,在主要走道不应小于1.5 m,在次要走道不应小于0.8 m。机柜(架)背面、侧面离墙净距离不应小于0.8 m。

所有控制、显示、记录等终端设备的安装应平稳,便于操作。其中监视器(屏幕)应避免外来光直射,当不可避免时,应采取避光措施。在控制台、机柜(架)内安装的设备应有通风散热措施,内部接插件与设备连接应牢靠。

控制室内所有线缆应根据设备安装位置设置电缆槽和进线孔,排列、捆扎整齐,编号,并有永久性标志。

9.供电、防雷与接地施工

(1)供电。

1)应严格按照建筑电气工艺要求和系统设计要求进行现场施工。

2)安全防范系统的供电分配及其接线宜在配电箱/柜内进行,主电源与备用电源切换装置等宜安装在配电箱/柜内。

3)安全防范系统的供电系统应根据需要配置适当大小和数量的配电箱/柜。配电箱/柜配置的输出供电回路应预留10%但不少于2路的备用量。根据输送电能功率大小,电能分配可采用连接端子排方式,也可采用万用插座方式,但不可采用直接电线并接的方式。同一接线端子不应连接多于2路线路。

4)电能输送主要采用有线方式的供电线缆。供电线缆宜选用多芯护套型线缆,并宜为专线专用。采用信号和供电共用线缆的供电方式,应在性能方面同时兼顾信号特性和电源能效的要求。

5)供电系统的绝缘材料宜选用阻燃或难燃材料,供电线缆宜优先采用低烟、低毒护套型绝缘材料。

6)供电线缆防护安全要求如下:

Ⅰ.非架空敷设的供电线缆应采用穿管槽等方式进行保护;

Ⅱ.管槽在物理上应封闭且不易破拆;

Ⅲ.必须穿越潮湿、腐蚀环境时,保护用的管槽等材料等应具有防锈(腐)蚀的防护措施;

Ⅳ.室外供电线缆应充分考虑防水、防风、防冰凌、防腐蚀等措施,室外立杆应稳定牢固,室外架空的供电线缆宜采用钢索牵拉保护,配置的钢索应牢靠。

7)供电设备安全用电与接地要求如下:

Ⅰ.输入或输出电压高于安全电压的供电设备的对地和电源线间绝缘电阻应不小于 50 MΩ,其金属外壳应直接连接安全接地。其他类型的供电设备应有良好的防静电接地措施。

Ⅱ.与操作人员直接接触的设备应采用安全电压供电,和/或采用良好绝缘的接触面。

Ⅲ.与操作人员直接接触的设备采用高于安全电压供电时,其直接来源的电源主回路上宜设置剩余电流动作保护装置。

(2)防雷与接地。安全防范系统的接地母线应采用铜质线,接地端子应有地线符号标记。接地电阻不得大于 4 Ω;建造在野外的安全防范系统,其接地电阻不得大于 10 Ω;在高山岩石的土壤电阻率大于 2 000 Ω·m 时,其接地电阻不得大于 20 Ω。当接地电阻达不到要求时,应在接地极回填土中加入无腐蚀性长效降阻剂;当仍达不到要求时,应经过设计单位的同意,采取更换接地装置的措施。

监控中心内应设置接地汇集环或汇集排,汇集环或汇集排宜采用裸铜线,其截面积应不小于 35 mm^2。电涌保护器接地端和防雷接地装置应作等电位连接。等电位连接带应采用铜质线,其截面积应不少于 16 mm^2。

(3)施工要求。为了避免由于接地电位差而混入交流杂波等干扰,系统应采用一点式接地。接地母线的表面应完整,无明显损伤和残余焊剂渣。铜带母线光滑无毛刺,绝缘线的绝缘层不得有老化龟裂现象。接地母线应铺设在地槽电缆走道中央,并固定在架槽的外侧。母线应平整,不得有歪斜弯曲。母线与机架或机顶的连接应牢固端正。电缆走道上的铜绞母线,应固定在横档上。

四、系统调试

安全防范系统的调试应在管线敷设及设备安装结束或基本结束后进行,这样既可以保证安装设备的安全,又可以使系统调试顺利进行。安全防范系统的调试是一项细致的、专业性很强的工作。由于安全防范系统的调试技术含量较高,需要有较丰富的理论基础和实践经验,因而系统调试前,系统调试应由项目责任人或具有相当于工程师资格的专业技术人员主持,并编制调试大纲。编制完成系统设备平面布置图、走线图以及其他必要的技术文件。

1. 调试前的准备

根据质量管理和质量控制的原则与要求,检查工程的施工质量。逐项检查系统工程的施工、安装质量。对施工中出现的问题,如错线、虚焊、开路或短路等应予以解决,并有文字记录。按正式设计文件的规定查验已安装设备的规格、型号、数

第三章 安全防范工程建设

量、备品备件等。系统在通电前应检查供电设备的电压、极性、相位等,对系统的外部线路进行检查,确保供电系统本身的可靠工作,避免由于接线错误造成严重后果。

调试前按设计方案中配套清单,对安装设备的规格、型号、数量和备品备件等进行核查。调试人员应按工程施工的要求,下道工序应是对上道工序的检查,通过逐项检查施工、安装质量,可以避免事故,保证调试工作的顺利进行,对确保系统正常运行起到良好保证作用。

2. 系统调试

按产品说明书要求,单机通电工作正常后才能接入系统,即先对各种有源设备逐个进行通电检查,工作正常后方可进行系统调试,并做好调试记录。

(1) 报警系统调试。按入侵探测器系列标准等相关标准的要求,对安装的探测器和控制器的功能和指标进行检查与调试,应准确无误。

1) 按国家现行入侵探测器系列标准、GB/T32581—2016《入侵和紧急报警系统技术要求》等相关标准的规定,检查与调试系统所采用探测器的探测范围、灵敏度、误报警、漏报警、报警状态后的恢复、防拆保护等功能与指标,应基本符合设计要求。

2) 按国家现行标准 GB12663—2001《防盗报警控制器通用技术条件》的规定,检查控制器的本地、异地报警、防破坏报警、布撤防、报警优先、自检及显示等功能,应基本符合设计要求。

3) 检查紧急报警时系统的响应时间,应基本符合设计要求。

(2) 视频监控系统调试。按相关标准的规定及设计要求,检查与调试每路视频监控系统,使摄像机监视范围、图像清晰度、切换与控制、字符叠加、显示与记录、回放以及联动功能等正常,满足设计要求。

1) 按安防视频监控系统方面的国家现行相关标准的规定,检查并调试摄像机的监控范围、聚焦、环境照度与抗逆光效果等,使图像清晰度、灰度等级达到系统设计要求。

2) 检查并调整对云台、镜头等的遥控功能,排除遥控延迟和机械冲击等不良现象,使监视范围达到设计要求。

3) 检查并调整视频切换控制主机的操作程序、图像切换、字符叠加等功能,保证工作正常,满足设计要求。

4) 调整监视器、录像机、打印机、图像处理器、同步器、编码器、解码器等设备,保证工作正常,满足设计要求。

5) 当系统具有报警联动功能时,应检查与调试自动开启摄像机电源、自动切换音视频到指定监视器、自动实时录像等功能。系统应叠加摄像时间、摄像机位置(含电梯楼层显示)的标识符,并显示稳定。当系统需要灯光联动时,应检查灯光打开后图像质量是否达到设计要求。

6)检查与调试监视图像与回放图像的质量,在正常工作照明环境条件下,监视图像质量不应低于第二章表2-2-3规定的四级,回放图像质量不应低于表2-2-3规定的三级,或至少能辨别人的面部特征。

(3)出入口控制系统调试。按相关标准要求、设计方案及产品技术说明书的规定,检查与调试出入口控制系统识别装置及执行机构工作的有效性和可靠性。检查系统的开门、关门、记录、统计、打印等处理功能应准确无误。

1)按GA/T394《出入口控制系统技术要求》等国家现行相关标准的规定,检查并调试系统设备如读卡机、控制器等,系统应能正常工作。

2)对各种读卡机在使用不同类型的卡(如通用卡、定时卡、失效卡、黑名单卡、加密卡、防劫持卡等)时,调试其开门、关门、提示、记忆、统计、打印等判别与处理功能。

3)按设计要求,调试出入口控制系统与报警、电子巡查等系统间的联动或集成功能。

4)对采用各种生物识别技术装置(如指纹、掌形、视网膜、声控及其复合技术)的出入口控制系统的调试,应按系统设计文件及产品说明书进行。

(4)停车库(场)管理系统调试。按系统设计要求,检查与调试系统车位显示、行车指示、入口处出票与出口处验票、计费与收费显示、车牌或车型识别以及意外情况发生时向外报警等功能。

1)检查并调整读卡机刷卡的有效性及其响应速度。

2)调整电感线圈的位置和响应速度。

3)调整挡车器的开放和关闭的动作时间。

4)调整系统的车辆进出、分类收费、收费指示牌、导向指示、挡车器工作、车牌号复核或车型复核等功能。

(5)电子巡查系统调试。按预先设定的巡查路线,正确记录保安人员巡查活动(时间、路线、班次等)状态。对在线式电子巡查系统,检查当发生意外情况时的即时报警功能。

1)调试系统组成部分各设备,均应工作正常。

2)检查在线式信息采集点读值的可靠性、实时巡查与预置巡查的一致性,并查看记录、存储信息以及在发生不到位时的即时报警功能。

3)检查离线式电子巡查系统,确保信息钮的信息正确,数据的采集、统计、打印等功能正常。

(6)防爆安全检查系统调试。按设计要求,检查设备安装位置、安装是否平整,接通电源,按不同检查设备的功能,准备好相应的测试物品,检查违禁物品是否发出报警等。

1)微剂量X射线安全检查设备的传送带速度(通过率)、手动急停(紧急控制)、图像处理显示、不穿透区域报警、计数或危险品图形识别、网络传送实时数据等。

2)通过式金属探测门的探测灵敏度、通行速度、分区报警方式、报警指示延续时间等。

3)炸药探测仪的开机时间、探测分析时间、声光报警、报警恢复时间等。

4)危险液体检查仪对玻璃、塑料、金属、陶瓷等各种常见包装材料中液态物品的非侵入式检测,以及连续探测、声光报警等。

5)车底成像安全检查系统的成像效果、监视范围、通行速度、报警响应等。

(7)采用系统集成方式的系统调试。安全防范系统的各子系统应先独立调试、运行;当采用系统集成方式工作时,应按设计要求和相关设备的技术说明书、操作手册,检查和调试统一的通信平台和管理软件后,再将监控中心设备与各子系统设备联网,进行系统总调,并模拟实施监控中心对整个系统进行管理和控制、显示与记录各子系统运行状况及处理报警信息数据等功能。

1)按系统的设计要求和相关设备的技术说明书、操作手册,先对各子系统进行检查和调试,应能工作正常。

2)按照设计文件的要求,检查并调试安全管理系统对各子系统的监控功能,显示、记录功能,以及各子系统脱网独立运行等功能。

(8)供电、防雷与接地设施的检查:

1)检查系统的主电源和备用电源的容量是否满足要求。

2)检查各子系统在电源电压规定范围内的运行状况,应能正常工作。

3)分别用主电源和备用电源供电,检查电源自动转换和备用电源的自动充电功能。

4)当系统采用稳压电源时,检查其稳压特性、电压纹波系数应符合产品技术条件;当采用UPS作备用电源时,应检查其自动切换的可靠性、切换时间、切换电压值及容量,并应符合设计要求。

5)检查系统的防雷与接地设施;复核土建施工单位提供的接地电阻测试数据,其接地电阻应符合要求,如达不到要求,必须整改。

6)按设计文件要求,检查各子系统的室外设备是否有防雷措施。

系统调试结束后,应根据调试纪录,按表3-4-5的要求如实填写调试报告。

调试报告经建设单位认可后,系统才能进入试运行。

表 3-4-5　系统调试报告

编号:

工程名称		工程地址			
使用单位		联系人		电话	
调试单位		联系人		电话	
设计单位		施工单位			
主要设备	设备名称型号	数量	编号	出厂年月	生产厂	备注
施工有无遗留问题		施工单位联系人		电话	
调试情况					
调试人员（签字）			使用单位人员（签字）		
施工单位负责人（签字）			设计单位负责人（签字）		
填表日期：					

第三章 安全防范工程建设

第五节 安全防范工程检测

一、概述

安全防范工程在系统试运行后、竣工验收前,须由法定检验机构按照规定的检验程序和方法,对设备安装、施工质量和系统功能、性能、系统安全性和电磁兼容等覆盖工程合同、正式设计文件的主要内容的项目进行检验。

安全防范工程中所使用的产品、材料应符合国家相应法律、法规和现行标准的要求,经有关机构检验/认证合格、出具检验报告或认证证书等相关质量证明,并与正式设计文件、工程合同的内容相符合。检验前,系统应试运行一个月,并填写试运行报告。

对于每个工程,它的系统规模和功能都不相同,检验项目应覆盖工程合同、正式设计文件的主要内容,以便对系统的主体特性做出全面检查。检验所使用的仪器仪表必须经法定计量部门检定合格,性能应稳定可靠。

为了保证工程检验的质量和顺利实施,检验实施程序对检验过程来说是必不可少的,特别是编制检验实施细则尤为重要。可使检验人员对被检验系统的情况有较全面的了解(包括系统所涉及的范围,各子系统的结构、功能、运转情况等),便于检验实施细则的制定。检验程序一般包括以下内容:

(1)受检单位提出申请,并提交主要技术文件、资料。

(2)技术文件应包括工程合同、正式设计文件、系统配置框图、设计变更文件、更改审核单、工程合同设备清单、变更设备清单、隐蔽工程随工验收单、主要设备的检验报告或认证证书等。

(3)检验机构在实施工程检验前应依据以上工程技术文件和相关的要求,制定检验实施细则。

(4)实施检验,编制检验报告,对检验结果进行评述(判)。

检验实施细则作为检验过程的指导性文件,检验实施细则包括检验目的、检验依据、检验内容及方法、使用仪器、检验步骤、测试方案、检验数据记录表及数据处理方法、检验结果评判等内容。其中测试方案的设计非常重要。系统的特性和存在的缺陷只有通过周密的测试方案才能反映出来。实施检验时,应由测试人员根据具体的实施细则和测试方案。

检验方法要求:对系统中主要设备的检验,应采用简单随机抽样法进行抽样;抽样率不应低于20%且不应少于3台;设备少于3台时,应100%检验。检验过程应遵循先子系统,后集成系统的顺序检验。对定量检验的项目,在同一条件下每个点必须进行3次以上读值。检验中有不合格项时,允许改正后进行复测。复测时抽样数量应加倍,复测仍不合格则判该项不合格。

本教材所介绍的安全防范系统各子系统检验项目、检验要求及测试方法仅供读者参考,最终工程检验内容应以国家相关标准和用户合同为准。

二、系统功能性能检测

系统功能与主要性能检验,是人们重点关注的内容之一,也是系统管理员和值机人员在系统运行过程中,反复测试验证的内容。

1. 安全防范系统各子系统检验项目、检验要求及测试方法

(1) 入侵和紧急报警系统检验项目、检验要求及测试方法见表3-5-1。

表3-5-1 入侵和紧急报警系统检验项目、检验要求及测试方法

序号	检验项目	检验要求	检验方法
1*	探测功能	入侵和紧急报警系统应能准确、及时地探测入侵行为、触发紧急报警装置,并发出入侵报警信号、紧急报警信号	设防状态下,通过人员现场模拟入侵探测区域,当进入最大探测区域位置进行模拟入侵测试;在任何状态下,触发紧急报警装置进行测试;查看报警信号、报警信息与实际的触发情况
2*	防拆功能	当入侵和紧急报警系统的探测、传输、控制指示、告警装置等设备被替换或外壳被打开时,应能发出防拆信号	在任何状态下,打开入侵和紧急报警系统的探测、传输、控制指示、告警装置的外壳或替换设备,查看声光报警信号和报警信息的保持状态
3*	防破坏及故障识别功能	当报警信号传输线被断路/短路、探测器电源线被切断、系统设备出现故障时,报警控制设备上应发出声、光报警信息	报警探测回路发生断路、短路和电源线被切断时,查看报警状态和功能
4	设置功能	应能按时间、区域、部位进行全部或部分探测回路(防区)的瞬时防区、24h防区、延时防区、旁路、传输、告警、设防、撤防、胁迫报警等功能的设置。应能对系统用户权限进行设置	对不同的用户进行权限设置、增加和删除用户;授权用户对系统分别进行瞬时防区、24h防区、延时防区、旁路、传输、告警、设防、撤防、胁迫报警等功能的设置

续 表

序号	检验项目	检验要求	检验方法
5	操作功能	系统用户应能根据权限级别不同，按时间、区域、部位对全部或部分探测回路进行自动或手动设防、撤防、旁路等操作，并应能实现胁迫报警操作	以不同权限用户进行操作，检查权限设置情况；授权用户对系统分别按时间、区域、部位进行自动或手动设防、撤防、旁路操作，测试系统的状态及功能
6	指示功能	系统应能对入侵和紧急、防拆、故障等报警信号来源、控制指示设备以及远程信息传输工作状态有明显清晰的指示	检查报警信号的指示入侵发生部位、报警信号性质、保持状态；当报警指示持续期间，再发生其他报警信号输入时，查看相应的可见报警指示；当多个回路同时报警时，查看任一路的报警指示；查看报警控制指示设备和远程传输的状态
7	通告功能	当系统出现入侵、紧急、防拆、故障、胁迫等报警状态和非法操作时，系统应能根据不同需要在现场和/或监控中心发出声、光报警通告	通过入侵、紧急、防拆、故障、胁迫等报警信号的触发，在现场、监控中心查看接收到的声、光报警信息，包括报警的时间、地点、性质等信息
8*	传输功能	应能实时传递各类报警信号/信息、控制指示设备各类运行状态信息和事件信息	对系统发生的各类报警信号/信息、各设备的运行和链路状态以及事件信息，检查传输至控制指示设备的状态；当传输链路发生断路、短路时，查看发送至报警控制设备的报警信息
9*	记录功能	应能对系统操作、报警和有关警情处理等事件进行记录和存储，且不可更改	触发报警，查看报警记录，包括报警发生的时间、地点、报警信息性质、故障信息性质、警情处理等信息，检查信息记录的准确性、可更改性
10*	响应时间	系统报警响应时间应能满足下列要求：单控制器模式：不大于2 s；本地联网模式： 安全等级1：不大于10 s； 安全等级2,3：不大于5 s； 安全等级4：不大于2 s； 远程联网模式：安全等级1,2：不大于20 s； 安全等级3,4：不大于10 s	根据系统设计的模式和安全等级，布防后触发探测器发生报警，测试发生报警到报警控制设备和指示设备接收信号的时间

续 表

序号	检验项目	检验要求	检验方法
11*	复核功能	在重要区域和重要部位发出报警的同时,应能对报警现场进行声音和/或图像复核	检查声音/图像复核装置的配置位置、数量;触发报警后,验证现场声音和图像显示,检查声音和图像的清晰性、准确性
12	联动功能	系统应能提供接口实现与视频监控、出入口控制、实体防护等其他子系统的联动	检查报警联动功能设置;触发探测器发生报警,查看相应的触发联动设备和联动功能,测试联动响应的时间
13	独立运行	安全防范系统的其他子系统和安全管理系统的故障均不应影响入侵和紧急报警系统的运行;入侵和紧急报警系统的故障应不影响安全防范系统其他子系统的运行	入侵和紧急报警系统与其余各子系统脱离,布撤防操作后,检查探测、报警、显示及记录功能,查看其余各子系统的运行状态
14	误报警与漏报警	入侵报警系统的误报警率应符合设计任务书和/或工程合同书的要求。入侵报警系统不得有漏报警	触发前端各种报警类型至少50次以上,记录触发次数和报警的次数,查验漏报警情况
15	报警信息分析功能	系统可具有对各类状态/事件信息进行综合识别、分析、研判等功能	分别触发报警和紧急报警,拆开前端探测器、断掉探测器电源,查看系统显示的相应状态信息、操作记录,检查报警、故障、操作等信息的管理、查询
16	其他项目	对系统涉及的入侵和紧急报警系统其他项目应符合相应标准、工程合同及设计文件的要求	按照相应标准、工程合同及系统设计文件中的要求进行

注:表中:

(1)防破坏及故障报警功能的检验要求:检验实践中发现,在很多工程中,入侵探测器的防拆报警信号线与报警信号线是并接的,在撤防状态下,系统对探测器的防拆信号不响应,这种设计或安装是不符合探测器防拆保护要求的。因此,在检验系统的入侵探测器防拆报警功能时,应能在任意状态下进行。

(2)系统响应时间检验要求:由于报警信号传输的方式有多种,响应时间也不同,因此,应合理设计测试方案,以保证测试响应时间的准确性。

(3)其他检验项目应按GB/T32581—2016《入侵和紧急报警系统技术要求》等相关标准、入侵和紧急报警系统工程合同、正式设计文件的要求检验。

(2)视频监控系统检验项目、检验要求及测试方法见表3-5-2。

表3-5-2 视频监控系统检验项目、检验要求及测试方法

序号	检验项目	检验要求	检验方法
1*	视频/音频采集功能	视频采集设备的监控范围应有效覆盖被保护部位、区域或目标,监视效果应满足场景和目标特征识别的不同需求	检查视频采集设备的配置位置、数量、覆盖的部位、区域和目标,查看所采用设备的位置、角度、类型
		视频采集设备的探测灵敏度和动态范围应满足现场图像采集的要求	核查视频采集设备的产品检测报告中所采用镜头的探测灵敏度和摄像机的动态范围
		视频采集设备宜具有同步音频采集功能	具有音频采集功能时,检查采集音频的清晰性、连续性和音视频的延迟同步性
2	传输	视频图像信息和其他相关信息在前端采集设备到显示设备、存储设备等各设备之间的传输信道信道的带宽、时延、时延抖动应满足设计要求	分别测试前端采集设备到显示设备和存储设备等各设备之间的信道带宽、时延和时延抖动
3	切换调度功能	系统应能按照授权实时切换调度指定视频到指定显示终端显示	以不同的授权用户对视频资源进行调取显示,检查授权范围内和授权范围外对视频资源的调取,将调取的视频资源选择客户端的不同画面或不同的监视器进行显示,查看显示状态
		实时视频切换显示的响应时间不应大于1 s;历史视频源的检索调取显示响应时间应不长于2 s	选取不同的视频资源在同一画面显示,测试响应的时间;选取相同的视频资源在不同画面显示,测试响应时间;调取历史视频源显示,测试响应时间
4*	远程控制功能	系统应能按照授权对选定的前端视频采集设备进行PTZ实时控制,或对前端视频采集设备进行工作状态的调整	以不同的授权用户对前端视频采集设备进行控制,包括PTZ控制及编码方式、码流、帧率、加密等的调整,检查授权用户和非授权用户的控制及调整功能

续 表

序号	检验项目	检验要求	检验方法
5*	视频显示和声音展示功能	系统应能实时显示系统内的所有视频图像,系统图像质量应满足设计要求。显示的方式可以是单屏幕单路视频,也可以是单屏幕多画面,也可以是组合屏幕综合显示。显示的视频图像应具有原始完整性。声音的展示应满足辨识需要	检查授权用户在客户端/显示设备上依次对所有视频图像进行调取浏览和选取不同时间段的历史图像进行回放;分别通过前端视频卡图像采集、后端显示及存储的过程对显示的图像和回放的图像质量进行测试,包括分辨力、帧率、灰度等级等;对显示视频图像的连续性、清晰度、色彩进行主观评价;检查显示及回放画面上的叠加信息,包括日期、时间及前端摄像机的编码或地址码;对采集的音频信息进行实时播放和回放,检查声音信息的清晰可辨性
6*	存储/回放/检索功能	视频存储设备应能完整记录指定的视频图像信息,存储的视频路数、存储格式、存储周期长度、数据更新策略应符合设计要求	检查视频存储的方式、码流、存储格式、数据更新策略、存储的路数,根据存储方式、存储格式、码流、存储路数计算每天所需的存储容量
		视频存储设备应支持视频图像信息的及时保存、连续回放、多用户实时检索和数据导出等功能	以不同用户单个或多个对视频资源进行实时检索,查看回放检索到的资源,并导出相应的数据信息
		在用户选定的图像质量条件下,各路视频图像信息连续存储周期长度应不少于 30 天;防范恐怖袭击重点目标的视频图像信息在高清(1 080P)、不低于 25 帧/s 条件下,存储周期长度应不少于 90 天	根据每天所需的存储容量和配置容量,计算视频图像的存储周期长度;根据计算的周期长度,对存储视频图像按时间进行检索并回放,查看所需存储周期长度的历史图像
		防范恐怖袭击重点目标的视频图像的空间水平/垂直分辨力不低于900TVL,帧率不低于 25 帧/s	检查防范恐怖袭击重点目标的配置,通过前端视频卡图像采集、后端显示及存储的过程对显示的图像和回放的图像质量进行测试,内容包括相应记录照度、视频图像的水平分辨力、垂直分辨力和帧率

续 表

序号	检验项目	检验要求	检验方法
		视频图像信息宜与相关音频信息同步记录、同步回放	检查前端音频的设置,对音视频的记录文件进行回放,检查播放时的声音、动作、口形和延迟
7	视频/音频分析功能	系统可具有场景分析、目标识别、行为识别等视频智能分析功能。系统可具有对异常声音分析报警的功能	当具有视频/音频分析功能设计时,检查场景分析、目标识别、行为识别等功能,并依据相应的标准要求和方法对其进行识别准确度、误判度、识别速度等进行测试
		当具有场景分析或目标识别功能要求时,视频图像的分辨力应满足系统记录现场和识别目标的要求,水平和垂直分辨力宜不低于300TVL,帧率不低于25帧/s,灰度等级不低于8级	对具有场景分析或目标识别功能要求的视频图像,分别通过前端视频卡图像采集、后端显示及存储的过程对显示的图像质量进行测试,包括分辨力、帧率、灰度等级等,图像质量
8	多摄像机协同功能	对同一场景中的多台摄像机可实现相互联动功能,实现对活动目标的跟踪联动等	对同一场景设置的多台摄像机,检查相互联动性,模拟活动目标进行测试,查看联动结果和对活动目标的跟踪情况
9*	系统管理功能	系统应具有用户权限管理、操作与运行日志管理、设备管理和自我诊断等功能	对不同的用户进行权限设置、增加和删除用户;调取操作与运行日志;对相关数据进行导入、导出及界面配置
10	联动功能	系统应能提供接口,实现与入侵和紧急报警系统、出入口控制系统等其他子系统的联动	检查联动功能,包括联动录像、联动灯光、联动视频切换、联动预制位切换、联动信息显示等
		报警联动响应时间应不大于4 s	触发报警联动装置,查看联动的设备状态,并测试联动响应时间
11	独立运行	安全防范系统的其他子系统和安全防范管理平台(非依赖于视频监控系统的安全防范管理平台)的故障均应不影响视频监控系统的运行;视频监控系统的故障应不影响安全防范系统其他子系统的运行	视频监控系统与其余各子系统和安全防范管理平台脱离,检查显示、记录、回放、控制功能,查看其余各子系统的运行状态

续 表

序号	检验项目	检验要求	检验方法
12	其他项目	对系统涉及的视频监控系统其他项目应符合相应标准、工程合同及设计文件的要求	按照相应标准、工程合同及系统设计文件中的要求进行

注：图像记录回放功能检验：不同防护级别的工程，其图像记录回放的效果、质量要求不同，因此，应根据该工程正式设计文件的要求进行检验。比如在银行营业场所安全防范工程中要求：能实时监视银行交易或操作的全过程，回放图像应能清晰显示区域内人员的活动情况；存款业务区的回放图像应是实时图像，应能清晰地显示柜员操作及客户脸部特征；运钞交接区的回放图像应是实时图像，应能清晰显示整个区域内人员的活动情况；出入口的回放图像应能清晰辨别进出人员的体貌特征；现金业务库清点室的回放图像应是实时图像，应能清晰显示复点、打捆等操作的过程。

(3)出入口控制系统检验项目、检验要求及测试方法见表3-5-3。

表3-5-3 出入口控制系统检验项目、检验要求及测试方法

序号	检验项目	检验要求	检验方法
1	安全等级	系统安全等级应符合设计要求	对系统中最高安全等级的出入口控制点进行现场复核；检查设备型号和对应的产品检测报告，确认设备的安全等级；对现场的设备配置组合进行检查，验证配置策略与出入口控制点安全等级；对各项功能进行验证，检查其结果与相应安全等级要求；检查系统的中心管理设备，其安全等级应不低于各出入口控制点的最高安全等级
2*	目标识别功能	系统应采用编码识读和/或生物特征识读方式，对目标进行识别	检查采用的识读方式，核查相关产品的检测报告；对编码识别方式，不同识读设备存在的识读授权，验证授权与非授权识读设备区分
		安全等级3和安全等级4的系统对目标识别时，不应采用只识读PIN的识别方式，应采用对编码载体信息凭证，和/或模式特征信息凭证，和/或载体凭证、特征凭证、PIN组合的复合识别方式	根据系统设计的安全等级，对高安全等级的系统，检查系统采用的识读方式，分别验证只采用PIN识别及复合识别的有效性

续 表

序号	检验项目	检验要求	检验方法
3*	出入控制功能	系统使用的控制方式(一种或多种组合)应符合设计和安全等级的要求,包括:单向识读、双向识读、防重入、复合识别、多重识别、防尾随、异地核准、防尾随等	对现场出入口控制点按照设计要求进行识读的验证,检查访问控制功能
4*	出入授权功能	系统应能对不同目标出入各受控区的时间、出入控制方式等权限进行授权配置	对各受控区的时间、出入方式等权限进行不同的授权配置,配置后进行出入测试,检查与授权配置内容的一致性
5	自我保护功能	系统应根据安全等级要求采用相应自我保护措施和配置。位于对应受控区、同权限受控区或高权限受控区域以外的部件应具有适当的防篡改/防撬/防拆保护措施。连接出入口控制系统部件的线缆,位于出入口对应受控区和同权限受控区和高权限受控区域外部的,应封闭保护,保护结构的抗拉伸、抗弯折强度应不低于镀锌钢管	根据设计文件和安全等级要求检查对不同受控区的权限配置;检查对授权区域外部件的保护,验证对撬、拆等破坏的报警功能;检查对授权区域外线缆的封闭保护
6*	指示/通告功能	系统应能对目标的识读过程提供现场指示。当系统出现违规识读、出入口被非授权开启、故障、胁迫等状态和非法操作时,系统应能根据不同需要在现场和/或监控中心发出可视和/或可听的通告或警示	按照设计文件,通过非授权凭证进行识读、强行开启、胁迫密码操作、非法密码操作,在现场、监控中心检查可视和/或可听的通告或警示等;使用授权凭证进行识读后,查看相应的识读记录,包括记录的时间、地点、对象
7	记录/存储功能	系统的信息处理装置应能对系统中的有关信息自动记录、存储,并有防篡改和防销毁等措施	检查系统对信息的记录,包括非法操作、故障、授权操作、配置信息等的记录;验证对信息记录进行导出和存储、更改和删除

续　表

序号	检验项目	检验要求	检验方法
8*	应急疏散功能	系统不应禁止由其他紧急系统（如火灾等）授权自由出入的功能。系统必须满足紧急逃生时人员疏散的相关要求。当通向疏散通道方向为防护面时,系统必须与火灾报警系统及其他紧急疏散系统联动,当发生火警或需紧急疏散时,人员不用识读应能迅速安全通过	检查系统的应急开启方式,对设置的应急开启的开关或按键,验证操作后开启部分/全部出入口功能;与消防系统联动后,当触动消防开关,验证开启相应出入口功能
9	联动功能	系统应能提供接口,实现与入侵和紧急报警、视频监控等其他子系统的联动	检查联动功能的设置,联动功能包括联动报警、联动录像、联动灯光、联动视频显示,验证触发所联动设备的准确性
10	独立运行功能	安全防范系统的其他子系统和安全防范管理平台的故障均应不影响出入口控制系统的运行;出入口控制系统的故障应不影响安全防范系统其它子系统的运行	断开系统与安全管理的平台连接,验证出入口控制、各识读装置和出入控制,检查其余各子系统的运行状态
11	一卡通用功能	当系统与其他业务系统共用的凭证或其介质构成"一卡通"的应用模式时,应对出入口控制系统与其他业务系统进行独立设置与管理	查看"一卡通"的应用模式,按设计文件对"一卡通"进行设置和管理,验证其功能,检查通过其他业务系统进行管理、设置
12	其他项目	对系统涉及的出入口控制系统其他项目应符合相应标准、工程合同及设计文件的要求	按照相应标准、工程合同及系统设计文件中的要求进行

(4)停车库(场)管理系统检验项目、检验要求及测试方法见表3-5-4。

表 3-5-4　停车库(场)管理系统检验项目、检验要求及测试方法

序号	检验项目	检验要求	检验方法
1*	出入口车辆识别功能	系统应根据设计文件对出入停车库(场)的车辆以编码凭证和/或车牌识别方式进行识别	检查采用的车辆识别方式,验证编码凭证/车牌识别,查看识别的信息的准确性;对设置的出票/验票装置,查看出/验票信息的准确性;对车牌识别,验证对车牌进行自动抓拍和识别功能
		高风险目标区域的车辆出入口可具有人员识别、车底检查等功能	检查对高风险目标区域的配置,具有人员识别和车底检查的功能时,检查人员识别图像和车底检查图像的清晰辨别性
2	挡车/阻车功能	系统设置的电动栏杆机等挡车指示设备应满足通行流量、通行车型(大小)的要求	核查电动栏杆机等挡车指示设备的产品检测报告,检查起/落杆操作自动和手动实现功能,测量设置的电动栏杆机的起/落杆速度、通行宽度、高度
		电控阻车设备应满足高风险目标区域的阻车能力要求	核查电控阻车设备的产品检测报告,检查阻车设备的自动/手动控制功能,测量开启速度
3	行车疏导(车位引导)功能	应具有行车疏导(车位引导)功能,如在入口处车位显示,分层的车辆统计与在位车显示等	根据系统设计文件,检查显示的车位信息,包括总车位、剩余车位等,检查动态信息显示和行车指示的准确性
4*	车辆保护(防砸车)功能	系统挡车/阻车设备应有对正常通行车辆的保护措施,宜与地感线圈探测等设备配合使用	检查对起杆但未通行车辆的辨别,验证进行落杆或者落杆未触及车辆又自动抬起功能
5	库(场)内部安全管理	库(场)内部设置的紧急报警、视频监控、电子巡查等技防设施应符合设计要求,封闭式地下车库等部位应有足够的照明设施	检查库(场)内部的紧急报警、视频监控、电子巡查等设施的配置位置、数量,其功能与性能按照相关子系统进行检验;检查封闭式地下车库等部位的照明设施配置,测量地下车库照度

续　表

序号	检验项目	检验要求	检验方法
6*	指示/通告功能	系统应能对车辆的识读过程提供现场指示。当系统出现违规识读、出入口被非授权开启、故障等状态和非法操作时,系统应能根据不同需要向现场、监控中心发出可视和/或可听的通告或警示	使用非授权编码/车牌识读、强行开启、非法操作后,在现场、监控中心查看可视和/或可听的通告或警示,使用授权编码/车牌进行识读后,查看相应的识读记录,包括记录的时间、地点、对象
7	管理集成功能	系统可与停车收费系统联合设置,提供自动计费、收费金额显示、收费的统计与管理功能。系统也可与出入口控制系统联合设置,与安全防范其他子系统集成	查看系统的联合设置情况,检查自动计费金额、收费统计情况,验证管理功能;与出入口的控制联合设置时,按出入口系统的检验进行
8	其他项目	对系统涉及的停车库(场)安全管理系统其他项目应符合相应标准、工程合同及设计文件的要求	按照相应标准、工程合同及系统设计文件中的要求进行

(5)电子巡查系统检验项目、检验要求及测试方法见表3-5-5。

表3-5-5　电子巡查系统检验项目、检验要求及测试方法

序号	检验项目	检验要求	检验方法
1*	巡查线路设置	应能对巡查轨迹、时间、巡查人员进行设置,应能设置多条并发线路	根据巡查点的点位设置多条巡查路线,并设置多条并发线路,检查设置内容的正确性,包括时间、巡查人员和巡查点选择等
2*	巡查报警设置	应能设置巡查异常报警规则	对不同的巡查路线设置不同的报警规则,验证按报警规则巡查的报警情况,查看报警内容与设定报警规则的一致性
3*	巡查状态监测功能	应能在预先设定的巡查路线中,对人员的巡查活动状态进行监督和记录,应能在发生意外情况时及时报警	按照巡查路线进行巡查,检查对巡查的轨迹、时间、地点、巡查人等的信息记录;检查对巡查活动是否准时和遵守顺序等状态的在线显示、记录;根据设置的报警规则,当出现偏离巡查路线和未按设定时间巡查等情况时,检查发出的报警和报警内容

续 表

序号	检验项目	检验要求	检验方法
4	统计报表功能	系统可对设置内容、巡查活动情况进行统计,形成报表	按时间、地点、人员等选取设置的内容和巡查活动情况,检查进行统计和形成报表情况,并验证统计结果的正确性
5	联动功能	系统可与视频监控系统、出入口控制系统、入侵报警系统等安全防范子系统联动	检查联动功能的设置和实现,查看触发所联动的设备的准确性
6	其他项目	对系统涉及的电子巡查系统的其他项目应符合相应标准、工程合同及设计文件的要求	按照相应标准、工程合同及系统设计文件中的要求进行

(6)防爆安全检查系统检验项目、检验要求及测试方法见表3-5-6。

表3-5-6 防爆安全检查系统检验项目、检验要求及测试方法

序号	检验项目	检验要求	检验方法
1	安全检查设置	系统应能对进入被保护单位的人员和/或物品和/或车辆进行安全检查,对规定的爆炸物、武器、管制品或其他违禁物品进行实时、有效的探测、显示、记录和报警	检查安全检查设备的配置位置、数量、类型是,核查相应产品的检测报告,对设计文件中规定的物品验证探测、显示、记录和报警功能
2*	设备要求	系统所用安检设备应符合相关产品技术要求的规定。系统的探测率、误报率和人员、物品和车辆的通过率(检查速度)应满足国家现行相关标准的要求	核查安检设备的产品检测报告,并依据各相关产品的现行相关标准对各设备进行探测率、误报率和人员、物品和车辆的通过率的检验
3*	X射线辐射	X射线安全检查设备的单次检查剂量不应大于$5\mu Gy$,在距设备外表面$5 cm$的任意处(包括设备的入口、出口处),X射线泄漏剂量率应小于$5\mu Gy/h$	将测试设备通过X射线安检设备10次,设备累计显示总检查剂量,平均后计算单次剂量是否符合要求;距离设备外表面$5 cm$测量前、后、左、右、上、下各处的射线剂量,记录最大值

安全技术防范

续 表

序号	检验项目	检验要求	检验方法
4*	信息存储时间	安检信息存储时间应大于等于90 d	对安检过程所存储的图片、操作记录等信息进行查询,检查存储信息的准确性,根据存储容量和图片、记录信息计算和核对存储时间
5	安全检查区设置	安全检查区应设置在保护区域的入口,安全检查区内设置的安全检查通道数量、配备的安全检查设施和人员应与被检人员、物品和车辆流量相适应	检查安全检查区的位置及检查区内配置的检查通道数量、检查设施
6*	安全检查区视频监控要求	安全检查区应设置视频监控装置,实时监视安检现场情况,监视和回放图像应能清晰显示安全检查区人员聚集情况、清晰辨别被检人员的面部特征、清晰显示放置和拿取被检物品等活动情况	检查安全检查区的视频监控装置的配置,检查监视图像清晰显示人员聚集、人员面部特征、被检物品等情况;图像质量按视频监控系统的检验进行
7	其他项目	对系统涉及的防爆安全检查系统的其他项目应符合相应标准、工程合同及设计文件的要求	按照相应标准、工程合同及系统设计文件中的要求进行

2. 安全性及电磁兼容性检验

系统(设备)的安全性和电磁兼容性是密不可分的。电子技术发展的前期,人们曾将电磁兼容性检验作为安全性检验的一个项目;后来为了突出电磁兼容性的重要性,才将其单独列为一个检验项目。对于不同防护级别、不同使用环境的工程,其安全性要求和电磁环境要求不尽相同,因此,安全性和电磁兼容性检验应根据相关标准和设计文件的要求进行,重点实施对监控中心设备的检验。

(1)安全性检验的内容:

1)检查系统所用设备及其安装部件的机械强度(以产品检测报告为依据)。

2)主要控制设备的安全性检验应按现行国家标准 GB16796—2009《安全防范报警设备安全要求和试验方法》的有关规定执行,并重点检验下列项目:

• 绝缘电阻检验:在正常大气条件下,控制设备的电源插头或电源引入端子与外壳裸露金属部件之间的绝缘电阻不应小于 20 MΩ。

• 抗电强度检验:控制设备的电源插头或电源引入端子与外壳裸露金属部件之间应能承受 1.5 kV,50 Hz 交流电压的抗电强度试验,历时 1 min 应无击穿和飞弧现象。

• 泄漏电流检验:控制设备泄漏电流应小于 5 mA。

(2)电磁兼容性检验的内容。

1)检查系统所用设备的抗电磁干扰能力(以产品检测报告为依据)和电磁骚扰状况。

2)检查系统传输线路的设计与安装施工情况。

3)系统主要控制设备的电磁兼容性检验,应重点检验下列项目:

• 静电放电抗扰度试验:应根据 GB/T17626.2—2006《电磁兼容试验和测量技术静电放电抗扰度试验》对系统中主要设备进行测试,严酷等级按设计文件的要求执行。

• 射频电磁场辐射抗扰度试验:应根据 GB/T17626.3—2006《电磁兼容试验和测量技术射频电磁场辐射抗扰度试验》对系统中主要设备进行测试,发射限制及抗扰度限制按设计文件的要求执行。

• 电快速瞬变脉冲群抗扰度试验:应根据 GB/T17626.4—1998《电磁兼容试验和测量技术电快速瞬变脉冲群抗扰度试验》对系统中主要设备进行测试,严酷等级按设计文件的要求执行。

• 浪涌(冲击)抗扰度试验:应根据 GB/T17626.5—2008《电磁兼容试验和测量技术浪涌(冲击)抗扰度试验》对系统中主要设备进行测试,严酷等级按设计文件的要求执行。

• 电压暂降、短时中断和电压变化抗扰度试验:应根据 GB/T17626.11—2008《电磁兼容试验和测量技术电压暂降、短时中断和电压变化的抗扰度试验》对系统中主要设备进行测试,严酷等级按设计文件的要求执行。

3. 设备安装检验

检查系统前端设备的数量、型号、生产厂家、安装位置,应与工程合同、设计文件、设备清单相符合。设备清单及安装位置变更后应有更改审核单。

系统前端设备安装质量检验。检查系统前端设备的安装质量。

检查监控中心设备的数量、型号、生产厂家、安装位置,应与工程合同、设计文件、设备清单相符合。设备清单变更后应有更改审核单。

监控中心设备安装质量检验。检查监控中心设备的安装质量。

4. 线缆敷设检验

检查系统所用线缆、光缆型号、规格、数量，应符合工程合同、设计文件、设计材料清单的要求。变更时，应有更改审核单。

检查线缆、光缆敷设的施工记录或监理报告或隐蔽工程随工验收单。

检查综合布线的施工记录或监理报告。

检查隐蔽工程随工验收单，做到内容完整、准确。

5. 电源检验

系统电源的供电方式、供电质量、备用电源容量等应满足正式设计文件的要求。

对有备用电源的系统，应检查当主电源断电时，能否自动转换为备用电源供电。主电源恢复时，应能自动转换为主电源供电。在电源转换过程中，系统应能正常工作。对于双路供电的系统，主备电源应能自动切换。对于配置UPS电源装置的供电系统，主备电源应能自动切换。

当主电源电压在额定值的85%～110%范围内变化时，应不需要调整系统（或设备），应仍能正常工作。

检查入侵和紧急报警系统备用电源的容量，能否满足系统在设防状态下，满负荷连续工作时间的设计要求。检验防盗报警控制器的备用电源是否有欠压指示，欠压指示值应符合设计要求。检查出入口控制系统的备用电源能否保证系统在正常工作状态下，满负荷连续工作时间的设计要求。还应检查视频监控系统的备用电源容量能否满足设计和使用要求。

6. 防雷与接地检验

防雷与接地检验也是系统安全性检验的重要组成部分。由于我国幅员辽阔，南北东西的气候环境、雷电环境、地质土壤环境等因素差异较大，因此雷电防护和接地施工的难度也各不相同。对安全防范工程的防雷接地检验应按相关标准和具体工程的设计要求，重点实施对室外前端设备的雷电防护检查和监控中心的接地设施检(查)验。

防雷设施检验：检查系统防雷设计和防雷设备的安装、施工，结果应满足合同和相关技术方案的要求。检查监控中心接地汇集环或汇集排的安装。检查防雷保护器数量、安装位置，结果应符合设计要求。

接地装置检验：检查监控中心接地母线的安装，其结果应符合相关规定。检查接地电阻时，相关单位应提供接地电阻检验报告。当无报告时，应进行接地电阻测试，其结果应符合规定。若测试不合格，应按要求进行整改，直至测试合格。

三、思考题

简述安全防范工程检验程序。

第六节 安全防范工程验收

一、概述

安全防范工程的竣工验收内容包括施工质量、技术质量及图纸资料的准确、完整、规范等方面。

为了确实把握好工程质量关,应根据国家公共安全行业标准 GA/T75—1994《安全防范工程程序与要求》的规定,将安全防范工程划分为一、二、三级,以便区别对待。

涉密工程项目的验收,相关单位、人员应严格遵守国家的保密法规和相关规定,严防泄密、扩散。

本书所介绍的安全防范系统工程验收内容仅供读者参考,最终工程验收内容应以国家相关标准和用户合同为准。

二、验收的条件

对安全防范工程尤其是一、二级安全防范工程进行验收前,必须具备从工程初步设计方案论证通过直至设计、施工单位向工程验收机构提交全套验收图纸资料的七个方面的验收条件,其基本目的是遵循"工程质量,责任重于泰山"的方针,体现"质量是做出来的,不是验出来的"思想,只有严格规范工程建设的全程质量控制,才能确保工程质量,使验收工作达到"质量把关"的目的,并能顺利、有效地进行。

(1)工程初步设计论证通过,并按照正式设计文件施工。工程必须经初步设计论证通过,并根据论证意见提出的问题和要求,由设计、施工单位和建设单位共同签署设计整改落实意见。工程经初步设计论证通过后,必须完成正式设计,并按正式设计文件施工。

(2)工程经试运行达到设计、使用要求并为建设单位认可,出具系统试运行报告。

1)工程调试开通后应试运行一个月,并按表 3-6-1 的要求做好试运行记录。对重点工程或者大型系统工程,工程建设单位可同设计、施工单位协商适当延长至

2～3个月的试运行时间,以充分观察和考核系统运行的有效性。

2)建设单位根据试运行记录写出系统试运行报告。其内容包括试运行起讫日期;试运行过程是否正常;故障(含误报警、漏报警)产生的日期、次数、原因和排除状况;系统功能是否符合设计要求以及综合评述等。

3)试运行期间,设计、施工单位应配合建设单位建立系统值勤、操作和维护管理制度。

(3)进行技术培训。根据工程合同有关条款,设计、施工单位必须对有关人员进行操作技术培训,使系统主要使用人员能独立操作。培训内容应征得建设单位同意,并提供系统及其相关设备操作和日常维护的说明、方法等技术资料。技术培训是"售后服务"的重要内容之一,是保证工程验收并正式交付使用后正常运行的技术支持之一,也是工程设计、施工单位的重要职责。

(4)符合竣工要求,出具竣工报告。

1)工程项目按设计任务书的规定内容全部建成,经试运行达到设计使用要求,并为建设单位认可,视为竣工。少数非主要项目未按规定全部建成,由建设单位与设计、施工单位协商,对遗留问题有明确的处理方案,经试运行基本达到设计使用要求并为建设单位认可后,也可视为竣工。

2)工程竣工后,由设计、施工单位写出工程竣工报告。其内容包括:工程概况;对照设计文件安装的主要设备;依据设计任务书或工程合同所完成的工程质量自我评估;维修服务条款以及竣工核算报告等。

对于三级安全防范工程竣工报告,鉴于系统规模相对较小或风险等级较低,其内容可适当简化;当工程(因建设单位原因)不满足竣工条件或工程内容发生重大变更与方案论证内容出入较大时,应修改设计任务书(或合同)或重新论证。

表3-6-1 系统试运行记录

工程名称			工程级别	
建设(使用)单位				
设计、施工单位				
日期时间	试运行内容	试运行情况	备注	值班人

续 表

工程名称			工程级别	
建设(使用)单位				
设计、施工单位				
日期时间	试运行内容	试运行情况	备注	值班人

注：(1)系统试运行情况栏中，正常打"√"，并每天不少于填写一次；不正常的在备注栏内及时扼要说明情况(包括修复日期)。

(2)系统有报警部分的，报警试验每天进行一次。出现误报警、漏报警的，在试运行情况和备注栏内如实填写。

安全技术防范

(5)初验合格,出具初验报告。

1)工程正式验收前,由建设单位(监理单位)组织设计、施工单位根据设计任务书或工程合同提出的设计、使用要求对工程进行初验,要求初验合格并写出工程初验报告。

2)初验报告的内容主要有系统试运行概述;对照设计任务书要求,对系统功能、效果进行检查的主观评价;对照正式设计文件对安装设备的数量、型号进行核对的结果;对隐蔽工程随工验收单的复核结果等。

(6)工程检验合格并出具工程检验报告。

1)工程正式验收前,应进行系统功能检验和性能检验。工程检验是由第三方公正机构对竣工工程(系统)所进行的全面检查与检测。实施工程检验应是法定的检验机构。

2)工程检验后由检验机构出具检验报告。检验报告应准确、公正、完整、规范,并注重量化。

(7)工程正式验收前,设计、施工单位应向工程验收小组(委员会)提交下列验收图纸资料(全套,数量应满足验收的要求):

1)设计任务书。

2)工程合同。

3)工程初步设计论证意见(并附方案评审小组或评审委员会名单)及设计、施工单位与建设单位共同签署的设计整改落实意见。

4)正式设计文件与相关图纸资料(系统原理图、平面布防图及器材配置表、线槽管道布线图、监控中心布局图、器材设备清单以及系统选用的主要设备、器材的检验报告或认证证书等)。

5)系统试运行报告。

6)工程竣工报告。

7)系统使用说明书(含操作和日常维护说明)。

8)工程竣工核算(按工程合同和被批准的正式设计文件,由设计施工单位对工程费用概预算执行情况做出说明)报告。

9)工程初验报告(含隐蔽工程随工验收单)。

10)工程检验报告。

三、验收的组织与职责

安全防范工程的竣工验收,一般工程应由建设单位会同相关部门组织安排;省级以上的大型工程或重点工程应由建设单位上级业务主管部门会同相关部门组织安排。

工程验收时,应根据工程的规模、性质和要求,协商组成工程验收小组,重点工程或大型工程验收时应组成工程验收委员会。工程验收委员会(验收小组)下设技术验收组、施工验收组、资料审查组。当工程规模较小、系统相对简单、验收人员较少时,验收机构下设的"组"可以简化,可以兼任或合并。

工程验收委员会(验收小组)的人员组成,应由验收的组织单位根据项目的性质、特点和管理要求与相关部门协商确定,并推荐主任、副主任(组长、副组长);考虑到安全防范工程的特点,以有利于更全面、更科学地把握好工程的技术质量,验收人员中技术专家应不低于验收人员总数的50%;不利于验收公正的人员不能参加工程验收。所谓不利于验收公正的人员,一般是指工程设计、施工单位人员、工程主要设备生产、供货单位人员以及其他需要回避的人员等。

验收机构及其人员应以高度认真、负责的态度,坚持标准、严格把关,验收机构对工程验收应做出正确、公正、客观的验收结论。尤其是对国家、省级重点工程和银行、文博系统等重点要害单位的工程验收,验收机构对照设计任务书、合同、相关标准以及正式设计文件,如发现工程有重大缺陷或质量明显不符合要求的应予以指出,对验收中的疑问或已暴露出重大质量问题,可视答辩情况决定验收是否继续进行。

验收通过或基本通过的工程,对设计、施工单位根据验收结论写出的并经建设单位认可的整改措施,验收机构有责任配合公安技防管理机构和工程建设单位督促、协调落实;验收不通过的工程,验收机构应在验收结论中明确指出问题与整改要求。

四、验收内容

1. 施工验收

施工验收由工程验收委员会(验收小组)的施工验收组负责实施。施工验收应依据正式设计文件、图纸进行。施工过程中若根据实际情况确需作局部调整或变更的,应由承建单位提供更改审核单;工程设备安装验收(包括现场前端设备和监控中心终端设备):按表3-6-2列出的相关项目与要求现场抽验工程设备的安装质量并做好记录。

管线敷设验收:按表3-6-2列出的相关项目与要求,抽查明敷管线及明装接线盒、线缆接头等的施工工艺并做好记录。

隐蔽工程验收：对照表3-4-2，复核隐蔽工程随工验收单的检查结果。

表3-6-2 施工质量抽查验收

工程名称：			工程地址：				
设计单位：			建设单位：				
施工单位：			监理单位：				
检查项目			施工要求	检查方法	检查结果		检查比例
					合格	基本合格	不合格	

检查项目			施工要求	检查方法	合格	基本合格	不合格	检查比例
设备安装质量	前端设备	1.安装位置(方向)	合理、有效	现场检查、观察				抽查
		2.安装质量(工艺)	牢固、整洁、美观、规范	现场检查、观察				
		3.通电	工作正常	现场通电检查				100%
	控制设备	4.机柜(架)、操作台、电视墙	安装平稳、牢固，便于操作维护	现场检查、观察				抽查
		5.控制设备	操作方便、安全	现场检查、观察				
		6.开关、按钮	灵活、方便、安全	现场检查、观察				
		7.机架、操作台、设备接地	接地规范、安全	现场观察、询问				
		8.雷电防护措施	符合相关标准要求	复核检验报告，现场观察				
		9.接地电阻	符合相关标准要求	对照检验报告				
		10.机架电缆线扎及标识	整齐、有明显编号、标识并牢靠	现场检查、观察				

第三章 安全防范工程建设

续 表

工程名称:			工程地址:			
设计单位:			建设单位:			
施工单位:			监理单位:			

检查项目		施工要求	检查方法	检查结果			检查比例
				合格	基本合格	不合格	
	11.电源引入线缆标识	引入线端标识清晰、牢靠	现场检查、观察				
	12.通电	工作正常	现场通电检查				100%
线缆敷设质量	13.布放要求	布放自然平直,标识清晰,编号统一并有适当的保护	现场询问、复核隐蔽工程随工验收单				
	14.同轴电缆	一线到位,中间无接头	现场询问、复核隐蔽工程随工验收单				
	15.光缆	无断点,接头有预留	现场询问、复核隐蔽工程随工验收单				
	16.穿管(槽)线缆	无接头或扭结	现场询问、复核隐蔽工程随工验收单				
	17.架空线缆	悬挂方式、挂钩间距、线缆最低点等符合设计要求	现场观察、询问				抽查1~2处
	18.直埋线缆	线缆埋深、线缆保护等符合设计要求	现场询问、复核隐蔽工程随工验收单				
	19.电缆沟线缆	与建筑物间隔离密封	现场询问、复核隐蔽工程随工验收单				
	20.管道线缆	线缆共管、线缆保护等符合设计要求	现场询问、复核隐蔽工程随工验收单				

续 表

工程名称:			工程地址:			
设计单位:			建设单位:			
施工单位:			监理单位:			

检查项目		施工要求	检查方法	检查结果			检查比例
				合格	基本合格	不合格	
线缆连接质量	21. 连接	连接器件连接可靠,绝缘良好,不易脱落	现场观察、询问				抽查1～2处
	22. 中间接续	线序正确、连接可靠、密封良好	现场观察、询问				抽查1～2处
	23. 网络数据电缆	连接器件的性能应与电缆相匹配,线序正确、连接可靠	现场观察、询问				抽查1～2处
	24. 光缆	接续时采用熔接方式,光缆熔接处有保护和固定	现场观察、询问				抽查1～2处
隐蔽工程	25. 隐蔽工程		复核隐蔽工程随工验收单或监理报告				100%

检查结果 K_s(合格率):	施工质量验收结论:
施工验收组(人员)签名:	验收日期:

注:(1)在检查结果栏选符合实际情况的空格内打"√",并作为统计数。
(2)检查结果统计 K_s(合格率)=(合格数+基本合格数×0.6)/项目检查数(项目检查数如无要求或实际缺项未检查的不计在内)。
(3)验收结论: K_s(合格率)≥0.8 判为通过;0.8> K_s≥0.6 判为基本通过; K_s<0.6 判为不通过,必要时作简要说明。

第三章 安全防范工程建设

2. 技术验收

技术验收由工程验收委员会(验收小组)的技术验收组负责实施。对照初步设计论证意见、设计整改落实意见和工程检验报告,检查系统的主要功能和技术性能指标,应符合设计任务书、工程合同和现行国家标准、行业标准与管理规定等相关要求。对照竣工报告、初验报告、工程检验报告,检查系统配置,包括设备数量、型号及安装部位,应符合正式设计文件要求。检查系统选用的安全防范产品,是否是经检验或认证合格的产品。对照工程检验报告,检查系统中的备用电源在主电源断电时应能自动快速切换,应能保证系统在规定的时间内正常工作。对高风险对象的安全防范工程,按其他相关标准的技术要求进行。对具有集成功能的安全防范工程,应按照相关标准和设计任务书的具体要求,检查各子系统与安全管理系统的联网接口及安全管理系统对各子系统的集中管理与控制能力(对照工程检验报告)。

技术验收还应包括以下内容:

1)按各子系统的专业特点,抽查其功能要求和技术指标,同时检查监控中心,按照表3-6-3所列项目与要求将抽查结果填表。

2)表3-6-3列出的带"*"的检查项目是技术验收的重点项目,实行一票否决制,应认真检查,严格把关。

3)验收结果按表3-6-3的要求进行填写。

(1)报警系统的抽查与验收。

1)对照正式设计文件和工程检验报告、系统试运行报告,复核系统的报警功能和误、漏报警情况,应符合国家现行标准GB/T32581—2016《入侵和紧急报警系统技术要求》的规定,对入侵探测器的安装位置、角度、探测范围作步行测试和防拆保护的抽查:抽查室外周界报警探测装置形成的警戒范围,应无盲区。

2)抽查系统布防、撤防、旁路和报警显示功能,应符合设计要求。

3)抽测紧急报警响应时间。

4)当有联动要求时,抽查其对应的灯光、摄像机、录像机等联动功能。

5)对于已建成区域性安全防范报警网络的地区,检查系统直接或间接联网的条件。

(2)视频监控系统的抽查与验收。

1)对照正式设计文件和工程检验报告,复核系统的监控功能(如图像切换、云台转动、镜头光圈调节、变焦等),结果应符合GB50348的规定。

2)对照工程检验报告,复核在正常工作照明条件下,监视图像质量不应低于现行国家标准GB50198—2011《民用闭路监视电视系统工程技术规范》中规定的4

级;回放图像质量不应低于规定的3级,或至少能辨别人的面部特征。

3)复核图像画面显示的摄像时间、日期、摄像机位置、编号和电梯楼层显示标识等,应稳定正常。电梯内摄像机的安装位置是否在厢门上方的左或右侧。

(3)出入口控制系统的抽查与验收。对照正式设计文件和工程检验报告,复核系统主要技术指标应符合国家现行标准 GA/T394—2002《出入口控制系统技术要求》的规定;检查系统存储通行目标的相关信息,应满足设计与使用要求;对非正常通行应具有报警功能。检查出入口控制系统的报警部分,是否能与报警系统联动。

(4)停车库(场)管理系统的抽查与验收。对照正式设计文件和工程检验报告,复核系统的主要技术性能应符合 GB50348 的相关要求;检查停车库(场)出入口或值班室是否有紧急报警装置;对安装安全防范视频监控的停车库(场)及其出入口,检查其监视范围和图像质量应能辨别人员的活动情况及出入车辆的车型和车牌号码;检查停车库(场)管理系统设备工作是否正常。

(5)电子巡查系统的抽查与验收。

1)对照正式设计文件和工程检验报告,复核系统具有的巡查时间、地点、人员和顺序等数据的显示、归档、查询、打印等功能。

2)复核在线式电子巡查系统,应具有即时报警功能。

(6)楼寓(访客)对讲系统的抽查与验收。对照正式设计文件和工程检验报告,复核楼寓(访客)对讲系统的主要技术指标应符合国家现行标准 GA/T72—2013《楼寓对讲电控防盗门通用技术条件》和 GA/T269—2001《黑白可视对讲系统》的相关要求;复核电控开锁是否有自我保护功能,可视对讲系统的图像应能辨别来访者。

(7)监控中心的检查与验收。对照正式设计文件和工程检验报告,复查监控中心的设计应符合监控中心的相关要求;检查其通信联络手段(宜不少于两种)的有效性、实时性,检查其是否具有自身防范(如防盗门、门禁、探测器、紧急报警按钮等)和防火等安全措施。

将上述 1~14 项的验收结果,按表 3-6-3 的要求进行填写。

3. 资料审查

资料审查由工程验收委员会(验收小组)的资料审查组负责实施。设计、施工单位应要求提供全套验收图纸资料,并做到内容完整、标记确切、文字清楚、数据准确、图文表一致。图样的绘制应符合国家现行标准 GA/T74—2016《安全防范系统通用图形符号》及相关标准的规定。按表 3-6-4 所列项目与要求,审查图纸资料的准确性、规范性、完整性以及售后服务条款,并做好记录。

表 3-6-3 技术验收

工程名称：			工程地址：			
设计单位：			建设单位：			
施工单位：			监理单位：			

	序号	检查项目	检查要求与方法（按照GB50348）	检查结果		
				合格	基本合格	不合格
基本要求	1*	系统主要技术性能				
	2	设备配置				
	3	主要安防产品的质量证明				
	4	供电模式				
实体防护	5	纵深防护设置				
	6	实体防护设备、建筑施工				
	7	出入口、车辆实体屏障功能				
	8	安防照明、警示标志				
管理平台	9	管理平台功能				
入侵和紧急报警	10*	探测、防拆、设置、操作功能				
	11	报警响应时间				
视频监控	12	声音和/或图像复核功能				
	13	报警联动功能				
	14	采集、监视、远程控制、记录与回放功能				
	15*	图像质量、存储周期长度				
	16	视频/音频分析功能				
	17	系统管理功能				
出入口控制	18	目标识别、出入控制功能				
	19	自我保护措施和配置				
	20	应急疏散功能				

安全技术防范

续　表

工程名称:			工程地址:			
设计单位:			建设单位:			
施工单位:			监理单位:			
序号		检查项目	检查要求与方法（按照GB50348）	检查结果		
				合格	基本合格	不合格
停车库(场)	21	出入控制、车辆识别功能				
	22	内部安全管理措施				
防爆安全检查	23	防爆安全检查功能				
	24	监视和回放图像质量				
楼寓对讲(访客对讲)	25	双向对讲、可视、开锁功能				
	26	系统管理功能				
	27	系统安全管控措施				
电子巡查	28	线路设置、报警设置、统计报表功能				
应急设施	29	应急对讲系统、应急广播系统和应急照明系统				
系统集成	30	系统构架及集成方式				
	31	服务器冗余备份				
监控中心	32	建设情况				
	33	通信手段、自身防护				
检查结果 K_j(合格率):			技术验收结论:			
技术验收组(人员)签名:			验收日期:			

注：(1)在检查结果栏选符合实际情况的空格内打"√"，并作为统计数。
（2）检查结果 K_j(合格率)=(合格数+基本合格数×0.6)/项目检查数(项目检查数如无要求或实际缺项未检查的，不计在内）。
（3）验收结论：K_j(合格率)≥0.8 判为通过；0.8>K_j≥0.6 判为基本通过；K_j<0.6 判为不通过。
（4）序号右上角打"＊"的为重点项目，检查结果只要有一项不合格的，即判为不通过。

第三章 安全防范工程建设

表 3-6-4 资料审查

工程名称：		工程地址：					
设计单位：		建设单位：					
施工单位：		监理单位：					

序号	审查内容	审查情况					
		完整性			准确性		
		合格	基本合格	不合格	合格	基本合格	不合格
1	申请立项的文件						
2	批准立项的文件						
3	项目合同书						
4	设计任务书						
5	初步设计文件						
6	初步设计方案评审意见（含评审小组人员名单）						
7	通过初步设计评审的整改落实意见						
8	深化设计文件和相关图纸						
9	工程变更资料（或工程洽商资料）						
10	系统调试报告（含各子系统调试及系统联调记录）						
11	隐蔽工程验收资料						
12	施工质量检验、验收资料						
13	系统试运行报告（含试运行记录）						
14	工程竣工报告						
15	工程初验报告						
16	工程竣工核算报告						
17	工程检验报告						
18	使用/维护手册						
19	技术培训文件						

安全技术防范

续 表

序号	审查内容	审查情况					
		完整性			准确性		
		合格	基本合格	不合格	合格	基本合格	不合格
工程名称：		工程地址：					
设计单位：		建设单位：					
施工单位：		监理单位：					
20	竣工图纸(设计说明；总平面图；系统图；传输及系统布线图；监控中心布局图；主控设备布置图；设备接线图；施工大样图等)						
审查结果 K_z(合格率)：		资料审查结论					
技术验收组(人员)签名：		验收日期：					

注：(1)审查情况栏内分别根据完整、准确和规范要求，选择符合实际情况的空格内打"√"。并作为统计数。

(2)对三级安全防范工程，序号第3,4,12项内容可简化或省略，序号第7,10项内容可简化。

(3)审查结果 K_z(合格率)＝(合格数＋基本合格数×0.6)/项目审查数。(项目审查数如不作为要求的，不计在内)。

(4)审查结论： K_z(合格率)≥0.8 判为通过；0.8＞K_z≥0.6 判为基本通过；K_z＜0.6 判为不通过。

4．验收结论与整改

(1)验收判据。

1)施工验收判据：按表3-6-2的要求及其提供的合格率计算公式打分。按表3-4-2的要求对隐蔽工程质量进行复核、评估。

2)技术验收判据：按表3-6-3的要求及其提供的合格率计算公式打分。

3)资料审查判据：按表3-6-4的要求及其提供的合格率计算公式打分。

表3-6-2～表3-6-4分别对施工验收、技术验收、资料审查给出了合格率的计算公式，作为判定依据与方法。这些公式为工程验收由定性化到定量化，提供

第三章 安全防范工程建设

了基本依据,有利于验收工作的客观、公正。

(2)验收结论。

1)验收通过:根据验收判据所列内容与要求,验收结果优良,即按表3-6-2要求,工程施工质量检查结果 $K_s \geqslant 0.8$;按表3-6-3要求,技术质量验收结果 $K_j \geqslant 0.8$;按表3-6-4要求,资料审查结果 $K_z \geqslant 0.8$ 的,判定为验收通过。

2)验收基本通过:根据验收判据所列内容与要求,验收结果及格,即 K_s、K_j、K_z 均 $\geqslant 0.6$,但达不到本条第2款第1项的要求,判定为验收基本通过。验收中出现个别项目达不到设计要求,但不影响使用的,也可判为基本通过。

3)验收不通过:工程存在重大缺陷、质量明显达不到设计任务书或工程合同要求,包括工程检验重要功能指标不合格,按验收判据所列的内容与要求,K_s、K_j、K_z 中出现一项<0.6 的,或者凡重要项目(见表3-6-3中序号栏右上角打*的)检查结果只要出现一项不合格的,均判为验收不通过。

4)工程验收委员会(验收小组)应将验收通过、验收基本通过或验收不通过的验收结论填写于验收结论汇总表(表3-6-5),并对验收中存在的主要问题,提出建议与要求(表3-6-2~表3-6-4作为表3-6-5的附表)。

验收结论是工程验收的结果。验收结论应明确并体现客观、公正、准确的原则。无论是验收通过、基本通过还是不通过,验收人员均可独立根据验收判据(合格率计算公式)通过打分来确定验收结论。对工程验收注重量化,力求克服随意性,是保证验收工作"客观、公正、准确"的基础。

为规范、明确工程验收结果,验收结论一律填写验收通过、基本通过或不通过。

(3)整改。

1)验收不通过的工程不得正式交付使用。设计、施工单位必须根据验收结论提出的问题,抓紧落实整改后方可再提交验收;工程复验时对原不通过部分的抽样数量加倍,复测仍不合格则判该项不合格。

2)验收通过或基本通过的工程,设计、施工单位应根据验收结论提出的建议与要求,提出书面整改措施,并经建设单位认可签署意见。

表3-6-5 验收结论汇总表

工程名称:	工程地址:
设计单位:	建设单位:
施工单位:	监理单位:

续 表

施工验收结论		验收人签名:年月日
技术验收结论		验收人签名:年月日
资料审查结论		审查人签名:年月日
工程验收结论		验收组:组长、副组长 签名:

建议与要求：

年月日

注：(1)本汇总表应附表3-6-2～表3-6-4及出席验收会与验收机构人员名单(签名)。
  (2)验收(审查)结论一律填写"通过"或"基本通过"或"不通过"。

五、工程移交

工程竣工图纸资料是反映工程质量的重要内容,也是提供良好售后服务的基本要求之一。工程验收通过或基本通过后,设计、施工单位应整理编制竣工图纸资料,并交建设单位签收盖章,方可作为正式归档的工程技术文件。这标志着工程的正式结束。

工程验收通过或基本通过后,设计、施工单位应按下列要求整理、编制工程竣工图纸资料：

1)提供经修改、校对的验收图纸资料。
2)提供验收结论汇总表3-6-5及其附表(含出席验收会人员与验收机构名

单)。

3) 提供根据验收结论写出的并经建设单位认可的整改措施。

4) 提供系统操作和有关设备日常维护说明。

设计、施工单位将经整理、编制的工程竣工图纸资料一式三份,经建设单位签收盖章后,存档备查。

工程验收通过或基本通过并有整改措施后,才能正式交付使用,并应遵守下列规定:

1) 建设单位或使用单位应有专人负责操作、维护,并建立完善的、系统的操作、管理、保养等制度。

2) 建设单位应会同和督促设计、施工单位,抓紧"整改措施"的具体落实;遇有问题时,可提请相关部门协调、督促整改的落实。

3) 工程设计、施工单位应履行维修等售后技术服务承诺。

六、思考题

(1) 简述安全防范工程验收的条件。

(2) 建设单位根据试运行记录写出的系统试运行报告包括哪些内容?

(3) 工程竣工后,由设计、施工单位写出的工程竣工报告包括哪些内容?

第七节　常见治安保卫重点单位(部位)安全防范设施配置

一、治安保卫重点单位(部位)的界定

根据国务院第 421 号令《企业事业单位内部治安保卫条例》中第十三条规定:关系全国或者所在地区国计民生、国家安全和公共安全的单位是治安保卫重点单位。治安保卫重点单位由县级以上地方各级人民政府公安机关按照下列范围提出,报本级人民政府确定:

(1) 广播电台、电视台、通讯社等重要新闻单位;

(2) 机场、港口、大型车站等重要交通枢纽;

(3) 国防科技工业重要产品的研制、生产单位;

(4) 电信、邮政、金融单位;

(5) 大型能源动力设施、水利设施和城市水、电、燃气、热力供应设施;

(6)大型物资储备单位和大型商贸中心；

(7)教育、科研、医疗单位和大型文化、体育场所；

(8)博物馆、档案馆和重点文物保护单位；

(9)研制、生产、销售、储存危险物品或者实验、保藏传染性菌种、毒种的单位；

(10)国家重点建设工程单位；

(11)其他需要列为治安保卫重点的单位。

治安保卫重点单位应当遵守本条例对单位治安保卫工作的一般规定和对治安保卫重点单位的特别规定。

治安保卫重点单位应当确定本单位的治安保卫重要部位，按照有关国家标准对重要部位设置必要的技术防范设施，并实施重点保护。

二、高风险对象范围的界定

按安全防范行业关于高风险对象的传统说法，常见的主要包括文物保护单位和博物馆、银行营业场所、国防科技工业、民用机场、铁路车站、重要物资储存库等高风险防护单位，其范围是比较窄的。其实高风险防护对象远远不止这些，根据《企业事业单位内部治安保卫条例》中所界定的治安保卫重点单位的范围有十一类，通常我们所说的高风险对象都包含在上述十一类治安保卫重点单位之中，并且，这些单位多数具有高风险等级的防护目标。

关于被防护对象的风险等级和防护级别的确定，应执行相关标准和各行业的相关内部规定，截至2014年9月，我国有关被防护对象的风险等级和防护级别的相关标准，除了GB50348—2004《安全防范工程技术规范》中所包括铁路车站和民用机场风险等级和安全防护级别的规定外，已制订了以下相关标准：

GA 27 文物系统博物馆风险等级和安全防护级别的规定；

GA 38 银行营业场所风险等级和安全防护级别的规定；

GA 586 广播电影电视系统重点单位重要部位的风险等级和安全防护级别；

GA 873 冶金钢铁企业治安保卫重要部位风险等级和安全防护要求；

GA 1016 枪支(弹药)库室风险等级划分与安全防范要求；

GA 1089 电力设施治安风险等级和安全防护要求；

GA 1166 石油、天然气管道系统治安风险等级和安全防范要求等相关标准。

其他有关风险等级和安全防护级别规定的相关标准正在陆续制定中，在进行设计时还应根据各行业有关风险等级和安全防护级别规定文件。高风险类的防护对象也具有共性，相关被防护对象的防护设计可以借鉴或参考。

第三章 安全防范工程建设

三、安全技术防范设施基本配置参考表

安全防范系统工程建设,应纳入总体规划、综合设计、同步施工、独立验收。系统工程的设计应遵循技防、物防、人防相结合的原则,充分考虑防护对象的自身特点,采用相应的防护措施,构建实用可靠、技术成熟、经济合理的安全技术防范系统。

为方便读者了解安全防范系统设施的配置,本部分根据相关国家标准、行业标准和地方标准的一些技术要求,同时,结合国务院第421号令《企业事业单位内部治安保卫条例》中第十三条规定的治安重点单位,总结出以下治安重点单位和重要部位安全技术防范设施基本配置参考表,有些是直接摘录标准中的表格、有些是根据标准中的技术内容归纳整理而成,有些是在标准中表格的基础上根据当前的实际应用进行了适当修改。这些表格仅作为读者学习参考之用,实际执法应用中应以现行标准为准。这些表格所参考的标准如下:

GB 50348—2004 安全防范工程技术规范;

GB/T 16571—2012 博物馆和文物保护单位安全防范系统要求;

GB/T 16676—2010 银行安全防范报警监控联网系统技术要求;

GB/T 21741—2008 住宅小区安全防范系统通用技术要求;

GB/T 29315—2012 中小学、幼儿园安全技术防范系统要求;

GA 586—2005 广播电影电视系统重点单位重要部位的风险等级和安全防护级别;

GA 837—2009 民用爆炸物品储存库治安防范要求;

GA 873—2010 冶金钢铁企业治安保卫重要部位风险等级和安全防护要求;

GA 1002—2012 剧毒化学品、放射源存放场所治安防范要求;

GA 1016—2012 枪支(弹药)库室风险等级划分与安全防范要求;

GA 1089—2013 电力设施治安风险等级和安全防护要求;

DB31 329.1~15—2005—2009 重点单位重要部位安全技术防范系统要求;

DB33 768.1—2009 安全技术防范系统建设技术规范第1部分:一般单位重点部位;

DB61/T934—2014 银行营业场所安全防范系统工程技术规范;

DB61/T935—2014 住宅小区安全防范系统工程技术规范。

1. 广播电台、电视台、通讯社等重要新闻单位

广播电影电视系统重点单位、重要部位安全技术防范设施基本配置参考表3-7-1。

表 3-7-1 广播电影电视系统重点单位、重要部位安全技术防范设施基本配置

序号	安装区域和部位		技防设施	配置要求	备注
1	广播电台	外周界	入侵报警装置	应设	
			视频监控装置	应设	
		主要通道和出入口	入侵报警装置	宜设	
			视频监控装置	应设	
			出入口控制装置	应设	
			电子巡查装置	应设	
		直接关系节目播出的直播区及其通道、主控机房、自动化播出机房、计算机中心机房、馈送终端、变(配)电站(室)、UPS电源室、自备发电机房等部位	入侵报警装置	应设	
			视频监控装置	应设	
			出入口控制装置	应设	
		无人值守的部位	入侵报警装置	应设	
			视频监控装置	应设	
			出入口控制装置	应设	
2	电视台	外周界	入侵报警装置	应设	
			视频监控装置	应设	
		外周界出入口	视频监控装置	应设	
			车辆阻挡装置	应设	
		演播厅(室)	视频监控装置	应设	
			防爆安全检查装置	宜设	
		主要通道和出入口	入侵报警装置	宜设	
			视频监控装置	应设	
			出入口控制装置	应设	
			电子巡查装置	应设	
		直接关系电视节目播出的直播区及其通道、主控机房、自动化播出机房、计算机中心机房、馈送终端、变(配)电站(室)、UPS电源室、自备发电机房等部位	入侵报警装置	应设	
			视频监控装置	应设	
			出入口控制装置	应设	

第三章 安全防范工程建设

续　表

序号	安装区域和部位		技防设施	配置要求	备注
		无人值守的部位	入侵报警装置	应设	
			视频监控装置	应设	
			出入口控制装置	应设	
3	广播电视发射台、监测台（站）、微波站、卫星地球站	外周界	紧急报警装置	应设	
			视频监控装置	应设	
		室外天（馈）线场区	入侵报警装置	应设	
			视频监控装置	应设	
			出入口控制装置	应设	
			电子巡查装置	应设	
		直接关系播出任务的发射机房、监测机房、节传机房、变（配）电站（室）、天（馈）线	入侵报警装置	应设	
			视频监控装置	应设	
			出入口控制装置	应设	
		无人值守的部位	入侵报警装置	应设	
			视频监控装置	应设	
			出入口控制装置	应设	
4	广播电视塔	周界	入侵报警装置	应设	
			视频监控装置	宜设	
		发射机天馈线（管）及广播电视塔内的办公区域出入口	视频监控装置	应设	
			出入口控制装置	应设	
		主要观光区域、通道、塔基周界和游人聚集部位	视频监控装置	应设	
		直接关系播出任务的发射机房、节传机房、变（配）电站（室）	入侵报警装置	宜设	
			视频监控装置	应设	
			出入口控制装置	应设	
		无人值守的部位	出入口控制装置	应设	

续 表

序号	安装区域和部位		技防设施	配置要求	备注
5	有线广播电视网络传输机构	周界	入侵报警装置	应设	
			视频监控装置	宜设	
		主要通道和出入口	视频监控装置	应设	
			出入口控制装置	宜设	
		运行维护中心、网管调度中心、播出前端机房和主要节点站的网管中心机房等部位	视频监控装置	应设	
			出入口控制装置	应设	
		无人值守的部位	入侵报警装置	应设	
			视频监控装置	宜设	
			出入口控制装置	宜设	
		工作间	出入口控制装置	应设	
6	电影系统	影视道具枪械库	入侵报警装置	应设	
			视频监控装置	应设	
			出入口控制装置	应设	
		电影资料库周界的主要出入口	入侵报警装置	应设	
			视频监控装置	应设	
			出入口控制装置	宜设	
		重要通道和出入口	紧急报警装置	应设	
			视频监控装置	应设	
			出入口控制装置	应设	
		片库	入侵报警装置	应设	
			视频监控装置	应设	
			出入口控制装置	宜设	

2．机场、港口、大型车站等重要交通枢纽

(1)民用机场安全技术防范设施基本配置参考表3-7-2。

表 3-7-2 民用机场安全技术防范设施基本配置

序号	安装区域和部位		技防设施	配置要求	备注
1	民用机场航站楼的旅客迎送大厅、售票处、值机柜台、行李传送装置区、旅客候机隔离区、重要出入通道及其他特殊需要的部位		视频监控装置	应设	
2	安检区		视频监控装置	应设	
			紧急报警装置	应设	
			防爆安全检查装置	应设	包括X射线安全检查设备、金属探测门、手持金属探测器、爆炸物检验仪、防爆装置及其他附属设备
3	旅客候机隔离厅（室）与非控制区相通的门、通道等部位及其他重要通道、要害部位的出入口		视频监控装置	应设	
			出入口控制装置	应设	
4	机场控制区、飞行区	封闭区边界	实体防护装置	应设	
			周界防护装置	应设	
			视频监控装置	宜设	
		飞行区及其出入口	视频监控装置	应设	
			出入口控制装置	应设	
			防冲撞路障	应设	
		飞行区内	视频监控装置	应设	
5	货运库、维修机库、进场交通要道、塔台、计算机网络机房、变配电室等部位		入侵报警装置	应设	
			视频监控装置	应设	
			出入口控制装置	应设	

安全技术防范

续 表

序号	安装区域和部位	技防设施	配置要求	备注
6	档案室、机要室、财务室	入侵报警装置	应设	
		紧急报警装置	应设	
		视频监控装置	应设	
		出入口控制装置	应设	
7	办公楼出入口、楼梯、楼道	入侵报警装置	宜设	
		视频监控装置	应设	
		出入口控制装置	宜设	
8	电梯、电梯前室	视频监控装置	应设	
9	停车场(库)	视频监控装置	应设	
		停车场(库)管理系统	应设	
10	监控中心	紧急报警装置	应设	
		视频监控装置	应设	
		出入口控制装置	应设	
		可视/对讲装置	应设	
		实体防护装置	应设	
		对外报警的通信联络装置	应设	

(2)铁路车站安全技术防范设施基本配置参考表3－7－3。

表3－7－3 铁路车站安全技术防范设施基本配置

序号	安装区域和部位	技防设施	配置要求	备注
1	旅客进站广厅、行包房	视频监控装置	应设	
		防爆安全检查装置	应设	包括X射线安全检查设备、金属探测门、手持金属探测器、爆炸物检验仪、防爆装置及其他附属设备

第三章 安全防范工程建设

续　表

序号	安装区域和部位	技防设施	配置要求	备注
2	售票大厅	视频监控装置	应设	
		紧急报警装置	应设	
		防爆安全检查装置	宜设	
3	旅客进站广厅、旅客候车区、站台、站前广场、进出站口、站内通道、进出站交通要道、客技站等	视频监控装置	应设	
4	要害部位的出入口、售票场所(含机房、票据库、进款室)的主要出入口、特殊需要的重要通道口	视频监控装置	宜设	
		紧急报警装置	应设	
		出入口控制装置	宜设	
5	要害部位,车站内储存易燃、易爆、剧毒、放射性物品的仓库	入侵报警装置	应设	
		视频监控装置	应设	
		出入口控制装置	应设	
6	供水设施等重点场所和部位	入侵报警装置	应设	
		视频监控装置	应设	
7	售票场所(含机房、票据库、进款室)、货场、货运营业厅(室)、编组场、计算机网络机房、变配电室等部位	入侵报警装置	宜设	
		视频监控装置	应设	
		出入口控制装置	宜设	
8	档案室、机要室、财务室	入侵报警装置	应设	
		紧急报警装置	应设	
		视频监控装置	应设	
		出入口控制装置	应设	
9	办公楼出入口、楼梯、楼道	入侵报警装置	宜设	
		视频监控装置	应设	
		出入口控制装置	宜设	
10	电梯、电梯前室	视频监控装置	应设	
11	停车场(库)	视频监控装置	应设	
		停车场(库)管理系统	应设	

续 表

序号	安装区域和部位	技防设施	配置要求	备注
12	监控中心	紧急报警装置	应设	
		视频监控装置	应设	
		出入口控制装置	应设	
		可视/对讲装置	应设	
		实体防护装置	应设	
		对外报警的通信联络装置	应设	

(3)城市轨道交通重要部位安全技术防范设施基本配置参考表3-7-4。

表 3-7-4　城市轨道交通重要部位安全技术防范设施基本配置

序号	安装区域和部位		技防设施	配置要求	备注
1	车站	车站出入口	视频监控装置	应设	
			人脸图像采集	宜设	
			防爆安全检查装置	应设	武器与爆炸危险物品检测
		车站出入口朝向外半径50m扇形范围内公共区域	视频监控装置	应设	
		站台层	视频监控装置	应设	
			人脸图像采集	宜设	
			拥挤度检测	应设	
		没有屏蔽门的站台层轨道侧	视频监控装置	应设	
		站厅层	视频监控装置	应设	
			人脸图像采集	宜设	
			防爆安全检查装置	应设	武器与爆炸危险物品检测
		车站内公共通道(含楼梯、自动扶梯)	视频监控装置	应设	

续 表

序号	安装区域和部位		技防设施	配置要求	备注
		检票出入口	视频监控装置	应设	
			人脸图像采集	应设	
			防爆安全检查装置	应设	放射性材料检测
		安检出入口	视频监控装置	应设	
		电梯轿厢内	视频监控装置	应设	
		车站售票区域	视频监控装置	应设	
		车站控制室、编码（收款）室、售票亭	紧急报警装置	应设	
			视频监控装置	应设	
		车站设备区通道	视频监控装置	宜设	
		安防通信机房	视频监控装置	宜设	
2	线路	地面线路区间	视频监控装置	宜设	
			周界入侵报警	宜设	
		地面线路高架区间	视频监控装置	应设	
			周界入侵报警	应设	
		地下线路与地面线路区间出入口	视频监控装置	应设	
		地下车站站台区与隧道区间出入口	视频监控装置	应设	
3	列车	驾驶室	视频监控装置	宜设	
		车厢内	视频监控装置	宜设	两端
			紧急报警装置	应设	
		列车外侧	视频监控装置	应设	两侧/双向（配辅助照明）
4	场/段	门卫	视频监控装置	应设	
		信号楼出入口	视频监控装置	应设	
		场、段工作区域周界围墙	视频监控装置	应设	
			周界入侵报警	宜设	
		出入口	视频监控装置	应设	

续　表

序号	安装区域和部位		技防设施	配置要求	备注
		列车停车库出入口	视频监控装置	应设	
			入侵报警装置	应设	
		汇聚平台控制室、接入平台控制室、运营控制中心调度厅、安防分控室	视频监控装置	应设	
			出入口控制装置	应设	
			紧急报警装置	应设	
5	综合基地	周界围墙	入侵报警装置	应设	
			视频监控装置	应设	
		办公楼(院)出入口	视频监控装置	应设	
		办公楼(院)内主要通道、制高点	入侵报警装置	宜设	
			视频监控装置	应设	
		地下机动车库出入口	视频监控装置	应设	
		抢险救援物资、重要配件仓库出入口	入侵报警装置	应设	
			视频监控装置	应设	
			出入口控制装置	应设	
		调度室内	视频监控装置	应设	
			出入口控制装置	应设	
		特种车辆停车库出入口	视频监控装置	应设	
		列车检查库、检修静调库、洗车库、镟轮库	视频监控装置	应设	
			电子巡查装置	应设	
		基地信号楼、档案资料室、列车停车库、抢险救援物资、重要配件仓库	入侵报警装置	应设	
			视频监控装置	应设	
			出入口控制装置	应设	
			电子巡查装置	应设	
		计算机信息中心、编码(收款)室、财务室、保险箱存放处	入侵报警装置	应设	
			视频监控装置	应设	
			出入口控制装置	应设	
6	总监控中心		紧急报警装置	应设	
			视频监控装置	应设	
			出入口控制装置	应设	
			可视/对讲装置	应设	
			实体防护装置	应设	
			对外报警的通信联络装置	应设	

(4)公交车站及公交专用停车场(库)安全技术防范设施基本配置参考表 3-7-5。

表 3-7-5　公交车站及公交专用停车场(库)安全技术防范设施基本配置

序号	安装区域和部位	技防设施	配置要求	备注
1	公交专用停车场(库)周界	实体防护装置	应设	
		入侵报警装置	应设	
		视频监控装置	宜设	
		电子巡查装置	宜设	
2	公交专用停车场(库)的出入口	视频监控装置	应设	
3	公交专用停车场(库)制高点	视频监控装置	应设	
4	公交专用停车场(库)内重要部位	入侵报警装置	宜设	
		紧急报警装置	宜设	
		视频监控装置	宜设	
		电子巡查装置	宜设	
5	财务室、票务室、充值点工作室、专用控制室内	紧急报警装置	宜设	
		视频监控装置	应设	
		声音复核装置	宜设	
6	公交车站的调度室	紧急报警装置	宜设	
		视频监控装置	宜设	
7	公交车站乘客候车区域	视频监控装置	应设	
8	公交枢纽车站的换乘区域	视频监控装置	宜设	
9	监控室	紧急报警装置	应设	
		视频监控装置	应设	
		出入口控制装置	应设	
		可视/对讲装置	应设	
		实体防护装置	应设	
		对外报警的通信联络装置	应设	

续　表

序号	安装区域和部位		技防设施	配置要求	备注
10	省际客运站	售票厅入口外	视频监控装置	应设	朝向站前广场半径50 m扇形范围的公共区域
		售票厅的入口内、售票窗口上方	视频监控装置	应设	
		候车厅的入口、检票口	视频监控装置	应设	
			防爆安全检查装置	应设	
			声音复核装置	宜设	
		候车厅	视频监控装置	应设	
		车辆的进站口、出站口和人员出站口	视频监控装置	应设	
		财务室、票务室、专用控制室内	视频监控装置	应设	
			声音复核装置	宜设	

3. 国防科技工业重要产品的研制、生产单位

国防科技工业单位的安全技术防范设施基本配置参考表3-7-6。

表3-7-6　国防科技工业单位的安全技术防范设施基本配置

序号	安装区域和部位	技防设施	配置要求	备注
1	外周界	实体防护装置	应设	
		入侵报警装置	应设	
		视频监控装置	宜设	
		电子巡查装置	宜设	
2	与外界相通的出入口	视频监控装置	应设	
		紧急报警装置	宜设	门卫室、值班室
		实体防护装置	宜设	
3	直接与外界相通的一、二楼无人值守的办公场所窗户	入侵报警装置	应设	
		视频监控装置	宜设	

第三章 安全防范工程建设

续 表

序号	安装区域和部位	技防设施	配置要求	备注
4	单位出入口、主要通道（含各楼层电梯口）	入侵报警装置	宜设	
		视频监控装置	应设	
		出入口控制装置	宜设	
5	电梯轿厢内、楼层电梯厅	视频监控装置	应设	
6	存放、生产、经营使用易燃、易爆、剧毒、放射性物品、存放涉及国家秘密等所在楼层的出入口	入侵报警装置	应设	
		视频监控装置	应设	
		出入口控制装置	应设	
		电子巡查装置	应设	
7	存放、生产、经营使用易燃、易爆、剧毒、放射性物品等的部位	入侵报警装置	应设	
		视频监控装置	应设	
		出入口控制装置	应设	
		实体防护装置	应设	
8	存放涉及国家秘密内容的文件、档案、资料、计算机软件的库、室、馆	入侵报警装置	应设	
		视频监控装置	应设	
		出入口控制装置	应设	
		实体防护装置	应设	
9	生产、办公、经营、科研、教育的重要工作室、电教室、调度室、动力、通信机房等部门、部位	入侵报警装置	宜设	
		视频监控装置	宜设	
		出入口控制装置	宜设	
		实体防护装置	应设	
10	计算机网络中心、机要室、财务室	入侵报警装置	应设	
		紧急报警装置	应设	
		视频监控装置	应设	
		出入口控制装置	应设	
11	变配电室	入侵报警装置	宜设	
		视频监控装置	宜设	
		出入口控制装置	宜设	

续 表

序号	安装区域和部位	技防设施	配置要求	备注
12	停车场(库)	视频监控装置	应设	
		停车场(库)管理系统	宜设	
		出入口控制装置	宜设	
		电子巡查装置	宜设	
13	监控室	紧急报警装置	应设	
		视频监控装置	应设	
		出入口控制装置	应设	
		可视/对讲装置	应设	
		实体防护装置	应设	防盗门、防护网
		对外报警的通信联络装置	应设	有线电话、无线通信装置
14	其他应当列入重点防护的部位和区域	根据实际需求选择相应的防护装置		

4. 电信、邮政、金融单位

(1)通信单位的安全技术防范设施基本配置参考表 3-7-7。

表 3-7-7　通信单位的安全技术防范设施基本配置

序号	安装区域和部位	技防设施	配置要求	备注
1	外周界	实体防护装置	应设	
		入侵报警装置	应设	
		视频监控装置	宜设	
		电子巡查装置	宜设	
2	与外界相通的出入口	视频监控装置	应设	
		紧急报警装置	宜设	门卫室、值班室
		实体防护装置	宜设	
3	直接与外界相通的一、二楼无人值守的通信机房窗户	入侵报警装置	应设	
		视频监控装置	宜设	

第三章 安全防范工程建设

续　表

序号	安装区域和部位	技防设施	配置要求	备注
4	通信局房与外界相通的出入口	视频监控装置	应设	
		出入口控制装置	应设	
5	电梯轿厢内、楼层电梯厅	视频监控装置	应设	
6	通信机房所在楼层的出入口	入侵报警装置	宜设	
		视频监控装置	应设	
		出入口控制装置	宜设	
7	通信机房所在楼层的通道	入侵报警装置	应设	
		视频监控装置	应设	
8	通信局房、通信机房、通信基站	入侵报警装置	应设	
		视频监控装置	应设	
		出入口控制装置	应设	
		实体防护装置	应设	
9	技术档案室、客户资料室	入侵报警装置	应设	
		视频监控装置	应设	
		出入口控制装置	应设	
		实体防护装置	应设	
10	计算机网络中心、机要室、财务室	入侵报警装置	应设	
		紧急报警装置	应设	
		视频监控装置	应设	
		出入口控制装置	应设	
11	变配电室	入侵报警装置	宜设	
		视频监控装置	宜设	
		出入口控制装置	宜设	
12	停车场(库)	视频监控装置	应设	
		停车场(库)管理系统	宜设	
		出入口控制装置	宜设	

安全技术防范

续 表

序号	安装区域和部位	技防设施	配置要求	备注
13	监控室	紧急报警装置	应设	
		视频监控装置	应设	
		出入口控制装置	应设	
		可视/对讲装置	应设	
		实体防护装置	应设	防盗门、防护网
		对外报警的通信联络装置	应设	有线电话、无线通信装置
14	其他需要设防的部位和区域	根据实际需求选择相应的防护装置		

(2)银行营业场所安全技术防范设施基本配置参考表3-7-8。

表3-7-8 银行营业场所安全技术防范设施基本配置

序号	安装区域和部位	技防设施	配置要求	备注
1	营业场所外周界(包括围墙、栅栏等屏障处)	实体防护装置	应设	
		入侵报警装置	应设	
		视频监控装置	应设	
		电子巡查装置	宜设	
2	营业场所与外界相通的出入口	入侵报警装置	应设	
		视频监控装置	应设	
		出入口控制装置	宜设	
		实体防护装置	应设	防盗门
3	主干道、运钞路线	视频监控装置	应设	
		电子巡查装置	宜设	
4	运钞交接区	紧急报警装置	应设	
		视频监控装置	应设	
5	出入业务库、代保管箱库通道出入口	入侵报警装置	应设	
		视频监控装置	应设	
		出入口控制装置	应设	

第三章 安全防范工程建设

续　表

序号	安装区域和部位	技防设施	配置要求	备注
6	出入业务库、代保管箱库通道	入侵报警装置	应设	
		视频监控装置	应设	
		声音复核装置	应设	
7	守库室	紧急报警装置	应设	
		视频监控装置	应设	
		出入口控制装置	应设	
		可视/对讲装置	应设	
		实体防护装置	应设	防盗门
8	出入库交接场地、清点室	入侵报警装置	应设	
		紧急报警装置	应设	
		视频监控装置	应设	
		出入口控制装置	应设	
9	业务库	入侵报警装置	应设	两种以上探测原理
		紧急报警装置	应设	
		视频监控装置	应设	
		声音复核装置	应设	
		出入口控制装置	应设	
		实体防护装置	应设	金库门
10	代保管箱库、枪弹库	入侵报警装置	应设	
		紧急报警装置	应设	
		视频监控装置	应设	
		出入口控制装置	应设	
		实体防护装置	应设	金库门
11	计算机网络中心、档案室、机要室、财务室	入侵报警装置	应设	
		紧急报警装置	应设	
		视频监控装置	应设	
		出入口控制装置	应设	出入口

续　表

序号	安装区域和部位	技防设施	配置要求	备注
12	办公楼出入口、楼梯、楼道	入侵报警装置	宜设	
		视频监控装置	应设	
		出入口控制装置	宜设	
13	电梯、电梯前室	视频监控装置	应设	
14	变配电室	入侵报警装置	宜设	
		视频监控装置	宜设	
		出入口控制装置	宜设	
15	停车场(库)	视频监控装置	应设	
		停车场(库)管理系统	宜设	
		出入口控制装置	宜设	
16.1	监控室(有人值守)	紧急报警装置	应设	
		视频监控装置	应设	
		出入口控制装置	应设	
		可视/对讲装置	应设	
		实体防护装置	应设	防盗门、防护网
		对外报警的通信联络装置	应设	有线电话、无线通信装置
16.2	监控室(无人值守)	入侵报警装置	应设	
		视频监控装置	应设	
		出入口控制装置	应设	
		实体防护装置	应设	防盗门、防护网
17	现金业务区的出入口	入侵报警装置	应设	
		视频监控装置	应设	
		出入口控制装置	应设	
		实体防护装置	应设	防尾随互锁门

第三章 安全防范工程建设

续　表

序号	安装区域和部位	技防设施	配置要求	备注
18	现金业务柜台	紧急报警装置	应设	
		声音复核装置	应设	
		实体防护装置	应设	防弹玻璃
		视频监控装置	应设	柜员
		语音通信装置	应设	
		安全柜员系统	宜设	可代替以上柜台的实体防护装置、视频监控和语音通信装置
19	金、银收兑区（室）	入侵报警装置	应设	
		紧急报警装置	应设	
		声音复核装置	应设	
		视频监控装置	应设	
		出入口控制装置	应设	
		实体防护装置	应设	防盗门
20	非现金业务区（室）	入侵报警装置	宜设	
		紧急报警装置	宜设	
		视频监控装置	宜设	
		出入口控制装置	宜设	
21	营业场所内设置的自助机具（在行式）	入侵报警装置	应设	防破坏
		紧急报警装置	应设	
		视频监控装置	应设	
		声音复核装置	应设	
22	离行式自助银行	入侵报警装置	应设	
		紧急报警装置	应设	
		视频监控装置	应设	
		声音复核装置	应设	
		出入口控制装置	应设	银行卡

367

续 表

序号	安装区域和部位	技防设施	配置要求	备注
23	离行式 ATM、CDM、CRS	入侵报警装置	应设	防破坏
		视频监控装置	应设	
		声音复核装置	应设	
24	银行自助服务亭	入侵报警装置	应设	
		紧急报警装置	应设	
		视频监控装置	应设	
		声音复核装置	应设	
25	其他需要设防的部位和区域	根据实际需求选择相应的防护装置		

注：银行营业场所防护应单独或组合设置入侵探测装置、视频监控装置、出入口控制装置、电子巡查装置以及实体防护装置等。营业场所应设置独立的监控中心，并设置安全防范管理系统，对银行营业场所内安全防范各子系统进行统一管理。各子系统应规范信息传输、交换、控制协议和接口。应设置银行安全防范报警监控联网系统。

5. 大型能源动力设施、水利设施和城市水、电、燃气、热力供应设施

(1) 供水设施单位的安全技术防范设施基本配置参考表 3-7-9。

表 3-7-9 供水设施单位的安全技术防范设施基本配置

序号	安装区域和部位	技防设施	配置要求	备注
1	原水厂、自来水厂及各类泵站的周界	实体防护装置	应设	
		入侵报警装置	推荐	
		视频监控装置	应设	
		电子巡查装置	应设	
2	原水厂厂区、自来水厂、水库泵站的出入口	入侵报警装置	推荐	
		视频监控装置	应设	
		电子巡查装置	应设	
		实体防护装置	应设	
3	原水厂厂区、自来水厂、水库泵站的制高点	视频监控装置	应设	

续　表

序号	安装区域和部位	技防设施	配置要求	备注
4	原水厂、自来水厂、水库泵站的主要通道、电梯轿厢	入侵报警装置	应设	
		视频监控装置	应设	
5	原水厂生产控制室、自来水厂生产控制室、加氯（氨）房、原水泵站、水库泵站出入口的出入口	入侵报警装置	应设	
		视频监控装置	应设	
		出入口控制装置	应设	
		电子巡查装置	应设	
		实体防护装置	应设	
6	原水厂、自来水厂及各类泵站的重要办公场所和重要物资仓库	入侵报警装置	应设	
		视频监控装置	应设	
		出入口控制装置	应设	
		电子巡查装置	应设	
		实体防护装置	应设	
7	二次供水设施的水箱（水池）所在部位出入口、泵房出入口	入侵报警装置	应设	
		视频监控装置	应设	
		实体防护装置	推荐	
8	计算机网络中心、档案室、财务室等重要部位	入侵报警装置	应设	
		紧急报警装置	应设	
		视频监控装置	应设	
		出入口控制装置	应设	出入口
9	变配电室	入侵报警装置	推荐	
		视频监控装置	推荐	
		出入口控制装置	推荐	
10	监控室	紧急报警装置	应设	
		视频监控装置	应设	
		出入口控制装置	应设	
		可视/对讲装置	应设	
		实体防护装置	应设	防盗门、防护网
		对外报警的通信联络装置	应设	有线电话、无线通信装置

(2)供电设施单位的安全技术防范设施基本配置参考表 3-7-10。

表 3-7-10 供电设施单位的安全技术防范设施基本配置

序号	安装区域和部位	技防设施	配置要求	备注
1	发电厂、调度部门楼房等的周界	实体防护装置	应设	
		入侵报警装置	应设	
		视频监控装置	应设	
		电子巡查装置	应设	
2	变电站和重要用户配电站等的周界	实体防护装置	应设	
		入侵报警装置	宜设	
		视频监控装置	应设	
3	发电站、变电站、电力调度控制中心出入口	视频监控装置	应设	
		紧急报警装置	应设	
		车辆阻挡装置	宜设	
4	发电厂厂区、35 kV(含)以上变电站和重要用户配电站、过江(海)电缆隧道的出入口	入侵报警装置	宜设	
		视频监控装置	应设	
5	发电厂电气控制室、信息中心、通信机房的出入口	视频监控装置	应设	
		出入口控制装置	应设	
		实体防护装置	应设	
6	发电厂的主厂房、办公楼、机动车车库、重要办公场所、调度部门楼房及通信机房等的出入口	入侵报警装置	宜设	
		视频监控装置	应设	
		出入口控制装置	宜设	
7	调度部门的调度室、重要用户配电站、220 kV(含)以上变电站的出入口	视频监控装置	应设	
		出入口控制装置	应设	
		实体防护装置	应设	
8	发电厂的汽轮发电机层、机电炉集中控制室、网控室、升压控制区域出入口	视频监控装置	应设	
		入侵报警装置	应设	
		出入口控制装置	应设	
		电子巡查装置	宜设	

续　表

序号	安装区域和部位	技防设施	配置要求	备注
9	发电厂的油码头、煤码头、重要物资仓库、氢站、液氨灌区、油库区	视频监控装置	应设	
		电子巡查装置	应设	
10	发电厂、调度部门的主要通道、发电机组运转层、电梯轿厢	入侵报警装置	宜设	
		视频监控装置	应设	
11	水电枢纽工程的壅水建筑物和主副厂房区、办公楼出入口	视频监控装置	应设	
		电子巡查装置	宜设	
12	水电枢纽工程壅水建筑物	电子巡查装置	应设	
13	计算机网络中心、档案室、财务室等重要部位	入侵报警装置	应设	
		紧急报警装置	应设	
		视频监控装置	应设	
		出入口控制装置	应设	出入口
14	停车库（场）	视频监控装置	应设	
		停车场（库）管理系统	宜设	
15	监控室	紧急报警装置	应设	
		视频监控装置	应设	
		出入口控制装置	应设	
		可视/对讲装置	应设	
		实体防护装置	应设	防盗门、防护网
		对外报警的通信联络装置	应设	有线电话、无线通信装置

注：电力设施的安全技术防范设备应安装在易燃易爆危险区以外。当设备不得不安装在危险区以内时，应选用与危险介质相适应的防爆产品或采用适合的防爆保护措施。在国家重大活动等特殊时段，以及国家有关部门发布安全预警或者发生相关重大治安突发事件等紧急情况下，应加强安全防范措施，增加治安保卫人员，加强对重要电力设施的巡逻守护；加强出入口控制，必要时，设置防爆安全检查设备或车辆阻挡装置。

(3)燃气设施单位的安全技术防范设施基本配置参考表 3-7-11。

表 3-7-11　燃气设施单位的安全技术防范设施基本配置

序号	安装区域和部位	技防设施	配置要求	备注
1	制气企业、储气站、门站、储配站、过江井、气化站的周界	实体防护装置	应设	
		入侵报警装置	应设	
		视频监控装置	宜设	
		电子巡查装置	宜设	制气企业应设
2	制气企业、储气站、门站、(LNG)气化站、储配站、瓶装供应站、瓶库与外界相通的出入口	视频监控装置	应设	
3	调压站(设计进口压力大于等于 0.8 MPa)周界	实体防护装置	应设	
		入侵报警装置	宜设	
		视频监控装置	宜设	
4	有人值守的门站	紧急报警装置	应设	
		视频监控装置	应设	出入口
		对讲装置	应设	
5	有人值守的调压站(设计出口压力大于等于 1.6 MPa)	紧急报警装置	应设	
		视频监控装置	应设	出入口
6	重要物资仓库	入侵报警装置	应设	
		视频监控装置	应设	出入口
		实体防护装置	应设	
7	35 kV(含)以上变电站出入口	视频监控装置	宜设	
		出入口控制装置	应设	
8	油库	视频监控装置	应设	
		出入口控制装置	应设	
9	过江井	视频监控装置	应设	出入口
		对讲装置	应设	
10	阀室	入侵报警装置	应设	
		视频监控装置	宜设	出入口
11	码头、码头装卸区、槽车卸液区(台)	视频监控装置	应设	

续 表

序号	安装区域和部位	技防设施	配置要求	备注
12	储气(液)区、储配站灌装设备区	视频监控装置	应设	
		对讲装置	应设	
13	瓶装供应站	视频监控装置	宜设	换瓶区
		实体防护装置	应设	出入口
14	营业收费场所	紧急报警装置	宜设	
		视频监控装置	宜设	与外界相通的出入口
		出入口控制装置	宜设	
15	营业收费场所柜台	紧急报警装置	宜设	
		视频监控装置	宜设	
		声音复核装置	宜设	
16	现金存放处	入侵报警装置	应设	
		视频监控装置	应设	
		出入口控制装置	应设	
		实体防护装置	应设	
17	机要室、档案室、信息中心机房	入侵报警装置	应设	
		视频监控装置	应设	
		出入口控制装置	应设	
18	生产调度控制中心(室)	紧急报警装置	应设	
		视频监控装置	应设	
		出入口控制装置	应设	
		实体防护装置	应设	
19	停车库(场)	视频监控装置	应设	
		停车场(库)管理系统	宜设	

安全技术防范

续表

序号	安装区域和部位	技防设施	配置要求	备注
20	监控中心(室)	紧急报警装置	应设	
		视频监控装置	应设	
		出入口控制装置	应设	
		可视/对讲装置	应设	
		实体防护装置	应设	防盗门、防护网
		对外报警的通信联络装置	应设	有线电话、无线通信装置

注:燃气系统的安全技术防范系统建设应纳入工程建设的总体规划,并应综合设计、同步施工,独立验收、同时交付使用。安全技术防范系统中使用的产品、设备必须符合国家法律法规和现行强制性标准的要求,并经 CCC 认证、生产登记批准或型式检验合格。在有防爆要求的环境中使用的产品、设备必须经防爆检验合格。安全技术防范系统的设计应符合 GB 50348 及国家现行燃气工程建设有关安全、防爆等要求的法律、法规、标准、规范和规定的要求。

6. 大型物资储备单位和大型商贸中心

(1)大型物资储备单位安全技术防范设施基本配置参考表 3-7-12。

表 3-7-12 大型物资储备单位安全技术防范设施基本配置

序号	安装区域和部位	技防设施	配置要求	备注
1	外周界(包括围墙、栅栏等屏障处)	实体防护装置	应设	
		入侵报警装置	应设	
		视频监控装置	应设	
		电子巡查装置	宜设	
2	库区与外界相通的出入口	紧急报警装置	应设	门卫
		视频监控装置	应设	
		出入口控制装置	宜设	
		实体防护装置	应设	
3	库区主干道	视频监控装置	应设	
		电子巡查装置	宜设	

续 表

序号	安装区域和部位	技防设施	配置要求	备注
4	库房出入口内外非危险区	入侵报警装置	应设	
		紧急报警装置	应设	
		视频监控装置	应设	
		出入口控制装置	应设	
		声音复核装置	宜设	
		电话通信系统	应设	
		电子巡查装置	宜设	
		实体防护装置	应设	
5	计算机网络中心、档案室、机要室、财务室	入侵报警装置	应设	
		紧急报警装置	应设	
		视频监控装置	应设	
		出入口控制装置	应设	出入口
6	办公楼出入口、楼梯、楼道	入侵报警装置	宜设	
		视频监控装置	宜设	
		出入口控制装置	宜设	
7	电梯、电梯前室	视频监控装置	应设	
8	变配电室	入侵报警装置	宜设	
		视频监控装置	宜设	
		出入口控制装置	宜设	
9	收银区、收银柜台	紧急报警装置	应设	
		视频监控装置	应设	
		声音复核装置	应设	
10	现金交接处	紧急报警装置	应设	
		视频监控装置	应设	
		实体防护装置	应设	
11	停车场(库)	视频监控装置	应设	
		停车场(库)管理系统	宜设	
		出入口控制装置	宜设	

续　表

序号	安装区域和部位	技防设施	配置要求	备注
12	监控室	紧急报警装置	应设	
		视频监控装置	应设	
		出入口控制装置	应设	
		可视/对讲装置	应设	
		实体防护装置	应设	防盗门、防护网
		对外报警的通信联络装置	应设	有线电话、无线通信装置
13	其他需要设防的部位和区域	根据实际需求选择相应的防护装置		

（2）商贸中心安全技术防范设施基本配置参考表3-7-13。

表3-7-13　商贸中心安全技术防范设施基本配置

序号	安装区域和部位	技防设施	配置要求	备注
1	商店（场）内外广场	视频监控装置	宜设	
2	商店（场）与外界相通的出入口	入侵报警装置	应设	
		视频监控装置	应设	
		电子巡查装置	宜设	
		实体防护装置	应设	
3	商店（场）与外界相通的窗户	入侵报警装置	宜设	
		实体防护装置	应设	商店（场）一、二楼与外界相通的窗户
4	商店（场）内与出入口相连的通道	入侵报警装置	宜设	
		电子巡查装置	宜设	
5	举办商品促销活动的固定区域	视频监控装置	应设	
6	商店（场）内主要通道	视频监控装置	宜设	
		电子巡查装置	宜设	
7	商店（场）内非与外界相通的楼层出入口（楼梯口）	入侵报警装置	宜设	
		视频监控装置	宜设	

续　表

序号	安装区域和部位	技防设施	配置要求	备注
8	电梯厅、自动扶梯口	入侵报警装置	宜设	
		视频监控装置	应设	
		电子巡查装置	宜设	
9	电梯轿厢内	视频监控装置	应设	
10	顾客物品寄存箱区域、纠纷接待处	视频监控装置	应设	
		声音复核装置	应设	
11	收银区、收银柜台	紧急报警装置	应设	
		视频监控装置	应设	
		声音复核装置	应设	
12	现金交接处	紧急报警装置	应设	
		视频监控装置	应设	
		实体防护装置	应设	
13	现金暂存处、财务室、防盗保险柜存放处	入侵报警装置	应设	
		紧急报警装置	应设	
		视频监控装置	应设	
		声音复核装置	应设	
		出入口控制装置	宜设	
		实体防护装置	应设	
14	仓库	入侵报警装置	宜设	
		紧急报警装置	宜设	
		视频监控装置	宜设	
		出入口控制装置	宜设	
		实体防护装置	应设	
15	计算机网络中心、档案室	入侵报警装置	应设	
		视频监控装置	应设	
		出入口控制装置	应设	
		实体防护装置	应设	出入口
16	变配电室	视频监控装置	宜设	

安全技术防范

续　表

序号	安装区域和部位	技防设施	配置要求	备注
17	停车场(库)(机动车停车场(库)与外界相通的人行及车行出入口、机动车停车场(库)内主要通道等)	视频监控装置	应设	
		停车场(库)管理系统	宜设	
18	监控室(有人值守)	紧急报警装置	应设	
		视频监控装置	应设	
		出入口控制装置	应设	
		可视/对讲装置	应设	
		实体防护装置	应设	防盗门、防护网
		对外报警的通信联络装置	应设	有线电话、无线通信装置
19	其他需要设防的部位和区域	根据实际需求选择相应的防护装置		

7. 教育、科研、医疗单位和大型文化、体育场所

(1)中小学、幼儿园安全技术防范设施基本配置参考表 3-7-14。

表 3-7-14　中小学、幼儿园安全技术防范设施基本配置

序号	安装区域和部位	技防设施	配置要求	备注
1	学校大门外一定区域	视频监控装置	应设	能同时观察各个方向
2	学校周界	实体屏障	应设	
		入侵报警装置	宜设	
3	学校大门口	视频监控装置	应设	
		隔离装置	宜设	
		出入口控制通道装置	宜设	
	幼儿园大门口	访客可视对讲装置	宜设	能看清访客的面部特征
4	门卫室(传达室)	紧急报警装置	应设	
5	室外人员集中活动区域	视频监控装置	宜设	
6	教学区域主要通道和出入口	视频监控装置	宜设	

续 表

序号	安装区域和部位	技防设施	配置要求	备注
7	学生宿舍楼(区)主要出入口	视频监控装置	应设	
		出入口控制装置	可设	
	学生宿舍楼(区)值班室	紧急报警装置	应设	
8	食堂操作间和储藏室的出入口	视频监控装置	应设	
	食堂操作间、储藏室和就餐区域	视频监控装置	宜设	
9	易燃易爆等危险品储存室、实验室	实体防护措施	应设	
		入侵报警装置	应设	
		视频监控装置	宜设	
10	贵重物品存放处	实体防护措施	应设	
		入侵报警装置	应设	
		视频监控装置	宜设	
11	水电气热等设备间	实体防护措施	应设	
		入侵报警装置	宜设	
12	安全防范监控室	实体防护措施	应设	防盗门、防护网
		紧急报警装置	应设	
		通信工具	应设	有线电话、无线通信装置
		广播装置	应设	
		视频监控装置	宜设	
13	重点部位和区域	电子巡查装置	宜设	

注：学校安全技术防范系统建设应统筹规划，坚持人防、物防、技防相结合的原则，以保障学生和教职员工的人身安全为重点。学校安全技术防范系统应留有联网接口。

(2)普通高等学校重点要害部位安全技术防范设施配置参考表3-7-15。

表3-7-15 普通高等学校重点要害部位安全技术防范设施配置

序号	安装区域和部位		技防设施	配置要求	备注
1	承担涉及国家机密项目（课题）的研究机构场所；机要室、档案室、国家实验室、国家重点实验室、高价值教学与科研设备存放场所；核、生、化、爆等实验室及危险品生产、使用、储藏场所；管制物品、贵重物品集中存放或生产、制作及销毁场所	出入口	视频监控装置	应设	还要符合该行业的相关要求
			出入口控制装置	应设	
		内部	视频监控装置	应设	
			入侵探测装置	应设	
		周边	电子巡查装置	应设	
2	财务中心、资金结算中心	出入口	视频监控装置	应设	
			出入口控制装置	应设	
		内部	视频监控装置	应设	
			入侵探测装置	应设	
		现金柜台	紧急报警装置	应设	
		周边	电子巡查装置	应设	
3	信息中心、有线广播（电视）中心机房及校园网络中心机房	出入口	视频监控装置	应设	
			出入口控制装置	应设	
		内部	视频监控装置	应设	
			入侵探测装置	应设	
		周边	电子巡查装置	应设	
4	监控中心	出入口	视频监控装置	应设	
			出入口控制装置	应设	
		内部	实体防护措施	应设	防盗门、防护网
			视频监控装置	应设	
			紧急报警装置	应设	
			通信工具	应设	有线电话、无线通信装置
		周边	电子巡查装置	应设	

续 表

序号	安装区域和部位		技防设施	配置要求	备注
5	燃气站、水泵站、变电站	出入口	视频监控装置	应设	
			出入口控制装置	宜设	
		内部	视频监控装置	宜设	
			入侵探测装置	应设	
		周边	电子巡查装置	应设	

（3）普通高等学校重点公共区域安全技术防范设施配置参考表3-7-16。

表3-7-16 普通高等学校重点公共区域安全技术防范设施配置

序号	安装区域和部位		技防设施	配置要求	备注
1	校园周界	出入口	视频监控装置	应设	
		围墙、栅栏等	视频监控装置	宜设	
			入侵探测装置	宜设	
			电子巡查装置	宜设	
2	校园主干道	交叉口	视频监控装置	应设	
3	图书馆和办公、教学、科研场所	出入口	视频监控装置	应设	
		主通道、楼梯口和电梯轿厢	视频监控装置	宜设	
		门卫室	紧急报警装置	宜设	
		办公室	出入口控制装置	宜设	
		周边	电子巡查装置	宜设	
4	校园制高点及其出入口、中心广场、体育场		视频监控装置	应设	
5	体育馆、会议中心、学生活动中心	出入口	视频监控装置	应设	
		内部	视频监控装置	宜设	
6	校医院门、急诊部	出入口	视频监控装置	应设	
		内部	视频监控装置	应设	
7	食堂膳食厅、储藏间及操作间	出入口	视频监控装置	应设	
		内部	视频监控装置	宜设	

续 表

序号	安装区域和部位		技防设施	配置要求	备注
8	宿舍	出入口	视频监控装置	应设	
			出入口控制装置	宜设	
		主通道、楼梯口和电梯轿厢	视频监控装置	宜设	
		门卫室	紧急报警装置	宜设	
		周边	电子巡查装置	宜设	
10	学校宾馆、招待所	出入口	视频监控装置	应设	
		客房通道、楼梯口、电梯轿厢	视频监控装置	应设	
12	机动车停车库(场)	出入口	视频监控装置	应设	
		内部		宜设	
13	非机动车集中存放场所		视频监控装置	宜设	

注：普通高等学校安全技术防范系统联网宜采用专用网络，利用校园网作为传输网络时，应保证信息传输的安全。学校安全技术防范各子系统应规范信息传输、交换、控制协议，视频监控系统联网宜符合 GB/T28181 的相关要求。

(4)其他一般重点单位安全技术防范设施基本配置参考表 3-7-17。

表 3-7-17 其他一般重点单位安全技术防范设施基本配置

序号	安装区域或覆盖范围	技防设施	配置要求	备注
1	存放、生产、经营使用易燃、易爆、剧毒、放射性物品，管制药品、管制刀具和病菌等危险物品的部位	视频监控装置	应设	
		入侵报警装置	应设	
2	存放涉及国家秘密内容的文件、档案、资料、计算机软件的库、室、馆	视频监控装置	应设	
		入侵报警装置	应设	
3	收取、存放现金、有价票证等场所部位	视频监控装置	应设	
		入侵报警装置	应设	
		紧急报警装置	应设	

第三章 安全防范工程建设

续　表

序号	安装区域或覆盖范围	技防设施	配置要求	备注
4	生产、存放、经营金、银、珠宝、重要物品和珍贵文物的库(房)场所	视频监控装置	应设	
		入侵报警装置	应设	
		紧急报警装置	应设	
5	生产、使用、存放稀有有色金属的场所	视频监控装置	应设	
		入侵报警装置	应设	
6	单位出入口、主要通道(含自动扶梯口、各楼层电梯口)、内部礼堂、在用地下空间、汽车(停车)场(库)	视频监控装置	应设	
		入侵报警装置	宜设	
		出入口控制装置	宜设	
7	生产、办公、经营、科研、教育的重要工作室、计算机中心机房、电教室、调度室、动力、通讯机房等部门、部位	视频监控装置	宜设	
		入侵报警装置	宜设	
8	各类监控中心	视频监控装置	应设	
		紧急报警装置	应设	
9	其他应当列入重点防护的部位	视频监控装置	应设	
		紧急报警装置	宜设	

(5)医院技术防范设施配置参考表3－7－18、表3－7－19。

表3－7－18　医院重点公共区域技术防范设施配置表

序号	安装区域和部位		技防设施	配置要求	备注
1	医院周界	医院出入口	视频监控装置	应设	
			电子巡查装置	应设	
		围墙、栅栏等	视频监控装置	宜设	
		门卫室	紧急报警装置	应设	
			对讲装置	应设	
2	医院室外主要通道、人员密集区域		视频监控装置	应设	

续 表

序号	安装区域和部位		技防设施	配置要求	备注
3	门诊部、急诊部、隔离门诊部、住院部	主出入口	视频监控装置	应设	
			安全检查设备	可设	
		楼道、通往楼顶的出入口各楼层对外出入口	视频监控装置	应设	
		候诊区	视频监控装置	应设	
			电子巡查装置	应设	
		分诊台、护士站	视频监控装置	应设	
			紧急报警装置	应设	
			对讲装置	应设	
			电子巡查装置	应设	
		门(急)诊室	紧急报警装置	应设	
			对讲装置	应设	
4	挂号处		视频监控装置	应设	
6	行政办公区域	出入口	出入口控制装置	宜设	
			视频监控装置	应设	
7	电梯轿厢内和各楼层电梯厅、自动扶梯区域		视频监控装置	应设	
8	太平间门外区域		视频监控装置	应设	
9	机动车停车库(场)	出入口	视频监控装置	应设	
		内部	视频监控装置	应设	
			电子巡查装置	应设	
			停车库(场)安全管理系统	应设	
10	非机动车集中存放处		视频监控装置	宜设	

表 3－7－19 医院重点部位技术防范设施配置表

序号	安装区域和部位		技防设施	配置要求	备注
1	实验室、化验室、手术室、重症监护室、放疗室、隔离病房	出入口	出入口控制装置	应设	
			视频监控装置	应设	
		周边	电子巡查装置	应设	
2	致病微生物、血液、"毒、麻、精、放"等管制药(物)品、易燃易爆物品、贵重金属等存储场所	出入口	出入口控制装置	应设	
			视频监控装置	应设	
		外部主要通道	视频监控装置	应设	
		内部	入侵报警装置	应设	
			视频监控装置	应设	
		周边	电子巡查装置	应设	
3	收费处、财务室	出入口	出入口控制装置	应设	
			视频监控装置	应设	
		外部主要通道	视频监控装置	应设	
		内部	入侵报警装置	应设	
			视频监控装置	应设	
			紧急报警装置	应设	
			对讲装置	应设	
		收费窗口	视频监控装置	应设	
			紧急报警装置	应设	
			对讲装置	应设	
		周边	电子巡查装置	应设	
4	运钞交接区域及路线		视频监控装置	应设	
5	儿童住院区、新生儿住院区	出入口	双向出入口控制装置	应设	
			视频监控装置	应设	
		新生婴儿室	视频监控装置	应设	
		周边	电子巡查装置	应设	

续 表

序号	安装区域和部位		技防设施	配置要求	备注
6	医患纠纷投诉、调解场所		视频监控装置	应设	
			声音采集装置	应设	
			紧急报警装置	应设	
			对讲装置	应设	
7	药房、药库	出入口	出入口控制装置	应设	
			视频监控装置	应设	
		外部主要通道	视频监控装置	应设	
		周边	电子巡查装置	应设	
		取药窗口	视频监控装置	应设	
8	膳食加工操作间	出入口	出入口控制装置	宜设	
			视频监控装置	应设	
		内部	视频监控装置	宜设	
9	计算机中心、档案室（含病案室）	出入口	出入口控制装置	应设	
			视频监控装置	应设	
		外部主要通道	视频监控装置	应设	
		内部	入侵报警装置	应设	
			视频监控装置	应设	
		周边	电子巡查装置	应设	
10	大中型医疗设备存放场所	出入口	出入口控制装置	应设	
			视频监控装置	应设	
		外部主要通道	视频监控装置	应设	
		周边	电子巡查装置	应设	
11	供水、供电、供气（含医用气体）、供热、供氧等设备间	出入口	视频监控装置	应设	
		外部主要通道	视频监控装置	应设	
		内部	入侵报警装置	应设	
			视频监控装置	应设	
		周边	电子巡查装置	应设	

续 表

序号	安装区域和部位	技防设施	配置要求	备注
12	医疗废物集中存放场所	出入口	出入口控制装置	宜设	
			视频监控装置	应设	
13	安全防范监控中心	出入口	出入口控制装置	应设	
			视频监控装置	应设	
		外部主要通道	视频监控装置	应设	
		内部	视频监控装置	应设	
			紧急报警装置	应设	
			实体防护措施	应设	防盗门、防护网
			通信工具	应设	有线电话、无线通信装置

注：医院应有对安全技术防范系统中的信息进行保密的措施。

(6)展馆的安全技术防范设施基本配置参考表3-7-20。

表3-7-20 展馆的安全技术防范设施基本配置

序号	安装区域和部位	技防设施	配置要求	备注
1	展馆外周界（包括围墙、栅栏等屏障处）	实体防护装置	应设	
		入侵报警装置	宜设	
		视频监控装置	应设	
		电子巡查装置	宜设	
2	展馆与外界相通的出入口、封闭式停车场（库）出入口	入侵报警装置	宜设	
		视频监控装置	应设	
		停车场管理系统	应设	
3	展馆室外展区	视频监控装置	应设	
		电子巡查装置	宜设	
4	展馆内展品装卸区出入口	入侵报警装置	应设	包括与外界相通的窗户
		视频监控装置	应设	

续 表

序号	安装区域和部位	技防设施	配置要求	备注
5	展馆内特殊展品展区出入口	入侵报警装置	应设	包括与外界相通的窗户
		视频监控装置	应设	
6	展馆内展品贮存库出入口	入侵报警装置	应设	包括与外界相通的窗户
		视频监控装置	应设	
		出入口控制装置	应设	
7	展馆主出入口	视频监控装置	应设	
		金属探测系统	宜设	
		X射线安全检查系统	宜设	
8	展馆内主要通道	入侵报警装置	应设	
		视频监控装置	应设	
9	展馆内非主要通道	视频监控装置	宜设	
10	计算机网络中心、档案室、财务室等重要部位	入侵报警装置	应设	
		紧急报警装置	应设	
		视频监控装置	应设	出入口
		出入口控制装置	应设	
11	电梯、电梯前室	视频监控装置	应设	
12	变配电室	入侵报警装置	宜设	
		视频监控装置	宜设	
		出入口控制装置	宜设	
13	监控室	紧急报警装置	应设	
		视频监控装置	应设	
		出入口控制装置	应设	
		可视/对讲装置	应设	
		实体防护装置	应设	防盗门、防护网
		对外报警的通信联络装置	应设	有线电话、无线通信装置

8. 博物馆、档案馆和重点文物保护单位

(1)文物保护单位和博物馆安全技术防范设施基本配置参考表3-7-21。

表 3-7-21　文物保护单位和博物馆安全技术防范设施

序号	安装区域和部位		技防设施	配置要求	备注
1	博物馆外周界(包括围墙、栅栏等屏障处)		实体防护装置	应设	
			入侵报警装置	应设	
			视频监控装置	应设	
			声音复核装置	可设	
			电子巡查装置	应设	
2	博物馆外界出入口		入侵报警装置	应设	
			视频监控装置	应设	
			出入口控制装置	宜设	
			实体防护装置	应设	
3	公众服务区(包括公共活动区、服务设施、教育用房、停车库(场)等区域)		入侵报警装置	宜设	
			视频监控装置	应设	
			声音复核装置	宜设	
			停车场(库)管理系统	宜设	
			电子巡查装置	宜设	
4	公众服务区出入口		视频监控装置	应设	
			防爆安全检查装置	宜设	
5	陈列展览区	建筑物外周界或室内周界	入侵报警装置	应设	
			视频监控装置	应设	
			声音复核装置	宜设	
		展厅的门、窗、管道口、布展(参观)通道等	入侵报警装置	应设	
			视频监控装置	应设	
			出入口控制装置	应设	设置在门口
		展厅内重要区域/部位	入侵报警装置	应设	
			视频监控装置	应设	重点部位宜具有智能视频功能
			声音复核装置	应设	

续 表

序号	安装区域和部位	技防设施	配置要求	备注
		紧急报警装置	应设	宜同时配置内部无线紧急报警装置
		对讲装置	应设	
	珍贵藏品展柜内	入侵报警装置	应设	
		视频监控装置	应设	
	室外展区	入侵报警装置	应设	
		视频监控装置	应设	
		声音复核装置	应设	
6	藏/展品卸运交接区	入侵报警装置	应设	
		视频监控装置	应设	
		紧急报警装置	应设	宜同时配置内部无线紧急报警装置
		对讲装置	应设	
		声音复核装置	应设	
7	藏/展品运输通道	紧急报警装置	应设	
		视频监控装置	应设	
		出入口控制装置	应设	
8	藏品保护技术区	入侵报警装置	应设	
		紧急报警装置	应设	
		视频监控装置	应设	
		声音复核装置	宜设	
		出入口控制装置	应设	
9	藏品库区/库房	入侵报警装置	应设	两种以上探测原理
		紧急报警装置	应设	
		对讲装置	应设	
		视频监控装置	应设	
		声音复核装置	应设	
		出入口控制装置	应设	防尾随,双向认证
		实体防护装置	应设	

续　表

序号	安装区域和部位	技防设施	配置要求	备注
10	业务与科研区、行政管理区	入侵报警装置	宜设	
		视频监控装置	应设	
		出入口控制装置	宜设	
11	计算机网络中心、档案室、机要室、财务室	入侵报警装置	应设	
		紧急报警装置	应设	
		视频监控装置	应设	出入口
		出入口控制装置	应设	
12	办公楼出入口、楼梯、楼道	入侵报警装置	宜设	
		视频监控装置	应设	
		出入口控制装置	宜设	
13	电梯、电梯前室	视频监控装置	应设	
14	变配电室	入侵报警装置	宜设	
		视频监控装置	宜设	
		出入口控制装置	宜设	
15	监控室	紧急报警装置	应设	
		视频监控装置	应设	
		出入口控制装置	应设	
		可视/对讲装置	应设	
		实体防护装置	应设	防盗门、防护网
		对外报警的通信联络装置	应设	有线电话、无线通信装置

(2)古建筑安全技术防范设施基本配置参考表3-7-22。

古建筑作为博物馆使用时,除参考表3-7-21外,还要考虑表3-7-22的配置要求。

表 3-7-22　古建筑安全技术防范设施基本设置

序号	安装区域和部位		技防设施	配置要求	备注
1	古建筑外周界		入侵报警装置	应设	
			视频监控装置	应设	
			声音复核装置	宜设	
			电子巡查装置	应设	
2	外周界出入口		视频监控装置	应设	
3	古建筑本体	本体	视频监控装置	应设	
		门、窗、管道口等	入侵报警装置	应设	
			视频监控装置	宜设	
			声音复核装置	宜设	
		保存有壁画、塑像、碑刻及其他重要文物的区域	入侵报警装置	应设	
			视频监控装置	应设	
			声音复核装置	宜设	
		点灯、燃香等活动区域	视频监控装置	应设	
			电子巡查装置	应设	

注：安防设备的安装不得对被防护对象造成损伤和破坏。

(3)石窟寺和石刻安全技术防范设施基本配置参考表 3-7-23。

表 3-7-23　石窟寺和石刻安全技术防范设施基本配置

序号	安装区域和部位	技防设施	配置要求	备注
1	石窟寺和石刻周界	实体防护装置	宜设	
		入侵报警装置	应设	
		视频监控装置	应设	
		电子巡查装置	应设	
2	外界出入口	入侵报警装置	应设	
		视频监控装置	应设	
		出入口控制装置	宜设	
		实体防护装置	应设	

续 表

序号	安装区域和部位	技防设施	配置要求	备注
3	公众服务区（包括公共活动区、服务设施、教育用房、停车库（场）等区域）	入侵报警装置	宜设	
		视频监控装置	应设	
		声音复核装置	宜设	
		停车场（库）管理系统	宜设	
		电子巡查装置	宜设	
4	公众服务区出入口	视频监控装置	应设	
		防爆安全检查装置	宜设	
5	洞窟	洞窟的门、窗户、通风口等	入侵报警装置	应设	
			视频监控装置	宜设	
			出入口控制装置	宜设	
		重要洞窟入口、甬道及重要区域/部位	入侵报警装置	宜设	
			视频监控装置	宜设	
			声音复核装置	宜设	
		对外开放的重要洞窟内	紧急报警装置	应设	
			对讲装置	应设	
		重要洞窟外	入侵报警装置	宜设	
			视频监控装置	应设	
6	石刻周边易于攀爬、易于接触到防护对象的区域或部位	入侵报警装置	应设	
		视频监控装置	应设	
		声音复核装置	宜设	
7	石刻区	入侵报警装置	宜设	
		视频监控装置	宜设	
		声音复核装置	宜设	
8	田野石刻、摩崖石刻等室外石刻（群）	实体防护措施	宜设	
		入侵报警装置	宜设	
		视频监控装置	宜设	

续 表

序号	安装区域和部位	技防设施	配置要求	备注
9	监控室	紧急报警装置	应设	
		视频监控装置	应设	
		出入口控制装置	应设	
		可视/对讲装置	应设	
		实体防护装置	应设	防盗门、防护网
		对外报警的通信联络装置	应设	有线电话、无线通信装置

注：安防设备的安装不得对被防护对象造成损伤和破坏。

（4）古文化遗址、古墓葬安全技术防范设施基本配置参考表 3-7-24。

表 3-7-24　古文化遗址、古墓葬安全技术防范设施基本配置

序号	安装区域和部位	技防设施	配置要求	备注
1	古文化遗址、古墓葬核心区域和库房及其他陈列、存放文物场所的周界	实体防护装置	宜设	
		入侵报警装置	宜设	
		视频监控装置	宜设	
		声音复核装置	宜设	
		电子巡查装置	宜设	
2	外界出入口	入侵报警装置	宜设	
		视频监控装置	应设	
		实体防护装置	宜设	
3	公众服务区（包括公共活动区、服务设施、教育用房、停车库（场）等区域）	入侵报警装置	宜设	
		视频监控装置	宜设	
		声音复核装置	宜设	
		停车场（库）管理系统	宜设	
		电子巡查装置	宜设	
4	公众服务区出入口	视频监控装置	宜设	
		防爆安全检查装置	宜设	

续　表

序号	安装区域和部位		技防设施	配置要求	备注
5	陈列展览区	建筑物外周界或室内周界	入侵报警装置	应设	
			视频监控装置	应设	
			声音复核装置	宜设	
		展厅的门、窗、管道口、布展(参观)通道等	入侵报警装置	应设	
			视频监控装置	应设	
			出入口控制装置	应设	设置在门口
		展厅内重要区域/部位	入侵报警装置	应设	
			视频监控装置	应设	
			声音复核装置	应设	
			紧急报警装置	应设	
			对讲装置	应设	
		珍贵藏品展柜内	入侵报警装置	应设	
			视频监控装置	应设	
		室外展区	入侵报警装置	应设	
			视频监控装置	应设	
			声音复核装置	应设	
6	文物卸运交接区		入侵报警装置	应设	
			视频监控装置	应设	
			紧急报警装置	应设	
			对讲装置	应设	
			声音复核装置	应设	
7	文物运输通道		紧急报警装置	应设	
			视频监控装置	应设	
			出入口控制装置	应设	

续 表

序号	安装区域和部位	技防设施	配置要求	备注
8	文物保护技术区	入侵报警装置	应设	
		紧急报警装置	应设	
		视频监控装置	应设	
		声音复核装置	宜设	
		出入口控制装置	应设	
9	文物库区/库房	入侵报警装置	应设	两种以上探测原理
		紧急报警装置	应设	
		对讲装置	应设	
		视频监控装置	应设	
		声音复核装置	应设	
		出入口控制装置	应设	
		实体防护装置	应设	
10	古文化遗址、古墓葬核心区域	入侵报警装置	宜设	应能可靠探测撬、挖、凿、砸、钻、爆破等盗窃、盗掘行为
		视频监控装置	应设	
		声音复核装置	应设	
11	监控室	紧急报警装置	应设	
		视频监控装置	应设	
		出入口控制装置	应设	
		可视/对讲装置	应设	
		实体防护装置	应设	防盗门、防护网
		对外报警的通信联络装置	应设	有线电话、无线通信装置

9. 研制、生产、销售、储存危险物品或者实验、保藏传染性菌种、毒种的单位

(1)剧毒化学品、放射性同位素集中存放场所安全技术防范设施基本配置参考表 3－7－25。

第三章 安全防范工程建设

表 3-7-25 剧毒化学品、放射性同位素集中存放场所安全技术防范设施基本配置

序号	重点部位和区域	防范设施	配置要求 一级	配置要求 二级	配置要求 三级	备注
1	库区周界	入侵报警装置	应设	宜设	宜设	
		视频监控装置	应设	宜设	宜设	
		电子巡查装置	应设	宜设	宜设	
2	库区出入口	视频监控装置	应设	宜设	宜设	
3	库区内主要通道	视频监控装置	应设	宜设	宜设	
		电子巡查装置	应设	宜设	宜设	
4	装卸区域	视频监控装置	应设	宜设	宜设	
5	库房出入口	入侵报警装置	应设	应设	应设	
		视频监控装置	应设	应设	应设	
		出入口控制装置	应设	应设	宜设	
		电子巡查装置	应设	宜设	宜设	
6	库房窗口、通风口	入侵报警装置	应设	应设	宜设	
		视频监控装置	应设	应设	宜设	
7	存放场所(部位)	入侵报警装置	应设	应设	应设	
		视频监控装置	应设	应设	应设	
8	保卫值班室	紧急报警装置	应设	应设	应设	
		通信工具	应设	应设	应设	
9	监控中心	紧急报警装置	应设	应设	应设	
		视频监控装置	应设	应设	应设	
		出入口控制装置	应设	应设	应设	
		可视/对讲装置	应设	应设	应设	
		实体防护装置	应设	应设	应设	防盗门、防护网
		对外报警的通信联络装置	应设	应设	应设	有线电话、无线通信装置

安全技术防范

续 表

序号	重点部位和区域	防范设施	配置要求			备注
			一级	二级	三级	
10	巡查部位和区域	电子巡查装置	应设	宜设	宜设	

注:剧毒化学品、放射源存放场所(部位)的风险等级应根据其品种、数量、常温常压下物态及流失后对治安潜在危害等因素划分为三级,从高至低依次为一级、二级、三级。技术防范系统应经建设单位、行业主管部门、公安机关根据GB50348和GA308的有关规定组织验收合格后,方可投入使用。应根据存放场所(部位)周边地区治安复杂程度、当地公安(武警)和单位自身应急处置能力大小等因素合理配置。

(2)枪支弹药生产、经销、存放、射击场所重要部位安全技术防范设施基本配置参考表3-7-26。

表3-7-26 枪支弹药生产、经销、存放、射击场所重要部位安全技术防范设施基本配置

序号	安装区域和部位	技防设施	配置要求	备注
1	周界(包括围墙、栅栏等屏障处)	实体防护装置	应设	
		入侵报警装置	应设	
		视频监控装置	应设	
2	公共区域	视频监控装置	宜设	
3	与外界相通的出入口	入侵报警装置	应设	门卫室、值班室
		紧急报警装置	应设	
		视频监控装置	应设	
4	相关楼层的楼梯口、前厅、电梯厅、自动扶梯口	入侵报警装置	宜设	
		视频监控装置	应设	
		电子巡查装置	宜设	
5	电梯轿厢	视频监控装置	应设	
6	零部件加工、装配、(试)射击、校验区域及出入口、通道	入侵报警装置	应设	
		视频监控装置	应设	
		出入口控制装置	应设	
7	枪支擦拭、修理区	视频监控装置	宜设	

续 表

序号	安装区域和部位	技防设施	配置要求	备注
8	枪支弹药及枪支零部件(含废、旧、待处理品)存放场所	入侵报警装置	应设	
		视频监控装置	应设	
		出入口控制装置	应设	
		安全检查装置	宜设	
		实体防护装置	应设	门、柜
9	枪支弹药的交接领取处、内部转运通道	紧急报警装置	应设	
		视频监控装置	应设	
10	营业性射击场所的固定射击位置处	视频监控装置	应设	
11	机动车停车场(库)	视频监控装置	应设	
		停车场(库)管理系统	应设	
12	计算机网络中心、档案室、机要室、财务室	入侵报警装置	应设	
		紧急报警装置	应设	
		视频监控装置	应设	
		出入口控制装置	应设	出入口
13	监控室	紧急报警装置	应设	
		视频监控装置	应设	
		出入口控制装置	应设	
		可视/对讲装置	应设	
		实体防护装置	应设	防盗门、防护网
		对外报警的通信联络装置	应设	有线电话、无线通信装置
14	其他需要设防的部位和区域	根据实际需求选择相应的防护装置		

10.其他需要列为治安保卫重点的单位

(1)党政机关安全技术防范设施基本配置参考表3-7-27。

表 3–7–27 党政机关安全技术防范设施基本配置

序号	安装区域和部位	技防设施	配置要求	备注
1	办公院区(楼)周界(包括围墙、栅栏等屏障处)	实体防护装置	宜设	
		入侵报警装置	宜设	
		视频监控装置	应设	
		电子巡查装置	宜设	
2	办公院区(楼)与外界相通的出入口外 25 m 范围	视频监控装置	宜设	
3	办公院区(楼)与外界相通的出入口	视频监控装置	应设	
		出入口控制装置	应设	人行通道
		实体防护装置	宜设	机动车阻挡装置
		电子巡查装置	宜设	
4	办公院区、信访接待场所出入口	视频监控装置	应设	包括宜人脸识别装置
		出入口控制装置	宜设	
		防爆安全检查装置	宜设	
5	传达登记处、门卫处、信访接待场所	紧急报警装置	应设	
		视频监控装置	应设	
		声音复核装置	应设	
		出入口控制装置	宜设	发放通行卡
6	办公院区内公共区域、制高点	视频监控装置	宜设	
7	办公楼一、二层与外界直接相通的窗户	入侵报警装置	应设	
		视频监控装置	宜设	
		实体防护装置	宜设	
8	办公楼前厅、电梯厅	入侵报警装置	宜设	
		视频监控装置	应设	
9	办公楼内各层楼梯口、通道	入侵报警装置	宜设	
		视频监控装置	宜设	
		电子巡查装置	宜设	

续 表

序号	安装区域和部位	技防设施	配置要求	备注
10	办公院区(楼)内供开放、参观区域	入侵报警装置	宜设	
		视频监控装置	应设	
		实体防护装置	宜设	
11	100人以上的会议厅、餐厅出入口	视频监控装置	宜设	
		出入口控制装置	宜设	
12	计算机网络中心、档案室、机要室、财务室	入侵报警装置	应设	
		紧急报警装置	应设	
		视频监控装置	应设	
		出入口控制装置	应设	出入口
13	无人值守的重要设备机房	入侵报警装置	应设	
		视频监控装置	应设	
		出入口控制装置	应设	
14	电梯轿厢、自动扶梯口	视频监控装置	应设	
15	枪支、弹药存放场所	入侵报警装置	应设	
		视频监控装置	应设	
		出入口控制装置	应设	
		实体防护装置	应设	
16	贵重物品、资料集中陈列、存放场所	入侵报警装置	应设	
		视频监控装置	应设	
		出入口控制装置	宜设	
		实体防护装置	应设	
17	停车场(库)	视频监控装置	应设	
		停车场(库)管理系统	宜设	
		电子巡查装置	宜设	
		出入口控制装置	宜设	机动车、非机动车停车场(库)与办公楼相通的人行出入口

续 表

序号	安装区域和部位	技防设施	配置要求	备注
18	监控室	紧急报警装置	应设	
		视频监控装置	应设	
		出入口控制装置	应设	
		可视/对讲装置	应设	
		实体防护装置	应设	防盗门、防护网
		对外报警的通信联络装置	应设	有线电话、无线通信装置
19	其他需要设防的部位和区域	根据实际需求选择相应的防护装置		

(2)旅馆安全技术防范设施基本配置参考表3-7-28。

表3-7-28 旅馆安全技术防范设施基本配置

序号	安装区域和部位	技防设施	配置要求	备注
1	周界围墙封闭屏障处	实体防护装置	宜设	
		入侵报警装置	宜设	
		视频监控装置	应设	
		电子巡查装置	宜设	
2	三星级以上(含)旅游饭店的正门外	视频监控装置	应设	
3	与外界相通的楼栋出入口			
4	候车区			
5	面积大于60 m²的前厅(大堂)			
6	电梯轿厢、底层楼梯出入口、地下停车场(库)楼梯出入口			
7	三星级以上(含)旅游饭店的底层电梯厅			
8	餐厅、酒吧、会议及康乐设施场所的楼层电梯厅、楼梯出入口和主要通道			
9	客房通道			

续 表

序号	安装区域和部位	技防设施	配置要求	备注
10	其他楼层电梯厅、楼梯出入口和非客房通道	视频监控装置	宜设	
11	自动扶梯出入口	电子巡查装置	宜设	
12	避难层楼梯出入口	视频监控装置	应设	
		电子巡查装置	宜设	
13	总台接待处、收银处、外币兑换处、贵重物品寄存处	紧急报警装置	应设	
		视频监控装置	应设	
		出入口控制装置	应设	
		声音复核装置	宜设	
14	设备层、财务出纳室、水泵房和房屋水箱部位、配电站	入侵报警装置	应设	
		视频监控装置	宜设	
		电子巡查装置	宜设	
		出入口控制装置	宜设	
15	计算机网络中心、档案室、财务室	入侵报警装置	应设	
		紧急报警装置	应设	
		视频监控装置	应设	
		出入口控制装置	应设	出入口
16	无人值守的重要设备机房	入侵报警装置	宜设	
		视频监控装置	应设	
		出入口控制装置	宜设	
17	停车场(库)	视频监控装置	应设	
		停车场(库)管理系统	宜设	
		电子巡查装置	宜设	
		出入口控制装置	宜设	
18	监控室	紧急报警装置	应设	
		视频监控装置	应设	
		出入口控制装置	应设	
		可视/对讲装置	应设	

续 表

序号	安装区域和部位	技防设施	配置要求	备注
		实体防护装置	应设	防盗门、防护网
		对外报警的通信联络装置	应设	有线电话、无线通信装置
19	其他需要设防的部位和区域	根据实际需求选择相应的防护装置		

(3)商务办公楼安全技术防范设施基本配置参考表 3-7-29。

表 3-7-29　商务办公楼安全技术防范设施基本配置

序号	安装区域和部位	技防设施	配置要求	备注
1	周界围墙封闭屏障处	实体防护装置	宜设	
		入侵报警装置	宜设	
		视频监控装置	应设	
		电子巡查装置	宜设	
2	正门外候车区	视频监控装置	宜设	
3	办公区域各楼层的楼梯出入口、电梯厅或主要通道	视频监控装置	应设	
4	电梯轿厢			
5	地下停车场(库)电梯厅、楼梯出入口			
6	总服务台			
7	办公区域各楼层的楼梯出入口、电梯厅或主要通道	视频监控装置	应设	
		电子巡查装置	宜设	
8	商场、康乐设施场所、租赁用会议室的楼层出入口	视频监控装置	宜设	
9	各业主及租赁单元内	入侵报警装置	宜设	
		紧急报警装置	宜设	

续　表

序号	安装区域和部位	技防设施	配置要求	备注
10	水泵房和房屋水箱部位、配电站(所)	入侵报警装置	应设	
		视频监控装置	宜设	
11	配电房、锅炉房、电梯机房、空调机房、各楼层出入口以及其他重要部位	视频监控装置	宜设	
		电子巡查装置	宜设	
12	计算机网络中心、财务室	入侵报警装置	应设	
		紧急报警装置	应设	
		视频监控装置	应设	
		出入口控制装置	应设	出入口
13	停车场(库)	视频监控装置	应设	
		停车场(库)管理系统	宜设	
		电子巡查装置	宜设	
		出入口控制装置	宜设	
14	监控室	紧急报警装置	应设	
		视频监控装置	应设	
		出入口控制装置	应设	
		可视/对讲装置	宜设	
		实体防护装置	应设	防盗门、防护网
		对外报警的通信联络装置	应设	
15	其他需要设防的部位和区域	根据实际需求选择相应的防护装置		

(4)住宅小区安全技术防范设施基本配置参考表 3-7-30。

表 3-7-30　住宅小区安全技术防范设施基本配置

系统名称	安装区域和部位	技防设施	配置要求	设备类型
周界防护系统	小区周界	实体防护装置	应设	围墙、护栏等
	小区围墙、栅栏、与外界相通的河道等	视频监控装置	宜设	
		入侵报警装置	应设	红外对射、电子围栏、泄漏电缆或振动光缆等
		电子巡查装置	应设	
	与住宅相连,且高度在 6 m 以下(含 6 m),用于商铺、会所等功能的建筑物(包括裙房)顶层平台	实体防护装置	应设	围墙、护栏等
		视频监控装置	应设	
		入侵报警装置	应设	
	与外界相通用于商铺、会所等功能的建筑物(包括裙房),其与小区相通的窗户	视频监控装置	宜设	
		入侵报警装置	应设	
		实体防护装置	应设	内置式防护栅栏、高强度防护玻璃窗
公共区域安全防范系统	小区出入口[含与外界相通用于商铺、会所等功能的建筑物(包括裙房),其与小区相通的出入口]外围区域	视频监控装置	应设	
	小区人员出入口	视频监控装置	应设	
		出入口控制装置	应设	门禁读卡器、控制器或楼寓对讲管理副机
	小区车辆出入口、地下停车场出入口	视频监控装置	应设	
		出入口控制装置	应设	读卡器、道闸、控制主机、摄像机等
	地下停车场与住宅楼相通的出入口	视频监控装置	应设	
		出入口控制装置	应设	门禁读卡器、控制器或楼寓对讲单元机

续 表

系统名称	安装区域和部位	技防设施	配置要求	设备类型
		电子巡查装置	应设	
		实体防护装置	应设	电控式防盗门
公共区域安全防范系统	商铺、康乐场所与外界相通的出入口	视频监控装置	应设	
	公共租赁房各层楼梯出入口、电梯厅或公共楼道	视频监控装置	应设	
	住宅楼出入口	视频监控装置	应设	
		出入口控制装置	应设	门禁读卡器、控制器或楼寓对讲单元机
		电子巡查装置	宜设	
		实体防护装置	应设	电控式防盗门
	地面机动车集中停放区	视频监控装置	应设	
		电子巡查装置	宜设	
公共区域安全防范系统	地下停车场内主要通道	视频监控装置	应设	
	机动车主要道路交叉路口	视频监控装置	应设	
	小区主要通道	视频监控装置	应设	
	电梯轿厢	视频监控装置	应设	
	小区公共区域	视频监控装置	应设	
	水箱(池)、水泵房、配电间等重要设备机房	视频监控装置	应设	
		电子巡查装置	应设	
		入侵报警装置	应设	
私人住宅安全防范系统	住宅楼内一、二层和顶层与小区相通的窗户	实体防护装置	应设	内置式防护栅栏、高强度防护玻璃窗、防盗安全门
		入侵报警装置	宜设	
	客厅	紧急报警装置	宜设	
		出入口控制装置	应设	门禁控制器或对讲分机
		视频监控装置	宜设	

续 表

系统名称	安装区域和部位	技防设施	配置要求	设备类型
私人住宅安全防范系统	卧室	紧急报警装置	宜设	
	厨房	入侵报警装置	宜设	入侵探测器、气体泄漏探测器
	卫生间	紧急报警装置	宜设	
	阳台	入侵报警装置	应设	
		视频监控装置	宜设	
监控中心	工作区域	系统管理平台	应设	控制、记录、显示装置,各子系统管理主机等
		入侵报警装置	应设	紧急报警和对外通信装置
	出入口	视频监控装置	应设	
		出入口控制装置	应设	门禁读卡器、控制器或楼寓对讲单元机
		实体防护装置	应设	电控式防盗门、内置式防护栅栏、高强度防护玻璃窗

四、思考题

国务院第421号令《企业事业单位内部治安保卫条例》中规定的治安保卫重点单位都有哪些?

第八节 安全防范评估

一、安全防范评估的作用

随着安全防范系统的应用,由金融、文博等重点单位、要害部位向社会公共场所以及住宅小区的日益普及,近年来,安全防范系统工程项目数量、投资数额快速增长。安全防范系统已经成为社会治安安全防范控体系的重要技术支撑,成为社

第三章 安全防范工程建设

会安全服务保障体系的重要物质基础。

理想情况,作为社会治安全防范控体系的重要技术平台之一,安全防范系统的普及应用将直接带动社会治安全防范控面的扩大和防控成本的降低,然而实际情况并不十分乐观。大量案例表明,安全防范系统建设与应用中存在着不容忽视的问题,严重制约着其费用/效能比。问题主要反映在两个方面:其一,一些安全防范技术系统因设计、安装或使用不当,无须严防的对象资金过度投入,而需要严防的对象却存有防范漏洞,甚至形同虚设;其二,一些安全防范系统因人防、物防、技防脱节,形不成一个有机的防范整体,致使其防范作用难以有效发挥。

究其原因,①安全防范系统目标不明确,系统设计比较盲目,有限资金如何分配,哪些对象需要保护,针对的威胁是什么,保护到什么程度?心中没有数;②单纯就技术系统设计而设计,人防、物防、技防三者如何有机结合,可能没有认真考虑或为了省事根本就没有想要认真考虑,也有可能是设计单位对安全防范系统不熟悉或了解不透彻;③对安全防范活动的监督和检查缺乏客观、有效的方法和规范的程序。

实践证明,在安全防范系统建设与运用过程中确立被保护对象风险评估和安全防范系统效能评估机制是解决上述问题的有效途径。通过建立科学的安全防范评估程序,适时地、客观地进行安全防范评估,可以实现对系统在被防护目标选取、工程设计施工、设备选型、系统运行管理与报警服务以及用户使用各个环节的质量优化与监控,从而使安全防范系统建设与运用过程中可能出现的问题得到及时发现,及时解决,促使安全防范系统的效能得以充分发挥,费效比趋于合理。

尤其在我国加入 WTO 和以缔约国身份加入各国际组织后,国内的许多行业都面临着与国际接轨,履行缔约国责任和义务的课题,相应地,所提供的安全防范已不再单纯是本单位或本部门的事情,不仅要参照国际通行的安全防范标准,如 IEC79 颁布的相关标准,而且要在操作程序上学习国际相关规则和标准的要求。对被保护对象进行风险评估和对安全防范系统进行效能评估,就是其中重要的内容,所以开展安全防范评估不仅很有必要而且意义重大。

二、安全防范评估的应用

1. 安全防范评估应用的依据

安全防范活动是以安全防范系统为依托的。毫无疑问,安全防范系统的质量优劣直接影响到安全防范活动的效果,为了对安全防范质量进行有效的监督和控制,相关部门相继出台了一系列有关安全防范产品、工程、报警服务和使用的技术标准、法规、政策和管理规定。其中,应用安全防范评估作为安全防范系统质量控制的手段,在安全防范工程程序与要求方面(GB50348 和 GA/T75)有着明确的要求。

根据安全防范工程建设的相关要求,大型项目申请立项前,应进行可行性研究。由建设单位(或委托单位)编制可行性研究报告,依据经批准的可行性研究报告编制工程设计任务书。并在此基础上,进行工程招标与合同签约,实施工程设计、施工、验收。如作为工程设计与验收依据的设计任务书中,重要内容就包括确定被保护目标的风险等级与防护级别、工程投资控制数额(安全需求)、工程建成应达到的预期效果等。此外,工程程序中要求进行初步设计方案论证。像被保护目标的风险等级确定、初步设计方案论证、工程预期效果评估等,都需要借助安全防范评估手段来完成。

2. 系统建设与运用过程中的安全防范评估

安全防范系统建设与运用过程中涉及安全防范评估的环节,如图3-8-1所示。

(1)被保护对象风险评估与安全防范需求确定。安全防范需求产生的背景,通常包括以下三种情形:

1)安全利益所驱使。如本单位的安全环境状况促使采取安全防范措施;同行或邻里的安全威胁事件,或周边社会治安状况促使采取预防措施等。

2)为满足相关要求。如满足主管单位关于安全防范的要求;满足行业对安全防范的要求;满足客户的要求等。

3)为符合相关要求。如符合各项法规、政策要求;符合标准、体系认证要求;符合国际组织的缔约国责任、义务要求;符合安全审计要求等。

为了最大限度地满足上述安全防范需求,并使安全防范投入资金费用最少化,应科学地对单位或被保护对象进行风险评估,在此基础上,比照相关法规、政策、标准,合理地确定安全防范系统的目标,通过系统目标的实现降低风险、保证安全。

被保护对象风险评估,是依据被保护对象的相关风险信息,评估被保护对象的威胁和弱点,以便给出损害或损失的可能性及其影响的专家观点(以风险等级的形式),作为采取积极行动的指南的过程。因此,安全防范工程风险评估就是通过风险识别、风险分析、风险评价,确认安全防范工程需要防范的风险的过程。

被保护对象风险评估的结果,如果风险是可以接受的,则可以选择不采取防范措施;如果风险是不能够容忍的,则需要根据风险程度的高低,选择相应级别的防护措施,确定相应的防范系统目标,作为系统设计的依据。

最终所确定的安全防范系统目标,应能有效地降低风险至可接受的程度。风险接受实际上也是对剩余风险进行确认和评价的过程。系统目标是否正确,关系到能在多大程度上降低风险。对于存在有无法容忍的剩余风险的情况,系统目标需要重新调整直至风险可接受为止。

第三章 安全防范工程建设

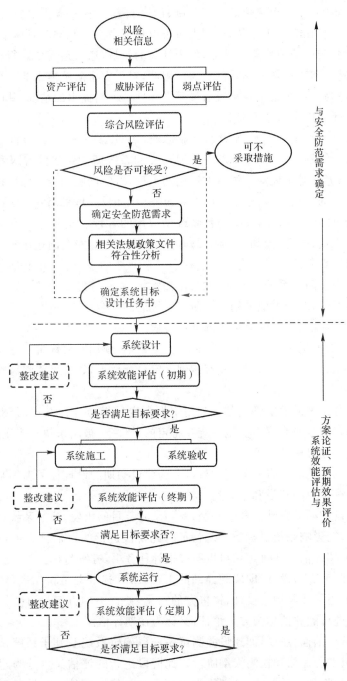

图 3-8-1 系统建设与运用过程中的评估环节

需要注意的是,一个单位的防范范围、深度和方式还须遵从相关法律法规、政策标准的要求。作为一个单位,原则上讲可以根据自身的利益和具体情况,确定被保护对象及其安全防范措施。然而,作为社会的一员,通常还需要履行相应的安全防范义务,遏止和避免各种形式的犯罪。因此,对于安全防范需求非纯粹安全利益所驱使,而是为了落实某项政策或通过某个标准认证而提出的情况,其防护级别有可能超出实际的安全防范需要。

现已经有一些有关风险等级的行业标准,如 GA38—2015《银行营业场所风险等级和防护级别的规定》、GA27—2016《文物系统博物馆风险等级和安全防护级别的规定》等。对于风险等级标准适用的工程,需要比照相应的标准执行。

还须注意的一点是,由于安全防范系统作用范围有限,采用安全防范系统后仍存在有剩余风险。现阶段,安全防范系统中应用的各种安全防范技术主要擅长于提升对非法入侵、盗窃、抢劫、破坏、爆炸等涉及生命财产安全的违法犯罪活动和群体性重大治安事件的防范能力。由于社会安全问题的复杂性,并不是所有社会安全问题都是安全防范系统力所能及的,比如贪污、诈骗等经济犯罪;黄、赌、毒、酗酒肇事等治安案件,对于类似采用安全防范系统后的剩余风险,就必须借助安全防范系统以外的法律的、管理的对策来降低或规避。

(2)安全防范系统(工程)效能评估与方案论证、预期效果评价。在安全防范系统设计、实施、运用过程中,系统只有达到既定目标要求,才有可能将风险降低至既定的程度。

安全防范系统的效能评估就是利用定性和定量相结合的方式,分析、测算、评价安全防范系统自身和安全防范系统在特定的条件下,被用来执行规定任务时,所能达到预期可能目标的程度。

安全防范系统的全寿命周期大致可分为建设初期的设计任务书编制、系统(工程)设计、系统(工程)建设和系统运行维护四个阶段。

所谓建设初期的设计任务书编制,就是从防范目的出发,建立系统总体目标和需求,标识最能影响系统目标的系统特征。此阶段进行的评估称为可行性研究评估,又称为前期评估。通过评估可以明确设计任务书,方案目标。

所谓系统(工程)设计,即实现详细的工程设计,技术上是否先进,经济上是否合理等,同时还可及早沟通设计、销售方的意见,使选中的方案尽可能做到切实可行。此阶段进行的评估称为方案论证,又称为初期评估。

所谓系统(工程)建设,即建设并测试系统以确定系统及其子系统是否满足规范要求,实施工程评估和检测大纲阶段。此阶段进行的评估又可分为建设过程中评估和工程验收合格后评估,分别称为中期评估和终期评估。建设过程中评估一

第三章 安全防范工程建设

般可进行数次,通过评估主要验证设计的正确性,局部方案调整的合理性等,并对暴露出来的问题及时采取必要的对策。工程验收合格后评估在系统建成并经过鉴定合格后进行,其重点是全面评估系统的各项技术经济指标是否符合原定的要求。

系统运行阶段所进行的评估,亦称事后评估,重点评估系统满足规划系统设计方案阶段所确定的有效性要求的能力。在运行期间定期进行评估可为系统进一步改进提供信息。

可见,系统所处的阶段不同,对其评估的侧重点也不相同,所选指标体系与评估方法也会有较大差异。因此,评估前分清状况,明确评估目的,对安全防范系统评估的针对性和准确度都是极为重要的。

经过系统效能评估,如果发现系统不能满足既定目标要求,那么,就需要找出系统的缺陷和弱点,并整改系统设计以修正;系统的缺陷严重时,甚至系统目标也需要被重新审定。这个循环一直持续到结果表明系统满足安全防范需求为止。

三、风险评估

风险是资产遭受损害或损失的潜在可能性,风险程度高低不仅取决于资产所有者赋予资产的价值及其遭受损害或损失的后果或不利影响,风险评估过程就是要采集有关资产属性和价值的准确信息,评价资产特有类型威胁的程度和每个已识别资产弱点的程度。这三个步骤中的数据采集过程是一个动态进程,后一步所获得的信息通常会对其前一步获取的信息产生影响。比如,资产的价值在第一步中是依据其对所有者的价值评估的。在第二步中,该资产的价值则依据其对对手的价值而重新评估。在第三步,论及各个弱点,第一步中的资产将按照最新信息而被再次评估。如有必要,每一步骤所获取的数据结果也都可能由于新信息的出现而需要加以调整。最后,将所有的信息综合在一起,对存在风险进行识别和评估,并按照危险程度划分风险等级。在此基础上,制定用于减轻风险的各种对策并进行成本—效益分析,为选择和实施资产安全对策提供依据。

1. 资产识别和评估

资产识别和评估是风险分析过程的第一步。在这一步中,须确定哪些关键资产需要保护,哪些不良事件可能会发生和发生后的预期影响,并基于可能的损失后果对资产进行估价和排序。一般包括以下方面:

(1)确定需要保护的关键资产;

(2)识别不良事件及其预期影响;

(3)基于损失后果评估资产价值并排序。

2. 威胁识别和评估

这一步骤是要了解经上一步已识别资产的特有威胁。了解威胁需要根据对手的意图和动机，以及危及资产安全的能力了解其观察事物的方法。威胁评估需要根据不完整的信息碎片通过假设与推测来完成，所以它是最困难和最模糊的一步。一般包括以下方面：

（1）识别威胁类型和对手；

（2）评估对手意图和动机；

（3）评估对手或威胁的能力；

（4）基于历史数据确定威胁相关事件的频率；

（5）判断各关键资产相关威胁程度。

3. 弱点识别和评估

弱点评估用于帮助识别那些能够被对手利用得以接近资产的薄弱点。进行弱点评估，首先必须确定对手会采取的可能途径，如可能被利用的重要设施的薄弱点——多为不利条件；其次，必须考虑每个弱点的相对重要性：对照其他弱点，对照对手渴望获取的资产；保卫部门已实施了什么对策？这些对策对已评估的威胁效用如何？最后，在已知现有对策及其有效性的条件下，还需要识别和描述剩余具体弱点的特征。主要包括以下方面：

（1）识别资产的潜在弱点；

（2）识别现有对策减少弱点的有效性；

（3）判定与各资产和威胁有关的弱点程度。

4. 综合评估

这一步骤中，在已知现有条件下，依据对已采集资产、威胁和弱点数据的综合评估，来确定特定不良事件发生的可能性。风险评估通常从当前条件下（包括已经实施的对策），现有风险的原始资料审查开始。

当兼有威胁和弱点程度时，能够估计出不良事件发生的概率或可能性，在估计风险等级中可能性和预期影响被一起考虑。要正确地评估风险并确定资产保护的优先排序，需要进行以下工作：

（1）估计相对于各关键资产的不良事件的影响程度；

（2）估计受潜在对手或威胁侵袭（攻击）的可能性；

（3）估计特定弱点被利用的可能性；

（4）确定相对风险等级；

（5）基于综合评估确定资产防护排序（或防护级别）。

四、系统效能评估

1. 效能评估的含义

简单说来,效能的评估就是测算效能指标。安全防范系统的效能评估就是利用定性和定量相结合的方式,分析、测算、评价安全防范系统自身和安全防范系统在特定的条件下,被用来执行规定任务时,所能达到预期可能目标的程度。

上述评估可分别针对系统的两种状态,即静态和动态两个方面来考虑。通常将对安全防范系统自身效能的评估称为静态评估;将对安全防范系统运行状态下使用效能的评估称为动态评估。

自身效能是系统内在所蕴含的实现使用目标的能力,反映了系统本身的完备性,这种完备性往往在系统的建设中在一定程度上是可以控制的,是系统的静态特性;使用效能则是系统在防范活动中所呈现的效果,反映了系统在应用环境中,通过人的参与而实现一定防范目标的程度,是系统运用的动态特性,具有一定的随机性。使用效能是系统的最终效能和根本质量特征。自身效能基本相同的两个系统其使用效能可能会相距甚远,甚至同一个系统在不同的应用环境中的使用效能也可能完全不同。

在应用环境下,影响安全防范系统使用效能发挥的重要因素主要包括时间因素、空间因素、人员因素、威胁因素等,如季节、气候和天气;地形地貌、交通状况;系统操作、维护人员、反应力量的素质、指挥者的能力;威胁者的体力、智力、所用工具等。其中,人员因素是影响安全防范系统使用效能发挥的最为关键的因素之一,各级操作、维护人员的技术水平,运用系统的熟练程度,指挥人员的经验、素质乃至性格都会影响到系统使用效能的发挥。

安全防范系统常态的使用效能和应急状态下的使用效能具有积累效应或增强效应。系统只有通过平时长期运行,不断提高各类人员运用的熟练程度,才能在应急状态下充分发挥其使用效能。

2. 效能评估的内容

安全防范系统效能评估的内容,因评估目的、评估者立场、评估者观点不同而异。

(1)从技术实现角度来看。其评估的内容应包括系统的可靠性、时效性和有效性等。

1)可靠性。可靠性包括系统故障率、平均修复时间、连续工作时间等内容。可靠性是衡量系统质量的一个主要标志。

2)时效性。侵害行为的日益智能性给安全防范系统的软、硬件以及决策者带来了苛刻的时间限制。因此,时效性在系统效能评估中占有重要的一席。时效性的评估主要包括两个方面:系统响应时间和运行速率。

3)有效性。有效性评估是将测得的系统性能与任务要求相比较,得出反映系统符合要求的程度。

(2)从防范活动的角度来看。安全防范系统是一个结构复杂的人、物、技有机结合的系统,有着自己的运行环境和特定的使命,最终服务于防范目标。因此,安全防范系统的效能评估,应紧密围绕着防范活动来进行,其评估内容应包括静态效能,以及对侵害者的发现能力、制止能力、控制能力和对系统的防破坏能力等动态效能。

1)静态效能。安全防范系统由若干子系统组成,每个子系统包括若干孙系统,每个孙系统可能包括各种安全防范技术设备、实体防范设施、反应人员、装备,每个设备、设施又可能包括各种部件等。系统静态效能取决于这些设备、设施和部件的性能,人员的数量以及它们之间实现有机结合后的整体效能。

2)发现能力。系统能发现侵害目标、跟踪目标、确定目标位置、预测目标轨迹、识别目标等。

3)制止能力。通过系统整体的有机配合及对反应力量的指挥调度,最大限度地发挥反应力量的制止潜力,从而对防范过程和结局施加影响。

4)控制能力。系统能实时监视重点设防目标或区域受到侵害的行为与过程,并能记录、显示事件发生的实况信息,为侦查破案提供可靠的证据,使侦查破案有的放矢。

5)防破坏能力。侵害者的侵袭或干扰可能会使系统遭到破坏而失效,系统需要能及时地进行调整,使其运行状态始终维持在一定的正常水平上。

五、思考题

(1)安全防范工程风险评估包括哪些要素?

(2)简述效能评估的含义。

第四章

系统运行使用与维护保养

第一节 安全防范系统的运行使用

安全防范系统在完成系统工程实施、投入正常运行之后,就进入了系统运行与维护阶段,系统运行使用通常包括系统的日常操作、培训、管理和维护等。一般安防系统的使用寿命短则 4~5 年,长则可达 10 年以上,在安防系统的整个使用生命周期中,都将伴随着系统维护工作的进行。维护的目的是要保证系统正常而可靠地运行,并能使系统不断得到改善和提高,以充分发挥作用。因此,系统维护的任务就是要有计划、有组织地清除系统运行中发生的故障和错误,对系统进行必要的修改与完善,使系统适应应用环境的变化,以保证系统中的各个要素随着环境的变化始终处于正确的工作状态。

一、运行条件

1. 对建设(使用)单位的要求

为保证系统有效运行,充分发挥系统防范效能,建设(使用)单位应制订和落实安全防范系统使用、管理和维护保养的规章制度,建立维护保养工作的长效机制。

为确保系统维护保养工作的顺利开展,建设(使用)单位应把用于安全防范系统维护保养的专项经费在年度财务预算中列支。

为有利于安全防范系统维护保养,应保存完善的系统技术资料,技术资料至少应包括:

安全技术防范

(1)工程竣工文件(设计方案、器材设备清单、产品质量合格证明、产品/系统使用说明书、系统联动关系表、施工记录、系统验收报告等)。

(2)工程竣工图纸(系统原理图、传输拓扑图、前端设备布防图、管线敷设图、监控中心布局、接线图等)。

(3)系统运行及维保记录(系统运行情况记录、系统检查记录、系统改造说明或记录、维护保养记录、故障处置记录等)。

2. 对维护保养单位的要求

安全防范系统的维护保养单位应在中华人民共和国境内注册、具有独立法人资格。维护保养单位承接维护保养项目时,应具有同类、同规模项目的设计施工或维护保养服务经历,并具备协助建设(使用)单位建立、完善系统运行应急预案的能力。维护保养单位应组建专门的维护保养机构并配备相应的专业维护保养人员。维护保养人员基本要求如下:

(1)对于从事安全防范系统维护保养工作的人员,维护保养单位应坚持"先审查、后录用"的原则,并登记备案。

(2)应参加省级(含)以上安全防范业务、技能及相关专业知识的培训、考核,取得合格证书后方可上岗。

维护保养单位应配备与安全防范系统维护保养工作相适应的器具、设备和仪器仪表等。应与建设/使用单位签订保密协议,落实保密责任与措施。应建立完善的维护保养服务体系,包括维护保养管理制度、维护保养服务规程、质量管理要求、安全生产要求等。应根据系统运行情况及安全保卫工作需要,向建设/使用单位提出关于系统/设备升级、改造的合理化建议。维护保养单位的维修维护次数、响应时间等应满足合同的相关规定。

3. 对运行维护人员岗位的要求

(1)运行维护人员从业条件。运行维护人员一般分为管理员、操作员和维护人员三种。运行维护人员应符合国家法律法规、无犯罪或严重违反治安管理行为的记录和身体健康,应当接受有关法律知识、安全法规和标准的培训、考核。系统管理和操作使用人员应参加安全技术防范业务培训,能掌握系统运行的基本技能,最好是取得合格证书后方可上岗。维护保养人员应参加安全技术防范业务、技能及相关专业知识的培训、考核,应取得技防培训合格证书后方可上岗。

(2)运行维护管理员岗位职责。

1)负责系统运行维护的管理工作,制定各种操作规范和流程,并对操作员和维护人员进行考核。

2) 对操作员和维护人员进行授权及任务分配。
3) 制定培训大纲,定期对操作员和维护人员进行培训。
4) 应对操作员反馈的常见故障的原因和常见误报故障的原因进行分析,提出系统改进的建议和整改方法。
5) 编制系统整体运行维护的方案,并组织实施。
6) 编制报警应急处置预案,并定期组织演练。
(3) 系统操作员岗位职责。
1) 负责系统内故障和报警的受理,并及时进行复核。
2) 应按照故障处置管理流程,将复核后的真实故障信息转发给维护人员,并跟踪故障处理的过程,进行记录。
3) 应对故障进行统计分类,并分析常见故障的原因、常见误报故障的原因,将结果反馈给管理员和维护人员。
4) 应按照报警响应受理管理流程,进行报警信息接收、复核、转发和记录等。
5) 应按计划定期对系统内所有设备进行远程巡检。
6) 按照培训大纲要求,定期参加技术培训学习。
(4) 维护人员岗位职责。
1) 负责对系统故障进行处理和系统维护。
2) 收到操作员转发的故障信息,应及时到现场检修。
3) 应熟悉系统内所有设备的功能和性能,能对简单故障进行现场处置并修复。
4) 负责对系统进行现场巡检和保养,定期对摄像机等前端设备清洁保养。
5) 按照培训大纲要求,定期参加技术培训学习。

4. 运行维护的内容

在安全防范系统中,运行维护的内容主要包括:
(1) 日常维护:对系统的运行环境、硬件系统、软件系统和数据等进行日常维护、保养与监测。
(2) 故障排除:对系统软件故障进行处理,对故障设备进行维修、更换。
(3) 报警响应:受理报警信息,并按规定进行处置。

二、运行维护管理制度

保障系统的正常运行应建立和健全规范的系统运行维护管理制度,考核应注重量化。系统运行维护制度一般包括以下内容。

1. 招聘及培训制度

制定基于岗位所需的职业道德、职业技能等内容的人才招聘和人才培训制度。

安全技术防范

制定培训计划,包括培训方式、培训内容、培训目标、培训考核、培训经费等。按计划分期分批对上岗的运行人员和维护人员进行系统技术培训。培训内容至少应包括系统的原理、结构、性能、使用、操作和维护方法。

2. 值班制度

应制定值班制度,严格对值班、交接班的管理。应制定值班员工作细则,做好值班和交接班记录。在交接班过程中上一班的值班员工作应完整转交到下一班值班员,不得遗漏信息。

应做好系统日志记录工作。系统日志应包括运行日志和操作日志两种。运行日志至少包括系统启动/关闭程序、系统巡检、故障记录与维护记录、报警类型与处置结果等信息。操作日志至少包括用户登录、用户退出、交接班记录、图像调用、录像下载与回放等信息。

3. 文档管理制度

应制定系统运行维护的文档管理制度,包括文档分类、文档格式、文档的入档、文档的借阅归还、文档销毁办法等,防止文档失密和丢失,方便查阅。

应建立图像信息资料登记制度,对资料的录制时间、录制人员、有效长度、用途和去向等事项进行登记。

4. 保密制度

从事运行维护工作的单位和个人应对工作中知悉的或者依照法定程序获取和使用的涉及国家秘密、商业秘密、公民隐私的信息以及用户明确要求保密的资料、信息、技术等,应当依法保守秘密。

使用系统信息,不得泄露国家秘密和商业秘密,不得侵犯公民的人身权以及其他合法权益。承担运行维护工作的单位应与从事运行维护的相关人员签订保密协议,应在工作中积极落实保密责任制,限制知情人数;在解除委托合同或人员变动情况下,所获得的资料应及时删除或上交。

应建立值班监控、信息使用、信息保存等管理制度;显示、储存、传输系统重要信息应当采取信息保全和加密措施,应对城市监控报警联网系统中的图像资源保密,未经许可不得对外传阅。所有资料、图纸、表格应妥善保存,不得向第三方提供及透露。

运行维护人员应当遵守职业道德和信息安全管理制度,对从事的具体工作内容不得任意传播。未经法定授权或许可,任何单位和个人不得有下列行为:

1)查看、复制、调取、买卖系统信息;

2)非法传播、使用系统信息资料;

3) 故意隐匿、毁弃系统采集的涉及违法犯罪活动的信息资料;
4) 其他违法使用系统信息的情形。

5. 质量管理制度

应按 ISO9001 要求建立和完善运行维护服务质量管理制度,建立事件管理、问题管理、变更管理、日常作业管理、知识库管理等规范,并定期评估系统运行质量。

6. 奖惩制度

应建立绩效考核办法,并定期对运行维护人员的绩效进行监督考核,加强对运行维护人员的管理。

三、事件处理

1. 故障处置与管理

故障处置管理流程如图 4-1-1 所示。

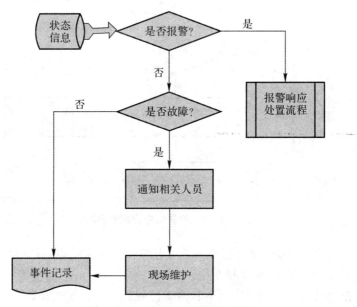

图 4-1-1　故障处置管理流程图

故障受理方式一般可分为人工受理和自动受理。人工受理是通过语音、图像、文字等形式接受故障报告。自动受理是系统对其运行的设备进行自动监测所产生的故障告警信息。收到设备发来的告警信息时,监控中心应有信息提示。应判断是报警信息、故障信息或是其他信息,如遇报警信息,应直接转报警响应处置流程,如遇故障报警信息,应直接转入相应的故障处置管理流程。接收到故障报告后,应根据故障信息对故障现象进行复核。故障复核应采用人工复核。

故障处置一般采用人机结合进行故障定位。应根据设备故障类型及时通知相关人员远程或到现场对故障进行处理。同时应记录故障处置的经过和结果。故障处置记录应至少包括信息报告时间、事件类型、故障地点、维护人员、处理时间和处理结果、分析报告等内容。故障记录至少保存一年,应支持时间和类型的检索。

2. 报警响应与管理

报警响应管理流程如图4-1-2所示。

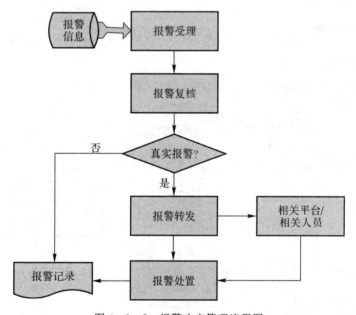

图4-1-2 报警响应管理流程图

报警受理方式可分为人工接警和自动接警。人工接警主要是指系统外的人工报警或电话报警;自动接警是指系统主机收到的系统内的紧急报警或探测器触发的报警。报警受理的优先级应高于其他事件的处理。系统在接收到报警信息后,监控中心应有报警显示。监控报警中心系统应能区分探测器触发报警、紧急按钮触发报警及视频侦测触发报警等报警事件类型,并能根据警情的紧急类型进行警情复核或立即派警处置。

监控中心在接收到报警信息后,应根据警情类别对需要复核的报警信息进行

第四章 系统运行使用与维护保养

复核。报警复核应采用系统自动复核和人工复核相结合方式。报警复核可包括声音复核、图像复核或其他复核方式。监控中心接收到报警信息后,应能自动启动声音复核装置或/和图像复核装置。监控中心核实报警信息后,值班人员应能知道报警点具体位置。应能根据现场的具体情况,判断出报警类型和紧急程度。

报警信息经过核实后,应按照预案及时转发到相关部门(如110,119,122等)和相关人员。报警转发可采用自动转发和人工转发两种方式,自动报警转发按照预案执行;人工转发可采用值班人员电话、手持对讲机等报告或手动触发紧急报警装置等方式。报警信息转发后,值班人员应根据相关指令或预案采用手动或自动方式对报警现场进行录像。

监控中心值班人员应采取手动或自动方式对报警事件的整个过程进行记录(录音或/和录像),记录内容包括但不限于报警时间、地点、报警类型、报警接收者信息、处理过程和处理结果。对误报警信息应记录误报警类型和误报警的原因。对真实报警信息应长久保存,并满足安全管理需求。应提供按时间、类型和事件检索的报警记录。应对报警记录进行分析,统计并生成报表。

3. 报警处置预案的编制与实施

(1)报警处置预案的编制原则。

实用性原则:应能根据安全防范系统规模、功能和安全管理工作的需要,既能满足现时需求又能兼顾未来发展的需求,做到实用有效。

高效性原则:应保证报警事件处置的及时、可靠、高效,保障各职能部门和人员快速到岗到位,有序地进行事件的处置,减少报警事件的经济损失和社会影响,提高对报警事件的处置能力。

规范性原则:应符合国家法律、法规、规章的要求和安全管理工作的需要,应在公安机关的指导下进行,做到科学、规范。

协调性原则:应充分地考虑系统的运行、管理和反应能力,考虑系统运行对基础环境的依存性。应满足技防、物防、人防相结合,探测、延迟、反应相协调的要求。

(2)报警处置预案的制定程序。报警处置预案的制定程序包括为编制、审查、颁布、修订等过程。

应对不同的报警事件进行分类,如根据警种可分为治安类、刑事类、消防类和交通类以及设备的误/漏报/故障类等。根据报警事件的紧急程度和重要程度进行分级,如可分为一般报警事件、较重报警事件、严重报警事件、特别严重报警事件等,结合事件发生的地点、时间、周边环境等将报警处置预案具体化,不同级别报警事件应编制不同的处置流程。应结合实际对不同的报警事件编制不同复核、分发、处置措施。应充分考虑探测时间、延迟时间、反应时间三者之间的关系,即反应的总时间应小于(至多等于)探测时间与延迟时间之和。报警处置预案应规定相关人员的责任,明确职责,严格纪律。

应组织有关部门、专家对报警处置预案进行审查。报警处置预案的审查应在相关各方的参与下进行。预案的审查至少应有三名以上管理专家和技术专家参与评审。报警处置预案审查通过后需经相关主管部门批准或经委托方认可。报警处置预案经批准或认可后,应由相关单位颁布。并对相关人员进行培训。

随着相关法律法规的制定、修改和完善,以及报警处置预案执行过程中出现的新问题和新情况,应适时对报警处置预案进行修订。一般一年复审和修订一次。

(3)报警处置预案的演练与实施。为检验报警处置预案的有效性、报警处置准备的完善性、报警响应能力的适应性和报警响应人员的协同性,应在报警处置预案颁布后,有计划、有重点地组织有关部门对相关预案进行演练,达到报警处置工作能够有条不紊地进行。演练的时段间隔和演练次数应该根据应用防范级别和需求而定,一般一年应至少演练一次。

应制定相关制度保障报警处置预案的实施,将报警处置预案与系统运行融为一体,纳入到日常系统运行维护操作规范中。

四、思考题

(1)报警处置预案的编制原则有哪些?
(2)在安全防范系统中,运行维护的内容主要包括哪些?

第二节　安全防范系统的维护保养

一、工作程序

安全防范系统的维护保养工作按照图4-2-1的程序进行。

建设/使用单位在安全防范系统交付使用后,应制定系统维护保养规划,并提出维护保养需求。可根据系统规模、维护保养需要和自身能力,委托维护保养单位或自行开展维护保养工作。

开展维护保养工作前,应对安全防范系统进行勘察、分析和评估,并编制系统勘察报告。

(1)系统勘察。

1)调查系统的建设情况,包括:系统建设时间和周期,设计、施工及竣工文件,系统构成和设备配置、工程造价等;

2)考察系统目前的运行状态、防护效能等;

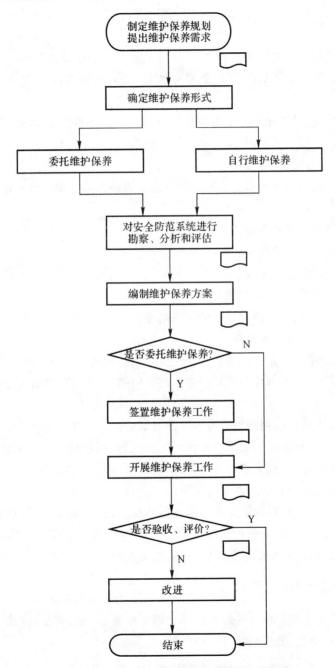

图 4-2-1 安全防范系统的维护保养工作程序

安全技术防范

3）全面调查现场的环境情况，如温度、湿度、风、雨、雾、霜、雷电、电磁干扰等有可能造成系统故障或加速系统老化的环境因素，分析影响设备/系统稳定运行的环境因素；

4）考察系统值机员的水平和能力，考察其对系统的认知情况和掌握情况；

5）调查系统曾发生故障的次数、严重程度、处理方法和故障原因，分析并总结其中规律；

6）了解建设/使用单位备品备件储备及其规格型号和数量，调研系统设备的市场供应情况以及替代品情况。

（2）维护保养方案。

根据系统勘察报告和运行管理的要求编制维护保养方案。维护保养方案应至少包含以下内容：

1）维护保养对象和周期；

2）维护保养内容及要求；

3）维护保养实施组织方案；

4）维护保养备品、备件配置与管理；

5）重大节假日、重大活动期间的保障措施；

6）维护保养的费用预算等。

建设/使用单位委托维护保养单位提供安全防范系统维护保养服务时，维护保养方案应经建设/使用单位和维护保养单位共同确认，双方应签署安全防范系统维护保养合同。

维护保养人员应按照维护保养方案开展维护保养工作。每次维护保养工作完成后，维护保养人员应详细记录维护保养工作内容、系统维护保养后运行状态、发现的问题及处置方式、相关建议等内容，并确认、存档。建设/使用单位应对维保人员提出的建议进行分析研究并及时反馈。

建设/使用单位应对维护保养工作进行验收、评价。验收、评价应包括维护保养工作效果和维护保养人员的工作态度、工作效率、安全生产等内容，并确认、存档。维护保养单位/人员应根据验收、评价意见进行相应的改进。

二、维护保养内容及要求

安全防范系统维护保养一般包括但不限于检查、清洁、调整、测试、优化系统、备份数据、排查隐患、处置问题等工作。

检查设备时，应对设备进行物理检查、运行环境检查、电气参数与性能检查等。

第四章 系统运行使用与维护保养

清洁设备时,应根据设备类型使用吸(吹)尘、刷、擦等方法对设备表面或内部的灰尘、污物等进行清理。

调整设备时,应按照标准规范、技术手册和使用/管理要求对设备的安装位置、防护范围、电气参数、运行模式等进行设置与校正。

测试设备/系统时,应按照标准规范、技术手册和使用/管理要求对设备/系统的功能/性能进行测量试验。

优化系统时,应按照标准规范和使用/管理要求对系统的参数、设置等进行合理配置。

备份数据时,应根据使用/管理要求对重要数据进行转存、转录,并确保数据和存储介质的安全。

排查隐患时,应对可能造成系统不稳定运行、系统设置/功能/性能等不满足标准规范和使用/管理要求的情况进行详细检查与记录。

处置问题时,应根据检查、测试及隐患排查过程中发现的问题,提出处置建议,经建设/使用单位同意后,采取相应的措施进行解决。

(1)入侵和紧急报警系统维护保养内容及要求见表4-2-1。

表4-2-1 入侵和紧急报警系统维护保养内容及要求

序号	维护保养对象		维护保养内容与要求
1	前端设备	物理检查	检查前端探测设备是否依图纸标定位置(或系统中标定的位置)存在,对于前端设备的拆改、挪移应及时反映至系统中。
			检查设备安装部件是否齐全,安装是否牢固,有无明显破损情况,并进行必要处理或处置
		运行环境检查	检查设备探测区域的局部环境,重点检查有无引发漏报警、误报警和影响探测效果,降低探测范围的因素,对异常情况应及时调整或处置
		设备清洁	清理探测设备内外的灰尘、污物。 确保探测设备内外清洁,无影响探测效果的污物或覆盖物
		设备调整	根据防护需要调整入侵探测器的灵敏度、探测范围、探测角度等。确保设备处在最好状态或保持应有的探测效果

续 表

序号	维护保养对象		维护保养内容与要求
		功能/性能测试	模拟报警条件,或采用相应的测试设备或手段,进行模拟报警试验,检查入侵探测器的有效性。 前端设备的功能/性能应满足 GB50394 和前端设备标准规定及使用/管理要求
2	传输设备	线缆、路由检查	传输线缆安装应牢固,安装部件应齐全,标示应清晰。 检查线缆有无破损、破坏、氧化等情况。 检查线管口封堵情况,接地连接情况,查找有无异常现象
		传输设备检查	传输设备安装应牢固,安装部件应齐全,标识应清晰,工作状态应正常。 使用电池供电的无线发射/接收/中继设备应根据具体要求定期更换电池
		清洁整理	对传输设备、管线、人井手孔等传输设备、设施或配套装置进行必要的清洁和清理。 根据现场情况和需要,调整电缆、光缆等的捆扎方式
		测试调整	根据检查结果和系统需要调整传输设备的相关参数。
3	处理/控制/管理/显示/记录设备	物理检查	根据系统构成模式和安装方式,制定检查方案,重点检查处理/控制/管理/显示/记录设备安装是否牢固,设备外壳及部件有无异常变化或破损迹象,设备部件和接线是否正常。对于发现的问题应在维保过程中及时处理。 显示记录设备包括报警事件打印机、模拟报警地图显示装置、声光报警器和报警地图显示系统等
		电气参数与性能检查	通过观察设备指示灯、测量设备电压/电流等方式,检查设备运行状态。设备运行指示应正常,排查明显故障隐患
		设备清洁	采用适当的方式,对设备内外进行必要的清洁和除尘
		功能/性能测试调整	应按 GB50348—2004 中 7.2.1 的要求,并结合设计方案和使用管理要求对系统的功能/性能进行测试和调整

续 表

序号	维护保养对象		维护保养内容与要求
4	系统	系统优化	根据系统运行情况及使用/管理要求,调整系统的相关设置参数,提高、优化系统性能。 系统优化的重点在于杜绝漏报警、减少误报警、提高报警响应时间和联动时间,提高报警显示准确性等
		系统校时	对系统进行校时,系统的主时钟与标准时间偏差应满足相应标准规定或使用/管理要求。
		数据备份	对系统信息、设置数据及其他有助于保证系统安全,有助于系统快速恢复的数据资料进行备份。 备份文件应存储在专门的介质上,并注明备份时间、打开密码(如有),恢复数据注意事项等信息。 维保工作要求的备份内容不包括报警记录数据,建设单位特别要求除外
		隐患排查	通过询问系统管理员/操作员、查阅运行记录等方式,核实系统运行状态,排查系统存在的问题或隐患。 汇总维保过程中发现的问题,分析系统目前的健康状态,预测系统可能发生的问题,并前瞻性提出处置意见
		问题处置	由于入侵探测器老化而造成的探测范围减小、探测灵敏度降低或前端设备破损/污损严重,且已经不能满足防护需要时,应提出处置建议,征得建设/使用单位同意后,采取相应的措施进行解决。 对于日常运行过程中性能稳定性较差或频繁发生故障的设备,经现场调整/调试后仍无法满足要求时,应提出处置建议,征得建设/使用单位同意后,采取相应的措施进行解决。 对于系统可能发生的问题,应及时书面告知建设/使用单位,并同时提出处置意见,征得建设/使用单位同意后,采取相应的措施予以应对

(2)视频监控系统维护保养内容及要求见表4-2-2。

表 4-2-2　视频监控系统维护保养内容及要求

序号	维护保养对象	维护保养内容与要求	
1	前端设备	物理检查	检查前端监控设备是否依图纸标定位置（或系统中标定的位置）存在，对于前端设备的拆改、挪移应及时反映至系统中。 检查设备安装部件是否齐全，安装是否牢固，有无明显破损情况，并进行必要处理或处置
		运行环境检查	检查前端有无影响监控效果，影响设备正常工作的因素。对于发现的异常情况，应及时调整或处置
		电气参数与性能检查	检查摄像机，及其配套设备，包括电源、风扇、加热、雨刷、辅助照明装置等的工作状态。 采用相应的仪器/仪表测量摄像机的相关指标，并作相应调整
		机械构件维护	对摄像机/防护罩/云台/辅助照明装置的安装支架/立杆等构件进行加固、除锈、防腐等养护，并做必要调整
		设备清洁	采用专业的方式方法，对摄像机镜头、摄像机防护罩及附属配件进行必要的清洁
		设备调整	根据视频监控需要调整前端摄像机的焦距、监控范围等。确保设备处于良好的运行状态，发挥其最佳监控效果
2	传输设备	线缆、路由检查	传输线缆安装应牢固，安装部件应齐全，标示应清晰。 检查线缆有无破损、破坏、氧化等情况。 检查线管管口封堵情况，接地连接情况，查找有无异常现象
		传输设备检查	传输设备安装应牢固，安装部件应齐全，标识应清晰，工作状态应正常。 使用电池供电的无线发射/接收/中继设备应根据具体要求定期更换电池
		清洁整理	对传输设备、管线、人井手孔等传输设备、设施或配套装置进行必要的清洁和清理。 根据现场情况和需要，调整电缆、光缆等的捆扎方式

第四章 系统运行使用与维护保养

续 表

序号	维护保养对象	维护保养内容与要求	
		线缆、路由检查	传输线缆安装应牢固,安装部件应齐全,标示应清晰。检查线缆有无破损、破坏、氧化等情况。检查线管管口封堵情况,接地连接情况,查找有无异常现象
		测试调整	根据检查结果和系统需要调整传输设备的相关参数。调整后,应保证视频信号及控制信号衰减满足相关规范或原设计要求
3	处理/控制/管理/记录设备	物理检查	根据系统构成模式和安装方式,制定检查方案,重点检查处理/控制/管理设备安装是否牢固,设备外壳及部件有无异常变化或破损迹象,设备部件和接线是否正常。对于发现的问题应在维保过程中及时处理
		电气参数与性能检查	通过观察设备指示灯、测量设备电压/电流等方式,检查设备运行状态。应确保设备运行指示应正常,排查明显故障隐患
		设备清洁	采用适当的方式,对设备内外进行必要的清洁和除尘
		功能/性能测试	应按 GB50348—2004 中 7.2.2 的要求,并结合设计方案和使用管理要求对系统的功能/性能进行测试和调整
4	显示设备	物理检查	检查显示设备安装柜/箱和结构件是否牢固,检查其外表有无异常或破损迹象,检查接地是否完好。检查并调整显示设备,确保显示设备安装应牢固,设备外壳及部件应无异常变化或破损迹象,设备部件和接线应正常。除视频显示设备外,显示设备还应包括 LED 显示屏等字符显示装置
		设备清洁	对设备、箱/柜及结构件等进行必要的清洁和除尘。显示屏幕清洁,应采用专用试剂
		功能/性能测试	应按 GB50348—2004 中 7.2.2 的要求,并结合设计方案和使用管理要求对系统的功能/性能进行测试和调整

续　表

序号	维护保养对象	维护保养内容与要求	
5	系统	系统优化	根据系统运行情况及使用/管理要求,调整系统的相关设置参数,提高、优化系统性能。 系统优化的重点在于提高视频监控系统监控效果、延长视频录像保存时间、提高视频图像回放效果、缩短报警视频联动时间等
		系统校时	对系统进行校时,系统的主时钟与标准时间偏差应满足相应标准规定或使用/管理要求。
		数据备份	对系统信息、设置数据及其他有助于保证系统安全,有助于系统快速恢复的数据资料进行备份。 备份文件应存储在专门的介质上,并注明备份时间、打开密码(如有),恢复数据注意事项等信息。 维保工作要求的备份内容不包括视频数据信息,建设单位特别要求除外
		隐患排查	通过询问系统管理员/操作员、查阅运行记录等方式,核实系统运行状态,排查系统存在的问题或隐患。 汇总维保过程中发现的问题,分析系统目前的健康状态,预测系统可能发生的问题,并前瞻性提出处置意见
		问题处置	监控图像、记录图像达不到标准规范和使用/管理要求或设备破损/污损严重,且已经不能满足视频监控需要时,应提出处置建议,征得建设/使用单位同意后,采取相应的措施进行解决。 对于日常运行过程中性能稳定性较差或频繁发生故障的设备,经现场调整/调试后仍无法满足要求时,应提出处置建议,征得建设/使用单位同意后,采取相应的措施进行解决。 对于系统可能发生的问题,应及时书面告知建设/使用单位,并同时提出处置意见,征得建设/使用单位同意后,采取相应的措施予以应对

(3)出入口控制系统维护保养内容及要求见表4-2-3。

第四章 系统运行使用与维护保养

表4-2-3 出入口控制系统维护保养内容及要求

序号	维护保养对象		维护保养内容与要求
1	识读设备	物理检查	检查前端设备是否依图纸标定位置（或系统中标定的位置）存在，对于前端设备的拆改、挪移应及时反映至系统中。 检查设备安装部件是否齐全，安装是否牢固，有无明显破损情况
		设备清洁	采用适当的方式，对设备内外进行必要的清洁和除尘。对影响识别准确性和识读速度的关键部件进行专业清洁
		功能测试	根据识读设备的类型采用适当的方式测试识读设备的功能，其有效性应满足 GB50396 和设备标准规定及使用/管理要求
2	执行机构	物理检查	检查设备或部件的磨损或损耗情况，检查设备安装是否牢固，安装部件是否齐全，有无遭破坏痕迹
		设备维护	加固机械部件、调节安装位置、润滑传动机构，保证执行机构能够正常启闭。 执行机构包括电控锁、闭门器、电动栏杆机等
3	其他设备	出门按钮	检查出门按钮的安装、外观及功能。安装应牢固，外观应无污损，开关应灵活，按下出门按钮后执行机构应能正常开启
		紧急疏散开关	检查紧急疏散开关的安装、外观及功能。安装应牢固，外观应无污损，触发紧急疏散开关后应能保证电控锁即刻开启
4	传输设备	线缆、路由检查	传输线缆安装应牢固，安装部件应齐全，标示应清晰。 检查线缆有无破损、破坏、氧化等情况。 检查线管管口封堵情况，接地连接情况，查找有无异常现象
		传输设备检查	传输设备安装应牢固，安装部件应齐全，标识应清晰，工作状态应正常。 使用电池供电的无线发射/接收/中继设备应根据具体要求定期更换电池

433

续 表

序号	维护保养对象		维护保养内容与要求
		清洁整理	对传输设备、管线、人井手孔等传输设备、设施或配套装置进行必要的清洁和清理。 根据现场情况和需要,调整电缆、光缆等的捆扎方式
		测试调整	根据检查结果和系统需要调整传输设备的相关参数
5	管理/控制设备	物理检查	根据系统构成模式和安装方式,制定检查方案,重点检查处理/控制设备安装是否牢固,设备外壳及部件有无异常变化或破损迹象,设备部件和接线是否正常。对于发现的问题应在维保过程中及时处理
		电气参数与性能检查	通过观察设备指示灯、测量设备电压/电流等方式,检查设备运行状态。应确保设备运行指示应正常,排查明显故障隐患
		设备清洁	采用适当的方式,对设备内外进行必要的清洁和除尘
		功能/性能测试	应按 GB50348—2004 中 7.2.3 的要求,并结合设计方案和使用管理要求对系统的功能/性能进行测试和调整
6	系统	系统优化	根据系统运行情况及使用/管理要求,调整系统的相关设置参数,提高、优化系统性能。 优化重点在于提高系统识别速度、通行速度,保证受控区域安全
		系统校时	对系统进行校时,系统的主时钟与标准时间偏差应满足相应标准规定或使用/管理要求
		数据备份	对系统信息、设置数据,授权信息及其他有助于保证系统安全,有助于系统快速恢复的数据资料进行备份。 备份文件应存储在专门的介质上,并注明备份时间、打开密码(如有),恢复数据注意事项等信息。 维保工作要求的备份内容不包括出入口通行记录,建设单位特别要求除外
		隐患排查	通过询问系统管理员/操作员、查阅运行记录等方式,核实系统运行状态,排查系统存在的问题或隐患。 汇总维保过程中发现的问题,分析系统目前的健康状态,预测系统可能发生的问题,并前瞻性提出处置意见

第四章 系统运行使用与维护保养

续 表

序号	维护保养对象	维护保养内容与要求
	问题处置	出入口控制系统功能/性能、紧急疏散措施等达不到标准规范和使用/管理要求或设备老化/破损严重,且已经不能满足出入口控制需要时,应提出处置建议,征得建设/使用单位同意后,采取相应的措施进行解决。 对于日常运行过程中性能稳定性较差或频繁发生故障的设备,经现场调整/调试后仍无法满足要求时,应提出处置建议,征得建设/使用单位同意后,采取相应的措施进行解决。 对于系统可能发生的问题,应及时书面告知建设/使用单位,并同时提出处置意见,征得建设/使用单位同意后,采取相应的措施予以应对

(4)停车库(场)安全管理系统维护保养内容及要求见表4-2-4。

表4-2-4 停车库(场)安全管理系统维护保养内容及要求

序号	维护保养对象		维护保养内容与要求
1	识读设备	物理检查	检查前端设备是否依图纸标定位置(或系统中标定的位置)存在,对于前端设备的拆改、挪移应及时反映至系统中。 检查设备安装部件是否齐全,安装是否牢固,有无明显破损情况
		设备清洁	采用适当的方式,对设备内外进行必要的清洁和除尘。 对影响识别准确性和识读速度的关键部件进行专业清洁
		功能测试	根据识读设备的类型采用适当的方式测试识读设备的功能,其有效性应满足 GB50396 和设备标准规定及使用/管理要求。 根据停车库(场)安全管理需要对识读装置进行必要的调整

续 表

序号	维护保养对象		维护保养内容与要求
2	执行机构	物理检查	设备安装应牢固,安装部件应齐全
		设备维护	加固机械部件、调节安装位置、润滑传动机构,保证执行机构能够正常启闭
3	传输装置	线缆、路由检查	传输线缆安装应牢固,安装部件应齐全,标示应清晰。检查线缆有无破损、破坏、氧化等情况。检查线管管口封堵情况,接地连接情况,查找有无异常现象
		传输设备检查	传输设备安装应牢固,安装部件应齐全,标识应清晰,工作状态应正常。使用电池供电的无线发射/接收/中继设备应根据具体要求定期更换电池
		清洁整理	对传输设备、管线、人井手孔等传输设备、设施或配套装置进行必要的清洁和清理。根据现场情况和需要,调整电缆、光缆等的捆扎方式
		测试调整	根据检查结果和系统需要调整传输设备的相关参数
4	前端显示/指示设备	物理检查	设备安装应牢固,安装部件应齐全
		设备清洁	对设备进行必要的清洁
		设备调整	根据需要对前端显示/指示装置进行调整,确保能够使驾驶员完整清晰地看到显示/指示信息
5	视频监控前端设备	物理检查	前端设备安装应牢固,安装部件应齐全
		运行环境检查	检查前端设备运行环境情况,设备的环境适应性应满足可靠工作的要求
		机械构件维护	对摄像机/防护罩/云台/辅助照明装置的安装支架/立杆等构件进行加固、除锈、防腐等养护,并作必要调整
		设备清洁	对摄像机镜头、摄像机防护罩及附属配件进行必要的清洁
		设备调整	根据视频监控需要调整前端摄像机的焦距、监控范围等

第四章 系统运行使用与维护保养

续　表

序号	维护保养对象		维护保养内容与要求
6	管理/控制设备	物理检查	根据系统构成模式和安装方式,制定检查方案,重点检查处理/控制设备安装是否牢固,设备外壳及部件有无异常变化或破损迹象,设备部件和接线是否正常。对于发现的问题应在维保过程中及时处理
		电气参数与性能检查	通过观察设备指示灯、测量设备电压/电流等方式,检查设备运行状态。设备运行指示应正常,应无明显故障隐患
		设备清洁	对设备进行必要的清洁和除尘
		功能/性能测试	结合系统实际情况,测试系统各项功能和指标。系统的功能/性能应满足 GB50348—2004 中 7.2.5、GA/T761—2008 中第 6 章及使用/管理的要求
7		系统优化	根据系统运行情况及使用/管理要求,调整系统的相关设置参数,提高、优化系统性能
		系统校时	对系统进行校时,系统的主时钟与标准时间偏差应满足相应标准规定或使用/管理要求
		数据备份	对系统信息、设置数据及其他有助于保证系统安全,有助于系统快速恢复的数据资料进行备份。 备份文件应存储在专门的介质上,并注明备份时间、打开密码(如有),恢复数据注意事项等信息。 维保工作要求的备份内容不包括车辆进出记录,建设单位特别要求除外
		隐患排查	通过询问系统管理员/操作员、查阅运行记录等方式,核实系统运行状态,排查系统隐患。 对有可能造成系统不稳定运行、系统设置/功能/性能等不满足标准规范和使用/管理要求的情况,应及时向建设/使用单位反映,并提出解决办法

续表

序号	维护保养对象	维护保养内容与要求
	问题处置	停车库(场)安全管理系统功能/性能达不到标准规范和使用/管理要求或设备老化/破损严重时,应提出处置建议,征得建设/使用单位同意后,采取相应的措施进行解决。 对于日常运行过程中性能稳定性较差或频繁发生故障的设备,经现场调整/调试后仍无法满足要求时,应提出处置建议,征得建设/使用单位同意后,采取相应的措施进行解决。 对于系统可能发生的问题,应及时书面告知建设/使用单位,并同时提出处置意见,征得建设/使用单位同意后,采取相应的措施予以应对

(5)电子巡查系统维护保养内容及要求见表4-2-5。

表4-2-5 电子巡查系统维护保养内容及要求

序号	维护保养对象		维护保养内容与要求
1	离线式电子巡查系统信息装置	物理检查	检查信息装置是否依图纸标定位置(或系统中标定的位置)存在,检查设备安装部件是否齐全,安装是否牢固,有无毁坏或破损情况
		清洁	对信息装置进行必要的清洁,定期更换夜光标签等标识设备(如有)
		调整	根据安全保卫需要调整信息装置的安装位置
2	离线式电子巡查系统采集装置	物理检查	各种功能操作键应手感良好,动作灵活,无卡滞现象
		供电检查	使用电池供电的采集装置应定期更换电池
		设备清洁	对采集装置设备进行必要的清洁
		设备调整	根据需要调整巡逻人员、巡逻路线、巡更时间、巡更方式等参数

续 表

序号	维护保养对象		维护保养内容与要求
3	离线式电子巡查系统信息转换装置及其他	转换装置	设备外壳及部件应无异常变化或破损迹象,设备部件和接线应正常。 测试信息转换、信息读取等功能,应满足管理/使用要求
		充电装置	对于充电装置应进行充放电测试
4	在线式电子巡查系统识读装置	物理检查	检查前端探测设备是否依图纸标定位置(或系统中标定的位置)存在,对于前端设备的拆改、挪移应及时反映在系统中。 检查设备安装部件是否齐全,安装是否牢固,有无明显破损情况
		设备清洁	对设备外壳和影响识别准确性和识读速度的关键部件进行必要的清洁
		功能测试	根据识读设备的类型采用适当的方式测试识读设备的功能,其有效性应满足 GB50396 和设备标准规定及使用/管理要求
5	在线式电子巡查系统传输装置	线缆、路由检查	传输线缆安装应牢固,安装部件应齐全,标示应清晰。 检查线缆有无破损、破坏、氧化等情况。 检查线管管口封堵情况,接地连接情况,查找有无异常现象
		传输设备检查	传输设备安装应牢固,安装部件应齐全,标识应清晰,工作状态应正常。 使用电池供电的无线发射/接收/中继设备应根据具体要求定期更换电池
		清洁整理	对传输设备、管线、人井手孔等传输设备、设施或配套装置进行必要的清洁和清理。 根据现场情况和需要,调整电缆、光缆等的捆扎方式
		测试调整	根据检查结果和系统需要调整传输设备的相关参数
6	电子巡查系统管理终端	物理检查	管理终端安装应牢固,设备外壳及部件应无异常变化或破损迹象,设备部件和接线应正常

续 表

序号	维护保养对象	维护保养内容与要求
	电气参数与性能检查	通过观察设备指示灯、测量设备电压/电流等方式,检查设备运行状态。设备运行指示应正常,应无明显故障隐患
	设备清洁	对设备进行必要的清洁和除尘
	功能/性能测试	结合系统实际情况,测试系统各项功能和指标。系统的功能/性能应满足 GB50348—2004 中 7.2.4、GA/T644—2006 中 6.2 及使用/管理的要求
7	系统优化	根据系统运行情况及使用/管理要求,调整系统的相关设置参数,提高、优化系统性能
	系统校时	对系统进行校时,系统的主时钟与标准时间偏差应满足相应标准规定或使用/管理要求
	数据备份	对巡查系统信息、设置数据及其他有助于保证系统安全,有助于系统快速恢复的数据资料进行备份。 备份文件应存储在专门的介质上,并注明备份时间、打开密码(如有),恢复数据注意事项等信息。 维保工作要求的备份内容不包括巡更记录,建设单位特别要求除外
	隐患排查	通过询问系统管理员/操作员、查阅运行记录等方式,核实系统运行状态,排查系统隐患。 对有可能造成系统不稳定运行、系统设置/功能/性能等不满足标准规范和使用/管理要求的情况,应及时向建设/使用单位反映,并提出解决办法
	问题处置	电子巡查系统功能/性能达不到标准规范和使用/管理要求或设备老化/破损严重,且已经不能满足巡查需要时,应提出处置建议,征得建设/使用单位同意后,采取相应的措施进行解决。 对于日常运行过程中性能稳定性较差或频繁发生故障的设备,经现场调整/调试后仍无法满足要求时,应提出处置建议,征得建设/使用单位同意后,采取相应的措施进行解决。 对于系统可能发生的问题,应及时书面告知建设/使用单位,并同时提出处置意见,征得建设/使用单位同意后,采取相应的措施予以应对

第四章 系统运行使用与维护保养

(6)系统供配电设备、防雷接地及传输线缆维护保养内容及要求见表4-2-6。

表4-2-6 系统供配电设备、防雷接地及传输线缆维护保养内容及要求

序号	维护保养对象		维护保养内容与要求
1	供配电箱/柜及设备	物理检查	供配电箱/柜及相关设备安装应牢固,安装部件应齐全。箱/柜操控部件应灵活,设备应无过热、焦、糊等异常现象,各类指示灯显示应正常。接线或供电标示应清晰
		设备清洁	对供配电箱/柜及设备进行必要的清洁
		电源测量	测量供配电设备的输入/输出电压/电流,应满足相应用电设备可靠、稳定运行的要求
2	UPS电源	电池检查	对UPS电池柜进行必要的清洁;电池应无鼓包、漏液、发热等异常现象;电池接线柱应无氧化,连线应牢固
		主机维护	对UPS主机进行必要的清洁;各类连线应牢固
		电源切换测试	人工切断市电,UPS应能自动切换。供电时间满足设计要求
3	发电设备	启动维护	发电设备宜每季度启动一次。按照设备说明书要求进行养护;启动发电设备测量其输出电压,应满足相应用电设备可靠、稳定运行的要求
4	防雷接地	物理检查	监控中心接地汇集环或汇集排与等电位接地端子的连接应紧固,连接端应无锈蚀;各类设备与接地汇集环或汇集排的连接应紧固,连接端应无锈蚀;各类浪涌保护器(SPD)安装应牢固,安装部件应齐全。安全防范系统防雷接地应满足GA/T 670—2006中10.3的要求
		SPD检查	SPD接地端应以最短距离与等电位接地端子连接,连接应紧固,连接端应无锈蚀;根据SPD使用维护手册检查设备的有效性
5	传输线缆	物理检查	传输线缆应无破损,并采用适当的方式进行保护;接线盒/箱应加装保护盖,线槽盖应完整、封闭
		线缆连接	线缆连接应牢固,并采取可靠的绝缘措施

441

续　表

序号	维护保养对象	维护保养内容与要求
6	隐患排查	通过询问系统管理员/操作员、查阅运行记录等方式，核实系统运行状态，排查系统隐患。 对设备功能/性能等不满足标准规范和使用/管理要求的情况,应及时向建设/使用单位反映,并提出解决办法
7	问题处置	对于日常运行过程中性能稳定性较差或频繁发生故障的设备,经现场调整/调试后仍无法满足要求时,应提出处置建议,征得建设/使用单位同意后,采取相应的措施进行解决

(7)安全防范系统软件系统或平台维护保养内容及要求见表4-2-7。

表4-2-7　安全防范系统软件系统或平台维护保养内容及要求

序号	维护保养对象		维护保养内容与要求
1	硬件设备	物理检查	安全管理系统服务器、客户端等设备安装应牢固,部件应齐全,设备连线应牢固
		电气参数与性能检查	通过观察设备指示灯、测量设备电压/电流等方式,检查设备运行状态。设备运行指示应正常,应无明显故障隐患
		设备清洁	对设备进行必要的清洁和除尘
2	操作系统	清理垃圾	对临时文件夹、历史记录、回收站、注册表等进行垃圾清理,清除系统内不再使用的垃圾文件,以节省硬盘空间,提高运行效率
		磁盘检查	采用合理的方法或合适的软件,检验硬盘是否已出现坏道
		查杀病毒	采用必要的工具软件,查杀系统病毒,并对防病毒软件进行必要升级
		数据备份	对重要数据进行备份,备份文件应存储在专门的介质上,并注明备份时间、打开密码(如有),恢复数据注意事项等信息

续 表

序号	维护保养对象	维护保养内容与要求	
3	数据库系统	系统修复	对系统存在的漏洞进行修复。 对使用过程中造成的系统损伤进行修复
		系统优化	在确保安全的前提下,对系统进行优化
		数据备份	针对不同的系统要求,采用对应的方法,进行数据备份。备份的内容应包括系统数据、日志数据等全部信息。备份文件应存储在专门的介质上,并注明备份时间、打开密码(如有),恢复数据注意事项等信息
		系统优化	应根据数据库系统操作说明,对数据库系统进行优化。优化前应先进行数据备份操作
		其他内容	针对特殊系统的需要,或根据系统供应商要求,应对系统进行的维护保养工作
4	应用软件	功能性测试	根据说明书(或有关文档)要求,对软件功能进行逐项测试,对发现的问题和隐患进行处理
		性能性测试	根据软件提供的性能监控界面,检查系统运行状况,及时排查系统隐患
		系统优化	对软件配置信息、联动配置表、用户权限等进行检查,并根据需要进行优化
		其他内容	根据具体系统而定

(8)监控中心机房环境及附属设备维护保养内容及要求见表4-2-8。

表4-2-8 监控中心机房环境及附属设备维护保养内容及要求

序号	维护保养对象	维护保养内容与要求	
1	机房环境	现场检查	按照设计/使用要求,检查监控中心和机房运行环境,并对不符合项提出改善建议
		清洁维护	清洁机房内的卫生死角、清洁空调、新风管道等装置。检查维护机房内照明、墙插等用电设备和装置。定期投放鼠药、白蚁药、蟑螂药等

续 表

序号	维护保养对象		维护保养内容与要求
2	通信设备	物理检查	设备应安装在便于取用的位置,部件应齐全
		通信测试	通信设备应能与外界实时、有效地建立联系,通话信号应流畅,语音音质应清晰
3	紧急报警装置	物理检查	设备应安装在便于操作的位置,安装应牢固,部件应齐全
		报警测试	触发紧急报警装置后应能即刻发出报警信号,装置应能自锁,使用专用工具应能复位
4	声光警报装置	物理检查	设备应安装在便于值班人员识别的位置,安装应牢固,部件应齐全
		报警测试	系统接收到报警信号后,声光警报器应即刻发出警报。声光警报器报警声压应大于等于 80 dB(A)
5	隐患排查		通过询问系统管理员/操作员、查阅运行记录等方式,核实系统运行状态,排查系统隐患。对设备功能/性能等不满足标准规范和使用/管理要求的情况,应及时向建设/使用单位反映,并提出解决办法
6	问题处置		对于日常运行过程中性能稳定性较差或频繁发生故障的设备,经现场调整/调试后仍无法满足要求时,应提出处置建议,征得建设/使用单位同意后,采取相应的措施进行解决

三、思考题

维护保养方案至少应包含哪些内容?

第五章

安全防范相关法规、组织机构和标准体系

第一节 安全防范相关法规

一、概述

1. 法规概要

法规是带有强制性的、体现管理机构或公共意志的、在一定范围或领域具有约束力的规定。

广义的行政法规既包括国家权力机关根据宪法制定的关于国家行政管理的各种法律、法令,也包括国家行政机关根据宪法、法律、法令,在其职权范围内制定的关于国家行政管理的各种法规。

行政法规的特征:①所规范的内容是国家权力机构单方面意志的表示,而不以相对一方是否同意为先决条件。②具有强制性。在指定范围内具有普遍的约束力,由国家行政强制力保证其实施。③种类多,内容广,数量大,涉及各行各业,并且不断变化。但其内容必须是针对某一类抽象的事件,而不是某个具体的事件和具体问题;在形式上必须有比较正规的法规条文形式和结构;在时效上有相对的稳定性;制定必须经过法定程序。

我国的法规是由政府发布或政府批准发布的,分为国家法规、地方法规、行业法规。从法规的作用范围来区分,又可分为全社会的、长期的、局部或特定事项的、有限时间内的等等。

2. 安全防范相关法规的类型

法规是立法、执法的依据和基础。法规通常包括两大类,即行政法规和技术法规。我国的安全防范相关的行政法规主要是政府令和执法专项规定,常用名称有条例、规定、办法等。技术法规主要是特定的技术要求和规定,包括强制性标准。

除了国家、公安部制定相关法规外,国务院令第421号《企业事业单位内部治安保卫条例》(以下简称《条例》)规定,县级以上各级人民政府应根据《条例》的有关规定"负责本地治安保卫和安全防范的法律支持、技术保障工作,如制定相应的地方法规和技术标准等。"

3. 安全防范相关法规的核心内容

安全防范法规的作用是形成有序、公平公正的法制环境和政策环境,为依法行政、加强监管提供公开、透明的依据,同时,法规又有对行业发展和社会需求的引导和拉动影响。因此,安全防范行业相关法规的核心内容通常是管理安全防范行业、规范安全防范市场方面的。由于安全防范行业是特定的、有其特殊性的行业,法规内容的重心必然围绕着提高社会整体防范水平、应对突发事件和生命、财产安全以及产品与工程质量等方面。

二、与安全防范相关的法规目录

与安全相关的法律见表5-1-1。

表5-1-1 与安全防范相关的法规目录

序号	法规名称	颁布机构	实施日期
1	《危险化学品安全管理条例》	中华人民共和国国务院	2011年12月1日
2	《保安服务管理条例》	中华人民共和国国务院	2010年1月1日
3	《民用爆炸物品安全管理条例》	中华人民共和国国务院	2006年9月1日
4	《娱乐场所管理条例》	中华人民共和国国务院	2006年3月1日
5	《国家突发公共事件总体应急预案》	中华人民共和国国务院	2006年1月8日
6	《企业事业单位内部治安保卫条例》	中华人民共和国国务院	2004年12月1日
7	《中华人民共和国认证认可条例》	中华人民共和国国务院	2003年11月1日
8	《国务院对确需保留的行政审批项目设定行政许可的决定》	中华人民共和国国务院	2004年7月1日
9	《关于印发道路旅客运输企业安全管理规范(试行)》	中华人民共和国交通运输部、中华人民共和国公安部、国家安全生产监督管理总局	2012年1月19日

续 表

序号	法规名称	颁布机构	实施日期
10	《关于加强和改进文物安全工作的指导意见》	中华人民共和国公安部、中华人民共和国国家文物局等十六部委	2012年11月15日
11	《关于进一步加强博物馆安全工作的通知》	中华人民共和国公安部、中华人民共和国国家文物局	2011年8月30日
12	《关于进一步加强学校幼儿园安全防范工作建立健全长效工作机制的意见》	中央社会治安综合治理委员会办公室、中华人民共和国教育部、中华人民共和国公安部	2010年8月23日
13	《安全技术防范产品管理办法》	中华人民共和国质量技术监督局、中华人民共和国公安部	2000年9月1日
14	《邮电局(所)安全防范规定》	中华人民共和国邮电部、中华人民共和国公安部	1997年9月24日
15	《金融机构营业场所和金库安全防范设施建设许可实施办法》	中华人民共和国公安部	2006年2月1日
16	《娱乐场所治安管理办法》	中华人民共和国公安部	2008年10月1日
17	《关于外商独资企业从事安防工程建设有关事项的通知》	中华人民共和国公安部	2000年6月14日
18	《关于公安机关实施〈安全技术防范产品管理办法〉有关问题的通知》	中华人民共和国公安部	2000年9月26日
19	《关于加强对列入强制性产品认证目录内的安全技术防范产品质量监督管理的通知》	中华人民共和国公安部	2002年5月1日
20	《关于严格执行〈国务院关于取消第二批行政审批项目和改变一批行政审批项目管理方式的决定〉的通知》	中华人民共和国公安部	2003年3月20日

续　表

序号	法规名称	颁布机构	实施日期
21	《中华人民共和国公安部关于规范安全技术防范行业管理工作几个问题的通知》	中华人民共和国公安部	2004年8月3日
22	《关于印发〈关于深入开展城市报警与监控系统应用工作的意见〉的通知》	中华人民共和国公安部	2010年4月6日
23	《关于印发〈公安部授权的安防检验机构管理规定〉的通知》	中华人民共和国公安部科技局	2001年4月11日
24	《关于贯彻实施〈安全技术防范产品管理办法〉有关问题的补充通知》	中华人民共和国公安部科技局	2001年6月20日
25	《关于查处无证生产、销售技防产品加强市场监督管理的通知》	中华人民共和国公安部科技局	2002年3月28日
26	《关于印发部分安防产品统一检验细则的通知》	中华人民共和国公安部科技局	2006年8月1日
27	《关于加强城市轨道交通安防设施建设工作的指导意见》	中华人民共和国住房和城乡建设部	2010年6月28日
28	《建筑智能化系统工程设计管理暂行规定》	中华人民共和国建设部	1998年3月10日
29	《关于进一步加强安全生产应急平台体系建设的意见》	国家安全监管总局	2012年9月6日
30	《认证机构管理办法》	中华人民共和国国家质量监督检验检疫总局	2011年9月1日
31	《强制性产品认证管理规定》	中华人民共和国国家质量监督检验检疫总局	2009年9月1日
32	《关于切实加强博物馆公共安全工作的紧急通知》	中华人民共和国国家文物局	2010年5月13日
33	《关于印发〈涉及国家秘密的计算机信息系统集成资质管理办法(试行)〉的通知》	中华人民共和国国家保密局	2001年10月12日
34	《关于增设涉密信息系统集成"保密安防监控"单项资质的通知》	中华人民共和国国家保密局	2006年10月11日

第五章 安全防范相关法规、组织机构和标准体系

续　表

序号	法规名称	颁布机构	实施日期
35	《第二批实施强制性产品认证的产品目录》	中华人民共和国国家质量监督检验检疫总局、国家认证认可监督管理委员会	2004年6月1日
36	《第一批实施强制性产品认证的产品目录》	中华人民共和国国家质量监督检验检疫总局、国家认证认可监督管理委员会	2001年12月3日
37	《强制性产品认证标志管理办法》	国家认证认可监督管理委员会	2002年5月1日
38	《安全技术防范产品强制性认证实施规则》	国家认证认可监督管理委员会	2009年3月1日
39	《国家认证认可监督管理委员会公告2004年第23号》	国家认证认可监督管理委员会	2004年7月29日
40	《国家认证认可监督管理委员会公告2005年第23号》	国家认证认可监督管理委员会	2005年9月12日
41	《认证技术规范管理办法》	国家认证认可监督管理委员会	2006年3月1日
42	《关于协助做好强制性产品认证行政执法工作有关问题的通知》	国家认证认可监督管理委员会	2006年5月23日
43	《关于进一步加强监督管理规范使用认证标志有关问题的通知》	国家认证认可监督管理委员会	2007年3月5日
44	《中国人民解放军军用安全技术防范产品安全认证管理办法》	中国人民解放军总政治部保卫部	2008年5月1日

三、实施强制性产品认证的安全防范产品目录

1. 第一批实施强制性产品认证的安全防范产品目录

2001年12月3日,中华人民共和国国家质量监督检验检疫总局和中国国家认证认可监督管理委员会公告(2001年第33号)——第一批实施可制性产品认证的产品目录:

安全技术防范产品(共1种):入侵探测器(室内用微波多普勒探测器、主动红

外入侵探测器、室内用被动红外探测器、微波与被动红外复合入侵探测器)。

2. 第二批实施强制性产品认证的安全防范产品目录

2004年6月1日,中华人民共和国国家质量监督检验检疫总局和中国国家认证认可监督管理委员会公告(2004年第62号)——第二批实施强制性产品认证的产品目录:

(1)入侵探测器类:磁开关入侵探测器、振动入侵探测器、室内用被动式玻璃破碎探测器;

(2)防盗报警控制器类:防盗报警控制器;

(3)汽车防盗报警系统类:汽车防盗报警系统;

(4)防盗保险柜(箱)类:防盗保险柜、防盗保险箱。

四、安全技术防范产品的无线发射频率

2006年11月3日,国家认证认可监督管理委员会2006年第30号公告《安全技术防范产品强制性认证实施规则修订对比表》。

为规范实施强制性产品认证的部分安全技术防范产品的无线发射频率,根据国家信息产业部无线电管理局公布的《关于发布〈微功率(短距离)无线电设备的技术要求〉的通知》中有关无线电设备使用频率的规定,经研究,决定对部分安全防范产品强制性认证实施规则的相关内容作出调整(见表5-1-2),请遵照执行。

表5-1-2 安全技术防范产品强制性认证实施规则修订对比表

实施规则编号	调整后	调整前
《安全技术防范产品强制性认证实施规则入侵探测器产品》(CNCA-10C-047:2004)附件2"入侵探测器产品强制性认证检测项目和检测依据"中"增强和任选项(通信模块)项"	使用无线传输的发射频率应在314~316 MHz,430~432 MHz,433.00~434.79 MHz,占用带宽不大于400 kHz或发射频率在779~787 MHz,发射功率限值10 MW(不包括国家无线电管理部门核准使用的专用频率)	使用无线传输的发射频率应在315.0~316.0 MHz或430.0~432.0 MHz范围内
《安全技术防范产品强制性认证实施规则汽车防盗报警系统产品》(CNCA-10C-053:2004)附件2"汽车防盗报警系统产品强制性认证检测项目和检测依据"第2.2条	采用无线遥控方式设防/撤防时,无线发射频率应在314~316 MHz,430~432 MHz,433.00~434.79 MHz,占用带宽不大于400 kHz或发射频率在779~787 MHz,发射功率限值10 MW(不包括国家无线电管理部门核准使用的专用频率)	采用无线遥控方式设防/撤防时,无线发射频率应在315.0~316.0 MHz或430.0~432.0 MHz范围

第五章　安全防范相关法规、组织机构和标准体系

第二节　安全防范行业相关组织和中介机构

一、公安技防管理机构

公安技防管理机构见表5-2-1。

表5-2-1　公安技防管理机构

机构名称	通信地址	联系电话
公安部科技信息化局安全技术防范工作指导处	北京市东城区东长安街14号	010-66266548
北京市公安局科技信息化部安全技术防范管理处	北京市东城区前门东大街9号	010-85222708
天津市公安局安全技术防范管理办公室	天津市和平区鞍山道41号	022-27204660
河北省公安厅安全技术防范管理办公室	石家庄市槐安西路276号	0311-66991973
山西省公安厅安全技术防范管理办公室	太原市五一路36号	0351-3659731
内蒙古自治区公安厅公共安全技术防范管理办公室	内蒙古呼和浩特市海拉尔大街15号	0471-6550386
辽宁省公安厅科技通信处	沈阳市岐山中路2号	024-86992486
吉林省公安厅安全技术管理办公室	长春市新发路806号	0431-82098345
黑龙江省公安厅安全技术防范管理办公室	哈尔滨市南岗区中山路145号	0451-82696576
上海市公安局技术防范办公室	上海市黄浦区福州路185号	021-22023359
江苏省公安厅技术防范管理办公室	南京市扬州路1号	025-83526932
浙江省公安厅科技通信管理局	杭州市民生路66号	0571-87286567
安徽省公安厅安全防范技术管理办公室	合肥市安庆路282号	0551-62801347
福建省公安厅科技通信处	福州市华林路12号	0591-87093588
江西省公安厅安全技术防范管理办公室	南昌市阳明路133号	0791-87288326
山东省公安厅科技处	济南市经二路185号	0531-85123230
河南省公安厅安全技术防范管理办公室	郑州市金水路9号	0371-65882650
湖北省公安厅安全技术防范管理办公室	武汉市武昌区雄楚大街181号	027-67122218

451

安全技术防范

续　表

机构名称	通信地址	联系电话
湖南省公安厅技防管理工作办公室	长沙市八一路110号	0731-84590938
广东省公安厅安全技术防范管理办公室	广州市越秀区北较场横路5号	020-83110129
广西壮族自治区安全技术防范管理办公室	南宁市新民路34号	0771-2893881
海南省公安厅安全技术防范管理办公室	海南省海口市滨涯路9号	0898-68836208
重庆市公安局社会公共安全行业管理办公室	重庆市渝北区黄龙路555号	023-63962613
四川省公安厅安全技术防范管理办公室	成都市青羊区文翁路159号	028-86301658
贵州省公安厅安全技术防范管理办公室	贵阳市宝山北路82号	0851-5904834
云南省公安厅科技信息化处	云南省昆明市广福路656号	0871-63052792
西藏自治区安全技术防范管理办公室	拉萨市林廓东路26号	0891-6311272
陕西省公安厅安全技术防范管理办公室	西安市未央区未央路120号	029-86165300
甘肃省公安厅科技处安全技术监督科(技防办)	兰州市庆阳路98号	0931-8536692
宁夏回族自治区公安厅安全技术防范管理办公室	银川市北京中路86号	0951-6136290
青海省公安厅安全技术防范管理办公室	西宁市八一中路50号	0971-8293164
新疆维吾尔自治区公安厅治安管理总队基层基础处(技防办)	乌鲁木齐市黄河路58号	0991-5586133

二、中国安全防范行业协会组织

1. 中国安全防范产品行业协会

中国安全防范产品行业协会(以下简称"中国安防协会")于1992年12月8日在北京成立,由从事安全防范产品等相关行业的企事业单位、社会团体及个人自愿组成的全国性、行业性、非营利性的社会组织(CSPIA, China Security & Protection Industry Association)。

第五章 安全防范相关法规、组织机构和标准体系

中国安防协会吸纳在中国境内从事防爆安全检查设备、安全报警器材、社区安全防范系统、车辆防盗防劫联网报警系统、出入口控制系统、视频监控防范系统、防盗锁门柜及防弹运钞车、人体安全防护装备等安全防范产品的研发、经营，或承接安全技术防范系统工程设计施工、报警运营服务，以及从事安防教育培训、咨询服务、检测与评价、中介技术服务等活动的相关单位、团体或个人参加。

中国安防协会开展调查研究，制定行业发展规划；推进行业标准化工作和安防行业市场建设；推动安防企业品牌战略；开展安防企业资质认证和行业职业认证；培训安防企业和专业技术人员；开展国内外技术、贸易交流合作；加强行业信息化建设，做好行业资讯服务；组织订立行规行约，建立诚信体系，创造公平竞争的良好氛围，组织发展本行业的公益事业；承担政府主管部门委托的其他任务。

中国安防协会下设日常办事机构秘书处、展览部、资质管理中心、调研培训部、《中国安防》编辑部和中国安防行业网等业务部门。

中国安防协会下设分支机构专家委员会，是安全防范行业的专业技术服务组织。

中国安全技术防范认证中心，是实施社会公共安全产品的认证工作的运作实体。

中国安防协会公开出版发行《中国安防》杂志（月刊），并向会员单位和相关部门免费赠阅；面向会员单位内部编辑发行《安防通讯》；每年还正式出版发行《中国安全防范行业年鉴》，为各界人士提供翔实的行业信息；中国安防协会相关信息同时公布在"中国安防行业网"（www.21csp.com.cn）上。

中国安防协会将努力加强自身建设，抓住机遇，开拓创新，为中国安防行业的长期健康发展，为建设小康、和谐、平安社会做出应有的贡献。

2. 中国安全防范产品行业协会专家委员会

中国安全防范产品行业协会专家委员会（以下简称"专家委员会"），是经中华人民共和国民政部登记的中国安全防范产品行业协会（以下简称"中国安防协会"）的分支机构，是安全防范行业的专业技术服务组织，其英文译名为 The Expert Committee on China Security and Protection Industry Association，缩写为 CSPIA－E.C.。其宗旨是围绕协会中心工作，为公安业务工作、为安防行业发展、为行业企业和用户提供专业技术服务。

专家委员会工作任务是协助中国安防协会提出行业发展战略规划，制订行业发展方针、政策和相关措施；受主管部门和协会的委托，组织专家开展课题研究，以及相关管理、技术文件的起草工作；经主管部门授权或技术机构邀请，组织专家参与、配合相关的标准化、检测、认证等专业技术服务工作；配合中国安防协会开展国

内外专业技术合作与交流,拓展交流渠道,跟踪前沿技术动态,引进先进智力,提高行业创新能力;根据行业企业、用户及有关机构、社团的申请或委托,推荐专家参与研发、评价、推广、普及、咨询等方面的专业技术服务。

专家委员会成员由专家和从专家中产生的委员组成,实行任期制,专家和委员每届任期五年,可以连聘连任。

专家应从事安全防范及相关专业领域5年以上,具有高级职称或相应业务能力,能承担专家委员会所委托的工作和参加相关会议,年龄一般不超过65岁,所在单位支持认可,经申请人提出并被批准后颁发聘书。专家参与专家委员会推荐的专家服务工作,应遵守《推荐专家服务管理流程》的规定。

专家委员会组织机构由委员会和专业组组成。专家委员会下设秘书处,负责处理日常工作。

专家委员会需要审议的重大事项及相关文件,应提交全体委员进行审查表决,必须经全体委员的2/3以上同意后,方可做出决定和发布。

专家委员会的活动经费,按照专款专用的原则筹集和开支,用于开展章程规定范围内的业务活动。

3. 各地安全防范产品行业协会

各地安全防范产品行业协会见表5-2-2。

表5-2-2 各地安全防范产品行业协会

机构名称	通信地址	联系电话
中国安全防范产品行业协会	北京市海淀区西三环北路87号国际财经中心C座1401	010-68730786
北京安全防范行业协会	北京朝阳区小营路15号院1号楼4层(中乐大厦)	010-62020816-253
天津市公共安全技术防范行业协会	天津市和平区鞍山道41号	022-27316621
河北省安全技术防范学会	河北省石家庄市桥西区西二环南路128号419室	0311-83052206
内蒙古自治区公共安全技术防范行业协会	内蒙古呼和浩特市赛罕区乌兰察布西路三十五中东巷	0471-6551371
辽宁省社会公共安全产品行业协会	沈阳市皇姑区岐山中路1号东机大厦411室	024-86854826
吉林省社会公共安全产品行业协会	长春市人民大街7457号金士百大厦四层	0431-85829538

第五章 安全防范相关法规、组织机构和标准体系

续　表

机构名称	通信地址	联系电话
黑龙江省社会公共安全产品行业协会	黑龙江省哈尔滨市南岗区第四方园里21号龙安宾馆211室	0451-82696187
上海安全防范报警协会	上海市建国中路30号910室	021-22025719
南京安全技术防范行业协会	南京市秦淮区广艺街8号金盾公寓裙楼302室	025-84428206
浙江省安全技术防范行业协会	杭州市清泰街571号金泰商务大厦906室	0571-85810701
安徽省安全技术防范行业协会	安徽省合肥市安庆路282号	0551-62801307
福建省安全技术防范行业协会	福建省福州市鼓楼区华林路12号	0591-87093502
江西省安全技术防范行业协会	南昌市东湖区二经路37号四楼	0791-86809351
山东省公共安全技术防范协会	济南市经二路185号	0531-85123130
湖北省安全技术防范行业协会	湖北省武汉市武昌区傅家坡1路33号	027-67122219
湖南省安全技术防范协会	长沙市八一路110号	0731-84590938
广东省公共安全技术防范协会	广州市天河区天河软件园智慧城核心区软件路11号孵化二期D栋四楼	020-87326868
广西安全技术防范行业协会	南宁市新民路34号	0771-2893881
海南省安全技术防范行业协会	海南省海口市南沙路19号	
重庆市公共安全技术防范协会	重庆市渝北区龙溪街道紫园路116号鼎泰公寓1栋4-5-2	
四川省社会公共安全行业协会	成都市文翁路159号306,307室	028-86303169
贵州省安全技术防范行业协会	贵阳市龙洞堡警官职业学院南区兰楼	0851-5401175

安全技术防范

续　表

机构名称	通信地址	联系电话
云南省安全技术防范协会	云南省昆明市五一路131号（原省公安厅）五号楼三单元三楼	0871-63051383
陕西省安全防范产品行业协会	陕西省西安市凤城二路海璟国际B2座706室	029-68970869
甘肃省安全技术防范协会	甘肃省兰州市城关区庆阳路98号（省公安厅西五楼516）	0931-8535491
青海省公共安全技术防范协会	青海省西宁市城西区香格里拉路2号	0971-8465076
新疆维吾尔自治区安全技术防范行业协会	新疆乌鲁木齐市沙依巴克区黄河路93号	0991-5586113

三、中国安全防范标准化组织

1. 全国安全防范报警系统标准化技术委员会

全国安全防范报警系统标准化技术委员会（简称全国安防标委会，代号为SAC/TC100），是经国家标准化管理委员会批准成立的全国性专业标准化技术工作组织，成立于1987年，负责我国安全防范报警系统技术领域的标准化工作。

SAC/TC100的主要工作任务是：向国家标准化管理委员会和公安部科技信息化局提出安全防范报警系统技术领域标准化工作的方针、政策和技术措施的建议；按照国家标准化工作的方针、政策，制定安全防范报警系统技术领域的标准体系和标准制修订规划、计划草案；按照国家和行业下达的标准制、修订年度计划组织制定和审查国家标准草案和行业标准草案；对经批准、发布的国家标准、行业标准，组织宣贯、培训和定期复审；为企业标准化工作提供咨询和服务；对口国际电工委员会/报警与电子安防系统技术委员会（IEC/TC79）的工作，参加IEC/TC79国际标准草案的制定、审查和投票表决。

2013年11月，经国家标准化管理委员会批准，SAC/TC100第六届委员会正式成立。目前，SAC/TC100共有委员98名，顾问2名。SAC/TC100第六届委员会还聘任了18名特聘专家及近百名通信委员。截至2013年底，SAC/TC100已完成的现行国家标准和行业标准共141项。这些标准涉及入侵和紧急报警、视频监控、出入口控制、防爆安全检查、安防工程、实体防护和人体生物特征识别应用等多个专业技术领域。

SAC/TC100 积极参加 IEC/TC79 国际标准化工作,牵头制定 5 项国际标准,派出 20 余名技术专家参与 14 项国际标准起草工作。

SAC/TC100 的常设工作机构为秘书处,下设六个职能部门:办公室、计划信息部、技术发展部、成果应用推广部、国际合作部、培训部。秘书处办公地点设在公安部第一研究所。

根据工作需要,经国家标准化管理委员会批准,SAC/TC100 于 2000 年成立了实体防护设备分技术委员会(SAC/TC100/SC1),秘书处设在公安部第三研究所;2007 年成立了人体生物特征识别应用分技术委员会(SAC/TC100/SC2),秘书处设在公安部第一研究所。

2.全国安全防范报警系统标准化技术委员会实体防护设备分技术委员会

全国安全防范报警系统标准化技术委员会实体防护设备分技术委员会(简称实体防护分会,代号为 SAC/TC100/SC1)是经国家标准化管理委员会批准成立的全国性专业标准化技术工作组织,是我国安全防范技术领域中实体防护设备技术专业内从事全国性标准化工作的技术工作组织,负责本专业技术领域的标准化技术归口工作和本专业国家标准、行业标准的制、修订工作,秘书处设在公安部第三研究所。

SAC/TC100/SC1 的主要工作任务是:遵循国家有关方针政策,向 TC100 提出实体防护专业标准化工作的方针、政策和技术措施的建议;按照国家制、修订标准的原则,以及采用国际标准和国外先进标准的方针,提出本专业制、修订国家标准和行业标准的规划及年度计划;根据国家标准化管理委员会和公安部科技信息化局批准的计划,在 TC100 领导下组织本专业国家标准和行业标准的制、修订工作和相关的科研工作;组织本专业国家标准和行业标准送审稿的审查工作,对标准中的技术内容负责,提出审定结论意见,提出强制性标准和推荐性标准的建议。定期复审已发布的本专业国家标准和行业标准,提出修订、补充、废止或继续执行的意见;受国家标准化管理委员会、公安部科技信息化局的委托,在 TC100 的领导下负责组织本专业国家标准和行业标准的宣讲、解释工作,对本专业已颁布标准的实施情况进行调查和分析,做出书面报告。向国家标准化管理委员会、公安部科技信息化局和 TC100 提出本专业标准化成果奖励项目和标准化先进个人、先进集体进行奖励的建议;在 TC100 的领导下组织参加有关国际标准化活动,做好与相关标准化国际组织的技术交流工作;受国家标准化管理委员会和公安部科技信息化局委托,根据 TC100 的安排,在产品质量监督检验、认证等工作中承担本专业标准化范围内产品质量标准水平评价工作及本专业引进项目的标准化审查工作,并向项目主管部门提出标准化水平分析报告。

2003 年 6 月,经国家标准化管理委员会和公安部科技信息化局批准,SAC/TC100/SC1 第二届委员会正式成立。目前,SAC/TC100/SC1 共有委员 21 名、顾问 2 名。

3. 全国安全防范报警系统标准化技术委员会人体生物特征识别应用分技术委员会

全国安全防范报警系统标准化技术委员会人体生物特征识别应用分技术委员会(代号:SAC/TC100/SC2),是经国家标准化管理委员会批准成立的全国性专业化技术工作组织,成立于 2007 年 9 月 11 日。

SAC/TC100/SC2 以维护社会公共安全为目的,研究、制修订社会公共安全体系中以人体生物特征识别应用为主要内容的应用基础标准、产品标准、试验标准以及管理标准等;通过引进、吸收、应用、推广国内外生物特征识别技术领域的最新科技成果,建立公共安全领域生物特征识别应用的标准体系。

SAC/TC100/SC2 的主要工作任务是结合证卡、视频安防监控、出入口控制、入侵和紧急报警等需求,陆续开展基于指纹、虹膜、人脸、声纹识别等人体生物特征识别产品标准、试验标准和管理标准等,以形成全面、科学、先进、实用、且与工程密切相关的、公共安全领域人体生物特征识别应用的标准体系。

2012 年 12 月 19 日,国家标准化管理委员会批复 SAC/TC100/SC2 人体生物特征识别应用分技术委员会第二届换届及组成方案。

2013 年 3 月 26 — 27 日 SAC/TC100/SC2 的第二届委员会在京正式成立。第二届会员会有 41 名委员和 4 名顾问委员,本届委员会还特聘有 28 名特聘专家及通讯委员,随着标准化业务的拓展,专家队伍还在不断扩大。

生物特征识别是新兴的技术,对预防犯罪起到至关重要的支撑作用,这一技术已成为身份鉴别领域的研究热点,SAC/TC100/SC2 致力于用标准推广生物特征识别技术的应用和效益,引领和规范行业市场的有序发展。截至 2013 年,SAC/TC100/SC2 在成立短短的六年时间里,先后组织开展 32 项国家标准及公共安全行业标准项目的研发,涉及指纹、指静脉、人脸、声纹、虹膜、掌纹等常用人体生理特征识别技术以及生物特征融合技术等,其中已完成现行国家标准及公共安全标准

第五章 安全防范相关法规、组织机构和标准体系

12项,在研项目20项。

四、安防产品检测机构

1. 国家安全防范报警系统产品质量监督检验中心(北京)

公安部安全与警用电子产品质量检测中心成立于1986年,公安部特种警用装备质量监督检验中心(原公安部警械警服质量监督检测中心)成立于1999年,在此基础上国家安全防范报警系统产品质量监督检验中心(北京)于2005年正式授权挂牌(以下简称检测中心)。检测中心是经公安部政治部批准,通过中国国家认证认可监督管理委员会授权、计量认证合格、中国合格评定国家认可委员会认可的多学科、多专业具有第三方公证地位的技术服务机构,是集计量检定校准、监督检验、检查于一身的综合型国家级实验室。

检测中心是中国质量认证中心和中国安全技术防范认证中心签约实验室,承担安全防范产品强制性认证(CCC)和自愿性认证的检验工作,其中强制性认证检测范围包括了四大类11种产品。检测中心同时还是专业数字集群(PDT)产业技术创新战略联盟、北京安防视音频编解码技术产业联盟和中国防伪技术协会委托检测实验室,多位资深技术人员分别担任全国安全防范报警系统标准化技术委员会、公安部特种警用装备标准化技术委员会、公安部社会公共安全应用基础标准化技术委员会、全国信息安全标准化技术委员会、全国振动冲击转速计量技术委员会、公安部计算机与信息处理标准化技术委员会的委员,中国安全防范产品行业协会专家委员会专家职务,中国安全技术防范认证中心特聘CCC工厂检查员。

自建立以来,检测中心始终严格按照导则 ISO/IEC17025 的要求,建立并运行质量管理体系,坚持"科学、公正、准确"的质量方针,注重实验室能力建设,现有实验室面积约为 10 000 m^2,各种仪器设备 1 400 多台套,固定资产 1.2 亿元。建有国家测速仪型式评价、电性能、安全性能、防护性能、电磁兼容(EMC)5米法电波暗室、防弹性能、锁具测试、环境试验、警用装备、警用车辆、警用服装服饰、信息安全、软件测评、视频图像联网 GB/T 28181 标准符合性检测、消音室、声学、光学、长度力学、无线电、视频图像(暗室)、通信屏蔽、步行、防伪、技侦、UL 目击测试、校准检定等 30 余个专业实验室,并在北京近郊设有靶场,开展各类防弹、防暴(爆)、防化产品的测试和检验方法的研究。现有包括行政管理、技术人员等共计 160 人,其中硕士以上学历 62 人,专业技术人员占职工总数的 90%,具有高级技术职称占技术人员的 25%。目前,中心经中国合格评定国家认可委员会实验室认可的计量校准能力为 39 项涉及校准参数 136 项,检验能力达 369 项涉及标准参数 6 000 余项,

安全技术防范

检查能力3项,涉及检查内容110余项。具备按照相应的国家标准、行业标准、地方标准、企业标准及IEC,UL,CE等国际标准开展相关测试服务工作的能力。检验类别涵盖国家、行业质量监督抽查检验、仲裁检验、质量鉴定、司法鉴定、生产许可证检验、委托检验、型式检验、计量校准检定、信息安全检查、科技成果鉴定检验。业务范围包括社会公共安全防范、信息安全、警用装备、警用服饰等领域内系统及产品的质量检验、检查,各类安全防范工程的检测,计量器具的检定校准。多年来,中心不断追求卓越,技术创新,形成了涉及500多种类产品,7 000多个项目的实验室能力和技术优势。

检测中心始终本着服务公安业务、服务公安一线、服务社会公共安全的理念,面向全国公共安全行业,承接公安部、各地省公安厅、市局的委托检测、招标检测、行业产品工程质量监督等各项工作,并为一线公安执法部门提供强有力的鉴定支持与技术保障。在积极开展检测工作的同时,以科技创新引领检验、积极开展检测业务研发,致力于大量相关标准的制修订和检测方法、检验装置的研究、开发工作,主持和参与了多项国家"十一五""十二五"科技支撑项目、"863"目标导向类项目等国家级、省部级科研课题的研究,取得多项部科学技术、创新奖励,其中"等级化信息系统安全建设实验环境与检验平台"项目获公安部科学技术二等奖,"城市监控报警联网系统标准体系及核心技术标准研究"和"GA/T 947单警执法视音频记录仪标准研究"项目获公安部科学技术二等奖,"防弹性能专家评估系统的研究"项目获公安部科学技术三等奖,"视频安防数字录像设备图像质量评价测试系统"和"标准速度车"获北京市科技创新成果奖,每年发表多篇学术性论文、编著多部专业指导书籍,并建立起科技创新管理体系,逐步探索出了科技兴检之路。

2. 国家安全防范报警系统产品质量监督检验中心(上海)

"公安部安全防范报警系统产品质量监督检验测试中心"是公安部根据国家经委和前国家标准局"七五"规划设立的部级检测中心,于1988年4月20日成立。2005年3月经国家认证认可监督管理委员会授权,在"公安部安全防范报警系统产品质量监督检验测试中心"的基础上组建了"国家安全防范报警系统产品质量监督检验中心(上海)",是经公安部政治部批准、经过国家认证认可监督管理委员会计量认证合格的、通过国家实验室认可委员会认可的、具有第三方公证地位的检验机构,是一个面向社会的公益性非营利技术服务部门。

检测中心业务上受国家质量监督检验检疫总局和公安部科技信息化局、公安部网络安全保卫局及相关业务局的领导和指导,行政上隶属于公安部第三研究所。现有工作人员112名,89%为专业技术人员,其中52%的技术人员具有中、高级职

第五章 安全防范相关法规、组织机构和标准体系

称,有博士、硕士59名。中心有实验及办公场地7 000 m²,固定资产10 000万元,检测用主要仪器设备1 100台(套)。建有电磁兼容(EMC)、视频图像处理、音频信号处理、电性能、安全性、实体防护、锁具检测、环境试验、信息安全产品试验室、信息系统安全评估等实验室。

检测中心成立以来,在公安部科技局和相关业务局、各省公安厅领导和帮助下,在国家认证认可监督管理委员会、国家质量监督检验检疫总局指导、关心下,中心的业务得到了飞速的发展,近几年新建了非传统防爆安全检查、消音室、锁具试验室、实体防护试验室、视频图像试验室、跌落试验室、阻燃试验室、网安专用产品试验室、信息系统安全评估等实验室。主要从事安全防范产品及系统、信息安全产品及系统的检验工作,检验能力涵盖了视频监控、防盗报警、高压电网、电磁兼容、防爆安全检查、实体防护、信息网络安全、信息安全等级保护系统评估等各类安全产品及系统。

目前经国家实验室认可委员会认可的检验能力有177项。检验项目主要有入侵探测器,防盗报警控制器(系统),汽车防盗报警器(系统),楼寓对讲系统,出入口控制系统,车辆定位监控系统(GPS),停车场管理系统,炸药检测箱、毒品、炸药探测仪,X射线安全检查设备,金属探测设备;无线图像传输设备和系统,监所周界高压电网装置、硬盘录像机、摄像机、监视器等视频设备,汽车行驶记录仪、车用电子警报器、机动车测速仪等道路交通安全设备,防盗安全门、防盗保险箱、防盗保险柜、机械防盗锁、电子防盗锁、金库门、专用运钞车、防弹玻璃等实体防护类产品,警用防护类产品,各类民用锁具,安全技术防范工程系统,防火墙产品,入侵检测系统(IDS),安全扫描产品(scanner),物理隔离及逻辑隔离,网闸类产品,访问控制产品、身份鉴别类、完整性鉴别类、不可否认性鉴别类及密钥管理类产品,反垃圾邮件产品,信息过滤产品,入侵防御产品,内网主机监测产品,网络安全审计产品,安全管理平台产品,旅馆业治安管理系统,看守所信息管理系统,网吧管理系统,信息系统安全等级保护评估等。

检测中心承担了国家和公安部委托的各类质量监督抽查检验任务,承接各类质量验证、鉴定检验、型式检验、仲裁检验和委托检验,同时还是中国质量认证中心和中国安全技术防范认证中心的签约实验室,承担其委托的安全防范产品3C认证的型式检验工作。目前中心已有24位3C认证工厂检查员,承担其委托的安全防范产品强制性认证和自愿性认证的检验工作和工厂检查任务。全国安全防范报警系统标准化技术委员会实体防护设备分技术委员会秘书处、公安部信息安全标准化工作委员会第一工作组均设在检测中心,主持或参与完成了80多项安全防范

和信息安全产品的国家标准、行业标准的制、修订工作。

近年来,检测中心密切关注新技术发展,始终站在行业技术发展的前沿,致力于标准的制定、修订和检测方法的研究,培养和吸收了大批高素质的检验人员。今后,将始终坚持"行为公正、数据准确、方法科学、服务规范"的质量方针,确保检测的工作质量,为公共安全和信息安全行业提供优质的技术支撑,协助行业主管部门把好质量关,努力为企业提供优质、快速的服务,为"科技强警""平安城市"建设做好技术后盾,为我国的安全防范和信息安全行业的质量技术监督做出更大贡献。

五、安全防范产品认证机构

1. 中国安全技术防范认证中心

中国安全技术防范认证中心(以下简称 CSP)是依据中华人民共和国产品质量法和认证认可条例等相关法律、法规,由国家认证认可监督管理委员会(CNCA)和公安部批准成立,实施合格评定的认证运作实体。

CSP 依据 CNCA 批准的认证业务范围,开展安全技术防范产品、道路交通安全产品、刑事技术产品、警用通信等社会公共安全产品的认证工作。

CSP 依据 CNAS-CC21 (ISO/IEC 导则 65)建立了完整的质量体系,制定了质量手册并严格执行,持续改进。承担的强制性产品认证及部分自愿性产品认证业务均已通过国家认可委(CNAS)认可。

自 2001 年成立以来,CSP 已在安防、道路交通安全和刑事技术等领域探索形成了一套科学规范的公共安全产品合格评价体系,认证产品包括多种入侵探测器、防盗报警控制器、防盗保险柜(箱)、汽车防盗报警系统、防盗安全门、汽车行驶记录仪、车身反光标识、道路交通信号灯、机动车测速仪、呼出气体酒精含量检测仪、警用多波段光源产品、"502"指印熏显柜、警用活体指纹/掌纹采集设备、DNA 检测试剂、公安 350 兆模拟通信设备等 20 余种。

CSP 的宗旨是遵守国家法律、法规,遵循国际惯例,坚持客观、独立、公正的原则,维护相关方合法权益;不以营利为目的,独立核算,自负盈亏;竭诚为国内外客户提供认证服务。

2. 中国人民解放军军用安全技术防范产品安全认证中心

中国人民解放军军用安全技术防范产品安全认证中心是经总参谋部、总政治部批准成立,依据国家、军队的有关法规和技术标准,对拟投入军队使用的安全技术防范产品进行特定安全性检测、评估、认证的专业机构。根据《关于军用安全技

第五章 安全防范相关法规、组织机构和标准体系

术防范产品实行安全认证制度的通知》，自2009年1月1日起，所有用于重要军事目标安全技术防范的设备和系统必须通过中国人民解放军军用安全技术防范产品安全认证中心的安全性认证，并取得《军用安全技术防范产品安全认证证书》。

中国人民解放军军用安全技术防范产品安全认证中心下设军用安全技术防范产品安全认证专家委员会、办公室、业务接待室、技术标准室、特定安全性检测实验室、软件安全检测实验室、网络安全检测实验室、资料档案室等部门；拥有安全检测、电磁辐射检测、网络安全检测等专业技术人员40余人，其中博士、硕士研究生学历达60%；建立了严格的质量管理制度和科学的检测标准规范，具有完备的测试环境、先进的检测技术和检测装备，在1~2年内将建成具有国内领先水平、符合国际标准的10米法大型电磁信息安全检测暗室，同时配置多种新型专业检测设备，将为开展安全技术防范产品安全认证提供更为理想的检测条件。中心遵循保证安全、科学客观、严密细致、公开公正的原则，面向国内外安全技术防范产品生产和服务商提供安全性检测认证技术服务。

中国人民解放军军用安全技术防范产品安全认证中心认证的安全技术防范产品范围：入侵探测与报警设备；视频信号探测与监控设备；出入口探测与控制设备；报警传输设备；车辆报警设备；防抢劫应急报警设备；实体防护设备；防爆安全检查设备；安全技术防范软件产品；安全防范系统集成等。

中心成立以来，严格执行《中国人民解放军军用安全技术防范产品安全认证管理办法》，稳妥开展安全技术防范产品的检测认证工作。截至2012年底，共检测100多个单位申请的各类安全技术防范产品225个，为军队选用符合要求的安全技术防范产品提供了技术支持，为加强和规范军队安全技术防范工作，保证军队安全保密提供了重要保障。

3. 中国民用航空局航空安全技术中心

中国民用航空局航空安全技术中心（中国民航科学技术研究院），是国家科技部批准的民航业内唯一一家公益类非营利科研机构，民航局直属事业单位。研究院主要职责是对民用航空安全和发展进行科学技术研究，负责民航行业技术的研发与推广，为民航局的决策和监督管理工作提供技术支持，向航空公司、民用机场、空中交通管理等企事业单位以及航空产品制造厂（商）提供技术咨询和服务。研究院秉承"立足科技创新，面向民航发展"的宗旨，弘扬求真务实的精神，树立科学发展观，继承和发扬民航"保证安全，优质服务，正常飞行"的优良传统，以科研和技术支持为己任，以"尊重人才、矢志创新、开放合作、优质服务"为价值观，与时俱进，开拓进取，努力建设具有国际影响力的民航科研机构，为实现民航强国目标做出更大

的贡献。

第三节 安全防范标准体系

一、概述

标准是由公认组织批准起草和发布的一种文件,旨在促进社会进步与共同发展,对特定活动的共同和反复应用提供与之相关的规则、原则、方法和要求等。

简言之,标准是公认的、合法的、能够反复使用的一系列规则、原则、方法和要求等的总和。

1. 安全防范标准机构

我国安全防范标准化机构主要是:国家标准化管理委员,全国安全防范报警系统标准化技术委员会(简称安防标委会,英文全称为 National Technical Committee 100 on Security & Protection Alarm Systems of Standardization Administration of China,缩写为 SAC/TC100,其秘书处设在公安部第一研究所),是经国家标准化管理委员会批准成立的全国性专业标准化技术工作组织。

国际标准化机构中和安全防范行业标准关联较为紧密的是:国际标准化组织(ISO,International Organization for Standardization)、国际电工委员会(IEC,International Electrotechnical Commission)、国际电信联盟(ITU,International Telecommunication Union)。其中,国际电工委员会/报警系统技术委员会(IEC/TC79 报警系统 Alarm systems)和我国的安全防范标准化机构是对口的。

2. 分类

(1)标准类型。我国的标准按照适用范围分为四级,分别是国家标准(GB)、行业标准(如公共安全行业代号为 GA)、地方标准(如陕西省代号为 DB61)和企业标准(Q)。

国家标准是指由国家标准化主管机构批准发布,对全国经济、技术发展有重大意义,且在全国范围内统一的标准(技术要求)。对需要在全国范围内统一的技术要求,应当制定国家标准。我国国家标准由国务院标准化行政主管部门编制计划和组织草拟,并统一审批、编号和发布。国家标准在全国范围内适用,其他各级标准不得与国家标准相抵触。国家标准一经发布,与其重复的行业标准、地方标准相应废止,

第五章 安全防范相关法规、组织机构和标准体系

行业标准是指在全国范围内各行业统一的技术要求。行业标准是对国家标准的补充,是在全国范围的某一行业内统一的标准。例如,机械、电子、建筑、化工、冶金、轻工、纺织、交通、能源、农业、林业、水利等等,都制定有行业标准。行业标准由行业标准归口部门统一管理。行业标准由国务院有关行政主管部门制定,并报国务院标准化行政主管部门备案。当同一内容的国家标准公布后,则该内容的行业标准即行废止。

地方标准是指在国家的某个地区通过并公开发布的标准,又称为区域标准:对没有国家标准和行业标准而又需要在省、自治区、直辖市范围内统一的工业产品的安全、卫生要求,可以制定地方标准。地方标准由省、自治区、直辖市标准化行政主管部门编制计划,组织草拟,统一审批、编号、发布,并报国务院标准化行政主管部门和国务院有关行政主管部门备案,地方标准在本行政区域内适用。在公布国家标准或者行业标准之后,该地方标准即应废止。

企业标准是对企业范围内需要协调、统一的技术要求,管理要求和工作要求所制定的标准。企业标准由企业制定,由企业法人代表或法人代表授权的主管领导批准、发布。企业生产的产品没有国家标准、行业标准和地方标准的,应当制定企业标准,作为组织生产的依据。对已有国家标准、行业标准和地方标准的,国家鼓励企业制定严于国家标准、行业标准或地方标准的企业标准,在企业内部适用。企业标准由企业组织制定,并按省、自治区、直辖市人民政府的规定备案。

(2)标准属性。按标准属性,又分为三种,分别是强制性标准(如GB)、推荐性标准(如GB/T)、指导性技术文件(如GB/Z)。

强制性标准:我国标准化法规定:保障人体健康、人身财产安全的标准和法律,行政法规规定强制执行的标准属于强制性标准。它是在一定范围内通过法律、行政法规等强制性手段加以实施的标准,具有法律属性。强制性标准主要是对有些涉及安全、卫生方面的进出口商品规定了限制性的检验标准,以保障人体健康和人身、财产的安全。强制性标准可分为全文强制和条文强制两种形式:标准的全部技术内容需要强制时,为全文强制形式;标准中部分技术内容需要强制时,为条文强制形式。强制性标准一经颁布,必须贯彻执行,否则对造成恶劣后果和重大损失的单位和个人,要受到经济制裁或承担法律责任。

推荐性标准:指生产、交换、使用等方面,通过经济手段调节而自愿采用的一类标准,又称自愿标准。这类标准任何单位都有权决定是否采用,违反这类标准,不承担经济或法律方面的责任。但是,一经接受并采用,或各方商定同意纳入经济合

同中,就成为各方必须共同遵守的技术依据,具有法律上的约束性。

指导性技术文件:指生产、交换、使用等方面,由组织(企业)自愿采用的国家标准,不具有强制性,也不具有法律上的约束性,只是相关方约定参照的技术依据,又称资料性标准或技术指南。它是为仍处于技术发展过程中(如变化快的技术领域)的标准化工作提供指南或信息,供科研、设计、生产、使用和管理等有关人员参考使用而制定的标准文件。符合下列两种情况之一的项目,可制定指导性文件:①技术尚在发展中,需要有相应的标准文件引导其发展或具有标准化价值,尚不能制定为标准的项目;②采用国际标准化组织、国际电工委员会及其他国际组织(包括区域性国际组织)的技术报告的项目。指导性文件由国务院标准化行政主管部门编制计划和组织草拟,并统一审批、编号和发布。

3. 标准的应用

根据我国标准化法的有关规定,产品(系统)标准与工程建设标准分属不同的标准体系,标准的主管部门不同,标准的格式、内容、审查、批准、发布、实施监督等的具体要求也不同。因此,这些标准在使用中的衔接、配合、协调相当重要。

使用标准主要包括两个方面:①直接对照、采用对应的标准与条文;②参考、等效采用间接关联的标准与条文。因此,需要查询、跟踪标准及其发展,掌握现有标准中哪些是需要使用的,然后获得标准,加以研究、使用。

制定标准除了包括以上两个方面,还包括标准创新,推动标准不断发展。

4. 标准用词

(1)为便于在执行标准条文时区别对待,对要求严格程度不同的用词说明如下:

1)表示很严格,非这样做不可的用词:

正面词采用"必须";反面词采用"严禁"。

2)表示严格,在正常情况下均应这样做的用词:

正面词采用"应";反面词采用"不应"或"不得"。

3)表示允许稍有选择,在条件许可时,首先应这样做的用词:

正面词采用"宜";反面词采用"不宜"。

表示有选择,在一定条件下可以这样做的,采用"可"。

(2)标准中指定应按其他有关标准、规范执行时,写法为:"应符合……规定"或"应按……执行"。

二、安全防范体系结构

1. 体系结构框图

安全技术防范标准体系结构框图如图5-3-1所示。

2. 体系结构说明

(1) 横向层次。标准体系横向主要分为三层结构,第一层为安全技术防范通用标准,包括基础标准、技术标准、工程标准、公共管理标准和服务标准等。第二层为专业通用标准,包括安全技术防范各专业(各子系统)的术语、技术和工程标准等;将作为安全技术防范工作基础的风险评估、安全防护和效能评估等列入该层;同时将公共管理标准和服务标准的细分类别列入该层。第三层为产品标准和产品应用标准。在第二层和第三层的有些部分,根据实际需要,按分类或门类增加了扩展层。

(2) 纵向层次。标准体系纵向划分了基础标准、技术标准、工程标准、公共管理标准和服务标准五个子体系。鉴于支撑安全技术防范工作的重要性,将术语、风险评估、安全防护和效能评估标准纳入基础标准子体系中;将安全防范系统和入侵/反劫/社会报警系统、视频监控系统、出入口控制系统、防爆安全检查系统、实体防护系统、人体生物特征识别应用系统、防伪技术等子系统以及各类产品标准纳入技术标准子体系中;将安全防范工程设计、施工、检测、验收和产品应用等纳入工程标准子体系;将执法标准、工作标准和管理标准纳入公共管理标准子体系;将安全防范系统运营服务、行业组织和中介服务纳入服务标准子体系。

随着技术的发展和时间的推移,我国安全技术防范标准体系中的明细表会不断地变化,因此,本书所给出的体系结构只能作为参考之用。

三、现行安全防范行业标准目录

截至2017年11月13日,全国安全防范报警系统标准化技术委员会SAC/TC100已完成的现行国家标准和行业标准共180项,其中:国标50项,行标130项。这些标准涉及入侵和紧急报警、视频监控、出入口控制、防爆安全检查、安防工程、实体防护和人体生物特征识别应用等多个专业技术领域。根据公安部2017年7月28日发布的《关于废止213项公共安全行业标准的公告》,本目录删除了废止的标准,见表5-3-1~表5-3-8。

我国安全技术防范标准体系结构框图

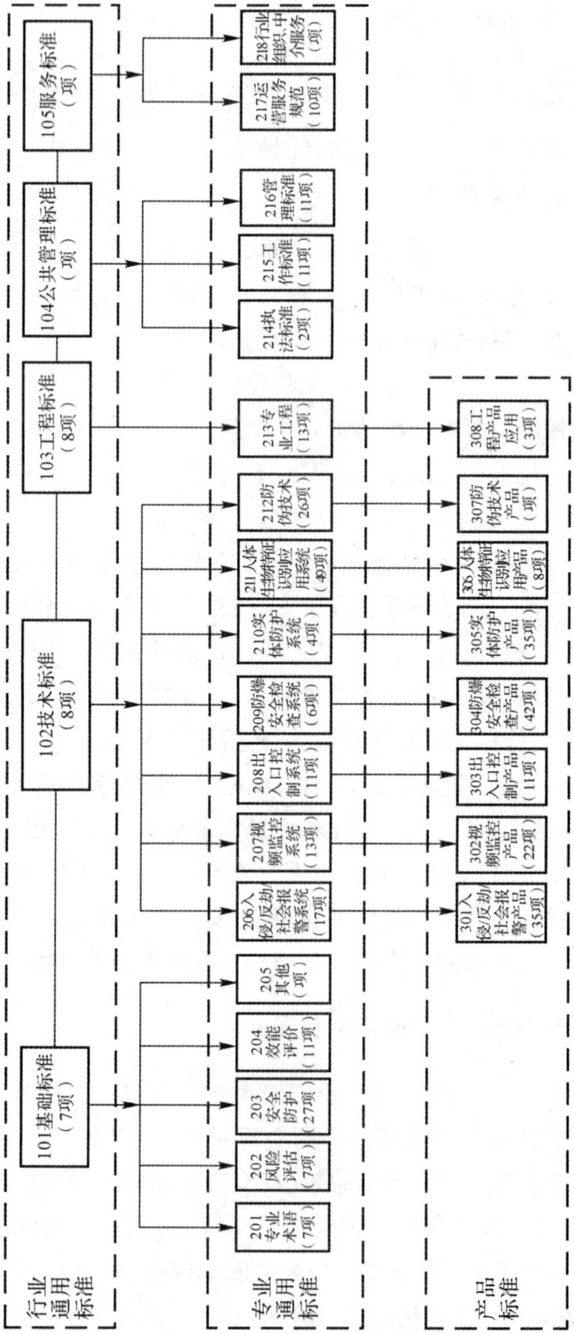

图 5-3-1　我国安全技术防范标准体系结构框图

第五章 安全防范相关法规、组织机构和标准体系

表 5-3-1 基础通用标准(共 4 项,其中:国标 1 项,行标 3 项)

序号	标准编号	名称
1	GB/T 15408—2011	安全防范系统供电技术要求(2011-12-01 实施并代替 GB/T 15408—1994)
2	GA/T 405—2002	安全技术防范产品分类与代码
3	GA/T 550—2005	安全技术防范管理信息代码
4	GA/T 551—2005	安全技术防范管理信息基本数据结构

表 5-3-2 入侵/紧急报警系统(共 35 项,其中:国标 24 项,行标 11 项)

序号	标准编号	名　　称
1	GB15407—2010	遮挡式微波入侵探测器技术要求(2011-09-01 实施并代替 GB 15407—1994)
2	GB/T 15211—2013	安全防范报警设备 环境适应性要求和试验方法(2015-03-01 实施并代替 GB/T 15211—1994)
3	GB/T 16677—1996	报警图像信号有线传输装置
4	GB 10408.1—2000	入侵探测器 第 1 部分:通用要求
5	GB 10408.2—2000	入侵探测器 第 2 部分:室内用超声波多普勒探测器
6	GB 10408.3—2000	入侵探测器 第 3 部分:室内用微波多普勒探测器
7	GB 10408.4—2000	入侵探测器 第 4 部分:主动红外入侵探测器
8	GB 10408.5—2000	入侵探测器 第 5 部分:室内用被动红外探测器
9	GB 10408.9—2001	入侵探测器 第 9 部分:室内用被动式玻璃破碎探测器
10	GB 12663—2001	防盗报警控制器通用技术条件
11	GB15209—2006	磁开关入侵探测器
12	GB 20816—2006	车辆防盗报警系统 乘用车
13	GB/T10408.8—2008	振动入侵探测器
14	GB 10408.6—2009	微波和被动红外复合入侵探测器
15	GB/T 21564.1—2008	报警传输系统串行数据接口的信息格式和协议 第 1 部分:总则

续 表

序号	标准编号	名 称
16	GB/T 21564.2—2008	报警传输系统串行数据接口的信息格式和协议 第2部分：公用应用层协议
17	GB/T 21564.3—2008	报警传输系统串行数据接口的信息格式和协议 第3部分：公用数据链路层协议
18	GB/T 21564.4—2008	报警传输系统串行数据接口的信息格式和协议 第4部分：公用传输层协议
19	GB/T 21564.5—2008	报警传输系统串行数据接口的信息格式和协议 第5部分：数据接口
20	GB 16796—2009	安全防范报警设备 安全要求和试验方法
21	GB 25287—2010	周界防范高压电网装置
22	GB/T 30148—2013	安全防范报警设备 电磁兼容抗扰度要求和试验方法
23	GB/T 31132—2014	入侵报警系统 无线（射频）设备互联技术要求
24	GB/T 32581—2016	入侵和紧急报警系统技术要求
25	GA/T 553—2005	车辆反劫防盗联网报警系统通用技术要求
26	GA/T 600.1—2006	报警传输系统的要求 第1部分：系统的一般要求
27	GA/T 600.2—2006	报警传输系统的要求 第2部分：设备的一般要求
28	GA/T 600.3—2006	报警传输系统的要求 第3部分：利用专用报警传输通路的报警传输系统
29	GA/T 600.4—2006	报警传输系统的要求 第4部分：利用公共电话交换网络的数字通信机系统的要求
30	GA/T 600.5—2006	报警传输系统的要求 第5部分：利用公共电话交换网络的话音通信机系统的要求
31	GA/T 1031—2012	泄漏电缆入侵探测装置通用技术要求
32	GA/T 1032—2013	张力式电子围栏通用技术要求
33	GA/T 1158—2014	激光对射入侵探测器技术要求
34	GA/T 1217—2015	光纤振动入侵探测器技术要求
35	GA/T 1372—2017	甚低频感应入侵探测器技术要求

第五章 安全防范相关法规、组织机构和标准体系

表 5-3-3 安防视频监控系统(共 34 项,其中:国标 5 项,行标 29 项)

序号	标准编号	名　　称
1	GB15207—1994	视频入侵报警器
2	GB 20815—2006	视频安防监控数字录像设备
3	GB/T 25724—2017	公共安全视频监控数字视音频编解码技术要求
4	GB/T 28181—2016	公共安全视频监控联网系统信息传输、交换、控制技术要求
5	GB/T 30147—2013	安防监控视频实时智能分析设备技术要求
6	GA/T 367—2001	视频安防监控系统技术要求
7	GA/T645—2014	安全防范监控变速球型摄像机
8	GA/T646—2016	安全防范视频监控矩阵设备通用技术要求
9	GA/T647—2006	视频安防监控系统 前端设备控制协议 V1.0
10	GA/T 669.1—2008	城市监控报警联网系统技术标准 第1部分:通用技术要求(代替 GA/T 669—2006)
11	GA/T 669.2—2008	城市监控报警联网系统 技术标准 第2部分:安全技术要求
12	GA/T 669.3—2008	城市监控报警联网系统 技术标准 第3部分:前端信息采集技术要求
13	GA/T 669.6—2008	城市监控报警联网系统 技术标准 第6部分:视音频显示、存储、播放技术要求
14	GA/T 669.7—2008	城市监控报警联网系统 技术标准 第7部分:管理平台技术要求
15	GA/T 669.9—2008	城市监控报警联网系统 技术标准 第9部分:卡口信息识别、比对、监测系统技术要求
16	GA/T 792.1—2008	城市监控报警联网系统 管理标准 第1部分:图像信息采集、接入、使用管理要求
17	GA 793.1—2008	城市监控报警联网系统 合格评定 第1部分:系统功能性能检验规范
18	GA 793.2—2008	城市监控报警联网系统 合格评定 第2部分:管理平台软件测试规范

471

安全技术防范

续 表

序号	标准编号	名 称
19	GA 793.3—2008	城市监控报警联网系统 合格评定 第3部分:系统验收规范
20	GA/T 669.8—2009	城市监控报警联网系统 技术标准 第8部分:传输网络技术要求
21	GA/T 669.10—2009	城市监控报警联网系统 技术标准 第10部分:无线视音频监控系统技术要求
22	GA/T 1072—2013	基层公安机关社会治安视频监控中心(室)工作规范
23	GA/T 1127—2013	安全防范视频监控摄像机通用技术要求
24	GA/T 1128—2013	安全防范视频监控高清晰度摄像机测量方法
25	GA/Z 1164—2014	公安视频图像信息联网与应用标准体系表
26	GA/T 1178—2014	安全防范系统光端机技术要求
27	GA/T 1211—2014	安全防范高清视频监控系统技术要求
28	GA/T 1216—2015	安全防范监控网络视音频编解码设备
29	GA/T1399.1—2017	公安视频图像分析系统 第1部分:通用技术要求
30	GA/T1399.2—2017	公安视频图像分析系统 第2部分:视频图像内容分析及描述技术要求
31	GA/T1400.1—2017	公安视频图像信息应用系统 第1部分:通用技术要求
32	GA/T1400.2—2017	公安视频图像信息应用系统 第2部分:应用平台技术要求
33	GA/T1400.3—2017	公安视频图像信息应用系统 第3部分:数据库技术要求
34	GA/T1400.4—2017	公安视频图像信息应用系统 第4部分:接口协议要求

表5-3-4 出入口控制系统(共12项,其中:国标1项,行标11项)

序号	标准编号	名 称
1	GB/T31070.1—2014	楼寓对讲系统 第1部分:通用技术要求
2	GA 374—2001	电子防盗锁

第五章 安全防范相关法规、组织机构和标准体系

续　表

序号	标准编号	名　　称
3	GA/T 394—2002	出入口控制系统技术要求
4	GA/T 72—2013	楼寓对讲电控安全门通用技术条件(部分代替 GA/T 72—2005)
5	GA/T644—2006	电子巡查系统技术要求
6	GA 701—2007	指纹防盗锁通用技术条件
7	GA/T678—2007	联网型可视对讲系统技术要求
8	GA/T 761—2008	停车场(库)安全管理系统技术要求
9	GA/T 992—2012	停车库(场)出入口控制设备技术要求
10	GA/T 1132—2014	车辆出入口电动栏杆机技术要求
11	GA 1210—2014	楼寓对讲系统安全技术要求(部分代替 GA/T 72—2005)
12	GA/T 1260—2016	人行出入口电控通道闸通用技术要求

表 5-3-5　防爆安全检查系统(共 18 项,其中:国标 6 项,行标 12 项)

序号	标准编号	名　　称
1	GB 12664—2003	便携式 X 射线安全检查设备通用规范
2	GB 12899—2003	手持式金属探测器通用技术规范
3	GB15210—2003	通过式金属探测门通用技术规范
4	GB15208.1—2005	微剂量 X 射线安全检查设备 第 1 部分:通用技术要求
5	GB/T15208.2—2006	微剂量 X 射线安全检查设备 第 2 部分:测试体
6	GB 12662—2008	爆炸物解体器
7	GA/T 71—1994	机械钟控定时引爆装置探测器
8	GA/T 142—1996	排爆机器人通用技术条件
9	GA/T 841—2009	基于离子迁移谱技术的痕量毒品/炸药探测仪通用技术要求

续 表

序号	标准编号	名称
10	GA 857—2009	货物运输微剂量X射线安全检查设备通用技术要求
11	GA 921—2011	民用爆炸物品警示标识、登记标识通则
12	GA 926—2011	微剂量透射式X射线人体安全检查设备通用技术要求
13	GA/T 1060.1—2013	便携式放射性物质探测与核素识别设备通用技术要求 第1部分:γ探测设备
14	GA/T 1060.2—2013	便携式放射性物质探测与核素识别设备通用技术要求 第2部分:识别设备
15	GA/T 1067—2013	基于拉曼光谱技术的液态物品安全检查设备通用技术要求
16	GA/T 1152—2014	安全防范 手持式视频检查仪通用技术要求
17	GA/T 1323—2016	基于荧光聚合物传感技术的痕量炸药探测仪通用技术要求
18	GA/T1336—2016	车底成像安全检查系统通用技术要求

表5-3-6 安防工程与系统应用(共39项,其中:国标10项,行标29项)

序号	标准编号	名称
1	GB/T 16571—2012	博物馆和文物保护单位安全防范系统要求
2	GB/T 16676—2010	银行安全防范报警监控联网系统技术要求
3	GB 50348—2004	安全防范工程技术规范
4	GB 50394—2007	入侵报警系统工程设计规范
5	GB 50395—2007	视频安防监控系统工程设计规范
6	GB 50396—2007	出入口控制系统工程设计规范
7	GB/T 21741—2008	住宅小区安全防范系统通用技术要求
8	GB/T 29315—2012	中小学、幼儿园安全技术防范系统要求
9	GB/T 31068—2014	普通高等学校安全技术防范系统要求

第五章 安全防范相关法规、组织机构和标准体系

续 表

序号	标准编号	名　　称
10	GB/T 31458—2015	医院安全技术防范系统要求
11	GA/T 75—1994	安全防范工程程序与要求
12	GA/T 74—2017	安全防范系统通用图形符号(2017年6月23日实施并代替GA/T 74—2000)
13	GA 308—2001	安全防范系统验收规则
14	GA 27—2002	文物系统博物馆风险等级和安全防护级别的规定
15	GA 38—2015	银行营业场所安全防范要求(2015年6月1日实施并代替GA 38—2004)
16	GA/T 70—2014	安全防范工程建设与维护保养费用预算编制办法(2014年10月1日实施并代替GA/T 70—2004)
17	GA 586—2005	广播电影电视系统重点单位重要部位的风险等级和安全防护级别
18	GA/T670—2006	安全防范系统雷电浪涌防护技术要求
19	GA 745—2017	银行自助设备、自助银行安全防范要求
20	GA837—2009	民用爆炸物品储存库治安防范要求
21	GA838—2009	小型民用爆炸物品储存库安全规范
22	GA/T 848—2009	爆破作业单位民用爆炸物品储存库安全评价导则
23	GA 858—2010	银行业务库安全防范的要求
24	GA 873—2010	冶金钢铁企业治安保卫重要部位风险等级和安全防护要求
25	GA1002—2012	剧毒化学品、放射源存放场所治安防范要求
26	GA 1003—2012	银行自助服务亭技术要求
27	GA 1015—2012	枪支去功能处理与展览枪支安全防范要求
28	GA 1016—2012	枪支(弹药)库室风险等级划分与安全防范要求
29	GA 1081—2013	安全防范系统维护保养规范
30	GA 1089—2013	电力设施治安风险等级和安全防护要求
31	GA 1166—2014	石油天然气管道系统治安风险等级和安全防范要求

续 表

序号	标准编号	名 称
32	GA/T 1184—2014	安全防范工程监理规范
33	GA/T 1185—2014	安全防范工程技术文件编制深度要求
34	GA 1257—2015	民用枪弹编号及包装标识要求
35	GA 1258—2015	民用枪支编号及包装标识要求
36	GA 1280—2015	自动柜员机安全性要求
37	GA/T 1297—2016	安防线缆
38	GA 1383—2017	报警运营服务规范
39	GA/T 1406—2017	安防线缆应用技术要求

表5-3-7 实体防护系统(共14项,其中:国标2项,行标12项)

序号	标准编号	名 称
1	GB 10409—2001	防盗保险柜
2	GB 17565—2007	防盗安全门通用技术条件
3	GA/T 73—1994	机械防盗锁
	GA/T 73—2015	机械防盗锁(实施日期2015年3月1日)
4	GA/T 143—1996	金库门通用技术条件
5	GA 164—2005 (公安部三局)	专用运钞车防护技术要求
6	GA 165—2016	防弹透明材料(代替GA 165—1997)
7	GA 166—2006	防盗保险箱
8	GA501—2004	银行用保管箱通用技术条件
9	GA 576—2005	防尾随联动互锁安全门通用技术条件
10	GA667—2006	防爆炸复合玻璃

续 表

序号	标准编号	名 称
11	GA 746—2008	提款箱
12	GA 844—2009	防砸复合玻璃通用技术要求
13	GA 1051—2013	枪支弹药专用保险柜
14	GA/T 1337—2016	银行自助设备防护舱安全性要求

表5-3-8 安防生物特征识别系统(共24项,其中:国标1项,行标23项)

序号	标准编号	名 称
1	GB/T 31488—2015	安全防范视频监控人脸识别系统技术要求
2	GA/T 893—2010	安防生物特征识别应用术语
3	GA/T 894.2—2010	安防指纹识别应用系统 第2部分:指纹图像记录格式
4	GA/T 894.3—2010	安防指纹识别应用系统 第3部分:指纹图像质量
5	GA/T 894.6—2010	安防指纹识别应用系统 第6部分:指纹识别算法评测方法
6	GA/T 922.2—2011	安防人脸识别应用系统 第2部分:人脸图像数据
7	GA/T 894.7—2012	安防指纹识别应用系统 第7部分:指纹采集设备
8	GA/T 938—2011	安防指静脉识别应用系统设备通用技术要求
9	GA/T 939—2011	安防指静脉识别应用系统算法评测方法
10	GA/T 940—2011	安防指静脉识别应用系统图像技术要求
11	GA/T 1093—2013	出入口控制人脸识别系统技术要求
12	GA/T 1126—2013	近红外人脸识别设备技术要求
13	GA/T 1179—2014	安防声纹确认应用算法技术要求和测试方法
14	GA/T 1181—2014	安防指静脉识别应用 程序接口规范

续　表

序号	标准编号	名　称
15	GA/T 1208—2014	安防虹膜识别应用 算法评测方法
16	GA/T 1212—2014	安防人脸识别应用 防假体攻击测试方法
17	GA/T 1213—2014	安防指静脉识别应用 3D数据技术要求
18	GA/T 1284—2015	安防指/掌纹识别应用 图像数据交换格式一致性测试方法
19	GA/T 1285—2015	安防指/掌纹识别应用 图像数据交换格式
20	GA/T 1286—2015	安防虹膜识别应用 图像数据交换格式
21	GA/T 1324—2017	安全防范 人脸识别应用 静态人脸图像采集规范
22	GA/T 1325—2017	安全防范 人脸识别应用 视频图像采集规范
23	GA/T 1326—2017	安全防范 人脸识别应用 程序接口规范
24	GA/T 1429—2017	安防虹膜识别应用 图像技术要求

参 考 文 献

[1] 中华人民共和国公安部. GB 50348—2004 安全防范工程技术规范[M]. 北京：中国计划出版社，2004.

[2] 中华人民共和国公安部. GB 50394—2007 入侵报警系统工程设计规范[M]. 北京：中国计划出版社，2007.

[3] 中华人民共和国公安部. GB 50395—2007 视频安防监控系统工程设计规范[M]. 北京：中国计划出版社，2007.

[4] 中华人民共和国公安部. GB 50396—2007 出入口控制系统工程设计规范[M]. 北京：中国计划出版社，2007.

[5] 中华人民共和国公安部. GB/T 15408—2011 安全防范系统供电技术要求[M]. 北京：中国标准出版社，2011.

[6] 全国安全防范报警系统标准化技术委员会. GA 1081—2013 安全防范系统维护保养规范[M]. 北京：中国标准出版社，2013.

[7] 全国安全防范报警系统标准化技术委员会. 中华人民共和国国家标准. GB/T 32581—2016 入侵和紧急报警系统技术要求[M]. 北京：中国标准出版社.2016.

[8] 李仲南.安全防范技术原理与工程实践[M].北京：兵器工业出版社，2007.

[9] 刘希清.宣传贯彻培训教材[M]. 北京：军事科学出版社出版，2008.

[10] 中国电气工程大典编辑委员会.中国电气工程大典——建筑电气工程[M]. 14卷．北京：中国电力出版社，2009.

[11] 中国建筑学会建筑电气分会.智能建筑新技术[M]. 北京：中国建筑工业出版社，2010.